KB153642

한중 수교 30년,

강한 나라를 꿈꾸는 중국

한중 수교 30년,

강한 나라를 꿈꾸는 중국

공봉진·김태욱·박미정·장지혜·이강인·박범종·박상윤 지음

들어가는 말

중국은 2035년에 사회주의 현대화를 기본적으로 건설하고, 2049년에 사회주의 현대화 강국 완성과 강대한 군을 건설하는 꿈을 갖고 있다. 이런 중국을 한국은 얼마나 알고 있는가?

2022년 중국은 역사적으로 매우 의의가 있는 해라고 할 수 있다. 먼저, 2022년 11월 30일 제3세대 지도자였던 장쩌민(江澤民, 1926~2022)이 사망하였다. 중국 정치 세력의 하나인 상하이방(上海幇)의 상징 인물이 역사의 뒤안길로 사라졌다.

그리고 2022년 10월에 제20차 전국대표대회에서 시진핑(習近平)이 총서기로 선출되면서 세 번째 연임이 결정되었다. 이로써 시진핑은 2023년에 세 번째로 연임하는 국가주석이 될 것으로 전망되었다. 그런데 제20차 전국대표대회가 개최되기 전에 베이징(北京) 등 여러 지역에서 '독재 타도' 등 시진핑을 비난하는 현수막이나 낙서가 발견되었고, 이후 중국에서 '백지(白紙)혁명'으로 명명되는 정부 비판 시위가 일어났다.

사실, 한국에서 2022년을 한중 관계와 관련하여 기억해야 하는 것은 '한중 수교 30년'이다. "10년이면 강산도 변한다"는 말이 있는데, 30년이면 강산이 3번 바뀌는 정도이다.

과연 한중 관계는 어떠한가?

1992년부터 2022년까지를 회고해보면 부침이 상당하다. 북한의 핵 문제와 미중갈등은 한중 관계를 되돌아보게 한다. 특히 한국이 2016년에 사드(THAAD) 배치를 결정하면서 한중 관계는 오랫동안 협력 관계라기보다는 갈등 분위기가 조성되었다. 2021년 1월 26일 문재인 대통령과 시진핑 국가주석은 전화 통화를 '한중 수교 30년'을 기념하여 2021년과 2022년을 "한중 문화교류의 해"로 삼기로 하였다. 하지만 코로나 19의 지속성, 한중 관계의 냉각상태 지속 등으로 인해 양국 관계는 좁혀지지 않고 있다.

물론 이러한 시각에 대해서 양국이 보는 시각이 다를 수 있고, 양국을 연구하는 분과학문에 따라 달라질 수 있다. 양국의 관계 변화는 국제적 사안에 따라 파동이 일었고, 개별 국가의 상황에 따라 파동이 일었다. 특히 중국 내에서 발생하였던 한국 역사와 문화에 대한 왜곡과 부정적 시각은 한국 내에 반중 감정을 조성되게 하였다. 반면, 한국에서의 사드 배치 결정은 중국이 한국을 냉랭한 시선으로 보게 하였고, 이로 인해 한국의 문화산업 등 여러 방면에서 타격을 입었다.

오늘날 한중 관계는 풀어야 할 숙제와 같다. 양국 관계가 어떻게 전개될지는 예측불허다. 분명한 사실은 정치외교와 경제통상 부분에서 양국의 관계가 소원해질수록 덕보다는 실이 크다고 말하는 사람이 적지 않다. 따라서 반중감정과 반한감정이 어떻게 해서 발생하였고, 이를 줄일 수 있는 방안은 무엇인지 모색해야 할 사항이다.

1992년 8월 24일에 한국은 중국과 수교를 맺었지만, 곧바로 가까워지기는 어려웠다. 당시 한국에서 중국을 바라보는 시각은 공산권 국가였고, 중국은 북한을 신경 써야 하였기에 양국의 관계는 문호만 서로 공식적으로 개방하였을 뿐 다방면에서의 교류는 조금의 시간이 필요하였다.

물론 양국이 수교를 맺기 전에 교류가 없었던 것은 아니다. 1983년 중국 민항기가 한국 춘천에 불시착을 하였을 때, 문제를 해결하기 위해 양국은 교류하기 시작하였다. 또 1988년 한국 노태우 대통령이 북방 외교정책을 실시할 때 양국은 문화나 체육 등의 예체능 방면에서 교류하기 시작하였다.

현재 한국과 중국은 '전략적 협력동반자'라는 관계에까지 올라섰다. 하지만 2016년 한국이 사드 배치를 결정한 이후의 양국 관계는 여러 방면에서 단절되다시피 하였다. 게다가 2002년에 시작하여 2007년에 끝난 것으로 보였던 중국의 동북공정이 지금까지도 지속적으로 행해지고 있기에, 양국의 냉각 관계는 쉽게 해결하기는 어려울 듯하다.

2022년 9월 중국 국가박물관의 기록에서 한국을 소개할 때 해당박물관은 고구려 역사를 빼버렸다. 이러한 중국의 행태는 역사만이 아니라 문화와 민족정체성에서 발생하고 있다. 한국의 대표적인 문화인 김치와 한복, 그리고 윤동주의 민족정체성 등을 중국에서 부정하거나 왜곡하고 있다.

중화민족주의와 애국주의를 강하게 표출하고 있는 중국의 태도에 대해 한국에서는 연구 분야에 따라 시선이 다르다. 중국과 지속적인 교류를 해야 하는 사람들은 한국에서 중국을 강하게 비판하는 것을 우려한다. 강한 비판이 국제 관계와 경제적 측면에서 손실이 발생할 수 있고, 교류 단절이 발생할 수 있다고 여긴다. 하지만, 비판적 시각을 가진 학자와 연구자 및 일반 시민들은 중국의 중화민족주의를 강하게 비판하기도 한다. 최근 중국에서 일고 있는 중화민족주의 행태를 한국이 직시해야 하는 것은 틀림없는 사실이다.

Korea와 관련된 내용을 구글 등에서 검색하면, 여전히 잘못된 정보를 세계의 많은 사람들에게 제공하고 있다는 것도 매우 큰 문제이다.

2022년 7월 애플사에서 자사 제품에 탑재된 지도에 백두산 천지 전체를 중국 영토로 표기된 것을 사이버 외교 사절단이 발견하고 애플사에 수정을 요구하였다. 이에 애플사는 백두산 천지를 북한과 중국의 영토로 나누어 표시하였다.

한국에서 중국을 안다는 것은 무엇일까? 중국을 제대로 안다는 것은 무엇일까? 사실 중국을 안다는 것도 분과 학문에 따라 다르다. 한국에게 눈에 보이는 실제 이익을 주는 것을 중점으로 두는 경우가 있다. 반면 눈에 보이지는 않지만, 한국에게 미치는 중요한 요소들이 무엇인지에 중점을 두는 경우가 있다. 그리고 가볍게 중국의 문화를 향유하고, 중국 주요 명소를 여행하고 관광하는 것에 둘 수도 있다.

중국에서 한국에 대한 이미지는 중국에서 지속적으로 진행되고 있는 '애국주의교육'에 의해 형성되고 있다. 교육을 통해 고대 한국 역사는 중국 역사이고, 중국의 속국이었다는 점을 강조하고 있다. 그리고 한국의 많은 전통문화가 중국의 영향을 받아 생성된 것이라고 가르치고 있다. 그러다 보니 중국의 젊은 세대들(MZ세대)들이 한국의 전통문화와 대중문화를 접할 때, 본인들이 알고 있는 사실과 충돌되다 보니, 한국에 대한 부정적인 시각이 증가하고 있다.

이를 한국에서는 간과해서는 안 된다. 중국에서 진행되고 있는 중화민족을 중심에 둔 역사와 문화 교육이 어떠한가를 반드시 알아야 한다.

이 책에서는 크게 두 개의 대주제로 분류하여 구성하였다. 제1부는 "한국이 알아야 할 중국의 꿈(중국몽)과 강군의 꿈(강군몽)"이다. 제2부는 "중국과 북한, 그리고 한국과 중국의 협력과 갈등"이다.

제1부에서는 "시진핑 신시대의 중국, 한국은 어떻게 대처해야 하는가?", "중국의 군사 대국화와 한반도", "환경문제에 대처하는 중국의

선택", "한중 수교 30년: 한국 기업의 대중 투자 변화의 역사"를 소개하고 있다.

제2부에서는 "한중 수교 30주년과 북한 문제 상관 관계", "한중 외교의 갈등과 화해 그리고 도전: 역사로부터의 경험", "한중 외교관계사 30년의 빛과 그림자", "한국 해양을 위협하는 중국: 한중 해양 문제와 중국 해양굴기"를 소개하고 있다.

끝으로 책을 출판할 수 있게 도움을 주신 경진출판 양정섭 대표님께 감사드린다.

2023년 1월
저자 일동

차례

제 1 부

한국이 알아야 할 중국의 꿈(중국몽)과 강군의 꿈(강군몽)

시진핑 국가주석이 이끄는 지금의 중국을 '신시대'라 부르며, 기존의 중국과는 다른 특색이 있는 중국이라 여긴다. 중국정부는 2035년에 사회주의 현대화를 기본적으로 건설하고, 2049년에 사회주의 현대화 강국 완성과 강대한 군 건설을 꿈꾸고 있다.

2022년 10월에 개최되었던 제20차 전국대표대회에서 시진핑은 업무보고를 하였는데, 보고 제목은 "중국 특색 사회주의의 위대한 기치를 높이 들고 사회주의 현대화 국가를 전면적으로 건설하기 위해 단결 분투하자"였다. 시진핑은 자신이 집권하였던 지난 10년간 중국이 이룬 성과를 "역사적 변혁"이라고 했다. 시진핑은 중국공산당의 권위 강화, 농촌 빈곤 퇴치, 경제 성장 등을 언급하면서, "당사(黨史), 신(新)중국사, 개혁개방사, 사회주의 발전사, 중화민족 발전사에서 이정표적인 의의를 가진다"고 하였다.

시진핑 신시대의 중국, 한국은 어떻게 대처해야 하는가?

공봉진

1. 들어가기: 시진핑 신시대에 접어든 중국

한국에는 중국을 지칭하는 말이 여러 개가 있다. 자주 사용되는 명칭으로는 '구중국', '신중국', '현대중국' 그리고 '신시대(새로운 시대) 중국'이다. 그리고 '중공', '자유중국', '중국' 등도 있다. 여기서 '중공'과 '중국'은 '중화인민공화국'을 가리키고, '자유중국'은 '중화민국' 즉 '대만(타이완)'을 가리킨다.

1949년 10월 1일 마오쩌둥(毛澤東)과 주더(朱德)를 중심으로 한 중국 공산당은 중화인민공화국('중국'이라 약칭)을 건국하였다. 학자들은 중국이 건국되기 이전의 중국을 '구중국', 건국 이후의 중국을 '신중국' 혹은 '현대중국'이라 불렀다. 그리고 최근에 많이 언급되는 '신시대 중국'은 시진핑(1953~)이 총서기가 된 2012년 이후의 중국을 가리킨다.

세계에서는 1978년 중국이 개혁개방을 천명하기 이전의 중국을 '죽의 장막'이라 불렀다. 한국에서는 1992년 8월 24일 중국과 수교를 맺기 전에는 '중공'이라 불렀다가 수교 이후에 '중국'이라 부르기 시작하였다. 중국과 수교하기 이전에 한국에서 '자유중국'이라 부르던 국가는 오늘날 '대만'을 가리킨다. 이렇게 중국을 지칭하는 단어가 많기 때문에, 중국을 지칭하는 단어에 담긴 의미를 잘 알아둘 필요가 있다. 특히 최근에 많이 언급되는 '신시대 중국'에 대해서는 그 의미를 잘 알아두어야 한다.

시진핑은 2017년 10월 제19차 전국대표대회 연설에서 "신시대 중국 특색 사회주의 사상(新時代中國特色社會主義思想)"을 처음으로 언급하였고, '시진핑 사상'으로 일컬어지는 "시진핑 신시대 중국 특색 사회주의 사상"이 제19차 전국대표대회에서 중국공산당 당장(黨章)에 삽입되었다. 뿐만 아니라 2018년 제12차 전국인민대표대회에서 '시진핑 신시대 중국 특색 사회주의 사상'이 헌법에 포함되었다.

시진핑은 2018년 3월 17일 헌법전에 손을 얹고 선서하였는데, 이는 헌법에 의거한 정치를 하겠다고 선언한 것이다. 여기에는 많은 의미가 내포되어 있다. 2018년 수정헌법에 국가주석의 '2기 10년' 연임제한이 없어졌는데, 이는 시진핑이 장기 집권을 할 수 있는 법적 근거를 마련한 것이다. 즉, 헌법에 의거한 장기집권을 선언한 것이다. '신시대 중국'은 중국공산당 영도가 개혁개방 이후에 출현한 어떤 지도부보다 더욱 강화되었음을 의미하고, 덩샤오핑(鄧小平)이 강조하였던 '사상해방'이 아닌 '사상통일'을 의미하기도 한다.

2013년 제5세대 지도자 시진핑이 국가주석이 된 이후, 시진핑은 기존의 중국과는 다르고, '중화민족의 위대한 부흥'이라는 '중국의 꿈'을 실현하기 위한 신시대의 중국이 도래하였다고 강조해 왔다. 시진핑이 집권한 이후 애국주의와 중화민족주의가 고조되었는데, 이는 교육정책과 언어정책에 그대로 드러나고 있다. 또 중국의 문화산업 정책에서도 뚜렷하게 표출되고 있다. 뿐만 아니라 중국정부는 '시진핑 사상'을 학교, 기업 및 사회에서 배우도록 지침을 내렸다.

2022년 10월 16일부터 22일까지 중국공산당 제20차 전국대표대회가 개최되었다. 그리고 23일 제20차 1중전회가 개최되면서, 제20대를 이끌어갈 중국공산당 중앙정치국 상무위원(7명)과 위원(24명) 및 중앙위원(205명)을 발표하였다.

중국공산당 중앙정치국 상무위원은 총 7명으로, 그동안에는 태자당, 공청단, 상하이방의 정치 계파들이 골고루 포함되었다. 그런데 이번에는 후진타오(胡錦濤)와 장쩌민(江澤民, 1926~2022) 계열은 포함되지 않았고, 모두 시자쥔(習家軍)이라 불리는 시진핑 계열 사람들로 구성되었다. 상무위원 7명이 2023년에 개최되는 제13차 전국인민대표대회에서 선출되는 국가주석, 국무원 총리 등이 될 사람들이다.

이번 제20차 전국대표대회가 끝난 이후 이슈가 된 것은, 후진타오가 회의 중에 끌려가는 듯한 모습의 퇴장이었다. 시진핑의 지시로 강제로 끌려가듯 나간 후진타오! 이와 관련하여 많은 말들이 회자되고 있다. 어떠한 이유가 있다 하더라도 이 장면은 많은 것을 시사한다. 원로정치인의 정치 관여가 끝이 났음을 의미한다. 또 공개적으로 공청단 계열의 상징적 인물인 제4세대 지도자 후진타오가 퇴장되면서, 공청단 계열 정치인들의 정치력이 쇠약하였음을 의미한다. 특히 후진타오 계열의 인물로 제6세대 지도부에 해당하는 후춘화(胡春華, 1963~)가 7명의 상무위원에 포함되지 않은 것은, 미래 중국 정치 판도가 어떻게 전개될 것인가를 예측하게 한다.

그런데 시진핑의 총서기 연임은 어느 정도 예상된 일이었다. 왜냐하면 2022년 8월에 베이다이허(北戴河)회의가 개최된 이후 전국대표대회가 10월에 정상적으로 개최되었다는 것은 시진핑 장기집권 등에 대해서 합의가 이루어졌다고 볼 수 있기 때문이다. 다만, 중앙정치국 상무위원 등에 대해서는 정치 계파 간의 합의가 있었다고는 볼 수 없다. 이는 후진타오의 퇴장과 관련지어 예측할 수 있다.

第20차 전국대표대회에서 개정된 중국공산당 당장이 공개되기 전까지는 시진핑의 완전한 권력 장악으로 해석되었다. 하지만 당장이 공개된 이후에는 중국 정치를 해석하는 시선이 약간 달라졌다. 중국 당장에 들어갈 것으로 보였던 '두 개의 확립(兩個確立)'이 빠졌고, '인민영수'라는 칭호가 빠졌기 때문이다. 그래서 언론에서는 시진핑이 중국공산당 내 권력을 완전히 장악하지 못하였다고 분석하기도 한다.

중국공산당이 영도하고, 시진핑을 포함한 시진핑 계열의 사람들이 중국 정치의 전면에 나서게 됨으로써, 그동안 시진핑이 강조해 왔던 중화민족주의가 더욱 강화될 것으로 보인다. 중국인뿐만 아니라 중국 내 외국 기업들에게 시진핑 사상을 학습하게 하고, 사회 통제를 더욱 강화할 것으로 보인다. 특히 신시대애국주의 교육을 통해 중국 청년들에게 애국심을 강요하고, 중화민족의 위대한 부흥을 완성하도록 민족주의를 강요하고 있는데, 이러한 것이 더욱 거세질 것으로 보인다. 이는 변함없이 진행될 것이기 때문에, 시진핑의 장기집권은 한국에 도움이 되지 않는 상황이다.

어쩌면 시진핑이 생각하는 방향으로 중국과 중국공산당은 가지 못할 수도 있다. 그래서 시진핑의 장기 집권이 중국의 민주화를 앞당길 수 있다고 할 수 있다. 중국 내 시진핑의 장기 집권을 독재로 간주하고 시진핑을 비판하는 대자보나 현수막이 붙은 게 발견되었고, 이를 지지하는 사람들이 늘고 있다. 물론 이전에도 시진핑을 비판하는 지식인과 학생들이 있었지만, 지금처럼 여러 지역과 세계로 확산되지는 않았다. 시진핑의 장기집권과 독재가 심해질수록, 중국 내에서 민주화를 염원하는 사람들이 증가할 것이기 때문에, 앞으로 중국 사회의 변동이 급속하게 일어날 것으로 보인다.

그래서 시진핑의 장기집권과 관련하여 많은 생각을 갖게 하는 2022년이다. 그리고 몇 가지 질문과 생각을 던져 본다.

"시진핑이 생각하는 새로운 중국, 중국 인민이 생각하는 새로운 중국"은 같을까?

"장밋빛 중국의 미래인가? 암울한 중국의 미래인가?"

"인민의 자각을 불러오는 출발점인가?"

"후진하는 중국 지도부인가, 전진해야 하는 중국 인민인가!"

"시진핑이 두려워하는 것은 중국 인민의 자각이다."

"시진핑의 장기 집권은 중국 내 민주화를 물꼬를 틀게 될 것이다."

시진핑의 독재는 중국 내 새로운 중국을 꿈꾸는 사람을 늘게 한다. 시진핑이 꿈꾸는 '신시대의 중국'과 중국 인민이 꿈꾸는 '개혁의 중국'은 다르다. 2022년 중국에는 중국정부를 비판하는 시위가 많고, 계속 증가하고 있다. '백지(白紙)혁명'이라 불리는 중국인들의 시위는 학생, 지식인, 일반 시민 등이 참여함으로써 규모가 커졌다.

시진핑이 두려워하는 중국 내 민주주의는 생각보다 빠를 수 있다. 이는 시진핑 스스로 자초한 일이다. 시진핑은 중화민족을 내세우며 부강한 중국을 완성하고자 자신이 지도자로 있어야 한다고 여기겠지만, 사실은 봉건 시대의 황제로 비유되고 있기 때문에, 앞으로 중국 인민은 그것을 허락하지 않을 것이다. 후진타오가 중국에서 조명받는 이유가 무엇인지 시진핑은 생각해 봐야 한다. 시진핑과 시진핑을 추종하는 세력들은 왜 무리한 결정을 하였을까?

2. 제20차 전국대표대회, 중국 귀로에 서다

2022년은 1949년 이후의 중국 역사에서 중요한 한 해로 기억될 것이다. 왜냐하면 시진핑의 장기 집권을 확립하는 해이기 때문이다. 그리고 먼 훗날 중국의 민주주의 불씨가 또다시 살아난 해로 기록될 것이다. 물론 후자는 중국 인민이 자발적으로 바꾸어야만 가능하다.

2022년 10월에 개최되었던 제20차 전국대표대회에서 시진핑의 세 번째 집권이 결정되었다. 시진핑은 2012년 이래로 3회 연임하는 총서기가 되었고, 2023년에는 국가주석으로 선출될 것으로 전망되고 있다. 이를 두고, 머지않아 중국공산당 당주석직이 부활할 것이라고 전망하는 사람도 다수 있다.

시진핑은 폐막 연설에서 "이번 대회는 사상을 통일하고, 믿음을 확고히 다지고, 방향을 명확히 하며, 투지를 북돋우는 목적을 달성함으로써 원만한 성공을 이루었다"고 하면서 '사상통일'을 강조하였다. 이는 덩샤오핑이 강조하였던 '사상해방'과는 차이가 있다. 덩샤오핑은 개혁개방을 천명한 이후, '사상해방'을 강조하였는데, 시진핑은 '사상통일'을 강조한 것이다. 이는 곧, 중국 정치에서 늘 강조해 왔던 '사상해방'의 시대는 지나갔고, '사상통일'의 시대가 도래하였음을 선포한 것이다. '사상통일'에서 사상은 '시진핑 사상'을 의미한다고 할 수 있다.

중국 정치에서 중국 지도자를 세대별로 구분해 왔다. 이는 덩샤오핑이 마오쩌둥을 제1세대 지도자로 언급하고, 자신을 제2세대 지도부로 지칭하면서부터 시작되었다. 이후, 장쩌민을 제3세대 지도자, 후진타오를 제4세대 지도자, 시진핑을 제5세대 지도자로 구분하였다. 그렇다면, 2022년은 '제6세대 지도부'를 결정하는 해였다. 그동안 언급되어 왔던 후춘화 등의 6세대 지도부가 중국 정치 전면에 나와야 하였다. 그런데 제6세대 지도부를 결정하는 것이 아니라 시진핑의 장기 집권을 확인하는 해가 되었다. 이는 2018년에 헌법을 개정할 때부터 이미 시진핑의 장기 집권을 전망해 왔다.

제20차 전국대표대회는 2022년 10월 16일부터 22일까지 개최되었다. 그리고 10월 23일에 개최되었던 제20차 제1중전회에서 차기 지도부를 발표하였다. 이때 상무위원 7명이 발표되었는데, 시진핑을 제외한 6명 모두 시진핑 계열의 사람인 시자쥔이었다. 후진타오 계열로 일컬어지는 후춘화는 상무위원에 포함되지 않았다. 2017년에 개최되었던 제19차 전국대표대회에서는 공청단 계열의 사람이 포함되었는데, 이번에 포함되지 않은 것은 이미 예상된 일이었다.

한 국가의 흥망성쇠(興亡盛衰)는 여러 이유가 있겠지만, 대부분은 지도자의 올바른 판단과 잘못된 판단으로 나타난다. 흥하고 성하는 것은 어렵지만 망하거나 쇠하는 것은 한순간에 찾아온다. 오늘날 살아가는 동안 한 국가가 분열되거나 망하는 경우는 쉽게 볼 수 없다. 하지만, 1990년대 초에 미국과 양강 체제를 이루었던 소련이 붕괴되는 것을 목도하였다. 1991년 12월 26일 소련이 사라지면서 소련으로부터 독립한 국가들이 많이 있었다.

그렇기 때문에 역사에서 배우던 한 국가의 몰락은 역사책에만 존재하는 것이 아니라 현재에도 존재하고 있다. 어쩌면 현재에도 망하거나 쇠할 조짐을 보이는 국가들이 있을 수 있고, 기존의 체제와는 다르게 변할 국가들도 있다. 사람들은 항상 역사의 현장에서 살아가고 있지만, 최근 세계에서 일어나고 있는 현상은 사람들이 쉽게 볼 수 없는 것들을 목도하고 있는 것이다. 역사 교과서에서 볼 수 있는 한 국가의 멸망 징조를 몸소 직접 체험하고 있는 것이다.

한 국가의 생명이 다함을 어쩌면 쉽게 볼 수 있는 날들이 올 수 있다. 과거 제국주의 국가들에 의해 주권을 빼앗기는 시대는 아니다. 하지만 경제나 외교에서 특정 국가로부터 속박을 받고 있는 국가가 많다. 그러한 국가들은 빠른 시간 내에 속박하고 있는 국가로부터 벗어날 수 있어야 한다.

동북아시아에는 세계적으로 국력이 강한 나라들이 모여 있거나 세력이 미치는 지역이다. 대표적인 국가로 중국·한국·일본이 있고, 미국과 러시아가 강한 영향력을 미치고 있다. 2022년 10월 미국 시사 전문지 US뉴스는 글로벌 마케팅 기업 VMLY&R의 계열사 BAV그룹, 펜실베이니아대 경영대학원(와튼스쿨)과 공동으로 조사한 〈2022년 전 세계 최고의 국가〉 순위를 소개하였다. 전 세계 국력 1위는 미국이었으며 2위는 중국, 3위는 러시아, 4위는 독일, 5위는 영국, 6위는 한국, 7위는 프랑스, 8위는 일본이었다.[1)]

이들 국가 중 자민족주의를 강하게 표출하고 있는 중국과 일본은 한국의 역사와 문화 및 안보를 위협하고 있다. 특히 중국에서 일고 있는 중화민족주의는 한국의 역사와 문화뿐만 아니라 민족정체성을 부정하거나 왜곡하고 있으며 또 훼손하고 있다. 2002년부터 2007년까지 진행되었다는 동북공정이 중국에서 현재에도 진행되고 있고, 한국의 역사와 문화 및 민족정체성을 부정하거나 훼손하는 정도가 더욱

---

1) 최고의 국가(Best Countries) 순위는 전 세계 1만 7000여 명을 대상으로 세계 85개국에 대한 평가를 매기도록 해 작성됐다. 참가자들은 "모험성, 민첩·역동성, 문화적 영향, 기업가 정신, 문화적 유산, 이동 인구, 기업 개방성, 국력, 삶의 질, 사회적 목적 등" 10개 분야를 놓고 85개국의 순위를 매겼다. 한국은 특히 국력(Power) 부문에서 6위를 기록하였다. 이는 전년 대비 2계단 상승한 순위다. 국력 분야 세부 항목에서 우리나라는 "수출호조 84점, 경제적 영향 79.8점, 군사력 79.1점, 국제 외교 66.4점, 정치적 영향력 48.6점, 리더십 역량 22.5점 등"을 획득, 종합 64.7점을 기록하였다. 「[더차트] 한국, 日 제치고 '국력' 세계 6위…美·中 역전됐을까」(https://lrl.kr/DXcG, 검색일: 2022.10.16).

심해지고 있다.

지금 중국은 선택의 기로에 서 있다. 후진타오가 말하였던 인민이 근본이 되는 중국으로 갈 것인지, 아니면 시진핑이 더욱 강조하는 중국공산당이 영도하는 중국으로 갈 것인지 선택을 해야 한다. 물론 후진타오도 중국공산당의 영도를 버린 것은 아니지만, 시진핑처럼 심각할 정도로 전면에 내세우지는 않았다.

2022년 제20차 전국대표대회에서 확정된 시진핑의 세 번째 집권은 시진핑의 권력이 더욱 굳건해졌고, 정적인 상하이방과 공청단의 몰락을 보여주는 것이라고 해석한다. 하지만 전국대표대회가 개최되기 전에 중국과 세계에서 일었던 시진핑을 비판하는 대자보 등을 시진핑은 간과해서는 안 될 것이다.

마오쩌둥은 “작은 불씨가 들판을 태우다(星星之火 可以燎原)”라고 하였다. 이는 정강산혁명박물관(井岡山革命博物館) 입구에 새겨져 있는 문구로, 정강산에서 시작된 중국공산당의 혁명을 상징하는 글귀다.

2022년의 중국에서 발견되는 중국 지도부를 비판하는 대자보는 중국 체제의 변화를 알리는 글귀라고 할 수 있다. 이는 시진핑의 장기 집권을 독재라고 보고 있는 중국 인민들의 깨우침을 분명하게 보여주는 현상이라 할 수 있다. 이러한 현상은 앞으로 중국에서 일어날 민주화 운동의 서막인 셈이다. 1989년 6.4천안문사건을 ‘민주화운동’이라고 기록될 날이 멀지 않았음을 보여주는 2022년이다.

권력을 탐하는 사람들은 “내가 아니면 안 된다”라는 생각을 가진다. 이런 생각을 가진 사람들은 ‘우공이산(愚公移山)’의 정신을 잊어버린 것이다. 시진핑은 자신이 장기 집권을 하여 ‘중화민족의 위대한 부흥’이라는 ‘중국의 꿈’을 이루겠다는 것이다. 그래서 헌법을 수정하였고, 시진핑이 집권한 시기를 ‘신시대(새로운 시대) 중국’이라 명명하였다.

정치권력이 분산되고 정치 시스템이 체계화되어 가던 것을 시진핑이 문화대혁명이 종결되기 이전으로 되돌려 놓았다. 2012년부터 시작된 중국의 어두운 그림자는 10년이라는 시간이 흐르는 동안 더 짙어지고 있다.

미래의 중국을 위해 시진핑은 청년의 역할을 강조하고 있다. 그들에게 애국심을 갖도록 하고, 중화민족주의를 표출하게 하고 있다. 시진핑 정부는 중국인들에게 시진핑의 연설을 외우고 공부하면서 시진핑 사상을 익히도록 하고 있다. 사교육이 주는 영향력을 줄이기 위해 사교육을 금지시키면서 아이들의 자유로운 사고를 갖지 못하도록 강요하고 있다. 중국정부는 애니메이션이나 드라마 등의 작품에 '사회주의핵심가치관(社會主義核心價值觀)'이 드러나도록 하면서, '시진핑 사상' 배우기를 강요하고 있다.

하지만 다양한 매체를 통해 자유로운 사고를 접하는 사람들은 시진핑 정부의 독재를 비판하기 시작하였다. 인터넷을 통제하고 언론을 통제하더라도 모두 막을 수 없다는 것을 시진핑은 언제쯤 알까?

3. '구중국'을 대신한 '신중국', '신시대 중국'이 아닌 도로 '구중국'

마오쩌둥에게 권력이 집중되면서 발생한 문화대혁명 같은 사건이 일어나지 않도록 덩샤오핑 등 개혁개방 이후의 중국 지도자들은 당주석 제도를 없애고, '집단지도체제(集體領導)'와 '격대지정(隔代指定)' 등과 같은 시스템을 만들었다고 할 수 있다. 그런데 시진핑이 집권하면서 시진핑에게 권력이 집중되고 헌법을 통해 정치 시스템을 바꾸어

버렸다.

시진핑은 자신이 집권한 이후의 중국을 '신시대 중국'이라 부르고 있다. 제2세대 지도부에서 제3세대 지도부로 넘어가던 시기, 그리고 제3세대 지도부에서 제4세대 지도부로 넘어가던 시기에 형성된 중국 정치 시스템의 변화를 시진핑이 바꾸었다. 시진핑이 집권하면서 국무원 총리의 역할을 국가주석인 자신이 담당하고, 국가기구에 속하던 것을 중국공산당 산하에 두는 등 중국공산당을 중심으로 한 정치 운용을 강화하고 있다.

시진핑이 집권한 이래로, 집단지도체제라든가, '격대지정'이라든가 하는 중요한 시스템이 붕괴되었다. 뿐만 아니라 '70세 퇴임'과 '7상8하' 등도 지켜지지 않고 있다.

중국 정치에서 언급되는 '격대지정' '70세 퇴임' '7상8하' 등의 관례라는 것이 왜 생겨났는가? 이 모두 제3세대 지도자인 장쩌민과 관련이 있다. 덩샤오핑에서 장쩌민으로 권력이 넘어가는 과정에서 장쩌민에게 권력을 이양하고, 장쩌민이 권력을 장악하는 과정에서 생겨났고, 장쩌민이 물러난 뒤에도 권력을 장악하기 위해 생겨난 것이다. 즉, 특정 인물이 부각되고, 권력을 장악하는 과정에서 생겨난 것이다.

격대지정은 덩샤오핑이 장쩌민을 후계자로, 후진타오를 그 다음 후계자로 지명하면서 시작되었다. 즉, 격대지정은 덩샤오핑이 당시 상하이 당서기로 있는 장쩌민을 후계자로 정하면서, 후계 선정 작업을 통해 정치 안정화를 기할 목적으로 '집단지도체제'와 '격대지정'을 만들었다.

'70세 퇴임'과 '7상8하'는 장쩌민이 정적을 제거하기 위해 적용되었던 것이다. '70세 퇴임'은 상무위원이 70세를 넘겨 연임할 수 없게 한 내부 규정이다. 1997년 제15차 전국대표대회에서 장쩌민이 자신의 경쟁자로 여기며 당내 지지도가 높았던 당시 전국인민대표대회 상무위원회 위원장이던 차오스(喬石, 1924~2015)를 정치 일선에서 물러나게 하기 위해서 이 규칙을 내세웠다. 그리고 '7상8하'는 2002년 제16차 전국대표대회가 개최될 당시 중국인민정치협상회의의 주석이었던 리루이환(李瑞環, 1934~)을 정치 일선에서 물러나게 하기 위한 것이었다. 퇴임을 앞둔 장쩌민은 지속적인 국정 장악을 하기 위해 리루이환에게 '7상8하' 원칙을 내세워 퇴임시킨 것이었다.

그런데, 이러한 규정은 강력한 정치세력을 가진 자가 생겨나게 되면 폐기될 수 있는 것이었다. 이를 시진핑이 한 것이다. 심지어 시진핑은 헌법을 수정하고, 법률을 제정하면서 장기집권을 구상하였고, 자신의 최측근들을 권력 중심으로 끌어넣었다.

시진핑 총서기는 2022년 10월 23일 제20차 1중전회에서 당 지도부 선출이 끝난 후 내외신 기자회견장에 들어섰다. 시진핑 뒤를 이어 중앙정치국 상무위원이 된 리창(李强, 1959~ ; 현 상하이 서기), 자오러지(趙樂際, 1957~ ; 현 중앙기율검사위원회 서기), 왕후닝(王滬寧, 1955~ ; 현 중앙서기처 서기), 차이치(蔡奇, 1955~ ; 현 베이징시 당서기), 딩쉐샹(丁薛祥, 1962~ ; 현 당 중앙판공청 주임), 리시(李希, 1956~ ; 현 광둥성 당서기)가 들어섰다. 이들의 이름이 불린 순서는 당내 서열을 의미하기도 한다. 기존의 상무위원인 자오러지와 왕후닝을 제외하고, 새롭게 상무위원이 된 리창, 차이치, 딩쉐샹, 리시는 시진핑의 측근들이다.

이전의 상무위원 구성은 상하이방, 공청단, 태자당의 계파가 포함되어 있었다. 하지만 이번에 결정된 상무위원은 모두 시진핑 계열의 사람을 지칭하는 시자쥔이다. 특히 시진핑의 심복으로 알려진 리창 상하이 서기는 2023년 3월에 개최될 제13차 전국인민대표대회에서 국무원 총리로 지명될 것으로 전망하고 있다.

베이징시 당서기인 차이치는 시진핑의 최측근으로 알려진 인물로, 이번에 예상을 깨고 상무위원이 되었고, 중앙서기처 서기로 임명되었다. 광둥성 당서기인 리시는 이번에 중앙기율검사위원회 서기에 임명되었다. 현재 중앙기율검사위원회 서기인 자오러지는 제13차 전국인민대표대회에서 전국인민대표대회 상무위원회 위원장으로 임명될 전망이다. 또 중앙서기처 서기인 왕후닝은 중국인민정치협상회의 주석에 임명될 전망이고, 중앙판공청 주임인 딩쉐샹은 상무부총리로 임명될 것으로 전망되고 있다.

문제는 국가부주석이 누가 되느냐 하는 것이다. 국가부주석은 보통 중앙정치국 상무위원 중 1명이 되는 것이 관례였으나, 이 관례는 이미 깨어진 지 오래되었다. 현재 국가부주석인 왕치산(王岐山, 1948~)이냐 아니면 새로운 인물이냐, 그리고 시자쥔 계열이냐 아니면 공청단 계열이냐를 주목해야 하는 상황이다.

중앙정치국 위원의 숫자도 25명에서 1명이 줄어든 24명이 되었다. 임명된 24명 중에는 여성이 1명도 없어서, 여성들의 정치 참여가 계속해서 줄어들고 있는 상황이다.

2022년의 제20차 전국대표대회는 전 세계로부터 주목받고 있는 상황이었다. 이때 시진핑의 연임이 확정될 것이냐가 관심사였고, 중앙정치국 상무위원의 분포에도 관심이 많았다.

중국 정치권에 적용되고 있는 '70세 퇴임'과 '7상8하'의 규정은 이미 오래전부터 깨져 있었고, 이러한 규정은 언제든지 깨질 것이었기 때문에, 시진핑 계열의 사람이면 이 규정과는 상관이 없는 것이고, 공청단 계열이나 상하이방 계열이라면 이 규정에 적용될 것이기 때문이다.

그래서 '능상능하(能上能下)'라는 말도 등장하였던 것이다. 2022년

9월 19일 중국공산당 중앙판공청은 〈영도 간부의 능상능하 추진 규정(推進領導干部能上能下規定)〉 수정안을 발표하였다. 당의 고위 간부에 대해 능력에 따라 올리고 내리는 인사를 하겠다는 것이다. 그런데 이 규정이 처음 만들어진 것은 2015년이었다. 2015년 6월 26일 중공중앙 정치국 회의에서 〈영도 간부의 능상능하 추진 규정〉을 심의 비준하였고, 동년 7월 19일에 중공 중앙판공청이 발표하였다.[2] 이 규정의 등장은 그동안 적용해 왔던 '70세 퇴임'과 '7상8하' 원칙을 더 이상 적용하지 않겠다는 의미를 지닌다. 실질적으로 2018년 제12차 전국인민대표대회에서 왕치산을 국가부주석으로 임명한 것이 대표적인 사례라 할 수 있다.

시진핑은 중국공산당 내에서 상하이방과 공청단 세력을 약화시키면서 자신의 권력을 강화해 왔다. 또 헌법과 법률에 의거한 정치를 강조하면서 잠재적인 정치세력도 제거해 왔다. 이는 시진핑 계열의 사람도 예외는 아니었다. 특히 자신의 권좌에 도전할 만한 측근 인물이라든가 부정부패에 연루된 인물이라면 가차 없이 제거하고 있다. 현재 부패와 관련 있는 국가부주석인 왕치산도 2023년 제13차 전국인민대표대회에서 낙마할 가능성이 전망되는 것도 무리는 아니다.

시진핑은 자신의 계열에 속하는 사람뿐만 아니라 상하이방, 태자당, 공청단 등의 세력을 약화시키고 있다. 그리고 시자쥔에 속하는 사람들은 중국공산당과 국가기구의 여러 분야에서 중용되고 있다. 물론 시자쥔으로 불리는 사람들 중에서 상무위원이 될 것으로 전망되었으나 되지 못한 사람도 있다. 대표적인 인물이 제6세대 지도부에

2) 中共中央辦公廳印發, 『推進領導干部能上能下規定』(https://lrl.kr/bQdz, 검색일: 2022. 10.27).

속하는 '시진핑의 필사'라 불리는 천민얼(陳敏爾, 1960~)이다. 그리고 현 국가부주석인 왕치산도 상무위원이 되지 못하였다. 중국 정치에서 명목상의 서열은 2위이고, 실질적인 서열은 3위인 전국인민대표대회 상무위원회 위원장인 리잔수(栗戰書, 1950~)도 퇴임할 것으로 보인다. 리잔수는 시진핑 정부의 1기 시절, 반부패 투쟁을 주도하였고, 저우융캉(周永康) 전 중앙정치국 상무위원과 링지화(令計畫) 전 당중앙판공청 주임 등 시진핑의 정적이었던 거물급 정치인들을 실각시키고, 시진핑에 대한 권력 집중을 진행하였던 인물이다.

2022년부터 2027년까지 이끌어갈 중국공산당의 주요 지도부 명단에는 리커창(李克强, 1955~) 현 국무원 총리, 왕양(汪洋, 1955~) 현 정협 주석, 후춘화 부총리 등 공청단 계열의 사람의 이름이 없었다. 게다가 상하이방 계열인 한정(韓正, 1954~) 상무부총리도 물러날 것으로 보이기 때문에, 시진핑 계열이 중국공산당과 중국 정치를 완전히 장악하였다고 볼 수 있다. 다만, 당내 반발을 줄이기 위해 국가부주석이나 부총리직에는 공청단 계열이나 상하이방 계열의 사람이 임명될 수도 있다.

제20차 전국대표대회에서 당장이 개정되었다. 당장 개정 안에는 "시진핑 주석의 핵심 지위 및 당 중앙의 권위와 집중통일영도를 수호한다"는 의미의 '두 개의 수호(兩個維護)'라는 용어가 들어갔다. 이 용어는 제19차 6중 전회에서 〈중공중앙의 100년 분투 중대 성취와 역사 경험에 관한 중공 중앙의 결의(中共中央關於黨的百年奮鬪重大成就和歷史經驗的決議)〉에서 통과된 내용에서 잘 나타난다. 〈결의〉에서 "당은 시진핑 동지의 당중앙과 전당의 핵심으로서의 지위를 확립하고, 시진핑 신시대 중국 특색의 사회주의 사상의 지도적 지위를 확립하는 것은 전당·전군·전국 인민공동체의 공통된 염원을 반영한 것이다. 신시대의 당과 국가사업 발전, 중화민족의 위대한 부흥이라는 역사적인 추진에 결정적인 의미를 지닌다"라고 하였다. 그리고 〈결의〉에서는 "시진핑 신시대 중국 특색 사회주의 사상은 당대 중국 마르크스주의, 21세기 마르크스주의, 중화 문화와 중국 정신의 시대적 정수로 마르크스주의 중국화의 새로운 도약을 이뤄냈다"라고 평가하였다.[3]

그런데 제20차 전국대표대회 보고에서 언급되었던 "당 핵심으로서 시진핑의 지위 확립과 시진핑 사상의 지도적 지위 확립"을 의미하는 '두 개의 확립'은 당장에 들어가지 못하였다. 또 '인민 영수'라는 용어도 당장에 들어가지 못하였다. 제20차 전국대표대회에서 많은 대표들이 시진핑을 '인민 영수'로 칭하다 보니, 마오쩌둥 반열에 올라섰다고 평가하는 사람도 있다. 그런데, 당장에 들어가지 못하였다는 것은 시진핑을 견제하는 세력이 여전히 남아 있음을 의미한다. 만약 '인민 영수'라는 칭호가 반복해서 사용된다면, 시진핑의 권력이 과거 마오쩌둥의 직위였던 '당주석'이라는 직위가 부활할 것으로 예측할 수 있다.

4. 진정한 주인이 되어야 일어서야 중국 인민, 일어설까?

중국의 국가(國歌) 앞부분에 "일어나라 노예되기 싫은 사람들아 우리의 피와 살로 우리의 새 장성을 쌓자(起來 不願做奴隸的人們 把我們的血肉 築城我們新的長城)"라는 구절이 있다. 과거 봉건 사회를 무너뜨리고 새로운 중국을 원하던 시기의 문구다. 그런데, 이 문구에서 "노예되기

3) 「深刻把握"兩個確立" 堅决做到"兩個維護"」(https://lrl.kr/bqcE, 검색일: 2022.10.27).

싫은 사람들은 일어나라"는 내용은 지금 중국 사회에 필요하다고 할 수 있다.

국가마다 자신의 국가 성격에 따라 체제를 선택할 수 있다. 그런데 과거에는 지도자들이 선택하였다면, 지금은 국민이 선택할 수 있다. 아니 국민이 선택하고 있다. 과거의 권위적인 지도자들의 모습을 갖고 있는 사람들은 오랫동안 정치를 하긴 어렵다.

중국은 중국공산당에 의해 세워진 국가이기 때문에, 중국공산당이 모든 분야를 장악하고 있다. 주요 정치인들의 사상과 이론을 배우고 실천하는 것도 중국 사회의 특징이다. 그런데, "유연한 자세로 시대변화에 알맞게 대처해야" 한다는 의미를 지닌 '여시구진(與時俱進)'이라고 하였던가? 중국공산당도 '여시구진'해야 할 때이다.

시진핑은 시대를 읽지 못하면 모든 것을 잃을 수 있다. 물론 시진핑은 시대의 흐름을 제대로 읽었기 때문에 '중화민족의 위대한 부흥'의 성공을 위한 중국공산당의 영도가 더욱 중요하고, 자신이 직접 중국을 이끌어야 한다고 생각할 수 있다. 하지만 이러한 시진핑의 생각이 중국인이 염원하는 중국이 나아가야 하는 시대적 상황과 맞지 않을 수도 있다.

"시대와 함께 나아간다."라는 의미로도 해석되어지는 '여시구진'은 제3세대 지도자 장쩌민이 말한 이후로 늘 회자되는 말이다. 물론 '여시구진'이라는 말은 장쩌민 이전에도 있었다. '여시구진'은 차이위안페이(蔡元培)가 『중국이론학사(中國理論學史)』에서 한 말로 "시대 조류에 맞춰 나가자"는 뜻이다. 당시 장쩌민은 어떤 의도로 이 말을 하였을까?

중국공산당의 역할이 어느 정도냐 하는 것도 시대에 따라 바뀌어야 할 것이다. 그런데 시진핑이 집권한 이후로 중국공산당은 중국 정치의 전면에 나섰다. '당의 영도'라는 말은 중국정치에서 쉽게 볼 수 있었다. 하지만 후진타오가 집권한 이래로 국가주석과 국무원 총리의 역할이 명확하게 구분되기 시작하였다. 그런데 시진핑이 한꺼번에 중국공산당 총서기와 중앙군사위원회 주석 및 국가주석을 맡게 되면서 달라지기 시작하였다. 이는 불과 약 10년 전의 일이다.

그동안 서방 사회는 중국의 인권과 종교 문제로 늘 중국을 비판하였다. 특히 시진핑 정부가 들어섰을 때 서방 사회는 중국의 변화를 촉구하였다. 이때 시진핑은 서방 사회의 주장을 내정간섭이라며 '신발론'과 '탱자론'을 거론하면서, 단호한 입장을 보였다. 시진핑은 중국의 안보와 안전을 강조하면서 자신의 정치 입지를 강화하기 시작하였다. 그리고 당의 영도를 앞세우며 국무원 총리가 갖고 있던 권한들을 시진핑에게 집중되기 시작하였고, 불과 몇 년 만에 권력을 완전히 장악하면서 '시리조합(習李組合, 시진핑－리커창 조합)'이라는 말을 완전히 사라지게 하였다. 시진핑에게 집중된 권력은 국무원 총리 리커창을 허수아비 총리로 만들었다. 2018년 두 번째 집권 시기에는 왕치산을 국가부주석으로 임명하면서 시진핑의 장기 집권을 노골적으로 보여주었다. 두 번째 집권 시기의 국가부주석은 보통 차기 국가주석임을 의미하는데, 시진핑은 자신의 정치 세력을 전면에 내세웠다.

제20차 전국대표대회의 폐막식에서 중국공산당 상무위원과 정치국원 등의 투표가 진행되는 과정에서 후진타오가 끌려나가는 듯한 모습이 공개되었다. 이는 시진핑이 전권을 장악한 것으로 해석하지만 또 다른 한편으로는 중국인이 일어서는 장면이기도 하다.[4]

---

4) 「[월드리포트] 실체 드러나는 후진타오 퇴장의 진실」(https://lrl.kr/iYCn, 검색일: 2022. 10.27).

2022년에 들어와 시진핑을 비판하는 사례가 부쩍 늘어났다. 이전에도 해음(諧音)을 통해 중국 정치를 비판하는 사례가 있었지만, 2022년처럼 직접적이거나 노골적이지는 않았다. 특히 2022년 10월에 개최되는 제20차 전국대표대회를 앞두고 발생한 시진핑을 비판하는 현수막이나 벽서는 중국 사회 변동의 시작점이라 평가할 만하다. 10월 13일 오전에 베이징 천안문 광장 북서쪽 하이뎬구(海淀區)의 한 고가도로인 쓰통차오(四通橋)에 붉은 글씨로 쓴 두 장의 현수막이 게시되었다.

하이뎬구는 베이징에서 대학이 대부분 몰려 있는 '특별 교육구'이다. 이 지역에는 베이징대학교, 인민대학교, 칭화대학교 등 많은 대학이 있다. 두 개의 현수막 중 한 현수막에는 "핵산(코로나 검사)이 아닌 밥을 원한다(不要核酸要吃飯). 봉쇄 통제가 아닌 자유를 원한다(不要封控要自由). 거짓말이 아닌 존엄을 원한다(不要謊言要尊嚴). 문혁이 아닌 개혁을 원한다(不要文革要改革). 영수가 아닌 투표를 원한다(不要領袖要選票). 노예가 아닌 공민을 원한다(不做奴才做公民)"라는 내용이 적혀 있었다. 다른 현수막에는 "수업거부, 업무거부, 파면 독재자 매국노 시진핑(罷工罷課罷免獨裁國賊習近平)"이라고 쓰여 있었다.

뿐만 아니라, 현수막이 붙은 이후에 영상 하나가 공개되었는데, 이 영상에는 베이징 시내 교차로에서 시진핑 타도를 외치는 남성이 등장하였다. 그는 "국가주석 임기 제한 폐지 헌법개정을 반대한다. 시진핑을 타도하라"라고 외쳤다. 이 영상은 2018년 것으로 추정되는데, 제20차 전국대표대회 개막식이 열리는 날에 SNS상에 올려졌다. 시진핑 정부를 비판하는 현수막이 걸린 뒤에, 시진핑 정부를 비판하는 글과 사진이 잇따라 SNS상에 올려졌다.

시진핑을 비판하는 글들은 베이징뿐만 아니라 중국의 여러 지역에서 공개되었다. 산시성(섬서성) 시안(西安)의 한 버스 정류소에는 벽보가 붙어 있었는데, 이 벽보 내용은 베이징 고가도로에 걸려 있던 현수막에 적혀 있는 내용이었다. 게다가 미국과 호주 등 해외에서도 시진핑을 비판하는 글에 동조하는 글들이 공개되었다. 해외 인스타그램 계정 '중국의 목소리(VOCN)'에는 미국, 영국, 호주 등 세계 각지 대학에서 찍힌 시진핑 국가주석을 비판하는 글이 담긴 사진들이 수십 장 올라왔다.[5]

중국의 화장실에도 시진핑을 비판하는 글이 발견되었다. 중국영화자료관의 한 화장실 벽에는 큰 검은색 글씨로 '독재 반대'라는 글이 발견되었다. 또 쓰촨성 청두(成都)의 한 화장실 벽에서는 '8964'가 포함된 낙서가 등장하였는데, 청두뿐만 아니라 여러 도시의 화장실에서 '8964'라는 문구가 발견되었다. 여기서 '8964'는 '1989년 6월 4일 천안문사건'을 이르는 말이다. 중국인들이 낙서를 통해 시진핑을 비판하고 있는 것이다. 이를 '낙서혁명'이라고도 지칭하기도 한다. 네덜란드 로테르담 차이나타운 등에 시진핑을 비판하는 포스터 100여 개를 부착한 대학 졸업생 이본 리도 "중국 관련 뉴스를 읽을 때마다 무력감에 휩싸였지만 최근 베이징 현수막 게재 뉴스를 보고 희망을 깨달았다"고 말하였다. 3만 3,000명의 팔로워를 가진 인스타그램 계정 'Citizensdailycn'은 최근 시진핑 국가주석을 비판하는 포스터가 전

5) 「중국 화장실 곳곳 텐안문 상징 '8964' 낙서..대학생들 反시진핑 목소리 낸다」(https://lrl.kr/0bR, 검색일: 2022.10.27).

세계 320개 대학에서 목격됐다고 집계하였다.[6]

중국 남서부의 한 대학을 졸업한 천치앙은 미국 CNN방송에 "공중 화장실 칸막이에 '독재 대신 투표를, 노예 대신 공민을'이라고 쓰고 나왔다"며 "화장실 같은 곳에서만 정치적 견해를 표현할 수 있을 정도로 억압받는 현실이 가슴 아프다"고 말하였다. 그는 또 "(중국의 변화를 위해) 우리가 할 수 있는 일을 해야 한다. 나는 중국을 사랑하지 공산당을 사랑하는 것은 아니다"라며 "화장실 같은 곳에 들어와야만 솔직한 정치적 견해를 표현할 수 있는 현실이 슬프다"고 말하였다.[7]

이후 중국정부는 소셜미디어 플랫폼의 검색어를 제한하였다. 특히 중국판 트위터 격인 웨이보(微博)에서는 시위 장소인 '쓰통차오(四通橋)'가 제한되었다. 게다가 10월 14일에는 잠시 동안 웨이보에서 베이징의 영문 표기인 'Beijing'이라는 단어도 검색이 차단되었다.

대만 중앙통신은 10월 23일 밤 상하이 샹양베이루(襄陽北路)에서 젊은 여성 2명이 현수막을 들고 행진을 하였다고 보도하였다. 소셜미디어에 공개된 이들 동영상을 보면, 이들은 '인터내셔널가(國際歌)'[8]를

---

6) 「중국 화장실 곳곳 톈안문 상징 '8964' 낙서..대학생들 反시진핑 목소리 낸다」(https://lrl.kr/0bR, 검색일: 2022.10.27).

7) 「시진핑의 탄압이 두려운 중국인들, 화장실 벽에 저항 메시지 남긴다」(https://lrl.kr/iYs8, 검색일: 2022.10.27).

8) 인터내셔널가(The Internationale)는 노동자 해방과 사회적 평등을 담고 있는 민중가요이다. 프랑스어로는 L'internationale이다. 프랑스어 원 가사는 1871년 파리코뮌이 붕괴한 직후, 봉기에 참여했던 외젠 포티에(Eugène Pottier, 1816~1887)가 썼다. 그리고 1888년에 피에르 드제테르(Pierre De Geyter, 1848~1932)가 곡을 붙였다. 작사자인 외젠 포티에는 철도 노동자였고, 피에르 드제테르는 가구세공인으로, 작사자와 작곡자 모두 노동자 출신이다. 이 곡은 노동계급의 국제적 연대와 투쟁을 촉구하는 이 노래를 지금도 메이데이(노동절)엔 세계 곳곳에서 부른다. 인터내셔널가는 자코뱅주의와 더불어 프랑스 정치사에 큰 영향을 미쳐온 '사회주의 전통을 상징하는 노래'로 애창된다. 「인터내셔널가」(https://lrl.kr/bQdK, 검색일: 2022.10.16); 「[유레카] 저항가요, 소녀시대/ 박찬수」(https://lrl.kr/eMki, 검색일: 2022.10.16).

부르며 행진하였다. 현수막에는 '원치 않는다, 원한다(不要, 要)'라는 문구가 적혀 있었다.

'인터내셔널가'는 국가에 따라 가사가 조금씩 다르다. 중국어로 된 1절 가사의 내용은 "일어나라, 굶주림과 추위에 고통받는 노예들이여(起来, 飢寒交迫的奴隶), 일어나라, 전 세계의 고통받는 자들이여!(起来, 全世界受苦的人), 가슴 가득 찬 피가 끓어올라(满腔的熱血已經沸腾), 진리를 위해 투쟁하자(要爲眞理而鬪爭), 구세계는 꽃잎이 물에 떠내려가듯 부서질 것이다(舊世界打個落花流水), 노예들이여, 일어나라 일어나라(奴隶們起來起來), 우리에게 아무것도 없다고 하지 말라(不要說我們一無所有), 우리는 세계의 주인이 되리라(我們要做天下的主人)"이다.

2022년 11월과 12월에는 '백지(白紙)혁명'이라 불리는 시위가 중국 여러 지역에서 발생하였다. "백지혁명은 오직 자유, 존엄, 우리를 위한 중국을 원한다."라고 하면서 베이징과 상하이 등 여러 지역에서 코로나19와 관련하여 당국의 고강도 봉쇄 조치를 비판하는 반정부 시위가 발생하였다. 어떤 시민은 아무런 구호도 적지 않은 하얀 A4 용지만 든 사람들도 있었다. 백지를 든 사람들 대부분은 20대와 30대인데, 이들은 신장위구르자치구의 성도인 우루무치에서 발생한 아파트 화재로 인해 희생당한 사람들을 추모하면서 "봉쇄 대신 자유를 원한다" 그리고 "문화혁명 2.0을 끝내라"라는 구호를 외쳤다. 온라인에서 '백지혁명'은 더욱 확산되었다. 참가자들은 SNS 얼굴 사진과 배경을 흰색으로 바꾸었다. 그리고 '#백지혁명' '#A4레볼루션'이라는 해시 태그가 달린 경우도 있었다. 11월 27일 난징 어느 기차역에서 한 여성이 혼자서 백지를 들고 서 있자 10여 명의 사람들이 백지를 들고 침묵시위를 하는 장면이 중국 SNS상에 올라왔다.

이러한 것을 보면, 중국 내 젊은 세대 중에 애국주의와 중화민족주의에 빠진 사람들이 있는가 하면, 시진핑의 독재 체제를 비판하는 사람들도 있음을 알 수 있다. 2022년 10월 이후 중국 내에 발생하였던 중국 체제 비판과 시진핑 3연임을 비판하는 형세가 확대되는 것을 보면, 한국의 1987년 6월 항쟁처럼 중국에도 머지않아 커다란 변화가 있을 수 있다는 것을 예견할 수 있다.

5. 나오기: 한국은 무엇을 준비해야 하는가?

중국공산당이 영도하는 중국을 상대로 한국이 준비해야 할 것은 많지 않아 보인다. 왜냐하면 한국에서 중국의 행태를 비판하면 중국은 자국의 문제라며 회피하기 때문이다. 그래서 중국이 스스로 멈추지 않는 한 한국이 어떠한 방법을 동원하더라도 막기는 쉽지 않다.

2002년 이래로 중국에서 한국의 역사와 문화 및 민족정체성을 부정하거나 왜곡하고 훼손을 할 때, 한국정부가 강하게 비판하거나 한국 내 학자와 관련 시민단체 및 국민이 중국에 항의하더라도 중국은 변하지 않았다. 그래도 한국에서는 한국이 할 수 있는 모든 방법을 동원해서라도 중국에서 일고 있는 한국의 역사와 문화 및 민족정체성을 부정하거나 왜곡하는 행태를 비판하여야 한다.

오히려 시진핑 정권이 들어선 이후, 시진핑은 중화민족의 위대한 부흥을 강조하면서, 중국의 역사와 문화를 더욱 확대하고 있다. 중국 주변 국가의 역사와 문화를 중국 내 소수민족의 역사와 문화라고 하면서 중화민족의 역사와 문화로 중국인들에게 교육하고 있다.

중국 드라마와 영화 및 공연산업에서도 중국의 중화민족주의는 여실히 드러났다. 특히 2020년대에 들어오면서, 한국을 자극하는 중국의 행태가 계속 증가하고 있다.

한국에서 무엇을 하느냐 하는 것도 중요하지만, 더욱 중요한 것은 중국이 공격적인 중화민족주의적 행태를 멈추어야 한다는 것이다. 한 국가가 자국민에게 애국심을 호소하는 것은 당연하다. 또 민족성을 강조하고 민족심 갖기를 호소하는 것도 문제가 없다. 다만, 이러한 애국주의와 민족주의가 심각하게 강해지면, 주변 국가들을 침략하는 행태로 변질될 수 있다. 이는 이미 제1, 2차 세계대전과 일본이 일으킨 전쟁을 통해 알 수 있다.

중국의 중화민족주의는 한국을 위협하고 있다. 한국은 일본을 경계하기에도 쉽지 않은 상황인데, 중국까지 경계를 해야 하는 상황이 생겨나고 있다.

중국의 중화민족주의는 언론에서 소개되고, 중국의 중화민족주의를 비판하는 연구자들의 논저에서 소개되듯이, 한국이 경계를 하고 또 경계를 해야 한다. 조금만 방심하면 한국의 역사와 문화 및 민족정체성이 부정되고 왜곡되고 훼손되고 있다.

한국 사회에는 중국정부의 눈치를 볼 수밖에 없는 사람들이 있을 수밖에 없다. 왜냐하면 중국을 비판하는 목소리를 내기라도 하면 중국정부로부터 보복을 받기 때문이다. 외국기업이 '대만'을 국가로 표기만 하여도 중국정부로부터 보복을 받고 있기 때문에 한국 기업은 모든 것을 조심스러워 할 수밖에 없다.

중국과의 교류를 통해 생업에 종사하는 소규모 사업자와 대기업은 물론, 문화산업에 종사하는 사람들도 중국의 눈치를 봐야 하는 실정이다. 그리고 대학 내 교수와 연구자들도 중국과의 교류가 끊기는 것에 대한 두려움이 많다. 개인적인 것도 있지만 학생들의 이익을 위해서 더욱 근심을 하는 편이다.

그렇다고 중국의 중화민족주의를 외면하여서는 안 된다. 이는 단순한 문제가 아니다. 생업과 관련된 사람들에게 종용할 수 없는 일들이 많다. 그래서 중국의 눈치를 볼 필요가 없는 사람들의 목소리가 매우 중요하다. 다만, 눈치를 볼 수밖에 없는 사람들은 중국에서 일어나고 있는 일들을 모르는 척 할 필요는 없다. 적어도 주변 사람들에게 중국에서 일어나고 있는 중국에 관한 얘기들을 알려주어야 한다.

한국의 여러 대학에 중국의 중화민족주의와 관련된 수업이 많지 않다. 뿐만 아니라 중국민족과 관련된 수업의 거의 없다고 할 수 있다. 대부분 중국 정치나 문화 수업 시간에 약간 다루고 있을 뿐이다. 그러다 보니 중국의 중화민족과 관련된 교육정책이나 민족현황 등을 가르치지 못하고 있다. 중국정부가 진행하고 있는 중화민족주의와 관련된 내용을 알 수 있는 길이 그렇게 많지 않다. 이는 일반 시민들도 마찬가지이다.

중국에서 한국의 역사와 문화 등을 부정하거나 왜곡하는 상황이 발생하면 TV에서 조금씩 소개하고, 전문가들의 의견을 듣는 정도이다. 이러한 상황은 중국의 동북공정이 한국에 알려진 이후부터 현재까지 크게 변하고 있지 않다.

중국을 알려면 중국공산당을 알아야 한다. 중국 정치를 알아야 한다. 그래야 중국 사회를 알고, 중국 경제를 알고, 중국의 여러 분야를 알 수 있다.

한국에 거주하는 사람들뿐만 아니라 세계 도처에 거주하고 있는 사람들도 지금 중국에서 일어나고 있는 일에 관심을 가져야 하고, 남의 일이 아닌 나의 일이라는 것을 인식해야 한다. 가까이 있는 국가가 가장 위험한 국가라는 것을 역사에서 이미 알고 있는 사실이다. 그리고 민족주의와 국가주의가 심각하게 고조되는 시점이 가장 위험하다고 할 수 있다.

시진핑은 말로는 '인류운명공동체'라고 하지만, 실질적으로는 중화민족이 우선이 되고 중심이 된 인류운명공동체인 셈이다.

시진핑이 말하고 생각하는 중화민족은 무엇인가?

시진핑이 말하는 인류운명공동체는 무엇인가?

시진핑이 말하는 신시대 중국 특색의 사회주의 건설을 강조하는 중국은 어디로 향해 나아갈까?

2016년 한국이 사드 배치를 결정한 이후, 중국은 어떠한 태도를 보였는가?

한국의 김치, 한복, 비녀, 갓 등을 중국에서는 중국의 것이라고 주장하면서 중화민족주의를 강하게 표출하고 있다. 또 근래에 들어와 한국전쟁을 제재로 한 영화가 많이 제작되고 있는 가운데, 중국은 항미원조라고 하며, 한국전쟁 참여를 정당화하면서 역사 왜곡을 심각하게 하고 있다.

지금, 중국은 '중화민족만들기'를 끊임없이 하고 있다. 중국 내 소수민족에게 한어(漢語)로 된 교재를 사용하게 하면서 소수민족의 언어와 문자 사용을 줄이고 있다. 그들에게 한어로 된 교재를 사용하면서 소수민족의 역사와 문화를 중화민족의 역사와 문화로 가르치고 있다. 물론 중국 내 소수민족에게 중화민족의 역사와 문화를 가르친다고 하여 다른 국가가 문제 제기를 할 수 없다. 하지만 중국 내 소수민족 중에는 중국 외의 지역에서 국가를 이루고 있기도 하다. 대표적인 것이 중앙아시아의 몇몇 국가와 동남아 국가가 있고, 대한민국이 있다.

중국은 조선족의 역사와 문화를 중화민족의 역사와 문화로 가르치면서 한국의 역사와 문화를 부정하고 왜곡하고 있다. 심지어는 민족 정체성을 왜곡하기도 한다. 현재 윤동주 시인을 '중국 조선족 애국시인'이라고 중국에서는 소개하고 있다. 또, 중국 성씨와 관련이 있는 한국 내 성씨들을 포괄적인 중화민족으로 간주하고 있다. 이른바 성씨공정과 시조공정이다. 대표적인 사례가 고려를 세운 왕건이다. 중국은 왕건을 한족의 후예로 간주하고 있다. 이는 중국이 동북공정을 통해 고대한국사를 왜곡할 때 중국에서 인식하고 있는 내용이다.

동북공정은 2007년에 끝난 것으로 여기지만, 실질적으로는 그렇지 않다. 그 이후에도 중국에서는 한국의 역사와 문화 및 민족정체성을 부정하고 왜곡하고 훼손해 왔다.

이른바 김치공정, 온돌공정, 백두산공정, 장성(만리장성)공정 등 다양한 명칭으로 한국 언론에서 다루었다. 중국에서는 만리장성의 동쪽 끝을 고구려장성으로까지 확대 해석하고 있다. 뿐만 아니라 신화와 전설도 한족의 신화와 전설로 바꾸기 위해 중화민족의 신화와 전설로 해석하고 있다. 중국에서는 이전에는 동이족을 언급한 사례가 많지 않았다. 그런데, 치우라고 하는 동이족 군장을 슬며시 중화민족의 시조 중의 한 명으로 해석하기 시작하였다. 중국은 자신들을 '염황(염제와 황제)의 후예'라고 이야기해 왔는데, 지금은 '염황치(염제 황제 치우)의 후예'라고 말한다.

한족의 역사와 문화를 확대하기 위해서 진한(秦漢) 이전의 시대에 존재한 것으로 해석하는 화하족, 고대 민족과 역사민족 등 중국 대륙을 지배한 민족을 중국의 역사 범위에 넣기 위해서 중화민족의 범위를 확대하고 있고, '중화민족'이라는 용어를 단일민족의 개념으로 사용하기 시작하였다.

시진핑이 말하는 중화민족의 위대한 부흥은 단순히 부강한 중국만을 의미하는 것이 아니다. 그 내면에는 역사와 문화와 민족을 확대하는 의미가 담겨 있다. 이러한 이유 때문에 시진핑의 장기집권은 한국에게 부정적인 영향을 더 많이 줄 것으로 보인다. 중국에서 일어나고 있는 한국의 역사와 문화 및 민족정체성을 더욱 부정하고 왜곡할 것으로 보이기 때문이다.

한 국가에게 있어서 경제와 통상, 외교와 안보 등은 매우 중요하다. 그러한 부분이 특정 국가에 쏠림현상이 있어서는 안 되고, 속박당해서도 안 된다. 특히 특정 국가로부터 역사와 문화 및 민족정체성을 부정당하고 왜곡되어서는 안 된다.

이에 준비가 철저해야 한다. 그러한 분야를 연구하는 연구소가 많아져야 하고, 연구자들도 늘어나야 할 것이다. 국가가 하지 못하더라도 개인적 차원에서라도 관심 있는 사람들이 힘써야 할 것이다.

한국정부를 이끌어가는 위정자 중에는 그러한 일을 할 제대로 할 사람이 많지 않다. 그들 주변에 참모로서 중국의 실체를 얘기할 사람도 많지 않은 듯하다.

"한국이 자초한 일이다."라는 말은 듣지 말아야 할 것이다. 또 그러한 말이 나오기 전에, 제국주의적 색채를 띤 국가들은 스스로 자중해야 할 것이다. 무기를 들고 다른 나라를 공격하는 것만이 침략전쟁이 아니다. 역사와 문화를 왜곡하고 부정하는 것은 침략전쟁이다. 이를 한국 주변의 국가들이 서슴지 않고 하고 있기 때문에 한국은 늘 경계심을 갖고 있어야 한다.

학교 교육에서 할 수 있는 것은 한계가 있다. 그래서 다양한 시민교육을 통해 중국에서 진행되고 있는 한족 중심의 중화민족주의의 실체를 가르쳐야 한다. 그리고 중국에서 진행하고 있는 중화민족 교육정책의 내용을 알리고, 현재 진행되고 있는 한족 중심의 그리고 중화민족 중심의 민족정책에 대한 내용을 알려야 한다.

중국 내 학교에서 가르치는 역사와 문화 등의 교재에 어떠한 내용이 담겨 있는지도 파악하여, 한국의 역사와 문화 등을 부정하거나 왜곡하는 사례가 있는지도 조사하여야 한다. 여기에는 중국에서 거주하는 사람들의 도움이 필요하다. 그렇기 때문에 중국 내 거주하는 재외동포에 대한 교육 자료도 매우 중요하다.

참　고　문　헌

공봉진, 『중국공산당 CCP 1921~2011』, 이담북스, 2011.

공봉진, 『시진핑 시대, 중국 정치를 읽다』, 한국학술정보, 2016.

공봉진·김혜진, 『G2시대, 중국과 미국을 이끈 지도자들』, 경진출판, 2021.

박범종·공봉진 외, 『중국공산당이 세운 신중국! 중화민족에 빠지다』, 경진출판, 2022.

[20차 당대회] 후진타오의 퇴장 파문, 가라앉지 않고 증폭되는 이유는
https://lrl.kr/naCn (검색일: 2022.10.27)

[더차트] 한국, 日 제치고 '국력' 세계 6위…美·中 역전됐을까
https://lrl.kr/DXcG (검색일: 2022.10.16)

[월드리포트] 실체 드러나는 후진타오 퇴장의 진실
https://lrl.kr/iYCn (검색일: 2022.10.27)

[유레카] 저항가요, 소녀시대/ 박찬수
https://lrl.kr/eMki (검색일: 2022.10.16)

[정세분석] 중국 '시진핑파 대 반대파' 노선투쟁 격화
https://lrl.kr/vyUp (검색일: 2022.10.16)

[중국 19차 당 대회] 최고지도부 인사 불문율···'집단지도 체제' '7상8하' '70세 정년'
https://lrl.kr/iYti (검색일: 2022.10.16)

[칼럼] 중공(中共) 19기 6중 전회 '역사 결의', 새로운 100년을 위한 대장정(大長征) 선언

https://lrl.kr/naCj (검색일: 2022.10.27)
'검열' 당하는 中네티즌, '후진타오 퇴장' 진실 정말 모를까? [팩트+]
https://lrl.kr/rmLk (검색일: 2022.10.27)
'심복' 리창, 서열 2위로…관례·계파 모두 깨고 '시자쥔' 점령
https://lrl.kr/H9lr (검색일: 2022.10.25)
"도적 시진핑을 파면하자"‥베이징에 '시진핑 반대' 현수막
https://lrl.kr/naCq (검색일: 2022.10.27)
"독재 매국노 시진핑을 파면하라" 베이징 다리에 반체제 현수막 걸려
https://lrl.kr/naCp (검색일: 2022.10.27)
관영매체 "후진타오 건강 안좋아 폐막식 퇴장"…트위터서 해명
https://lrl.kr/DXco (검색일: 2022.10.25)
뉴스속 인물] 시진핑 3기 핵심 권력으로 부상한 '시자쥔'
https://lrl.kr/zK3l (검색일: 2022.10.27)
베이징 시내에 걸린 시진핑 비판 현수막
https://lrl.kr/iYtc (검색일: 2022.10.17)
상하이서도 '反시진핑 시위…"원치 않는다" 현수막 들고 행진
https://lrl.kr/rmLf (검색일: 2022.10.27)
시진핑 3연임 결정되자 또 '反시진핑 현수막'…"당신들이 영웅"
https://lrl.kr/eMj8 (검색일: 2022.10.27)
시진핑 3연임 확정 후 中상하이서 反정부 구호…SNS 응원 봇물
https://lrl.kr/zK3h (검색일: 2022.10.25)
시진핑의 탄압이 두려운 중국인들, 화장실 벽에 저항 메시지 남긴다
https://lrl.kr/iYs8 (검색일: 2022.10.27)
영상] 中 당 대회 앞두고 시진핑 비판 현수막..시위자 체포된 듯
https://lrl.kr/c6gt (검색일: 2022.10.16)

인터내셔널가 https://lrl.kr/bQdK (검색일: 2022.10.16)
中 20차 당대회 오늘 폐막…시진핑 3연임 사실상 확정될 듯
https://lrl.kr/cgeC (검색일: 2022.10.27)
中 집단지도체제 무너지나…흔들리는 내부 권력규칙
https://lrl.kr/cGfv (검색일: 2022.10.16)
中, 20차 전국대표대회 앞두고 시진핑 찬양 열풍
https://lrl.kr/bqcM (검색일: 2022.10.16)
中, '시진핑 비난 현수막' 시위 후 "검색어 'Beijing'도 차단"
https://lrl.kr/c6gm (검색일: 2022.10.20)
중국, 백지(白紙)혁명. 들불처럼 '활활'
https://lrl.kr/zNww (검색일: 2022.12.3)
중국 화장실 곳곳 텐안문 상징 '8964' 낙서..대학생들 反시진핑 목소리 낸다
https://lrl.kr/0bR (검색일: 2022.10.27)
최고 지도부 대거 교체, 中 10월 20차 전대 통해
https://lrl.kr/cgex (검색일: 2022.10.27)
후진타오 '퇴장' 논란 새 영상 등장…시진핑 지시로 완력에 끌려나가
https://lrl.kr/cgew (검색일: 2022.10.27)
中國共産黨章程 https://lrl.kr/cGfp (검색일: 2022.10.27)
中國共産黨章程 https://lrl.kr/0bM (검색일: 2022.10.27)
中共中央辦公廳印發『推進領導干部能上能下規定』
https://lrl.kr/bQdz (검색일: 2022.10.27)
深刻把握"兩個確立" 堅決做到"兩個維護"
https://lrl.kr/bqcE (검색일: 2022.10.27)

중국의 군사 대국화와 한반도

김태욱

1. 들어가며

중국은 세계 2위 경제력을 바탕으로 국제 문제에 적극적으로 개입하기 시작했으며, 정치·군사력에서 미국과의 패권경쟁에 나서고 있다. 중국은 미국에 이어 세계에서 두 번째로 국방비를 많이 지출하고 있다. 스웨덴 싱크탱크인 스톡홀름국제평화연구소(Stockholm International Peace Research Institute, SIPRI)에 따르면 2021년 중국은 전세계 국방비의 13.9%인 2,934억 달러를 지출한 것으로 추산하고 있다.[1]

중국은 Covid-19 팬데믹 이후 경제 성장률이 하락하고 있는 추세에

1) 2021년 세계 상위 국방비 지출국은 미국(37.9%), 중국(13.9%), 인도(3.6%), 영국(3.2%), 러시아(3.1%)로, 이들 5개 국가가 전 세계 국방비 지출의 61.7%를 차지하고 있다(스톡홀름국제평화연구소, SIPRI).

도 불구하고, 국방비는 매년 증액되어 2022년 국방예산은 전년 대비 7.1% 늘어난 1조 4,504억 위안(약 2,296억 달러)에 이르고 있다.[2] 이는 2022년 경제 성장률이 3%에 그친 것에 비하면 대단히 높은 수치다. 중국은 현재 인도, 일본, 한국, 대만, 호주 등 인도-태평양 지역 13개 국가를 합친 것보다 더 많은 국방비를 지출하고 있다. 더구나 그동안 중국은 국제사회로부터 국방예산을 축소해서 발표한다는 의심을 받아왔기 때문에, 미국 국방부는 중국의 국방비가 실제로는 정부 공식 발표의 1.1~1.2배에 이를 것으로 추산하고 있다.

특히 시진핑(習近平) 국가주석은 2012년에 이미 "'중화민족의 위대한 부흥'이라는 '중국몽'이 곧 '강군의 꿈'"임을 강조한 바 있다. 시진핑 주석은 2035년까지 중국의 군대를 현대화할 것을 지시하였다. 시진핑은 중국이 2049년까지 "전쟁을 벌이고 승리"를 할 수 있는 "'세계 수준'의 군사 강국이 되어야 한다."고 강조하였다. 2022년 8월 1일 중국 인민해방군은 건군 95주년을 기념해 극초음속 미사일, 강습 상륙함 등 최신예 무기를 이용한 훈련을 공개하며 군사 대국임을 전 세계에 과시하였다. 군사력 수준에서 아직 미국이나 러시아에 미치지 못하고 있지만 국방비 지출이나 군사현대화 진행 속도를 보면, 미국과 대등한 관계를 유지하는 데는 시간문제라는 것이 일반적인 견해다.

중국의 군사 대국화가 현실화되면서 한반도의 운명도 풍전등화에 놓일 가능성을 배제할 수 없는 상황이다. 역사적으로 중국 대륙에 강력한 통일 정권이 확립되었을 때 한반도는 항상 위협을 받았다. 북한 핵이라는 리스크를 안고 가야 할 상황에서 중국 군사 대국화는

2) 중국의 국방비는 GDP 대비 1.3%에 불과하지만 공식 국방예산에 대해서는 많은 논란이 있다. 스톡홀름국제평화연구소(SIPRI)는 중국의 2021년 국방비를 2,934억 달러, 국제전략연구소(IISS)는 2,700억 달러로 추산하고 있다.

한반도에 위기를 조성하기에 충분해보인다. 미중 패권경쟁에서 한반도가 중국의 '동북 4성'으로 전락하지 않기 위해 경제력, 군사력, 외교력의 집중이 요구된다. 이 글은 중국의 군사 대국화를 분석해보고 미중 패권경쟁 속에서 한반도가 가야 할 길을 모색해보는 데 목적이 있다.

2. 중국공산당 100년: 부흥의 길

중국의 GDP는 청나라 후반이던 1820년에 전 세계 GDP의 32%가량을 차지하고 있었다. 그러나 불과 20년 만인 1840년에 발생한 아편전쟁에서 영국에게 패배하면서 중국 경제는 빠른 속도로 추락하기 시작하여 1913년에는 중국의 GDP가 전 세계 GDP의 9% 수준으로 급격하게 하락한다.

중화민국 시기 중국 경제는 안정적으로 경제 발전을 해 왔으나, 세계 대공황, 만주 사변, 중일전쟁으로 국토의 황폐화와 더불어 국민당의 만연한 부패, 과도한 화폐 발행으로 인한 하이퍼 인플레이션(hyper inflation, 물가가 너무 급격하게 상승해 통제를 벗어난 상태), 전쟁으로

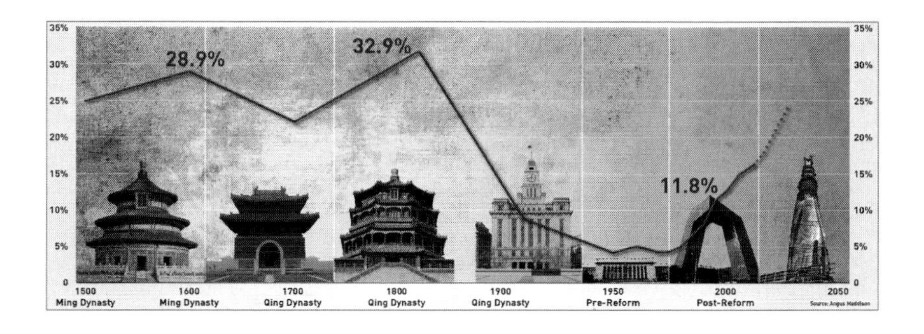

인한 노동력 감소 등으로 국민당 정권에 실망한 대중이 공산당 지지로 선회하면서 국공내전(國共內戰)의 양상은 급변하게 된다. 내전에서 국민당군에 승리한 공산주의자들은 1940년대 후반과 1950년대 초반에 하이퍼 인플레이션을 극복함으로써 상당한 신뢰를 얻게 된다. 게다가, 토지를 재분배하겠다는 공산주의자들의 약속은 오랫동안 고통받고 있던 수많은 농촌 주민들로부터 지지를 받았다.

1949년에 중화인민공화국이 탄생했으나 마오쩌둥 집권 하에서 대약진운동, 문화혁명 등으로 경제는 실패하여, 마오쩌둥 시기인 1950~1970년대에는 세계 GDP에서 차지하는 비중이 5% 내외까지 떨어졌고, 마오쩌둥 사후 계획개방 직전의 중국 경제는 세계 경제의 1.8%에 불과하였다. 마오쩌둥 시대를 마감하고 등장한 덩샤오핑(鄧小平)의 개혁개방 정책으로 중국은 1978~2017년 실질 GDP는 연평균 9.5% 성장하였고, 2010년 이후 경제 규모 세계 2위에 오르며 미국을 추격하고 있다. 중국은 급성장한 경제력을 바탕으로 군사대국화를 노골적으로 드러내고 있다. 특히 시진핑 시기에 들어오면서 국제문제에 적극적으로 개입하기 시작했으며, 표면적으로 노출되고 있는 미중 갈등은 경제적 패권경쟁을 뛰어넘어 군사적 패권경쟁으로 치닫고 있다.

2022년 세계 GDP 규모(상위 5개국)

순위	국가	GDP	비중
1	미국	25.0조 달러	24.6%
2	중국	18.3조 달러	18.0%
3	일본	4.3조 달러	4.2%
4	독일	4.0조 달러	3.9%
5	인도	3.5조 달러	3.4%

*출처: IMF

1) 패전의 트라우마

(1) 아편전쟁(阿片戰爭)

아편은 아라비아에서 유래했으며 당나라 시대에 터키와 아랍 무역 상들에 의해 중국으로 들어왔다. 18세기 중반부터 대중무역의 주도권은 영국이 장악하고 있었다. 영국의 대(對)청 무역은 1600년에 설립된 동인도회사를 통해 이루어졌다. 동인도회사는 18세기에 청에서 비단·차·도자기 등을 수입하고, 영국의 모직물·시계·완구류와 동남아시아 및 남아시아 원산의 향료·보석·진주 등을 청에 수출하였다. 그중에서 차는 19세기 들어 영국인에게 대중문화의 일부로 자리하게 되면서 차의 소비는 급증해 막대한 양의 차를 청에서 수입하기에 이른다. 반면 중국은 소농업과 가내수공업이 발달한 국가로 서구 자본주의 상품이 침투하기 어려운 여건이었다. 동인도회사는 계속되는 무역적자를 줄이기 위해 아편을 중국에 수출하기 시작하였다.[3)]

값싼 아편이 대중 속으로 침투하면서 아편을 사용하는 악습이 중국

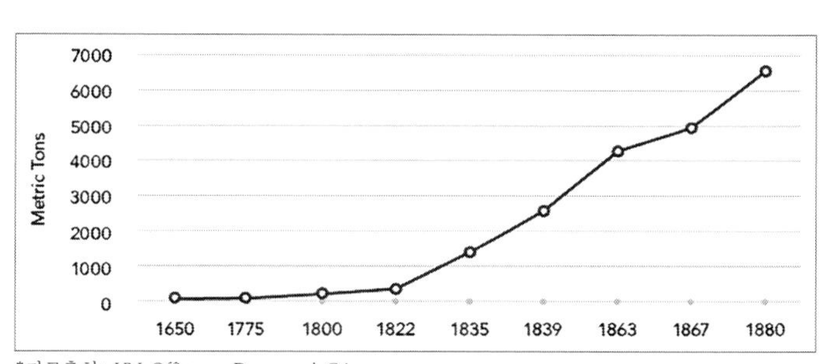

*자료출처: UN Office on Drugs and Crime
*단위: 톤

청나라 아편 수입(1650~1880)

3) 1773년 동인도회사는 인도의 아편 생산과 수출에 대한 독점권을 획득하고 청나라와의 무역적자를 메우기 위해 적극적으로 아편을 청에 수출하기 시작하였다. 아편 대금으로 지급된 막대한 양의 은(銀)이 국외로 흘러나갔고 국민들은 경제 불황으로 고통을 당하면서 사기가 떨어졌다. 청 조정은 아편의 밀수입과 거래를 금지하는 법령을 반포했지만 중독된 국민들의 욕구를 막을 수는 없었다. 아편은 오래전부터 황실에서 일반 국민에 이르기까지 유행되고 있었고 국내 수요가 증가함에 따라 밀수뿐만 아니라 국내 재배량도 급격하게 증가하면서 아편의 폐해는 갈수록 확산되었다.

전역에 확산되어 아편 수입이 갈수록 증가하였다. 청은 아편을 엄격하게 금지하고 아편 사용자를 사형에 처하는 법률을 만드는 한편, 광저우(廣州)에 임칙서(林則徐)를 파견하여 아편 수입을 금지시키도록 하였다.

1830년 임칙서는 광저우에 부임하자마자 외국 상인이 가지고 있는 아편을 몰수하여 파기하고, 외국 상인들에게 앞으로는 아편을 가지고 다니지 않겠다는 서약서를 쓰도록 하였다. 그리고 이것을 거부한 영국 상인들을 마카오에서 쫓아냈다. 오래전부터 청의 무역 제한 정책에 상당한 불만을 갖고 있던 영국은 이 사건으로 청 정부에 자유무역을 요구할 계기로 삼아, 1840년 중국에 선전 포고를 하고 광저우와 샤먼(廈門), 저우산(舟山)을 공격하였다. 이어 북상하여 베이징(北京)의 관문이자 톈진(天津)의 전략항인 다구(大沽)에 이르렀으며, 바이허(白河)를 거슬러 올라가 베이징을 위협하였다.

당시 영국군은 풍부한 전투 경험으로 단련된 2만 명의 군대와 30여 척의 현대식 영국 해군 전함으로 구성되었다. 청나라는 80만 명의 강력한 군사력을 보유하고 있었지만, 이들 중 35%만이 화기를 갖추고 있었다. 전쟁 경험 부족, 훈련과 전투 준비가 안 된 청나라 군대가 동원 가능한 군대는 10만여 명에 불과하였다. 청은 결국 영국에 항복하여 홍콩 할양, 배상금 지불, 광저우·샤먼(아모이) 등 다섯 항구의 개항을 약속한 난징조약(南京條約)에 서명하였다. 그러나 항구가 개항된 뒤에도 영국의 면제품 수출량은 증가하지 않았다. 다시 화북과 창장(長江) 연안에 개항장이 필요한 영국은 결국 1856년 홍콩에서 애로호(Arrow호)에 중국 관헌이 난입한 사건을 빌미로 프랑스와 연합하여 청을 침략하였다.

태평천국의 난으로 혼란스러운 청나라 상황은 영·불 연합국을 상대하기에는 역부족이었다. 아편전쟁의 연장선상에 있다 하여 2차 아편전쟁이라 부르는 이 전쟁으로 텐진 조약과 베이징 조약이 맺어져 청은 영국과 프랑스에 배상금을 지불해야 했다. 이외에도 영국에 주룽반도(九龍半島)를 할양하고, 한커우(漢口)·텐진·난징 등의 항구를 새로 개항하며, 공사의 베이징 주재, 외국인의 내지 여행, 그리스도교 포교의 자유 등을 허가하였다. 두 차례에 거친 아편전쟁은 청나라의 멸망으로 이어졌다.

(2) 중일전쟁

일본은 1937년 7월 중국에 대한 침공을 개시하여 4일 만에 텐진·베이징을 점령하고 4개월 뒤 상하이까지 점령하였다. 한 달 뒤인 12월에는 국민당 정부의 수도인 난징이 함락되면서 수십만 명의 민간인을 학살한 '난징대학살'이 자행되었다. 전쟁 직전 국민당 정부군은 약 200만 명에 달해 일본군보다 수적으로 우세에 있었으나 군대의 전투력은 현저하게 떨어졌다. 기계화 사단이 거의 없었고, 기갑 지원도 없었다. 국민당군은 645대의 전투기를 보유하고 있었고 그 중 약 300대가 전투기였다. 일본은 1,530대의 육해군 항공기를 보유하고 있었고 그 중 약 400대가 중국에 배치되어 있었다. 특히 항공기를 탑재한 카가(KAGA), 류조(RYUJO) 및 호쇼(HOSHO) 항공모함이 전쟁에 투입되었으며, 러일전쟁을 승리로 이끌었던 순항함 이즈모(Izumo)함도 상하이 침공에 주도적 역할을 하게 된다.

중국은 일본의 공격에 대한 지원과 대응을 국제사회에 크게 의존하였다. 더욱이 국민당은 공산당과의 내전 상태에 처해 있었다. 국민당 정부는 난징에서 우한·충칭으로 차례로 후퇴하였다. 그러나 1938년 이후, 중일전쟁은 사실상 교착 상태에 들어간다. 일본의 의도와는 다르게 중국의 넓은 국토, 기반 시설의 부족, 분산되어 있는 저항군은 전쟁을 장기전으로 몰고 갔다.

1941년 12월 일본이 진주만을 폭격하면서 태평양전쟁이 시작되었고 중일전쟁은 세계대전에 편입된다. 영국과 미국은 중국 본토에 군사 공군 기지를 건설할 뿐만 아니라 재정 지원을 제공하였다. 1945년 연합군이 전쟁에서 승리하고, 1945년 9월 2일 중국 주둔 일본군이 공식적으로 항복[4]하면서 중일전쟁과 제2차 세계대전이 종식되었다. 더불어 카이로 선언의 조건에 따라 포모사(Formosa, 타이완), 페스카도레스(Pescadores, 펑후제도(澎湖諸島)), 만주를 중국에 반환하였다. 그러나 이 전쟁은 1949년 국민당 군대가 공산주의에 패배하는 서막이었다.

2) 내전과 중화인민공화국 건설

1911년 신해혁명(辛亥革命)으로 청나라가 무너지고 1912년 1월 1일 중화민국이 건국되었다. 중화민국 건국에 앞장섰던 쑨원(孫文)은 그의 조직을 정비하여 국민당을 창설하였다. 아울러 러시아혁명에 영감을 받은 중국공산당은 맑스-레닌주의 원칙에 따라 1921년에 설립되었다. 국민당과 공산당은 북방의 군벌을 물리치고 모든 국가에 대한

4) 1945년 9월 3일은 중국의 대일(對日)항전승리기념일(전승일)이다. 이날은 1945년 9월 2일 도쿄만에 정박 중인 미 해군 전함 미주리 함상에서 서명한 일본의 항복 문서를 연합국 일원인 장제스 총통의 중화민국(현재 타이완) 정부가 접수한 날이다. 저우언라이(周恩來) 전 국무원 총리는 1951년 8월 포고령을 통해 "일본이 항복조약에 서명한 것이 9월 2일인 만큼, 항복문서를 접수받은 9월 3일을 전승절로 해야 한다"고 선언하였다. 이때부터 중국의 전승절은 9월 3일이 되었다. 공식명칭은 '항일전쟁 및 세계 반파시스트 전쟁승리 기념일'이다. 시진핑 국가주석은 2015년 전승절 70주년 행사를 대대적으로 벌이고 이 날을 처음 법정 휴일로 제정하였다.

국가권력을 공고히 한다는 목표를 가지고 1924년 제1차 국공합작을 성사시키면서 중국공산당은 급격하게 세를 확산시키게 된다.

1945년 9월 일본의 패전으로 종전을 축하하는 자리에서 중국공산당 지도자 마오쩌둥과 중화민국 장제스가 건배하고 있다.

1925년 쑨원 사망 후 좌우가 대립하는 상황이 나타나면서 1927년 4월에 이르면 국민당 총사령관 장제스(蔣介石)는 공산주의자들에 대한 유혈 숙청을 시작한다. 소위 상하이 학살 이후 공산당은 크게 위축되어 결국 수천 킬로미터를 패주하게 되는 대장정(大長征, the Great March)에 돌입하게 되었다. 그러나 1936년 12월 시안(西安)사건을 계기로 국공합작이 다시 추진되었고, 1937년 중일전쟁의 발발로 제2차 국공합작이 성사되어 일본이 패망한 1945년까지 계속되었다.[5)]

1945년 중일전쟁 종전 이후 다시 시작된 국공내전 초기 국민당 정부는 총병력 430만 명 중 정규군 200만 명이 미국의 원조와 일본군으로부터 접수한 현대화된 장비로 무장하고 있었고, 주요 도시, 교통로 등 인프라를 장악하고 있었다. 반면 공산당은 병력 120만 명 중 정규군 60만 명에 불과하였고, 장비 또한 낙후되어 국민당 군을 상대하기

---

5) 장제스는 "일본은 피부병에 불과하나 공산당은 심장병이다"라고 주장하며 항일보다 공산주의 퇴치에 집중했으나 시안사건을 계기로 어쩔 수 없이 제2차 국공합작에 합의하게 된다. 제2차 국공합작이 없었더라면 중화인민공화국이 탄생하지 않았을 것이다. 마오쩌둥은 1964년 7월 10일 일본사회당의 사사키 고조와 구로다 히사오 등 방중대표단을 접견했을 때 "일본의 군국주의는 중국에 큰 이익을 가져다주었고 중국 인민은 권력을 장악하였다. 우리는 일본의 황군이 아니었더라면 권력을 취할 수 없었을 것이다"고 말하였다는 일화는 유명하다.

에는 역부족이었다.

그러나 국민당 정권 내에 만연한 부패, 과도한 화폐 발행으로 인한 하이퍼 인플레이션, 전쟁으로 인한 노동력 감소 등 국민당 정권의 실기 외에도 중국공산당의 토지 개혁 즉 농민들에게 토지를 분배하겠다는 약속은 대중들로부터 지지를 이끌어내었다. 당시 전체인구의 90%를 차지하고 있던 농민 입장에서는 획기적인 제안이었다. 이렇게 지지기반을 강화한 중국공산당은 내전에서 승리하고 1949년 10월 1일에 중화인민공화국을 건설하였다.

3) 마오쩌둥의 군사현대화: 핵개발

(1) 3선건설(三線建設)[6]

1960년대 초부터 소련과의 관계가 악화되고 베트남 전쟁이 고조되면서 중국은 중국에 대한 핵 공격 가능성을 우려하게 되었다. 중국공산당은 미국 또는 소련의 군사 위협으로부터 중국을 보호하기 위해 군사 및 민간 기반 시설을 구축한다는 목표로 대규모 자본을 중국

---

6) '3선 건설'이라는 용어는 1962년 1월 '7,000간부회의'에서 린바오(林彪)의 연설에서 최초 사용되었다. 린이 위험할 수 있는 본토 도시에 대한 국민당 군대의 공격 가능성을 두려워했으며, 미국 해군의 지원을 받는 해안 도시에서도 저항할 수 없을 것이라고 우려를 표한 바 있다. 3선 건설은 국가적 차원에서 대약진과 더불어 경제적 대실패였다. 수천억 위안의 예산과 수백만 명의 노동자가 3선 건설 프로젝트에 투입되었지만 성과는 제한적이었다고 평가되고 있다. 마오쩌둥의 '3선 건설'의 원인을 제공한 국제정세가 실제 중국을 위협했는지는 의문이다. 중소 분열이 있었지만 실질적인 충돌은 1969년에야 현실화되고 그것마저 전면전 양상으로 치닫지는 않았다. 미국도 당시에 베트남전에만 전념했고 전장의 상황도 중국에 나쁘지 않았다. 그렇다면 3선 건설의 목적이 마오쩌둥이 처한 정치적 문제를 해결하고 정권을 유지하기 위한 전략으로 해석될 수 있다. 3선 건설은 인민을 단결시켜 독재정권을 유지하는 데는 확실한 효과를 발휘하였다.

내륙에 투자하기 시작하였다. 소련이 우랄산맥 동쪽으로 방위 산업 기지를 이전한 것에 착안하여 중국공산당 지도부는 국방, 기술, 산업(제조, 광업, 금속 및 전기 포함), 운송 및 기타 기반 시설 등 내륙 산업의 상당 부분을 중국 중부로 이전하기로 결정하였고, 1964년부터 1980년까지 자본 건설에 대한 모든 투자의 거의 40%가 중국 중부 지방에서 발생하였다.[7)]

전략적으로 후방, 즉 서남부 및 서부에 완전한 산업 시스템을 구축하는 것이 '3선 건설'의 주요 목표였다. 후방은 쓰촨성, 윈난성, 구이저우성, 간쑤성, 칭하이성, 닝샤후이족자치구 전체와 허난성, 후베이성, 후난성의 서부 산악 지역으로, 1965년과 1980년 사이에 정부는 이 지역에 2,052억 위안 이상을 투자하였다.

충칭(重慶) 핵 기지를 포함해 10년간 '3선 건설'의 일환으로 1,000개 이상의 공장과 군사 공장이 산악 지역에 건설되거나 이전되었으며 400만 명의 젊은 노동력이 투입되었다. 그러나 사업을 주도했던 린바오(林彪)가 몰락하고, 미중 화해 등 외부 위협 요소가 감소하면서 핵심사업에 대한 국가투자는 급속히 감소하였다. 건설팀은 주로 중국 동부로 이전되었다.

충칭 푸링(涪陵) 바이타오제다오(白濤街道)에 위치한 〈816 프로젝트〉 지하 핵시설은 '삼선건설' 당시의 핵무기 제조기지 중 한 곳이며 총 건축면적은 10.4만㎡로, 이곳은 18개의 대형 동굴과 10개의 도로, 터널, 갱도 등을 갖추고 있다.

7) 시행 초기인 1963~65년 기간 동안 국가투자 대비 38.2%였으며, 3차 5개년 계획(1966~1970) 기간 동안 52.7%로 절정에 이르렀다.

1965년 3월, 중국공산당 중앙위원회는 쓰촨성, 후난성, 산시성, 광시좡족자치구 등 비밀 장소에 위치한 '3선 건설' 기지에서 설계, 연구개발 및 생산을 다양화하기 위한 계획을 승인하였다. 중국의 원자력 연구의 대부분은 3선 건설 정책 결정으로 인해 쓰촨성에서 이루어졌다. 전략적 배치의 재조정, 플루토늄 생산라인의 건설 가속화 및 제3라인의 건설 가속화는 1964년 이후 일정 기간 동안 원자력 산업 건설의 가장 시급한 과제가 되었다.[8]

'3선 건설'의 실패 원인은 첫째, 준비 없이 속도전에 의존했고, 둘째, 소련 전문가들의 귀국으로 자체 기술을 완성하지 못한 채 진행되었으며, 끝으로 기본 원칙인 '산을 낀다, 분산한다, 은폐시킨다(靠山, 分散, 隐蔽)'에 따라 산업시설을 건설함으로써 산업클러스터를 구축하지 못해 산업 간 연계에 실패하였다. 예를 들면, 충칭 인근 창장(長江) 조선소에서 재래식 동력 잠수함을 생산했는데 창장 상류는 잠수함을 운행하기에는 수심이 낮았다. 잠수함을 시험하기 위해 창장과 태평양이 만나는 2,000km 떨어진 상하이까지 끌고 가야 했다.

---

8) 〈816 프로젝트〉는 1966년 저우언라이 총리의 비준을 거쳐 1984년까지 6만여 명이 참여해 56명이 희생되며 건설되었다. 당시에 중국은 이미 원자로를 보유하고 있었다. 소련이 설계한 북서부 간쑤성 404 프로젝트다. 그러나 원자로의 공격 취약성에 대한 우려가 커짐에 따라 충칭 푸링(涪陵) 바이타오제다오(白濤街道)에 핵시설을 건설하는 계획을 세우게 된다. 이 프로젝트는 1966년 중국의 국내총생산(GDP)이 5,000억 위안에 육박하던 시기에 총투자액 7억 4,000만 위안으로 건설되었으며, 이 시설에서는 플루토늄 239를 생산, 가공하는 원자로가 가동되었다. 유사시를 대비해 규모 8.0의 지진이나 핵공격에도 견딜 수 있게 설계되었다. 핵시설은 총길이 21km, 높이 79.6m인 18개의 인공 동굴 속에 있다. 18개의 대형 동굴과 130개의 도로, 터널, 갱도 및 무기·식량 저장고 등을 갖추고 있다. 이 프로젝트는 1984년에 중단되었고 전체 85%만 완료되었다. 그 후 수십 년 동안 부지는 대부분 버려진 채 저장고와 비료 공장으로 사용되었으며 2010년 중국인 관광객에게 개방되었다.

(2) 핵개발

중국의 한국전쟁 참전, 베트남 지원을 위한 인도차이나 전쟁 개입, 타이완 해협 위기 등 미국은 중국에 대한 핵사용 위협을 감추지 않았다. 이러한 국제정치 상황은 마오쩌둥이 핵개발을 추진하게 되는 계기가 된다.

중국은 핵개발 초기 소련으로부터 핵 프로그램에 대한 대부분의 지원을 받았다. 흐루시쵸프 사무총장은 1954년 베이징을 방문했고, 1955년 양국은 〈핵물리학과 원자력의 평화적 사용 분야에 대한 전적인 지원〉에 대한 협정에 서명하였다. 소련은 중국 과학자들이 소련에서 연구하는 것을 허용하고 중국에 원자로와 사이클로트론(Cyclotron, 입자가속기의 일종)을 제공하기로 했고, 그 대가로 중국은 잉여 우라늄을 소련에 판매하기로 합의하였다. 중소 관계는 1956년 흐루시쵸프가 공산당 대회에서 스탈린의 범죄를 비난한 연설 이후 급격히 악화되기 시작했다.[9]

스탈린을 신뢰했던 마오쩌둥은 그 연설을 그의 체제에 대한 모독으로 받아들였다. 2차 타이완 해협 위기, 중국과 인도 분쟁에 따른 소련의 소극적 대처 등이 발단이 되면서 1950년 후반부터 시작된 중소 갈등은 1959년 6월 중·소 간 〈중·소 국방과학 신기술협정〉 파기를 시작으로 1960년에는 파견했던 소련의 과학자와 기술자 등 1,400명가량을 철수시키고 원조를 중단시키게 된다.

---

9) 모스크바 크렘린에서 개최된 소련공산당 제20회 당 대회가 폐막된 1956년 2월 24일 밤, 소련공산당 제1서기인 흐루시쵸프가 7시간에 걸쳐 「개인숭배와 그 결과들에 대하여」라는 제목의 보고를 하였다. 소련의 절대적인 지배자로 신격화되어 온 스탈린 독재에 대한 규탄이었다.

1959년부터 소련의 지원으로 건설되던 우라늄 공장을 1963년에 이르러서 독자적으로 완성하고 1964년 10월 16일 중국은 최초의 원폭 실험에 성공하였다. 시험 직후 중국정부는 공식 성명을 통해 "이것은 중국 인민이 국방력을 강화하고 미국의 핵위협에 반대하는 투쟁에서 이룬 중대한 성과"라고 자평하였다. 중국은 또한 '선제 불사용(No First Use, NFU)'을 선언한 최초의 국가다.[10] 중국은 1967년에는 수소폭탄 실험도 성공하면서 세계 5대 핵 강국의 위치에 올랐다.

최초의 핵탄두 모델

4) 개혁·개방과 도광양회(韜光養晦)

대약진 운동으로부터 이어진 경제적 궁핍과 문화대혁명 과정에서 형성된 반좌파세력은 마오쩌둥의 사망을 계기로 실용주의 노선을 걸었던 덩샤오핑을 중심으로 집결되어 1978년 12월에 소집된 중국공산당 제11기 중앙위원회 제3차 전체회의(11기 3중전회)에서 당의 주도권을 장악하고, 사상개방과 경제 발전, 그리고 경제구조와 정치체제의 개혁을 표방하면서 중국적 사회주의의 건설을 추진하게 된다.

10) 마오쩌둥은 이미 1955년 핵무기를 개발할 때부터 방어적 수단으로서의 핵개발임을 천명한 바 있다. "우리는 앞으로 소수의 핵폭탄을 생산할 수 있지만, 그것들을 사용할 의도가 없다 … 우리는 단지 그것들을 방어용 무기로 사용하고 있다."라고 말한 바 있다. 실제 마오는 재임기간에 50여 기 정도의 핵폭탄만 생산한다. 1970년대 미소의 핵폭탄 경쟁 상황에 비추어 볼 때 1%에도 미치지 못하는 수준이었다. 핵폭탄 자체의 가공할 파괴력만으로 핵 억제력은 충분하다고 판단한 것으로 보인다.

중국은 덩샤오핑의 개혁·개방 노선을 채택하고, 1982년 '중국적 특색을 지닌 사회주의'라는 원칙을 천명하면서 급격히 변화하였다. 특히 1990년대 이후 경제개혁이 성공하면서 급속한 발전을 이루어냈다.

개혁개방 이후 40년간 연평균 9%가 넘는 고속 성장을 지속해 왔다. GDP는 1978년 대비 60배 가까이 성장하여 미국에 근접하고 있다. 개혁개방 시기 중국의 최대 목표는 경제 발전이었다. 경제 발전을 위해서는 대외환경이 안정적으로 유지될 필요성이 있었다. 따라서 중국은 주변국과의 우호 관계를 유지하기 위해 주변국에 중국 위협론적 인식을 불식시키려고 노력하였다. 국방비를 축소 발표한다든지, 해외 무기 수입 및 기술 도입 규모를 축소 공개하였다. 중국의 대외정책도 '도광양회(칼빛을 감추고 힘을 길러라)' 전략을 고수해 왔다. 삼국지의 유비가 조조에 의탁하며 천둥소리에 떠는 겁쟁이인 척하며 조조의 견제를 피한 것과 같이 실력을 길러 뜻을 이룰 때까지 기다리는 전략으로 일관해 왔다.

덩샤오핑은 일찍이 100년 동안은 미국과 대결하지 말고 실력을 길러야 한다고 말한 바 있다. 도광양회 전략은 미국과의 갈등을 피하고 주변국과 우호 관계를 유지하여 그 환경에서 경제 발전을 꾀하라는 덩샤오핑의 바람이었다. 군사력 부분에서도 개혁하고 현대화하는 작업을 게을리 하지 않았으나, 겉으로 과시하지는 않았다.

1970년대 덩샤오핑의 개혁개방 이후 경제적 성장이 개선되기 전까지는 실존하는 최소한의 핵전력으로 억제력을 구사하는 데 중점을 두었다. 이미 핵무기 개발에 성공하여 전 세계에서 핵보유국 지위를 확보하고 있었으므로 핵 억제력을 확보하는 것이 가장 중요한 전략이었다. 그러나 중국은 1996년 제3차 타이완 해협 위기 이후 국방력에 막대한 투자를 하기 시작하였다. 그 이후 국방 지출은 인플레이션을 감안할 때 매년 약 11% 증가하였다. 현대화의 상당 부분은 공군 및 해군, 재래식 무장 탄도미사일, 우주 및 사이버 능력을 개발하는 데 중점을 두고 급속한 성장을 하였다. 1996년부터 핵무기 현대화도 지속적으로 추진해 오고 있으며, 질적 향상과 함께 양적 성장도 꾀하고 있다. 도로 이동 대륙간탄도미사일(ICBM), 탄도미사일 탑재 원자력 잠수함(SSBN) 및 잠수함발사탄도미사일(SLBM)을 개발해 배치하고 있다.[11]

5) 시진핑의 '강군몽(强軍夢)'

시진핑 국가주석이 2019년 10월 1일 중국 건국 70주년 열병식에서 군대를 사열하고 있다.

시진핑 주석이 제창한 '중화민족의 위대한 부흥', 즉 '중국몽(中國夢)'은 '강한 군대의 꿈'을 담고 있고, 강한 군대의 꿈은 중국의 꿈을 뒷받침하고 있다. 시진핑 정권은 덩샤오핑의 도광양회 유훈을 거스르면서 초강대국 미국에 도전장을 냈다. 적극적 방어전략, 중국공산당의 강군 목표 달성, 군사 경쟁에서 전략적 주도권 확보 등 매우 적극적인 국방정책 기조로 바뀌었다. 시진핑 주석은 인민해방군(PLA)의 병력을 30만 명 감축하고 창군 100주년인 2027년까지 인민해방군을 현대식 전투 군

---

11) 2008년 글로벌 금융위기 이후 세력균형이 바뀌면서 중국의 전략이 바뀌게 된다. 당시 후진타오(胡錦濤) 국가주석은 2009년 연설에서 중국이 "적극적으로 무엇인가를 성취(유소작위(有所作爲))해야 한다"고 강조함으로써 도광양회를 수정하였다.

으로 전환한다는 계획을 추진하고 있다.

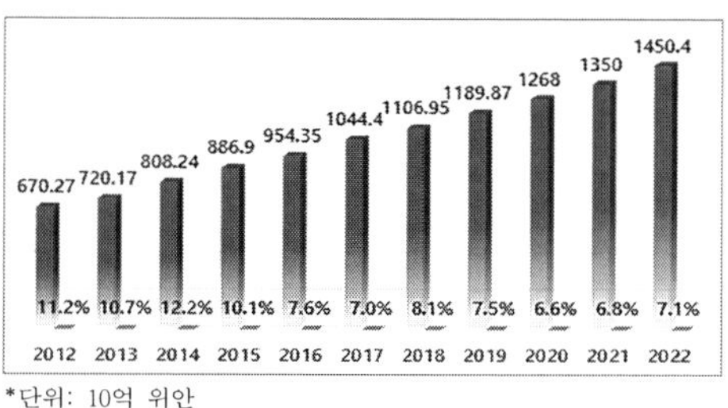

*단위: 10억 위안

중국 국방비 증가 추이

시진핑 주석은 군 개혁을 통해 2035년까지 국방개혁과 장비 현대화를 기본적으로 실현하고 육·해·공군, 우주·정보·사이버전, 민군 합동능력을 확보하여 2050년까지는 방어하는 군대가 아닌 싸워서 이기는 미군 수준의 세계 일류군대로 거듭난다는 전략적 목표를 제시하였다. 사실상 중국의 역대 지도자 중에서 시진핑 주석처럼 강력한 국가를 위한 강한 국방력의 필요성을 제창하면서 군 개혁을 공개적이면서도 공세적으로 추진한 적은 없었다.

3. 미중 갈등과 신냉전

바이든 행정부의 〈국가안보전략 잠정지침(Interim National Security Strategic Guidance)〉에서 중국을 '경제, 외교, 군사, 그리고 기술력을 결합해 미국에 도전할 수 있는 유일한 경쟁국'으로 규정하고 국가안보전략의 궁극적 목적이 중국과의 전략적 경쟁에서 미국의 압도적 우위를 담보하는 데 있음을 밝히고 있다. 불과 30~40년 전만 해도 중국은 세계에서 영향력이 거의 없는 경제적 후진국이었다. 그러나 이제는 세계 경제의 중심 국가로 자리했고 미국의 강력한 경쟁자로 부상하였다.

1972년 관계 정상화 이후 미중 관계는 상호의존과 경쟁을 통해 공존을 추구해 왔다. 그러나 트럼프 행정부 등장 이후 미중 관계는 다양한 영역에서 충돌하고 있다. 트럼프 행정부에서 무역전쟁으로 시작된 갈등은 외교, 군사, 안보, 금융 등으로 확전되고 있다. 특히 Covid-19 팬데믹, 홍콩, 신장, 타이완 문제로 미중 관계는 더욱 불신이 깊어졌다. 이러한 갈등 속에서 양국의 경제적, 기술적, 군사적 패권 경쟁은 갈수록 고조될 것으로 예상된다.

1) 미중 패권 경쟁

미국과 중국 간의 패권 경쟁은 새로운 이데올로기 갈등을 야기하고 있고, 신냉전으로 격화되고 있다. 2차 대전 이후 승전국인 미국은 패권국으로서의 위치를 지켜 왔다. 동시에 미국은 전 세계 모든 지역에서 절대적인 군사적 우월성을 누려왔다. 그러나 21세기 들어 경제적으로 급성장한 중국은 경제력을 앞세워 패권국으로서의 야망을 드러내고 있다. 최첨단 기술, 경제력, 군사력 및 거대한 인구를 보유한 중국은 미국에 최대 위협이 되고 있다. 중국은 미국에 대해 공세적인 외교를 취하고 있다. 2012년부터 미국에 '신형 대국 관계'를 제의하며 미국에 필적하는 중국의 국제적 위상을 인정하라는 요구를 하고 있다. 일대일로(One Belt, One Road, 중국-중앙아시아-유럽을 연결하는 육상·해상 실크로드)와 역내포괄적경제동반자협정(RCEP)을 통해 글로벌 영향력을 확대하면서, 미국을 견제하고 있다. 또한 중국 주도의 아시아인프라투자은행(AIIB)과 더불어 중국은 브릭스 국가들과 함께 미국 주도의 기존 국제금융기구인 국제통화기금(IMF)과 세계은행(WB)에 맞설 새로운 국제금융기구로 신개발은행(NDB)과 위기대응기금(CRA)을 설립하였다.

국제 금융시장에서 중국의 역할과 영향력은 갈수록 확대될 것으로 보인다. 이에 미국도 중국의 일대일로에 맞서 G7이 주도하는 글로벌 기반 시설 투자 구상인 '더 나은 세계 재건(The Build Back Better World: B3W)'을 출범시킬 예정이다.[12] 또 인도－태평양에서 중국을 견제하기 위해 다자안보협의체인 쿼드(QUAD, 미국·인도·일본·호주 등 4개국이 참여하고 있는 비공식 안보회의체)를 강화하고 있다. 또한 미국은 중국의 첨단기술 분야에서 중국의 부상을 경계하고 있다. AI, 반도체 등 첨단기술은 경제적 패권뿐만 아니라 군사 패권에도 큰 영향을 미치기 때문이다. 미국의 대화웨이(Huwei) 수출규제로 시작된 미중 기술패권 경쟁은 최근 5G, 반도체, AI 등의 첨단산업으로 확대되고 있다. 미국의 전략은 탈동조화(Decoupling, 분리)다. 반도체 동맹인 칩4(chip4) 동맹(한국, 미국, 일본, 타이완)은 중국의 주변 국가들과 협력해 중국을 글로벌 반도체 공급망에서 고립시키겠다는 의도로, 아직 낮은 수준의 중국 반도체 기술을 고려해서, 반도체 선진국인 미국, 한국, 일본, 타이완 4개국이 동맹을 맺고 생산과 공급망을 조정하겠다는 구상이다.[13]

또 미국 상원은 2022년 8월 7일 〈인플레이션 감축법(Inflation Reduction Act)〉을 통과시켰는데, 2024년부터 중국이 아닌 다른 나라에서 소재와 부품을 조달한 배터리에 한해 미국정부가 대당 7,500달러의 전기차 보조금을 지급하겠다는 것이다. 미국은 국내 전기차 시장에서 중국산 배터리를 퇴출하려는 의도를 분명히 하고 있다.

---

12) 주요 민주주의 국가들 주도로 2035년까지 약 40조 달러 규모의 투자를 통하여 중저소득 개발도상국(라틴 아메리카, 아프리카, 인도 태평양)에 인프라를 강화하겠다는 구상이다. 이 계획은 교육, 환경, 의료, 양성 평등 및 디지털 기술과 같은 인간(소프트) 인프라를 중심으로 양적·질적으로 더 발전된 사회가 될 수 있도록 지원하겠다는 계획이다. 이들 국가의 경제 회복과 글로벌 번영을 통해 글로벌 다자주의를 강화하는 것을 목표로 하고 있다.

13) 반도체를 제외하면 AI나 5G 부분은 현재 중국의 기술이 높은 수준에 도달해 있어 미국의 디커플링(분리) 전략이 효과가 있을지 의문이다.

2) 중국의 군사력

중국은 현역 병력이 200만 명으로 세계 최대 규모의 군대를 보유한 국가다.[14] 1950년 한국전쟁 당시 600만 명이었던 인민해방군은 1980년까지 450만 명, 1985년에 처음 300만 명으로, 이후에 다시 230만 명으로 규모를 조정했고, 2015년 시진핑 국가주석이 병력 감축을 발표함으로써 2018년에는 30만 명을 감축해서 현재는 약 200만 명을 유지하고 있다. 특이점은 병력 감축에도 불구하고 해병 병력은 오히려 증강되고 있다는 것이다.[15]

인민해방군의 해병 병력은 2017년 약 2만 명에서 2021년 약 4만 명으로 두 배 증가하였다. 국방계획에 따르면 해병대 전력을 더욱 강화시켜 10만 명 이상으로 병력을 늘릴 것으로 알려졌다. 중국이 해병대를 증강하는 이유는 남중국해의 인공섬과 무인도를 방어하고, 동중국해의 영유권 분쟁에 대비해 추후 인도양에서 발생 가능한 작전 수요를 고려한 것이라는 분석이 많다. 중국 인민해방군은 현재 육군 약 100만 명, 해군 30만 명, 공군 40만 명, 로켓군 10만 명, 전략지원부대(SSF) 15만 명으로 구성되어 있다.

---

14) 준군사력 부대인 무장경찰 약 70만, 예비군 51만은 제외된 숫자다.

15) 해병대 증강은 주변국에 직접적인 위협 요인으로 작용하고 있다. 중국 해병대가 2018년 1월 산둥반도에서 한반도 유사 상황 발생 시를 가정한 대규모 상륙훈련을 실시한 바 있다. 한반도 유사시 군사 개입을 배제하지 않겠다는 의지로 해석된다. 타이완, 남중국해와 동중국해 분쟁, 한반도 군사 개입 등 중국 군사력의 확대로 중국 위협론은 갈수록 확대될 전망이다.

(1) 육군(PLAGF)

인민해방군 규모	2,035,000
예비군	510,000
기갑보병전투차량	6,710
전투용 탱크	5,650
대포	9,406

출처: The Military Balance 2021, p. 28.

현재 육군은 약 100만 명을 유지하고 있다. 중국 육군 100만 명 중 41만 6,000명이 대만해협에 배치되어 있다. 주요 장비로는 기갑보병전투차량 6,700여 대, 전투용 탱크 5,700여 대, 대포 9,400여 대를 운영하고 있다.

인민해방군의 현재 주력 전차는 99형(ztz-99)과 99A형이다. 특히 3세대 주력전차(MBT)로 분류되는 99A형은 뛰어난 화력과 장갑을 갖춘 중국의 가장 강력한 탱크로 평가된다. 99A형은 세계 최고의 전투 탱크로 간주되고 있지만 매우 높은 생산 비용과 운용 비용으로 인해 현재 99A형은 몇 백 대만 운용되고 있다. 현재 4세대 전차의 공개가 임박한 상황이라 99A형 탱크는 확대 배치될 가능성이 낮은 상황이다. 오히려 인도 기갑부대에 대응하기 위해 99A형보다 40% 가량 가볍고 산악 지형에서 유리한 최신형 15형(ZTQ-15) 경량 탱크를 중국 서부지역을 중심으로 증강할 것으로 예상된다.

2001년 출시된 99형은 20년간 1,200대 배치되었고,
최신형 99A형은 2015년 배치를 시작하였다.

최신 지대공 미사일 QW(前衛)-12도 실전 배치될 준비를 하고 있다. QW-12는 이동식 대공방어 무기로 헬리콥터, 전투기, 순항 미사일을 파괴할 수 있는 무기로, 보통 헬기나 전투기에서 격추를 피하기 위해 발사하는 플레어(Flare, 적의 적외선 유도 미사일 공격을 회피하기 위한 적외선 섬광탄)를 무력화시켜 목표물을 타격할 수 있다는 것이 중국군의 주장이다.

또한 미국 아파치 헬기에 대응하는 공격형 헬기인 Z(直)-10도 육군 지상군에 180여 대 배치되어 운용되고 있다. Z-10은 중국 최초의 현대식 공격 전용 헬리콥터이다. AH-2 루이발크(AH-2 Rooivalk) 및 A129 망구스타(A-129 Mangusta)와 동급이지만 AH-64 아파치(Apache)에는 못 미치는 것으로 평가된다.

Z-10(直-10)은 중국이 자체 개발한 최초의 공격 헬기로 2010년부터 배치되기 시작하였다. 현재도 업그레이드 중이다.

(2) 해군(PLAN)

중국의 해군 전투력은 불과 20년 만에 3배 이상으로 증가되었다. 중국 해군은 이미 전함 규모로 세계 최대를 자랑하고 있으며 군사 확장의 일환으로 현대식 수상전투함, 잠수함, 항공모함, 상륙함, 탄도핵미사일잠수함, 극지쇄빙선 등을 놀라운 속도

중국 최초의 항모 랴오닝함 67,500톤급

로 건조하고 있다. 30만 명의 해군 병력을 보유하고 있는 인민해방군의 해군 현대화는 1990년대부터 진행되어 현재 함대가 크게 확장되었다. 현대화의 중요한 초점은 남중국해와 동중국해에서 연안전 능력을 강화하는 것이다, 중국 해군은 300척 이상의 수상 전투함, 잠수함, 상륙함, 순찰선 및 기타 특수 선박을 보유하고 있는 것으로 추정된다.16) 북해, 동해, 남해함대 등 3개 함대를 갖추고 있으며 미사일 구축함 29척, 호위함 45척, 상륙함 55척 등을 실전 배치하였다. 미 해군 정보국(US Office of Naval Intelligence)에 따르면 2020년 말 중국 해군이 보유한 전함 규모는 약 360척 규모로 2025년에 400척, 2030년에는 425척으로 증가할 것으로 예상하였다.

중국은 "중국 국방의 발전은 국가 안보를 확립하고 세계 평화에 기여하는 것을 목표로 한다"고 밝히고 있으며, "중국은 결코 다른 나라를 위협하거나 영향력을 행사하지 않을 것"이라고 강조하고 있다. 그러나 인민해방군 해군이 원거리 작전에 필요한 항공모함, 상륙함, 구축함 및 순양함 건조에 박차를 가하고 있다는 것은 군사 대국화 및 패권 의지를 드러내고 있다는 방증이다.

중국은 1990년대까지 '근해방어' 전략에서 2000년대 들어 '원해작전' 능력 강화를 장기적인 목표로 추진해 오고 있어 주변국에 위협 요인으로 작용되고 있으며, 이것은 미국뿐만 아니라 일본, 한국 등 동아시아지

랴오닝호 개조를 경험으로 중국 최초의 자체 개발 항모 산둥함.

16) 순시선과 대함미사일을 장착한 전투 플랫폼 85대가 포함되지 않은 수치다.

역에 군비 경쟁을 불러올 수 있고 군사적 충돌도 배제할 수 없다.

원해작전 능력을 강화하기 위해 중국은 항공모함 3척을 진수해 운용하고 있다. 1998년 우크라이나에서 건조가 중단된 6만톤급 바랴그(Varyag)호 항모를 2000만 달러에 구매해서 개조해 2012년 12월 랴오닝함을 취역하였다. 중국은 랴오닝함 개조 경험을 바탕으로 산둥함을 독자 개발해 2017년 4월에 진수하였다.

랴오닝함과 산둥함은 아직 기술력 부족으로 스키점프대를 사용해 항공기를 이륙시키는 방식을 이용하고 있다(STOBAR 방식). 스토바 방식은 출격 속도가 늦고 항공기 탑재 무장도 가벼워지는 단점이 있다. 이러한 단점을 극복하기 위해 설계된 세 번째 항모 푸젠함은 디젤 추진 방식으로 중국이 자국 기술로 진수한 두 번째 항모다. 푸젠함은 8만여 톤으로 수평 비행갑판에서 함재기가 이륙하는 사출형(CATOBAR 방식) 항공모함이다. 중국은 2030년까지 최대 5척의 항공모함을 보유할 계획이다.

중국이 자체 개발한 3번째 항모 푸젠함.
사출형(Catapult 방식) 항공모함임.

그 외 순양함과 구축함 80여 척을 보유하고 있는데 최근 들어 4세대 055형 신형 순양함 8대를 배치했고 2030년까지 16대가 추가 배치될 것으로 보인다. 055형 순양함은 길이 약 180m, 너비 22m의 유도 미사일 구축함으로, 지대공 미사일, 대함 미사일, 지상 공격 미사일 및 대잠수함 미사일을 발사할 수 있는 112개의 수직 발사대를 갖추고 있다.

055형 전함은 항공모함을 호위하는 역할도 담당할 것으로 전망되고 있다. 055형 순양함은 미 해군의 이지스 순양함에 대응하기 위해 개발되었다. 실제 현재 미해군의 티콘데로가(TICONDEROGA)급 이지스 순양함과 동등한 것으로 평가된다. 미해군의 티콘데로가급 이지스 순양함(세계 최초의 이지스 순양함으로 27척이 건조되어 5척은 이미 퇴역하였다. 앞으로 7척이 추가로 퇴역을 앞두고 있다)이 취역한 지 40년이 되었기 때문에 중국의 최신형 055형 순항함이 군 전력 차원에서 갖는 의미는 크다. 미래에는 전자기 레일건으로 무장하게 될 것이다. 또 국제전략연구소(IISS)의 연간 평가에 따르면 중국은 핵미사일로 무장한 6척의 핵추진탄도미사일잠수함과 약 40척의 공격잠수함도 보유하고 있으며 그중 7척은 핵 추진 잠수함이다.

중국 해군의 055형 첫 구축함인 난창(南昌)함

(3) 공군(PLAAF)

인민해방군 공군(PLAAF)과 인민해방군 해군 항공병(PLANAF)으로 구성된 중국의 공군은 지난 20년 동안 눈부신 성장을 하였다. 대부분의 구식 라이센스로 제작된 2세대 및 3세대 소련 전투기에서 현대적인 4세대 전투기로 빠르게 대체되고 있다. 중국의 공군은 3,200대 이상의 항공기를 보유한 세계에서 세 번째로 큰 규모로, 그중 약 2,000대가 전투기(전투기, 전략 폭격기, 다목적 전술기 공격기 포함)로 알려져 있다. 중국 공군력 핵심은 전투기로서, 4세대 전투기는 600대 이상 보유하고 있다.[17]

주력기인 J(殲)-10은 4세대 전투기로 F-16이나 MiG-29급이다. J-10

은 초기 양산형인 J-10A, 성능개량형인 J-10B와 J-10C 등이 존재하며, 중국은 250대 이상의 J-10을 운용하고 있다.

J-20은 2010년 말부터 그 존재가 알려지기 시작한 중국 최초의 스텔스 전투기다. J-20 전투기에 적용된 스텔스 기술은 미국이 개발한 F-22와 F-35 전투기에 적용된 스텔스 기술과 동일해보이는데 중국 공군은 2018년 2월 J-20 전투기의 실전 배치를 발표하였다.[18] 미국 F-22와 경쟁하도록 설계되었지만 속도와 전투 능력에 대해 아직 검증된 바가 없다. 오히려 F-35에 가까운 기종으로 평가되고 있다.

그 외 1965년 5월 14일에 있었던 제2차 핵실험에서 핵폭탄을 투하하는 데 사용되었던 H-6 폭격기, 현재 공군에 최소 4대, 해군항공대에 4대가 배치된 것으로 추정되는 신형 AESA(Active Electronically Scanned Array) 레이더를 장착한 KJ-600 항모 기반 조기 경보기(중국은 KJ-600을 포함하여 공중조기경보통제기 80여 대를 보유하고

KJ-600 항모 기반 조기 경보기

17) 중국은 4세대 전투기 J-10, J-11·J-15, JH-7 등 600여 대를 보유하고 있다.

18) 최근에 중국은 5세대 스텔스 전투기 J-20 Mighty Dragon을 2인승으로 개발 중인데 드론과 결합하여 정찰, 타격 및 지휘 임무를 수행할 수 있어 화력을 높일 수 있을 것으로 기대하고 있다.

있다), Y(윈(運·Y))-20 대형 제트 전략수송기, YU-20 공중 급유기,[19] Z-20 헬리콥터[20] 등으로 무장하고 있다.

(4) 로켓군(PLARF)

중국 로켓군(PLARF, The PLA Rocket Force)의 전신은 '제2포병군단'으로써 1966년 7월 1일에 마오쩌둥 주석의 비준 하에 정식으로 창설되었고 저우언라이 총리가 직접 이름을 지었다. 군 현대화의 일환으로 2016년 1월 1일 로켓군으로 재창설되었다.

중국 로켓군은 약 120,000명의 인원과 40여 개 여단으로 구성되어 있다. 중국 로켓군은 육군, 해군, 공군 3군에 이어 제4군으로 승격되었다. 로켓군은 전자·정보·우주 분야의 작전 수행을 지원하는 전략지원부대와 함께 인민해방군의 새로운 전력 핵심이다. 로켓군 병력은 약 120,000에 달하는 것으로 알려져 있지만 각 군의 지원부대를 합치면 20만 이상이 될 것으로 예상된다.

중국 로켓군은 최근 몇 년 동안 급속히 확장되고 현대화되었다. 로켓군이 창설된 이후 해군이 관할하던 잠수함발사탄도미사일(SLBM)을 포함한 모든 핵무기를 로켓군 산하로 편입시켰다. 향후 우주전략무기도 로켓군에서 담당하게 될 것으로 보인다. 로켓군은 당 중앙군

---

19) YU-20은 중국이 자체 개발한 급유 기술로 수송기 Y-20을 업그레이드하였다. 220톤의 대형 제트 전략수송기로 공중급유기에는 좌우 날개에 급유 장치가 있어, 전투기 두 대에 동시 급유할 수 있다. 평균 운항거리는 7,800km이며 약 90t의 연료를 탑재하여 20대의 전투기에 급유를 할 수 있다. 공중급유를 통해 전투기는 항속거리를 연장해서 작전시간과 작전반경을 대폭 확대시킬 수 있다.

20) Z-20은 외형상 미국의 UH-60 블랙호크와 유사해 중국판 블랙호크로 불린다. 2019년부터 실전에 배치됐다.

사위원회가 직접 지휘·통제하는 전략부대로 임무는 중국에 대한 타국의 핵무기 사용을 억제하고, 핵 반격 및 재래식 미사일 정밀타격을 수행하는 것이다. 핵 미사일부대와 재래식 미사일부대, 작전보장부대, 관할 미사일기지 등으로 구성되어 있다. 중국의 로켓군은 약 200여 기의 ICBM, 300여 기의 중거리 탄도미사일(IRBM), 1,150여 기의 단거리 탄도미사일(SRBM) 및 3,000기의 순항미사일(Cruise Missile, 수십 m 초저고도에서 마하 0.7(시속 800~900km) 정도의 느린 속도로 비행하며 목표물을 파괴할 수 있다. 레이더 아래 초저고도로 비행하기 때문에 탐지나 요격이 쉽지 않은 특성이 있다)을 보유하고 있다.[21]

중국은 인민해방군의 규모를 30만 명 축소했음에도 불구하고 로켓군을 창설한 이유를 "중국의 국가 주권과 안보를 유지하는 데 중요한 역할을 하기 때문"이라고 밝히고 있다. 로켓군의 주요 목표는 타이완과 남중국해이지만 한반도, 인도, 러시아 및 미국에 대한 능력도 유지하고 있다. 중국 핵 능력의 절반 이상이 로켓군의 관리 하에 있다. 중국 로켓군은 세계에서 가장 큰 지상 기반 미사일 부대로서 다양한 미사일 시스템을 운용하고 있다. 이들 중 약 절반은 타이완을 겨냥한 단거리 무기다. DF-11(둥펑(東風)11), DF-15(둥펑15), CJ-10(창젠(長劍)10)과 같은 단거리 미사일 1,000여 기가 타이완을 겨냥하고 있다.

중국의 미사일 능력이 계속 발전함에 따라 인도-태평양 지역의 안보 환경은 앞으로 크게 바뀔 것이다.[22] 로켓군은 2020년 첫 극초음

---

21) 중국의 로켓군은 단거리(1,000km 이하), 중거리(3,000~5,500km), 장거리 미사일(5,500km 이상)을 비롯하여 다양한 종류의 미사일을 보유하고 있다. 로켓군이 보유하는 주요 단거리 미사일은 DF-11, DF-15, DF-12, DF-16, DF-18 계열이다. 중거리 미사일로는 DF-3, DF-4, DF-21, DF-25, DF26 계열이 주력을 이루고 있다. 장거리 미사일(ICBM)로는 DF-5, DF-31, DF-41 등이 주력을 형성하고 있다.

22) 미국은 2019년 8월 2일 지난 1987년 구소련과 체결한 500~5,500km 사거리를 갖는 모든

속 무기 시스템인 DF-17을 배치하기 시작하였다. 극초음속 무기는 높은 수준의 기동성으로 마하 5보다 빠르게 비행할 수 있어 기존 미사일 방어 시스템으로는 이를 방어하기가 쉽지 않다.[23]

극초음속 무기의 출현은 미국, 일본, 인도가 구축한 기존의 탄도미사일 방어 시스템을 약화시킬 수 있어 군비 경쟁은 한층 격화될 것이다. 인민해방군 로켓군은 탄도 및 순항미사일 발사대를 약 600대 보유하고 있다. 그러나 단순하게 양적인 성장보다도 중국이 신형 미사일을 많이 보유하고 있다는 것이 핵심이다. 이것은 핵탄두로 무장할 수 있음을 의미한다.

(5) 전략무기

① 핵탄두

중국은 1964년 핵실험에 성공하면서, 5대 핵보유국 지위를 획득하였다. 동시에 NFU(No First Use), 즉 '핵 선제 불사용' 정책을 표명하였다. 중국은 자발적으로 NFU 정책을 표명하여 왔으며, 이를 국방백서

지상발사 탄도미사일 및 순항미사일의 보유·생산·시험을 금지한 중거리 핵전력(INF)을 탈퇴하였다. INF는 냉전시기 최대 군사 경쟁국인 미·소 간 핵전쟁의 위험을 줄이기 위한 조치였다. 그러나 30년이 지난 현재는 미가입국인 중국이 급부상하고 있고 미국을 위협하면서 조약의 큰 의미는 사라졌다. 더구나 미국으로서는 중국을 견제하기 위해 아시아에 미사일을 배치해야 하는 상황에서 INF는 큰 장애물이었다. 미국은 INF 복귀 조건으로 새로운 군축협상에 러시아뿐만 아니라 중국도 포함할 것을 요구하고 있지만 중국이나 러시아 모두 협상에 참여할 의사가 없다. 초강대국들의 군비 경쟁은 더 치열해질 것으로 보인다.

23) 탄도미사일과는 달리 정해진 포물선형 궤적을 그리지 않고, 비행 중간에 방향 전환이 가능하므로 그만큼 추적과 요격이 어렵다. 대기권 재돌입 전의 주 비행고도 또한 기존의 대기권 외 요격 수단으로 요격하기에는 너무 낮고, 대기권 내 요격 수단으로 요격하기에는 너무 높다.

등을 통해서 공식적으로 꾸준히 공표해 왔었다.[24] 현재 중국의 핵탄두 비축량이 350여 개로 추정되며 핵무기를 확장하고 현대화함에 따라 2027년까지 그 규모가 최소 두 배로 증가할 것으로 예상된다.[25]

중국은 2030년까지 적어도 1,000개의 탄두를 보유할 계획이라고 공개적으로 밝힌 바 있다. 중국의 핵탄두 보유량이 여전히 미국의 핵탄두 비축량인 5,550개에는 크게 미치지 못하지만, 중국의 핵 축적은 미국의 군사 패권에 대한 가장 큰 위협 중 하나로 간주되고 있다.

② 시안 H-20스텔스 폭격기

시안(Xian, 西安) H(轟)-20 스텔스 폭격기는 인도-태평양 지역의 강대국으로 자리하려는 중국군의 야심찬 프로젝트 중 하나로, '핵무기 3각축(nuclear triad)' 체제 완성의 일환으로 설계되었다. 초음속 장거리 스텔스 전략폭격기 '시안 H-20'은 2016년에 처음으로 공식적으로 개발이 확인되었다. 최대 이륙 중량은 200톤, 탑재량은 45톤에 이를 것으로 추정된다. 디자인과 크기가 미국 스텔스 폭격기 B-2와 유사하다. 시안 H-20의 비행거리는 8,500~12,000km로 대륙 간 공격 능력을 갖춘 중국 최초의 전략 폭격기로 평가된다.

---

24) NFU 정책이 중국이 핵무기를 보유하는데 정당성을 확보하기 위한 정치적 수사(Political Rhetoric)에 불과하다는 평가가 지배적이다. 중국은 머지않아 NFU 정책을 폐기 및 개정할 가능성이 높다. 핵보유국 중 조건 없는 NFU 정책을 유지하고 있는 유일한 국가가 중국이다. 그럼에도 불구하고 국제사회에서 NFU 정책에 대한 불신은 높다. 중국 내에서도 1964년 선포된 NFU 정책의 유용성에 대해 회의적인 시각이 많다. 특히 타이완 문제는 중국으로 하여금 NFU 정책에 대한 중대한 결정을 압박하게 될 것으로 보인다. 미국과 일본이 타이완을 지키기 위해 참전한다면 대타이완 침략전쟁은 중국으로서는 승산이 크지 않다. 그러나 핵무기로 미국 본토를 위협하는 상황이라면, 미국의 개입을 저지하고 직접적 충돌을 피하면서 타이완을 복속시킬 수 있다는 전략이다.

25) 350여 개의 핵탄두 중 약 272기가 작전 중인데, 204개의 지상 기반 탄도미사일, 48개의 해상 기반 탄도미사일 그리고 폭격기에 20개의 폭탄을 할당한 것으로 추정되고 있다.

능동형 전자주사배열(AESA) 레이더와 스마트 폭탄, 지상 공격 순항 미사일 및 대함 미사일과 같은 광범위한 정밀 유도 무기를 탑재할 수 있는 H-20 개발로 미국 괌기지와 하와이도 사정거리 내에 두게 되었다. 또 폭격기가 북극 항공로를 개척하면 미국 50개 주가 모두 비행 범위 내에 있게 된다.

H-20(轟(훙)-20)의 비행거리가 8,500km로 약 10톤의 탄약만 탑재 가능한 것으로 미국 국방부는 추정하고 있다. 그러나 확실한 것은 H-20이 핵을 탑재할 수 있다는 사실이다.

대륙간탄도미사일(ICBM), 잠수함발사탄도미사일(SLBM), 공중 전략 폭격기를 보유함으로써 '핵무기 3각축(nuclear triad)' 체제를 완성하였다. 아울러 남중국해 전초기지와 아프리카 아덴만과 홍해 사이 전략 요충지에 위치한 지부티(Djibouti) 기지에 비행장 및 격납고를 건설하면서 중국 공군의 작전 지역은 크게 확대될 것으로 예상된다.

③ 대륙간탄도미사일(ICBM)

중국은 사일로 기반(silo based, 지하 격납고에서 발사) ICBM 또는 도로 이동형 ICBM 약 200여 기를 보유하고 있는 것으로 알려져 있다. 그러나 미 국방부는 중국은 이미 ICBM 발사대 450개 이상을 보유한 것으로 분석했다. 미사일 발사대 전체에 미사일을 배치한 것은 아니지만, 발사대가 완성된 만큼 ICBM 배치뿐만 아니라 핵탄두 배치도 빠르게 진행될 것으로 보인다.[26]

중국이 구형 대륙간탄도미사일인 DF-5를 운용하는 18~20기의 기존 지하 격납고에 최소 16개의 ICBM 사일로를 추가 건설하고 있다. 새롭게 건설 중인 사일로에는 신형 ICBM인 DF-41을 배치할 것으로 보인다.[27)]

DF-41은 중국의 4세대 전략 핵무기이며 중국의 모든 ICBM 중 최장의 작전 범위를 가지고 있다. 구형 ICBM인 DF-5는 액체연료 방식으로 시간이 많이 소모되지만, 신형 DF-41은 고체연료 방식으로 기존의 단점을 크게 개선하였다는 평가를 받고 있다. 또 이 미사일은 핵탄두를 장착해 알래스카와 미국 본토 대부분을 공격할 수 있다.

④ 잠수함발사탄도미사일(SLBM)

인민해방군 해군은 현재 JL-2 SLBM 12개를 탑재할 수 있는 6개의 094형 SSBN(전략핵추진잠수함)을 보유하고 있다. JL(巨浪, Julang)-2는 사거리가 7,200~9,000km 사이인 것으로 추정되며 중국 근해에서 발사될 경우 러시아, 인도 등을 타격할 수 있으나 미국 본토까지는 도달하지 못한다. 그러나 괌, 하와이, 알래스카를 사정거리 안에 두고 있어 미국에는 위협적이다. JL-2 미사일은 단일 메가톤 탄두로 무장할 수 있으며, 이는 히로시마에 투하된 코드명 '리틀 보이(Little Boy)' 폭탄보

---

26) 중국의 핵무기 탑재 미사일은 DF-4 ICBM, DF-5A ICBM, DF-21A/E MRBM(중거리 탄도미사일), DF-26 MRBM, DF-31 ICBM, DF-31A ICBM, DF-31AG ICBM, 및 DF-41 ICBM. 특히, DF-41은 미사일 사거리가 12,000~15,000km 이상이고 독립적으로 표적이 되는 핵탄두를 약 10개 탑재할 수 있어(즉, 하나의 미사일이 10개의 각기 다른 표적에 10개의 탄두를 발사할 수 있다) 전 세계 전 지역을 타격할 수 있다.

27) 동평 시리즈는 중국이 1957년 구소련으로부터 탄도미사일 R-2의 연구지원을 받으면서 시작된다. 1960년 구소련의 SS-4미사일 설계를 기초로 사거리 2,000km인 미사일 시험발사에 성공하였다. 중국은 이 미사일을 DF-1이라고 명칭하였다. 중국은 이후 미사일 사거리를 점차 늘려 DF-2, DF-3 등 동평 시리즈를 개발하였다. 단거리미사일에서 중거리미사일, 대륙간탄도미사일(ICBM) 급으로 성능을 향상시켰다.

다 67배 더 강력한 위력이다.

JL-3은 고체연료 미사일이다. 액체연료 미사일과 비교하였을 때, 고체연료 미사일은 연료 주입에 걸리는 시간이 짧고 이동이 용이하여 위기 시에는 신속하게 대응할 수 있다는 장점을 지니는 것으로 알려져 있다. 사정거리는 약 1만 2,000km로 진급 핵잠수함에 탑재한 JL-2에 비해 원거리를 타격할 수 있다. 신형 094A급 잠수함에 탑재되어 유럽, 인도, 러시아, 미국 본토 전역의 목표물을 무력화시킬 수 있다.[28]

JL-3은 주로 중국의 차세대 096급 탄도미사일 잠수함용으로 설계되었으나 096급이 아직 완성되지 않아 우선 신형 094A급 잠수함에 탑재되어 실전 배치되었다. 스텔스 기능을 갖춘 096급이 도입되면 24개의 JL-3 미사일을 탑재할 수 있는 것으로 알려져 있다.

⑤ 전략 핵잠수함

현재 중국은 6척의 093형 핵추진공격잠수함(SSN, 핵 추진 동력에 재래식 무기로 무장)과 6척의 094형 전략핵추진잠수함(SSBN, 핵 추진 동력에 핵탄두로 무장)을 운용하고 있다. 최신형인 093B SSN은 초음속 중거리 순항미사일 YJ-18(鹰击(잉지)18, 사거리 220~540km)을 최대 24발까지 쏠 수 있다. 스텔스 기능 및 잠수함에서 발사하는 초음속 중거리 순항미사일은 '항모킬러'로 불리는 중국의 중거리 전략 미사일 둥펑(東風·

28) 중국은 4개의 094형 SSBN과 2개의 094A형 SSBN을 보유하고 있으며, 창정(長征) 18호로 불리는 094A형 SSBN은 진급 신형 핵잠수함이며, 사정거리 12,000km의 SLBM인 쥐랑(巨浪, JL)-3을 탑재하고 있다.

DF)-21D와 함께 미국 항모전단의 최대 위협이 될 수 있다.

또한 094형 핵탄도미사일잠수함(SSBN)은 최대 12개의 JL-2잠수함 발사탄도미사일(SLBM)을 탑재할 수 있으며, 각 미사일은 단일 핵탄두를 탑재하고 사거리가 7,200~9,000km 사이인 것으로 추정된다. 그러나 094형 핵탄도미사일잠수함(SSBN)의 치명적 약점은 소음 문제다. 1976년 구소련이 처음 발사한 델타 III(Delta III) SSBN보다 더 소음이 심각하다는 평가를 받고 있다.

창정(長征) 18호로도 불리는 최신형 094A SSBN은 사거리 12,000km의 수직발사 JL-3탄도 미사일로 무장하고 미국 본토를 타격할 수 있다. 094 SSBN의 치명적 단점인 소음이 크게 개선되었다. 차세대 SSBN인 096형은 아직 공개되지 않았지만 2030년까지 094A형과 096형으로 구성된 최대 8대의 SSBN을 동시에 운용할 것으로 예상된다.

최신형 094A형 핵탄도미사일잠수함

⑥ 우주무기

21세기 들어 경제대국으로 성장한 중국은 경제력을 기반으로 우주 경쟁에 본격적으로 뛰어들면서 미국에 강력한 경쟁자로 부상하였다. 중국은 2003년 10월 유인우주선 선저우(神舟) 5호 발사에 성공하였다. 이러한 성과를 바탕으로 중국은 2007년 10월 첫 달 탐사위성인 '창어(嫦娥) 1호'를 발사했으며, 2020년 11월에는 '창어 5호'가 달 표면의 샘플을 채취하여 지구로 귀환하는 데 성공하였다.

중국은 2011년에는 독자적인 우주정거장 '톈궁(天宮) 1호' 발사에 성공했으며, 2016년에는 텐궁 2호를 쏘아 올렸다. 또한 2021년에는 첫 화성 탐사선 '텐원(天問) 1호'와 탐사 차량 '주룽(祝融)'을 화성에 착륙시키는 데 성공하였다. 또 감시정찰위성 262기, 과학기술위성 125기, 통신위성 61기, 위성항법위성 49기 등 약 500기의 인공위성이 우주 궤도를 돌면서 중국에 필요한 정보를 제공하고 있다. 중국은 이러한 우주에서의 실적을 바탕으로 군사 우주 능력을 강화하고 있다.

2012년에 집권한 시진핑은 '강군몽'을 실현하기 위해 군사 개혁의 필요성을 역설하고 개혁을 실행하였다. 군사개혁의 일환으로 2016년 1월 1일 중국 인민해방군 로켓군 및 전략지원부대(PLASSF)가 창설되었다. 특히 전략지원부대는 우주전, 사이버전, 전자전, 심리전을 수행하는 것으로 알려져 있는데, 임무를 수행하기 위해서 전략지원부대는 두 개의 상호 독립적인 부서인 우주시스템부(航天系統部)와 네트워크 시스템부(網路系統部)를 운영하고 있다.

전략지원부대의 우주시스템부는 우주 발사, 원격 측정, 추적 및 제어, 위성 통신, 우주 정보, 감시 및 정찰(ISR), 우주 관련 R&D 및 지원을 포함하여 중국의 군사 우주 작전의 모든 분야를 총괄한다. 우주 시스템 부서는 중국 군대의 사실상 '우주군대'로 본격적인 '우주군(天軍)' 창설을 위한 준비 작업으로 볼 수 있다. 미래 전쟁은 우주무기를 비롯하여 로봇, 무인 무기(드론 등), 사이버 등 첨단무기의 각축전이 될 것이다.

미국과 러시아는 이미 '우주군'을 창설하여 운영하고 있고, 중국도 2000년대 중반부터 꾸준히 '우주군' 건설이 제기되어 왔다. 중국은 미국의 군사 대국의 원천이 우주를 활용한 '군사력'과 '정보력'으로 보고 있다. 중국 분석가들은 미국이 정보 수집의 70~80%와 통신의 80%를 위성에 의존하고 있다고 보고 이에 대응하기 위해 반위성무기

(ASAT, Anti-satellite weapons) 등 우주무기 개발에 많은 투자를 하고 있다. 오늘날 개발되고 있는 우주군사력의 주요 대상으로는 대기권을 통과하는 대륙간탄도미사일(ICBM)로부터 군사용 위성시스템 그리고 이를 파괴하거나 무력화하기 위한 인공위성요격체계, 즉 반위성무기 우주전투기를 포함하는 고차원적 우주항공기술 등 다양한 분야가 포함된다.

중국의 우주군사력 발전에 있어서 특히 관심을 끄는 것은 우주무기의 일종인 반위성무기 체계의 개발이다. 반위성무기는 위성을 파괴하거나 방해하여 타국의 정보 수집 또는 직접적 공격을 저해하는 무기로 중국은 2007년에 탄도미사일로 위성을 파괴하는 실험에 성공한데 이어 지속적으로 다양한 방법을 개발하고 있다.[29] 지상에서 미사일을 발사해 목표 위성을 파괴하는 방법뿐 아니라 지상이나 공중의 무기체계에서 발사되는 레이저나 에너지 빔을 이용하는 방법, 공격용 위성을 발사하여 주변의 위성들을 공격하는 방법 등 다양하다.

부분궤도폭격체계(FOBS, Fractional Orbital Bombardment System)는 미사일을 150~200km 수준의 위성궤도에 쏘아 올린 뒤 미사일이 낮은 궤도로 돌다가 특정 지점에서 지상으로 하강시켜 목표물을 타격하도록 만든 시스템이다. 중국은 최근 부분궤도폭격체계 방식으로 극초음속 비행체(HGV, Hypersonic Glide Vehicle) 발사에 성공하였다.[30]

---

29) 운동에너지 공격(KE-ASAT)은 미사일 등으로 위성을 파괴하기 때문에 위성은 수천 개의 조각으로 분쇄된다. 실험이 증가할수록 엄청난 양의 파편이 우주에 쌓이게 된다. 2007년 중국 KE-ASAT 시험만으로 궤도에 있는 쓰레기가 20% 증가하였다(3,600개의 우주 쓰레기를 만들었으며 그중 3,000개의 조각이 오늘날에도 여전히 궤도를 돌고 있다). 이러한 파편이 대기권에서 시속 15,000마일 이상으로 움직이기 때문에 작은 파편으로도 심각한 피해를 줄 수 있다.

30) 극초음속 미사일은 최대 음속의 20배의 속도에 도달할 수 있으며 몇 분 안에 우주 어디에서나 타격할 수 있다. 중국은 2019년 연례 퍼레이드에서 극초음속 미사일 'DF-17'을 비롯

HGV의 FOBS 방식은 현재 미사일방어(MD)체계로는 사실상 대응이 불가능하다. HGV에 핵탄두를 탑재한다면 군사력 경쟁에서 게임체인저(Game Changer)가 될 수 있다.[31] 또 중국은 현재 지상 기반 지향성 에너지 무기(DEW) 시스템을 보유하고 있으며 우주 기반 플랫폼도 개발하고 있다.

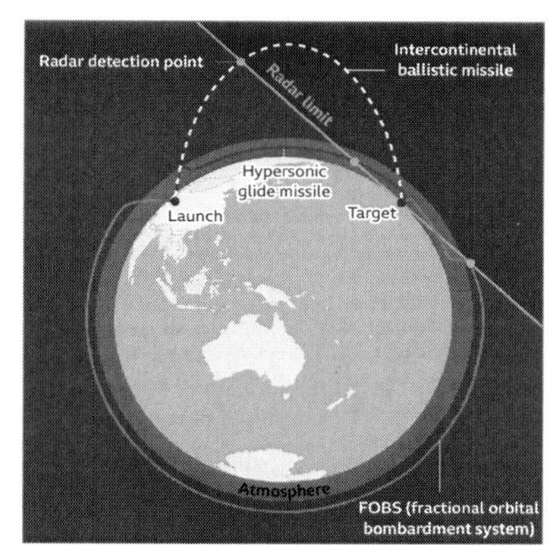

출처: BBC NEWS, 2021.10.24(https://lrl.kr/vy40).

DEW는 우주 전쟁에서 점점 더 중요해지는 군사 무기로, 고출력 레이저, 고출력 마이크로파, 밀리미터파 방출기 또는 입자 빔 무기와 같은 기술을 포함한다. DEW는 집적된 전자기 에너지를 사용하여 적의 시스템과 플랫폼을 공격한다. 실용화되어 배치된다면 미국 위성을 무력화시키는 데 결정적 역할을 할 것이다. 특히 우주 기반 레이저 무기는 공격적 이점 외에 중국의 우주 자산을 보호하는데도 이점이 있다.

한 첨단무기를 선보였다.

31) 극초음속 무기(Hypersonic Weapon)는 극초음속 비행체(HGV, Hypersonic Glide Vehicle)와 극초음속 순항미사일(HCM, Hypersonic Cruise Missile) 두 종류로 분류된다.
HGV는 탄도미사일에서 고층대기로 발사된 후 HGV가 발사체(탄도미사일)에서 분리되어 최대 마하 20의 극초음속으로 지상표적을 향해 활공한다. 반면 HCM은 스크램제트 엔진(scramjet engine)에 의존하며, 연료와 주변 대기의 산소를 융합하여 마하 5~10의 극초음속순항속도에 도달한다. HCM은 HGV보다 비행고도가 낮아 요격이 더 어려운 장점을 가지고 있다. 중국은 2018년에 신궁(神弓)-2(Starry Sky-2) 극초음속 선형 미사일 시험에 성공함으로써 HCM 개발에도 진전이 있는 것으로 추정된다.

3) 중국의 영토분쟁

중국은 국경선 총길이 22,800km로 국경에 접해 있는 국가만 14개국에 이른다. 또 중국은 현재 국경 및 해양에서 이웃 19개 국가와 분쟁을 벌이고 있다. 이러한 분쟁이 지속적으로 증가하고 있는 것은 중국의 영토 민족주의,[32] 경제적 이권과 자원 확보에 큰 원인이 있다. 남중국해, 동중국해, 인도 국경 분쟁 등 중국이 군사력을 증강함에 따라 국가 간 갈등은 더욱 악화될 가능성이 높다.

(1) 남중국해

남중국해 분쟁은 남중국해에 위치한 수많은 해양 지형들의 영유권 및 해양 관할권을 놓고 중국과 아세안 5개국(베트남, 필리핀, 말레이시아, 인도네시아, 브루나이) 그리고 타이완이 대립하고 있다. 중국은 1947년 설정한 남해구단선(Nine Dash Line)[33]을 근거로 남중국해의 80%가 자국의 소유라고 주장하는 반면, 아세안 5개국은 남해구단선의 역사적 권원(歷史的權原)을 부정하면서 현재 그들이 보유하고 있는 남중국해 해양 지형들을 수호하기 위해 중국과 분쟁 중이다.

남중국해의 주요 분쟁은 중국이 남중국해 전체를 포함해서 영향력이 미치는 영토지도를 제작했던 원나라 시기인 1279년으로 거슬러

---

32) 중국이 주장하는 핵심이익은 계속 확장되는 추세지만, 일반적으로 언급되는 주권, 안보, 영토완정(嶺土完整), 발전이익 등의 핵심이익들 중에서도 중국이 가장 민감하게 생각하는 핵심이익이 주권과 영토완정이다.

33) 남해구단선은 1947년에 중국(국민당 정부)이 일방적으로 선언한 남중국해 영유권 분계선으로 베트남, 필리핀, 말레이시아, 브루나이, 타이완, 인도네시아 등 동남아시아 국가와 분쟁 중이다.

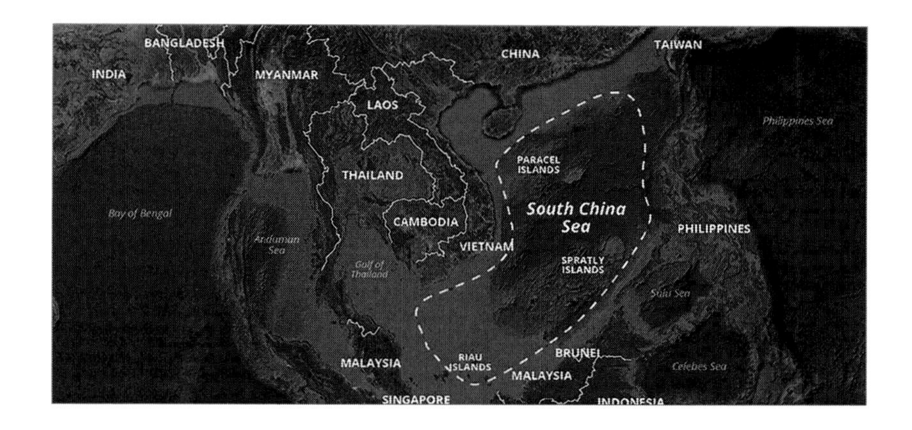

올라간다. 1279년 원 세조 쿠빌라이의 명으로 곽수경(郭守敬)은 전국적 규모로 천문 측량을 진행했고, 바다에 대한 측량도로 사해측험(四海測驗)도 전개하였다.

시진핑 국가주석이 "남중국해 도서는 역사적으로 중국의 영토"라고 밝힌 것도 이런 역사적 자료에 기인한다. 그러나 현재의 문제는 제2차 세계대전에서 일본의 패배에 뒤이은 1951년 샌프란시스코 조약에서 비롯되었다. 항복 조건으로 일본은 남중국해의 섬에 대한 권리를 포기하고 철수하면서 이 지역에 힘의 공백이 발생했고, 1951년 샌프란시스코 조약에서 일본이 포기한 지역의 귀속을 명확히 하지 않음으로써 분쟁 발생의 계기를 제공하였다.

국제법에 따라, 바다에서 논쟁의 여지가 있는 일련의 섬을 소유한 사람은 수산물, 석유 및 가스와 같은 인근 해역의 모든 자원에 대한 권리를 갖는다. 즉 남중국해 분쟁의 가장 큰 원인은 원유 및 천연 가스 매장과 관련이 높다. 미국 에너지 정보국(EIA)에 따르면 남중국해에는 약 110억 배럴의 원유와 5조 4,000억m^3(190 Tcf) 규모의 천연가스가 매장된 것으로 추정된다(중국은 미국에서 추산하는 것보다

5배 이상 많을 것으로 예상하고 있다). 또한 지정학적으로도 남중국해는 말라카 해협과 싱가포르 항구로 통하는 관문으로 세계에서 가장 중요한 상선 항로 중 하나이다. 2016년에 이 경로를 통한 총 무역액은 3조 3,700억 달러였다. 2017년에는 전 세계 액화천연가스 교역량의 40%가 남중국해를 통과하였다.

남중국해 영유권 분쟁은 1968년 남중국해에 대규모 유전이 발견되었다는 유엔발표가 있은 직후부터 본격적으로 시작되었다. 그동안 분쟁은 남중국해 중심부에 위치한 파라셀 군도(서사군도)와 스프래틀리 군도(남사군도)에 집중되었다. 파라셀군도는 주로 중국과 베트남이 대립하고 있고 스프래틀리 군도는 중국, 타이완, 베트남, 말레이시아, 필리핀, 브루나이 등 6개국이 해당 당사국이다.

2013년 11월 이래 중국이 파라셀 군도와 스프래틀리 군도의 암초를 매립해 인공섬을 건설하면서부터 갈등은 고조되었다. 중국은 2013년 11월부터 파라셀 군도, 스프래틀리 군도 내 암초와 산호초 7곳을 매립하여 인공섬을 건설하기 시작했고, 2017년 무렵 중국은 스프래틀리 군도 내 인공섬 3곳(피어리 크로스 암초, 수비 암초, 미스치프 암초)에 최신예 미사일체계를 배치하였다.[34]

중국은 피어스 크로스 암초(중국명 융수자오)에 인공섬을 건설하고 군사기지화를 완료하였다.

아울러 남중국해 분쟁은 중국의 반접근-지역거부(Anti-Access, Area

34) 스프래틀리 군도에는 200여 개 암초 및 산호초가 있다. 국제법상 영유권을 주장할 수 없는 곳들이지만, 중국은 지난 2013년부터 최근까지 7개의 인공섬을 조성하였다.

-Denial: A2AD) 전략에 따라 미국의 감시에서 벗어나 중국만의 공간을 확보하겠다는 전략도 있다. 이처럼 중국에 의한 '남중국해 군사화'가 계속되면서 미국과의 갈등도 증폭되고 있다.

(2) 동중국해

동중국해에서 두 개의 영유권 분쟁이 현재 중국과 일본 사이에서 해결되지 않고 있다. 첫 번째 분쟁은 센카쿠열도(尖閣列島, 중국명 댜오위다오(釣魚島) 이하 센카쿠)에 관한 영유권 문제다. 센카쿠열도는 동중국해상에 위치한 무인도 5개와 암초 3개로 이루어져 있다. 일본이 실효 지배하고 있지만, 일본, 중국과 타이완이 영유권을 주장하고 있다.

센카쿠열도는 동중국해상에 위치한 8개 무인도로 구성되어 있다. 현재 일본이 실효 지배하고 있으며, 일본, 중국과 타이완이 영유권을 주장하고 있다.

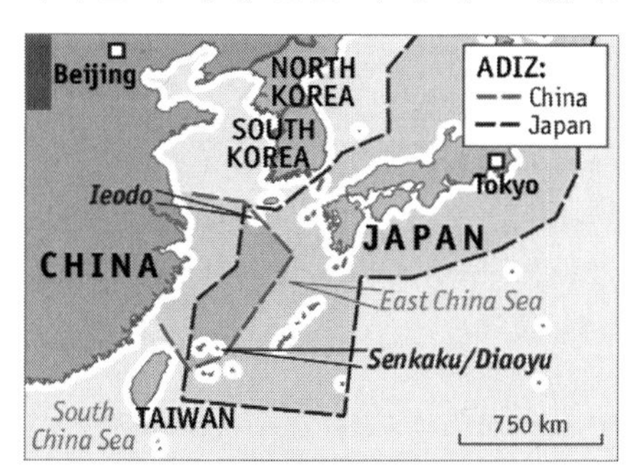

출처: The Economist, 2013.11.27(https://lrl.kr/rmXI).

중국은 1970년대 센카쿠 인근에 석유가 매장된 것으로 알려지면서 권리를 주장하기 시작하였다. 일본의 센카쿠 점령에 대한 항의는 2012년 도쿄가 열도를 국유화한 후 더욱 격화되었다. 중국은 센카쿠가 '역사적으로 중국의 고유영토'지만, 1895년 청일전쟁 때 패전한 이후 시모노세키조약으로 일본에 일시 할양하였다고 주장한다. 제2차 세계대전에 승리했기 때문에 일본으로부터 돌려받아야 하는데 일본이 '불법점거'하고 있다는 입장이다. 이에 일본은 원래 주인이 없는 섬을 먼저 차지했다는 무주지 선점 논리를 들어 항변한다. 일본은 1885년에 무주지를 선점하였으며, 샌프란시스코강화조약에 의해 국제법적으로 적법하게 센카쿠열도를 이양받았다는 입장이다.[35)]

두 번째 분쟁은 대륙붕 경계 설정 문제다. 대륙붕 경계 설정 문제는 1994년 유엔 해양법 협약이 발효되고 나서 부각되었다. 동중국해 대륙붕 경계 갈등이 복잡해진 것은 바다의 폭이 400해리가 안 될 정도로 좁고, 해저는 한국이나 중국 연안에서 완만하게 이어지다가 오키나와 해구에서 갑자기 수심이 깊어지는 구조를 이루고 있기 때문이다.

배타적 경제수역(EEZ, EEZ는 해당 육지에서 200해리 이내에 있는 어류, 석유 및 가스와 같은 자원에 대한 독점적인 해양 권리를 국가에 부여한다)과 대륙붕 경계가 달리 설정될 여지가 있는 셈이다. 더구나 대륙붕에는 엄청난 양의 천연가스와 석유가 매장된 것으로 알려져 이해가 첨예하게 대립하고 있다.

(3) 중국 – 인도 국경선 분쟁

분쟁은 적어도 1914년으로 거슬러 올라간다. 영국, 중화민국, 티베트의 대표들이 현재 인도에 있는 시믈라(Simla)에 모여 티베트의 지위를 결정하고 중국과 영국령 인도 사이의 국경을 효과적으로 정착시키는 국경조약인 〈시믈라 협정(Simla Conference)〉을 체결하였다. 그러나 중화민국은 이 협정에 서명하기를 거부했고, 영국과 티벳은 국경을 제안한 영국 식민지 관리인 헨리 맥마혼(McMahon, A. H)의 이름을

---

35) 센카쿠/댜오위다오(釣魚島)는 1895년 일본에 의해 공식적으로 소유권이 주장되었으며 지난 120년 동안 일본 시민의 개인 소유였다. 제2차 세계대전 후 미국이 영토를 장악한 짧은 기간을 제외하고 일본은 1895년부터 섬에 대한 실효적인 통제를 행사하고 있다.

딴 맥마혼 라인(McMahon Line, 서쪽 부탄에서 동쪽 브라마푸트라 강까지 890km 구간)을 국경선으로 설정한다.

인도는 히말라야를 통과하는 550마일 국경인 맥마혼 라인이 중국과 인도 사이의 공식적이고 법적인 국경이라고 주장한다. 반면 중국은 맥마혼 라인이 불법이라고 주장하며 그것을 받아들이지 않았다.

중국은 1950년 군사력을 동원하여 티베트를 무력 점령하였고 티베트가 중국의 지배를 받게 되면서 중국과 인도 간에 국경 문제가 본격 시작되었다.

1962년에 이르러서는 군사적 충돌이 발생하게 된다. 중국군은 맥마혼 선을 건너 인도 영토 깊숙한 곳에 위치한 산길과 마을을 점령하였다. 전쟁은 한 달 동안 지속되었고, 1,000명 이상의 인도인이 사망하고 3,000명 이상이 포로로 잡혔다. 중국군은 800명 미만의 사망자를 내고, 11월에 중국의 저우언라이 총리는 일방적으로 휴전을 선언하고 철수하였다. 이후에도 국경 문제는 해결되지 않은 채 양국은 1967년에도 네팔과 부탄 사이에 있는 인도 시킴주(Sikkim)에서 충돌하였다. 인도는 당시 충돌로 150명 이상의 군인이 사망했고 중국 측에서도 340명 이상의 사망자가 발생하였다. 이 전쟁에서 승리한 인도는 나투라(Nathu La)의 중국 요새를 파괴하고 그들을 더 멀리 조라(Cho La) 근처의 영토로 밀어 넣었다. 그 이후에도 국지적인 유혈 충돌이 여러 차례 발생했고 1975년 유혈 충돌을 끝으로 45년간 큰 충돌은 없었다.

그러나 2020년 6월 인도의 라다크 연방직할령(Union territory of Ladakh)의 갈완 강(Galwan River) 계곡에서 인도군과 중국군 사이에 충돌이 발생하였다. 동부 라다크 지역의 갈완계곡은 실제 통제선(LAC)으로 사실상의 국경이다. 이 충돌에서 인도군 20명이 사망하고, 중국군도 4명이 사망하였다. 유혈 충돌 이후 양국은 국경지역에 전략 인프라를 확충하고 있으며, 국경선을 중심으로 군사력을 확대하고 있다. 인도는 중국과 갈등 중인 미국과 협력하여 대중국 전선을 확대할 가능성이 높다. 중국의 군사 대국화에 맞서 인도도 군사 대국화에 뛰어들면서 세계 군사력 경쟁은 더 치열해질 것으로 예상된다.

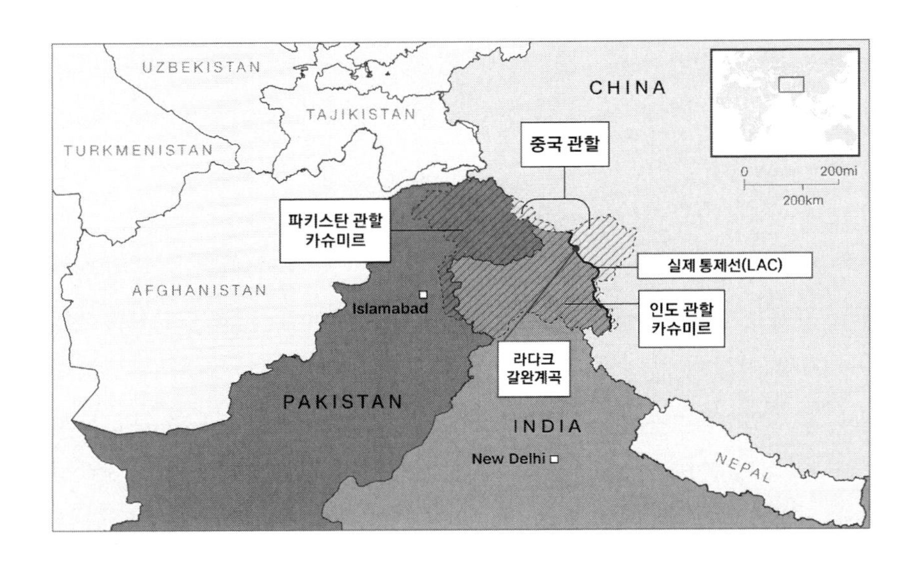

4. 마치며: 중국 패권과 한반도

중국은 세계 2위 경제력을 바탕으로 군사력을 강화하고 있으며 국제문제에 적극적으로 개입하기 시작하였다. 경제 성장률 둔화에도 불구하고 국방비 예산은 매년 증액하고 있는데, 중국의 국제적 신뢰도를 감안하면 실제 국방비는 더 많을 것이라는 게 일반적 시각이다. 지난 20년간 중국의 군사력은 미국을 바짝 추격할 만큼 성장하였다. 미국과의 패권경쟁에 본격적으로 뛰어든 양상이다.

중국은 군사 대국화와 동시에 영토분쟁에서도 공세를 강화하고 있다. 남중국해, 동중국해, 타이완, 인도 국경 분쟁 등 주변국 19개국과 분쟁을 벌이고 있는 상황이다. 일련의 분쟁은 자원 확보뿐만 아니라 영토 민족주의가 강하게 작용하고 있어 영토분쟁은 더욱 격화될 가능성이 높다. 특히 2차대전 이후 유일한 패권국가인 미국과의 갈등은 주변국에도 위협적 요소다.

미국과의 패권경쟁은 세계가 양극 체제로 전환될 수 있음을 의미한다. 양극 체제로 분할될 경우 국가 간 분단 현상은 심화되어 세계 무역 질서는 파괴되고 국가 간 무력 충돌은 격화될 개연성이 있다. 특히 2022년 10월 제20차 당대회에서 시진핑 총서기는 세 번째 연이어 총서기가 되며 자신의 권력 기반을 더욱 강화했고, 2023년 열리는 전인대에서 3연임을 최종 확정지을 것으로 예상된다. 마오쩌둥 이후 3연임은 시진핑이 최초이다.

더욱 강화된 시진핑의 1인 독재체제 구축으로 '중국몽' 특히 '강군몽'은 탄력을 받을 것이며, 대미 관계에서도 더욱 강경해질 것으로 예상된다. 반면에 중국은 다양한 도전에도 직면하게 될 것이다.

첫 번째는 민주주의에 의한 도전이다. 그동안 중국은 경제 발전에 대한 욕망으로 민주주의를 억누르고 있었다. 시기의 문제지만 국민의 경제적 수준이 중진국 수준에 올라와 있는 단계에서 더 이상 분출되는 자유의 욕구를 억제할 수 없을 것이다.

두 번째는 세계적 반중 정서 확산이다. 중국의 일방주의(unilateralism)는 갈수록 심해지고 있다. 중국은 미국의 일방주의를 비판하면서 자국의 일방주의는 강화하고 있다. 영토분쟁뿐만 아니라 아프리카, 남미에서 중국 자본의 영향력이 확대되면서 반중 정서도 커지고 있다. 제국주의 피해의 기억이 생생한 아프리카, 남미에서 중국이 자원 패권 등의 시도를 계속할 수 있을지 의문이다. 아울러 중국 국내 인권 문제에 대한 국제사회의 인식도 반중 정서를 심화시키는 요인으로 작용하고 있다.

세 번째는 군사 대국화로 미국을 위협하고는 있지만 실제 군사력 면에서 미국에 도전이 가능한지는 아직 의문이다. 실전에서 검증되지 않은 첨단무기가 전쟁에서 실효성이 있는지 아직은 알려진 바가 없다. 실제 중국산 무기의 성능에 대해 의문을 제기하는 분석이 많다. 더구나 중국을 둘러싸고 중국의 군사대국화에 좋지 않은 시선을 보내는 국가가 적지 않다. 인도와 일본이 대표적이다. 역사적으로 보면, 이 두 국가는 중국과 군사적으로 경쟁했던 국가로서, 중국의 군사대국화에 경계를 늦추지 않고 있다. 중국의 부상으로 이 지역에서 군사력 경쟁은 더 치열해질 것으로 예상된다.

그럼에도 불구하고 중국의 부상은 계속되고 있고, 미중 패권경쟁은 갈수록 격화될 것이다. 패권경쟁이 심화되고 악화될수록 양 강대국에 끼여 있는 한반도는 큰 위협에 처하게 될 것은 자명하다. 중국의 군사대국화, 북한의 핵보유, 미국의 견제 등 한반도에서 벌어질 미래에 우려가 크다. 기우에 불과하지만 중국의 패권이 현실화되면서 한반도에 대한 군사적 침략으로 이어질 가능성도 완전히 배제할 수는 없다. 세계 10위의 경제대국이고 6번째 군사 대국인 대한민국이 두 패권국가 사이에서 살아남기 위해서는 어떤 국가전략이 필요할까?

첫 번째는 경제력 강화다. 두 국가의 패권경쟁도 경제패권이 중심이다. 경제력 없이 군사대국화는 불가능하기 때문이다. 지금까지 대한민국의 먹거리였던 반도체만으로는 더 이상 생존하기 힘든 상황이다. 새로운 산업을 선도하여 신경제를 건설하는 것만이 우리의 살길이다.

두 번째는 경제력과 기술력을 바탕으로 군사력을 확대하고, 세계에 공헌하는 전략이 필요하다. 하드파워와 동시에 소프트파워를 높여 대외적 국력을 향상시켜야 한다.

끝으로 이렇게 키운 하드파워와 소프트 파워를 바탕으로 동맹을 강화하고 다자주의(multilateralism)를 확대해 나가야 한다. 지역의 패권 국가를 막는 길은 동맹을 강화하고 다자주의를 확대하는 방법밖에 없다. 다양한 다자주의로 한반도, 즉 대한민국의 안전을 지키는 대전략 수립이 절실하다.

참　고　문　헌

고홍근, 「[전문가오피니언] 인도·중국 무력 충돌의 역사적 배경과 전망」, KIEP, 2020.08.03 (https://han.gl/KrRYi, 검색일: 2022.12.03).

기세찬, 「중국의 군사개혁과 군사현대화에 관한 연구」, 『중소연구』 43(3), 한양대학교 아태지역연구센터, 2019, 7~45쪽.

김문성, 「페이지中, 남중국해 스프래틀리 제도에 미사일 배치…군사패권 강화」, 연합뉴스, 2018.05.03 (https://lrl.kr/ZXe, 검색일: 2022.12.11).

김보미, 「북한 SLBM의 실존적 위협 가능성」, 『INNS 전략보고』 50, 국가안보전략연구원, 2019.

김창경 외, 『키워드로 여는 현대 중국』, 경진출판, 2021.

김태호, 「[Focus 인사이드] "미군 추월 앞두고 있나?" 창군 100주년 앞둔 중국군 개혁의 성과」, 중앙일보, 2021.02.20 (https://lrl.kr/bPZD, 검색일: 2022.11.30).

박남태·백승조, 「중국군 전략지원부대의 사이버전 능력이 한국에 주는 안보적 함의」, 『국방정책연구』 131, 한국국방연구원, 2021년 봄호, 139~163쪽.

박범종 외, 『중국공산당이 세운 신중국! 중화민족에 빠지다 중국공산당 100년(1921~2021)』, 경진출판, 2022.

박병광, 「동북아시아의 우주군사화와 한반도 안보: 한국공군에 대한 시사점」, 『국방연구』 55(2), 국방대학교 한보문제연구소, 2012, 1~24쪽.

박병광, 「중국 인민해방군 현대화에 관한 연구」, 『INSS 연구보고서』 2019-10, 국가안보전략연구원, 2019.

박병찬, 「중국의 핵무기 개발과 1960년대 핵 억제전략」, 『군사연구』 147, 육군군사연구소, 2019, 259~284쪽.
박세일, 『대한민국 국가전략』, 21세기북스, 2008.
박세일, 『대한민국 세계화전략 창조적 세계화론』, 서울대학교 출판문화원, 2010.
박세일, 『21세기 한반도의 꿈 선진 통일 전략』, 21세기북스, 2013.
박홍환, 「中 핵잠함 8척 vs 美 7함대…서태평양에선 '용호상박'」, 서울신문, 2010.07.10 (https://lrl.kr/dv3b, 검색일: 2022.12.20).
베링턴 무어, 진덕규 역, 『독재와 민주주의의 사회적 기원』, 까치, 1990.
양욱, 「(유용원 군사 세계) 북·중·러의 전투기 전력」, 조선일보, 2018.02.20 (https://lrl.kr/bpYE, 검색일: 2022.11.29).
유지용, 「중국의 핵·미사일 전력 증강 추세와 미중 경쟁」, 『주간국방논단』 1551호(15-4), 한국국방연구원, 2015.
윤석준, 「"중국몽(中國夢)"을 이끄는 중국 특색의 군부 파워 엘리트: 중국공산당 중앙군사위원회에 주목하라」, 『다양성+ASIA』 2022년 9월(18호), 서울대학교 아시아연구소, 2022 (https://lrl.kr/ZX4, 검색일: 2022.12.28).
이강규 외, 「미국의 대중국 전략 보고서: 분석 및 전문번역」(국방정책 전문연구시리즈 2020-02), 한국국방연구원, 2020.
이대우, 「(정세와 쟁점 분석) 남중국해 영유권 분쟁과 미중 관계」, 『KINU 통일+』 2(3), 통일연구원, 2016년 가을호.
이동훈, 「미국을 놀라게 한 중국 극초음속 미사일 실험」, 사이언스타임즈, 2021.11.03 (https://lrl.kr/cgba, 검색일: 2022.11.15).
이민석, 「中, 남중국해 인공섬 3곳 요새화… 2000명 軍막사도 건설」, 조선일보, 2022.03.21 (https://lrl.kr/bpZk, 검색일: 2022.10.30).
이준삼, 「중국 최신 핵잠수함 또 실전 배치…미국 항모전단에 최대 위협」, 연합뉴스, 2016.02.27 (https://lrl.kr/cF1g, 검색일: 2022.11.27).

이충원, 「〈동아시아 영토분쟁〉 ③동중국해도 갈등 고조」, 연합뉴스, 2012.07.
11 (https://lrl.kr/c51J, 검색일: 2022.12.20).

정재흥, 「중국의 강대국화 전략과 한국의 과제」, 『세종정책브리프』 2019-05, 세종연구소, 2019.

한국국방연구원, 「센카쿠/댜오위다오 분쟁」, 『세계분쟁정보』, 2020.

한국국방연구원, 「남중국해 분쟁」, 『세계분쟁정보』, 2020.

아틀라스뉴스, http://www.atlasnews.co.kr/

IISS, *THE MILITARY BALANCE 2021*, Routledge Journals, 2021 (https://lrl.kr/cF2x, 검색일: 2022.12.30).

CNN, https://edition.cnn.com

Defense News, https://www.defensenews.com/

South China Morning Post, https://www.scmp.com

Stockholm International Peace Research Institute (SIPRI), https://www.sipri.org

The Diplomat, https://thediplomat.com

The Economist, https://www.economist.com

The Guardian, https://www.theguardian.com/international

The National Interest, https://nationalinterest.org/

The New York Times, https://www.nytimes.com

The Wall Street Journal, https://www.wsj.com

환경문제에 대처하는 중국의 선택

박미정

1. 들어가며

“세상에 공짜는 없다(天下沒有免費的午飯)”는 동서고금을 막론하고 만고불변의 진리이다. 전례를 찾기 힘든 속도의 ‘경제 성장’과 함께 ‘환경오염’이라는 난제에 부딪힌 현 중국 사회의 현실을 잘 표현한 격언이기도 하다. 중국은 1979년 개혁개방을 시행하며 급속한 공업화를 통해 고성장을 이루어왔다. 시장경제체제 속에서 연평균 10%대의 성장 속도를 유지하며 빠르게 후진국형 체제에서 벗어났다. 이러한 고속 성장으로 국민 소득이 향상되고 대다수 중산층이 잘 사는 ‘샤오캉(小康)사회’ 수준에 접근해가려고 노력하고 있다.

반면 동전의 양면처럼 경제 발전의 이면에는 심각한 환경문제가 항상 존재해 왔다. 환경문제는 급속한 산업화, 도시화와 밀접한 연관이 있다. 개발도상국의 경우 도시지역을 중심으로 산업화가 일어나고 농촌 인구가 도심지로 모여들면서 거대한 도시권이 형성된다. 중국의 성진(城鎭)급 이상 도시는 1990년 467개에서 2021년 667개로 47%가량 증가하였고 도시 인구도 각각 30,195만 명에서 91,425만 명으로 3배 이상 급증하였다. 개혁개방 당시 도시화율이 18% 수준에 그쳤지만 2021년 말 기준으로 전 국토의 64.72%에 달하고 있으며 정부의 추진 의지가 강력해 계속 속도를 내고 있다.

도시지역에 거주하는 주민들이 증가할수록 공업폐수나 폐기물, 대기오염은 급속히 확산되었다. 이러한 오염피해는 시민의 삶을 파괴하고 생명을 앗아가는 심각한 고통을 낳고 있다. 정부 당국은 환경문제에 대한 관심과 법적 규제 강화 등 해결책을 내놓고 있다. 하지만 개발과 성장의 논리가 주도하는 오늘날 중국의 현실을 감안하면 정부의 환경문제 대처에 대한 진정성엔 사뭇 의구심이 든다. 중국은 과연 경제 성장을 늦춰서라도 환경문제를 해결하려 할 것인가?

중국의 환경문제는 비단 국내적 차원에 그치지 않고 국제적으로 중요한 의미를 갖는다. 매년 봄철이면 찾아오는 불청객 황사와 산성비는 당사국인 중국뿐만 아니라 근접 국가인 우리나라와 동북아 전역에 걸친 공통의 환경문제로 인식되고 있다. 이러한 초국적 오염문제에 대해 중국이 자국의 환경문제를 어떻게 인식하고 문제 해결을 위해 어떻게 대처하고 있는가에 대한 태도는 궁극적으로 당사국 이외에도 한국을 포함한 주변 국가와의 이해관계에 중대한 영향을 미친다고 할 수 있다.

중국은 현재 환경문제에 대한 장기적 전략을 계획하며 환경 관련 투자를 지속적으로 늘려가고 있다. 심각성의 주요한 요인으로 지목된 에너지 다소비 업종에 대한 개혁을 골자로 하는 구조 조정과 이를 통한 순환형 경제 등 성장 방식의 변화를 모색해가고 있다. 중앙정부는 친환경산업 육성과 환경규제 등 투트랙화 정책으로 환경보호에 전면적으로 나섰다. 동시에 각급 지방정부의 환경보호 책임제를 강화하여 환경문제를 해결하기 위한 친환경적 조치들을 시행하고 있다. 중앙 및 지방정부 차원의 전방위적 환경감독 및 규제를 강화하는 한편 新 〈환경보호법〉, 〈환경영향평가법〉, 〈환경보호세법〉과 〈대기오염방지법〉, 〈수질오염방지법〉 등 환경감독 및 규제에 관한 법제를 마련하며 적극적 자세로 전환해 가는 모습을 보이고 있다.

국가 간 환경문제에 대해서는 구체적 언급을 회피하고 비교적 수동적 입장을 취하여 왔던 중국이 자국의 환경문제 해결을 위해 적극적 태도를 취하는 모습을 확인할 수 있다. 한편 국가 간 환경문제에 대한 중국의 인식에도 다소 변화의 움직임이 발견된다. 사실 환경문제를 둘러싼 국가 간 협력이 공동 이익을 위한 것이라기보다는 서로 다른 국가적 이해와 요구를 상호 조정하여 직면한 문제 해결을 위해 노력하는 하나의 과정으로 이해해야 할 것이다. 상호 협력과 충돌을 반복하며 각자의 이해득실을 따지는 복잡한 변화의 양상을 보이게 된다. 이해 당사국의 손익관계는 협력의 전 과정에서 가장 관건이 되는 요소에 해당된다. 이러한 맥락에서 환경문제에 대한 중국의 적극적이고 전향적인 태도 변화 역시 국가 이익에 대한 인식의 새로운 변화와 결부하여 이해해야 할 것이다.

그렇다면 환경문제에 대한 중국의 대처와 새로운 변화에 대해 우리는 어떻게 해석하고 평가해야 할 것인가? 오늘날 환경문제는 무역과 안보 등의 문제와 긴밀히 연계되어 환경문제 그 자체만으로도 국가 이익을 결정짓는 중요한 요소로 여겨지고 있다. 환경문제를 해결하기 위한 자국적 노력과 국제적 협력 역시 중국의 국가 이익에 대한 인식의 새로운 변화로 이해해야 할 것이다. 현 시점에서 중국의 이러한 대처에 근거하여 중국 환경문제의 원인과 특징, 환경문제 해결을 위한 법제적 조치, 환경보호산업의 현황에 대해 살펴보려 한다. 이러한 논의를 기반으로 한국을 포함한 동북아 지역 국가들과의 환경 협력에서 기대할 수 있는 변화를 전망해보고 약간의 제언을 제시하려고 한다.

2. 중국 환경오염의 원인과 실태

환경문제의 발생은 일반적으로 크게 두 종류로 나눌 수 있다. 하나는 산업화 과정에서 오염물질의 대량 배출로 인한 환경오염 문제이고 다른 하나는 자연자원을 마구 훼손하고 과도하게 이용하면서 발생하는 생태환경 파괴의 문제이다. 대부분 이 두 가지 중 어느 하나의 문제에 편중되어 나타나는 것과 달리 중국은 두 종류의 환경문제가 모두 혼재되어 나타나는 양상을 보인다.

1) 환경오염 원인

(1) 이념과 독선: 신중국 건립~개혁개방 이전

개혁개방 이전 시기 중국정부는 대약진 운동과 문화대혁명을 거치며 경제 발전의 암흑기를 보내야 하였다. 이로 인해 환경 역시 급격히 악화되었다. 1954년 전국인민대표대회에서 헌법이 제정되고 경제개발 5개년 계획이 선포되었다. 당시 소련 기술자들이 중국으로 유입되고 소련으로 유학을 떠나는 중국 유학생의 수도 대거 늘어났다. 사실상 정치적 이데올로기 동지였던 소련의 영향으로 중공업이 급격히 발전하는 계기가 되었다.

1958년부터 시작된 대약진운동은 이전까지 농업 경제 중심이었던 체제를 중공업 중심으로 대전환하는 정책으로 당시에는 그야말로 혁신이었다. '철강증산운동'이 대표적 예인데 중국은 당시 전국적으로 수많은 용광로를 만들고 범국민적 차원의 철강 생산을 진행하였다. 철강산업을 발전시키는 것이 자본주의에 대한 사회주의의 우월성을 증명하는 것이라 여겼다. 이 과정에서 연료로 석탄과 삼림자원이 무차별적으로 채굴되고 벌목되면서 회복 불가능한 수준의 자연환경 파괴가 자행되었다. 농업에 투입해야 할 인력과 물자를 철강 생산에 동원해 농업 생산력이 급감했고, 용광로에 쓰일 땔감을 무분별하게 채취하면서 삼림이 크게 훼손되었으며, 농경지의 생태에 대한 면밀한 고찰 없이 무작정 농민들을 참새 사냥에 동원해 참새의 먹이가 되는 해충들이 급증하였다. 일명 참새잡기 운동으로 불리는 '제사해 운동(除四害運動: 네 가지 해충을 제거한다)'은 그 가운데서도 피해 규모가 가장 심각하였다. 이로 인해 중국 전역에서 농경지와 삼림 황폐화, 생태계 파괴가 일어났고, 기근으로 3,000만 명의 아사자(餓死者)가 대량 발생하는 대참사 수준의 환경문제가 발생한 것이다.

1960년대 중반 이후로 중국은 소련과의 사이가 냉랭해지고 분쟁이 격화되면서 전쟁을 준비하는 단계까지 이르게 되었다. 마오쩌둥(毛澤東)은 위기감 속에서 미국과 소련의 선제 핵 공격을 대비하기 위해 새로운 정책을 내놓았다. 전쟁을 준비하는 과정에서 국방 관련 중공업 육성 지역을 서부 내륙 중심으로 재배치하면서 일명 '3선 건설(三線建設)'을 실시하게 된다. '3선 건설'은 산을 중심으로 '대분산(大分散), 소집중(小集中)'의 원칙에 따라 중공업을 배치하는 것으로 동부와 중부에 있는 군수공업 공장을 서부로 옮기는 프로젝트였다. 여기서 동부는 1선, 중부는 2선, 서부는 3선을 말하는데, 마오쩌둥은 핵무기 사정권에 들지 않는 후방기지의 건설을 주창하였다. 1965년 2월 중국정부는 '서남부 3선 건설 체제 문제의 결정'을 하달하며 본격적인 사업에 돌입하였다. 이때 함께 내놓은 시책이 '판즈화(攀枝花)특구 인민위원회 성립의 비준'이었다. 판즈화는 쓰촨(四川)성에 소재하는 판즈화라는 도시이다. 본래 판즈화는 창장(長江)과 야룽강(雅礱江)이 합류하는 지점에 있는 작은 마을이었다. 1954년 주변 계곡에서 엄청난 규모의 철광석 광산이 발견되면서 판즈화는 자원 개발 및 철강 생산을 위한 기지로 건설되기 시작하였다.

판즈화 건설은 3선 건설에서 최초로 결정된 사안이었다. 판즈화 개발은 1965년 4월부터 본격적으로 시작되었다. 판즈화에서 벌인 핵심적인 사업은 철광석 광산의 개발과 제철소 건설 두 가지였다. 두 목표를 달성하기 위해 중국은 당시 쓰촨성 전체에 투입됐던 380억 위안의 1/4에 해당하는 100억 위안에 가까운 자금을 쏟아 부었다. 이는 1978년까지 3선 건설에 투입됐던 모든 자금의 5%에 해당하였다. 동원됐던 인력도 어마어마하였다. 전국에서 10만 명의 노동자를 선발해서 판즈화 개발에 투입하였다. 노동자들은 허허벌판이었던 판즈화에서 생활하기 위해서 가재도구를 모두 들고 와야만 하였다. 주목할 점은 철광석과 석탄 채굴, 제철소와 화력발전소 건설이 동시에 이루어졌다는 것이다. 제철소를 운영하기 위해서는 막대한 전력이 필요했기 때문이다. 당시 중공업 생산으로 배출되는 어마어마한 양의 유해물질이 아무런 정화시설 없이 산과 계곡으로 흘러들어 쌓이면서 심각한 환경오염을 유발하였음은 두말할 나위가 없다. 이로 인한 자원 훼손과 생태계 파괴는 심각한 수준에 이르게 되었다.

문화대혁명은 실로 중국 현대사의 암흑사로 인식되는 사건이다. 중공업 중심 원칙에 따라 단일화된 산업구조는 기형적 형태를 낳았고 대량의 자원 낭비에 따른 환경문제가 속속 드러나기 시작하였다. 중공업 우선 발전 전략과 동시에 도시별 자급자족형 공업체계를 실시하면서 베이징(北京), 항저우(杭州), 쑤저우(蘇州), 지난(濟南), 시안(西安) 등 수많은 대도시지역에 오염에 취약한 산업들이 대거 배치되었다. 기타 소도시에도 오염 방지기능이 뒤떨어진 소규모 산업단지가 조성되면서 미숙한 전략으로 심각한 도시 환경문제가 출현하게 되었다.

이러한 기형에 가까운 경제 구조에서 발생한 구조적 환경문제는 개혁개방 추진에 따른 경제 구조의 전환과 변화로 조금씩 해소되어 왔다. 하지만 편향된 식량증산정책에 따라 삼림지대와 목초지의 대대적 개간이 진행되었고 이로 인해 수질과 토양이 오염되고 유실되면서 현재까지 사막화가 진행되고 있다. 철마다 중국에서 발생하는 대홍수 사태나 황사 현상은 바로 이러한 시기에 진행되었던 환경파괴에 의해 고통받는 자연 재앙이라고 할 수 있다. 이 시기 중국은 지도자의 지나친 독단과 편중된 정치적 이념으로 경제적 빈곤과 생태환경 파괴라는 엄청난 시련을 경험하게 되었다.

(2) 성장 중심 경제체제와 에너지 소비 구조의 비효율성

지난 2009년 중국은 에너지 소비량에서 한 세기 이상 에너지 최대 소비국 자리를 유지해 왔던 미국을 추월하며 세계 최대의 에너지 소비국이 되었다. 국제에너지기구는 매년 원유뿐만 아니라 원자력·석탄·천연가스·재생에너지 등 각국이 사용한 에너지의 총량을 석유 기준으로 환산해 산출하는 방식으로 에너지 소비량을 산정해 오고 있다. 월스트리트저널(WSJ)은 2000년대 미중 간 경제 성장의 간극이 벌어지는 것에 대해 지난 10년간 미국과 중국 경제의 부침(浮沈)을 극명하게 보여준다고 평가하기도 하였다. 1990년대만 해도 중국의 에너지 소비량은 미국의 절반 수준이었다. 이후 미국은 경기침체를 겪으며 에너지 소비 효율성을 추구하면서 소비량이 차츰 줄어든 반면 10년 동안 중공업과 인프라 구축에 엄청난 투자를 한 중국은 에너지 소비가 매년 10% 가까이 늘어났다.

경제 성장 속도와 함께 에너지 소비량이 증가하는 것은 당연지사이지만 주목할 만한 점은 에너지 소비 구조에서 발견되는 특징이다. 중국은 에너지원 가운데 1차 화석에너지인 석탄과 석유 사용 비중이 70%를 웃돈다. 주지하다시피 화석에너지는 전통 연료로 이산화탄소 등 대기오염을 일으키는 유해 물질을 배출시켜 지구온난화를 유발하는 주요 원인이 된다.

국제에너지기구에 따르면 중국은 지난 2008년을 전후하여 이산화탄소의 배출량이 세계 최대가 되었다. 20여 년이 지난 2020년 국가별 탄소 배출량 세계 1위는 중국이며 상위 10개국은 중국에 이어 미국,

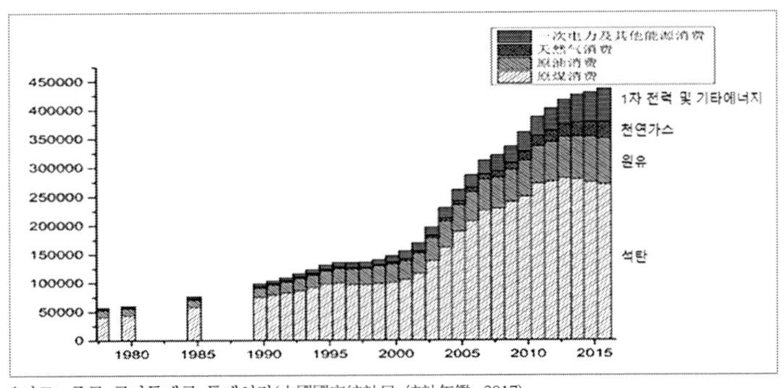

*자료: 중국 국가통계국 통계연감(中國國家統計局 統計年鑑, 2017).
*단위: 만TOE

〈그림 1〉 중국 에너지 소비량의 변화(1979~2015)

인도, 러시아, 일본, 이란, 독일, 인도네시아, 한국, 사우디아라비아 순으로 나타났다. 이러한 증가 추세는 앞으로도 지속될 것이라는 전망이 지배적이다.

〈그림 1〉에서 확인되는 바와 같이 1990년대 중반 이후 일시적 성장률 둔화를 겪으며 에너지 소비량이 다소 주춤하였으나 이후 다시 늘어나기 시작하였다. 이러한 추세는 2000년대에도 지속되며 에너지 소비량이 꾸준히 증가하였다. 특히 1차 에너지 총 소비량은 1979년 5억 7,144만 TOE에서 1991년 10억만 TOE를 넘어 2015년에는 개혁개방 당시보다 거의 9배가량 증가한 모습을 보이고 있다.

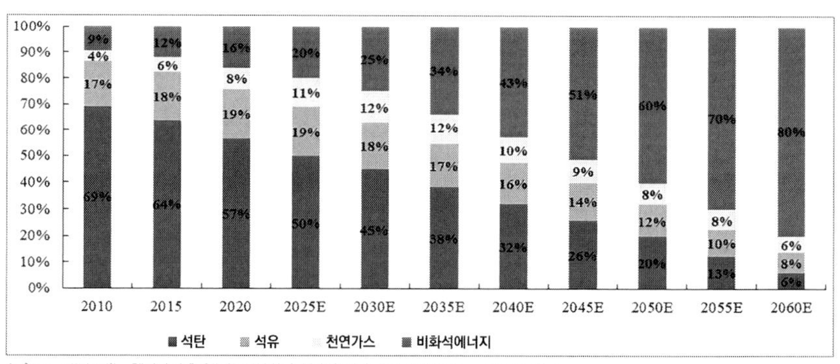

*자료: 开源证券, 『"碳中和"重塑能源结构存量竞争助力龙头煤企突围』, 2022.5 참조.
*주: 비화석에너지는 풍력, 태양광, 수력, 원자력 포함

〈그림 2〉 에너지 소비구조 변화 및 전망(2010~2060)

〈그림 2〉는 2010년 이후 에너지 소비량의 증가 추세 속에 향후 에너지원의 소비 구조에 나타날 변화를 예측한 것을 그래프로 나타내고 있다. 전반적으로 에너지원의 사용량이 늘어나는 추세이긴 하지만 석탄과 석유 비중이 점차 줄어들고 비화석 에너지의 비중이 증가할 것으로 전망하는 수치를 내놓고 있다. 하지만 현재 석탄이 중국의

주요 에너지원이며 석유와 함께 80% 정도를 차지할 만큼 그 비중이 절대적이라는 점은 부동의 사실이다.

중국 경제는 중공업을 중심으로 한 에너지 과소비 산업과 함께 성장해 온 특징을 갖고 있다. 지금까지 성장을 주도해 온 중공업 및 경공업은 낙후된 오염 처리 공정과 정화 기술의 부족 등으로 에너지 이용 효율이 떨어져 에너지 낭비의 원인이 되었다. 도시지역의 환경 오염을 가중시키는 이러한 구조적 요인은 상당 기간 지속되어 왔다.

최근 몇 년 사이 중국정부는 석탄자원 소비량을 신재생에너지로 대체해가며 의도적으로 에너지 구조 조정을 가속화하고 있다. 국가에너지국(國家能源局)은 석탄 소비 비중은 2014년 전체 65.8%에서 2021년 56%로 줄어 역사상 석탄 소비 하락세가 가장 빨랐다고 밝혔다. 대체에너지원으로 청정에너지 소비 비중을 16.9%에서 25.5%로 늘리는 구조 개혁의 의지를 보이는 것은 사실이다. 하지만 1차 에너지 소비 비중이 절대 우위인 점을 고려할 때 당분간 중국 환경문제는 답보적일 가능성이 높을 것으로 전망되며 산업 구조적 불합리성을 해소해 가는 데 집중할 것으로 보인다.

(3) 인구 증가와 지역 불균형 발전

중국은 거대한 인구를 자원으로 가진 나라이다. 1982년에 10억 명이었던 인구가 2022년 현재 14억 2588만 명에 이르고 있다. 인구 증가와 환경문제 사이의 상관 관계는 굳이 학술적 연구 자료를 제시하지 않더라도 밀접한 영향이 있음을 예측할 수 있다. 신중국 건립 이전 중국은 전통적인 농업 국가였다. 목초지와 삼림지대를 벌목하여 개간하면서 경작지를 넓혀 식량자원을 충족할 수밖에 없었다. 삼림자원을 땔감으로 사용하면서 에너지원을 충당하였으므로 기본적으로 항상 에너지 부족을 겪어 왔다. 그 결과 삼림의 황폐화가 발생하였고 수자원의 고갈과 토지의 사막화로 이어져 돌이킬 수 없는 환경 재앙을 초래하게 되었다.

다시 말해서 에너지 자원의 부족은 에너지를 얻기 위한 삼림자원의 훼손을 가져 왔고 이로 인해 토지 사막화와 토양의 산성화가 가속되면서 심각한 생태계 파괴를 초래하게 된 것이다. 결국 중국의 환경문제는 에너지 자원의 부족에서 출발해서 다시 에너지 자원의 부족으로 이어지는 악순환의 고리가 만들어지게 된 셈이다.

1978년 개혁개방 이후 덩샤오핑(鄧小平)의 선부론(先富論)에 따라 지역 불균형 성장 전략이 실시되었다. 동부 연안 지역을 중심으로 인프라 건설 및 제조업에 집중 투자하면서 제한된 자본을 이용할 수 있는 일부 계층에 부가 집중되기 시작하였다. 상대적으로 빈곤 인구는 생태환경이 취약한 중서부 내륙지역에 집중되었다. 해당 지역은 대체로 원시적인 조방농업을 해 왔는데 이로 인해 과도한 벌목과 개간 등이 거듭되었고 그 결과 생태환경이 더욱 취약한 지역으로 악화되었다.

부의 편중이 있긴 하나 도시지역의 환경문제 역시 지역 불균형 발전 전략에 따른 도시화의 그늘이 존재한다. 앞에서 언급한 바와 같이 도시지역의 환경오염은 산업화 과정에서 발생한 부작용들을 고스란히 안고 있으며 생태환경이 더 이상 버텨내지 못할 지경에 이르렀다는 우려를 낳고 있다.

2) 환경오염 실태

중국에서 발생한 환경오염 사고는 현실의 심각성을 그대로 반영하고 있다. 중국 환경보호국의 발표에 따르면 환경오염 사고는 지난 1998년에 2,411건, 2008년에 474건의 심각한 환경오염 사고가 있었다. 이후로 중국정부의 집계 수치는 발생 건수가 아닌 해당 비율, 즉 퍼센트로 잠정 집계된 것을 확인할 수 있었다. 중국의 환경오염은 주로 수질오염, 대기오염, 고체폐기물 오염이 문제가 되고 있다. 해마다 발생하는 환경오염 사고는 경제적, 사회적으로 막대한 손해를 가져올 뿐만 아니라 중국 국민들의 건강과 생존에도 위협이 되고 있다.

한국을 포함한 인접 국가들은 해마다 중국발(中國發) 황사와 미세먼지로 인해 촉발되는 대기오염 문제로 논쟁이 반복되고 있다. 중국의 환경오염사고는 우발적으로 발생하는 것보다 오염물질을 배출하는 관리시설의 미비 문제와 환경오염에 대한 인식 부족에서 발생하는 경우가 많다. 개혁개방 이후 급속한 공업화로 인해 수질오염, 대기오염, 고체폐기물질의 배출 등으로 인한 환경오염 사고가 급격히 증가하였다. 중국정부는 이것을 '삼폐(三弊)'로 규정하였다. 삼폐 오염의 실태를 살펴보면 다음과 같다.

(1) 수질오염

중국은 환경오염 가운데 수질오염이 가장 심각한 수준인 것으로 알려져 있다. 중국은 현재 세계 인구의 18%를 차지하고 있다. 세계 각국의 지리, 환경, 자원 등에 대한 통계를 검토할 때 국제적으로 많이 인용되는 웹사이트인 월드 아틀라스에서 2020년 〈세계 수자원 보유량 상위 10개 국가 순위〉를 발표하였다. 브라질, 러시아, 미국, 캐나다에 이어 중국이 다섯 번째로 수자원이 풍부한 나라에 속해 있다. 하지만 실상은 좀 다르다.

어떤 나라는 전체적인 수자원의 양은 적어도 인구가 적어 버티는 경우가 있고 반대로 세계적인 수자원을 보유하더라도 물이 부족한 나라들도 있다. 중국과 인도가 바로 그러한 경우에 속한다. 인도 역시 세계 10위의 수자원 보유국이지만 중국과 인도는 세계 1, 2위를 다투는 많은 인구로 인해 1인당 가용 수자원은 상당히 부족한 국가로 분류된다. 중국은 661개 주요 도시 중 420개 이상의 도시가 물 부족에 시달리고 있으며, 1인당 가용수자원은 세계 평균 수준의 1/4에 불과하다. 기후 변화에 따른 강수량 감소와 생태 환경문제로 인한 사막화 등의 영향에 의한 것으로 북부 지역이 남부 지역에 비해 더욱 심각한 편이다.

최근 들어 중국 환경보호국에서 〈2019년 중국 생태환경 상황 공보〉를 통해 국토 전역에서 채취한 지표수의 수질을 발표하였다. 그 가운데 최고 수질 등급인 Ⅰ류부터 Ⅲ류까지 속한 곳은 74.9%, Ⅴ류 등급 미만인 열악한 곳은 3.4%였다.

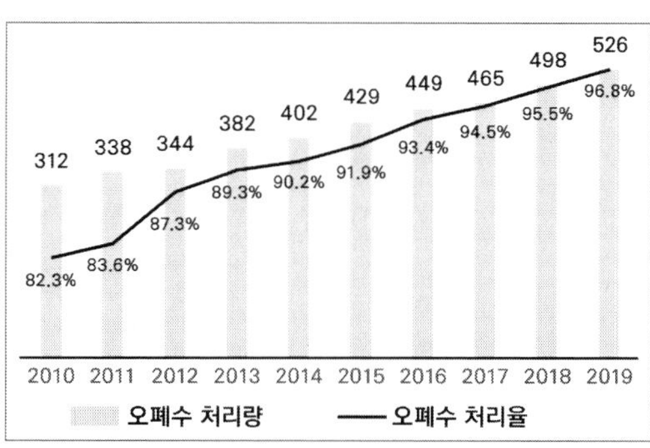

*자료: 中國環境保護部 環境統計局(2020).

〈그림 3〉 2010~2019 중국 도시 전역 오폐수 처리량 및 처리율

〈그림 3〉에서 확인되는 바와 같이 2017년과 비교하여 지표수 수질이 차츰 개선되고 있는 것으로 평가할 수 있다. 현재 중국은 하천 수질을 다음과 같이 6등급으로 분류하여 관리하고 있다.

- Ⅰ류 등급과 Ⅱ류 등급은 음용수원지 Ⅰ급 보호구, 희귀수생식물서식지, 어패류산란장, 새끼물고기 먹이 활동장 등에 이용 가능한 수질
- Ⅲ류 등급은 음용수원지 Ⅱ급 보호구, 어패류월동장, 물고기회유통로, 수산양식지구, 수영 지구에 이용 가능한 수질
- Ⅳ류 등급은 공업용수 및 인체 비직접 접촉 오락 등에 이용 가능한 수질
- Ⅴ류 등급은 농업용수와 일반 경관용수로 이용 가능한 수질
- Ⅴ류 미만 등급은 일부 기후 조절용 이외에는 이용이 불가한 수질

오폐수 배출의 감소 원인으로 공업폐수 배출에 대한 정부의 규제 강화를 꼽고 있다. 하지만 도시화와 산업화로 인한 도시 생활오수 배출량은 전체 오폐수 배출량의 절반에 해당되며 여전히 높은 편에 속한다. 현재 도시화율이 60%를 선회하고 있으며 앞으로도 계속 도시화율이 상승할 것임을 감안한다면 정화시설의 확충이 요구된다.

하지만 중국은 오폐수배출량이 증가하는 데 비해 오수처리장 수와 오수처리능력이 아직 부족한 편이고 여전히 상당한 오폐수를 처리하지 못해 2차 환경오염이 계속 발생하고 있는 실정이다. 중국의 수질오염 사고는 주로 화학, 제지, 금속제조 공장 등지의 물품 제조과정에서 폐기 오염물질을 제대로 처리하지 못하여 발생하고 있다.

〈2019년 중국생태환경 상황 공보〉에서 발표한 성별 연안해역의 수질 상태를 살펴보면, 허베이(河北), 광시(廣西) 및 하이난(海南)의 연안해

역 수질은 우수한 것으로 나타났다. 랴오닝(遼寧), 산둥(山東), 장쑤(江蘇), 광둥(廣東)의 연안해역은 양호하였고 톈진(天津)과 푸젠(福建)의 연안해역 수질은 보통, 상하이와 저장(浙江)의 연안해역 수질은 나쁜 것으로 나타났다. 상하이와 저장 지역의 경우 오염물질의 배출량이 많아서 연안해역 수질이 상대적으로 좋지 않게 나타났다고 할 수 있다.

(2) 대기오염

탄소 배출량의 증가는 세계 환경문제의 이슈이자 해결해야 할 과제이다. 대기오염은 비교적 빠르고 쉽게 국경 간의 이동이 가능해 인접 국가의 대기질에도 직접적인 영향을 미친다. 세계보건기구에서는 대기오염을 유발하는 요인으로 이산화탄소, 아황산가스, 이산화질소, 미세먼지 등을 지목한 바 있다. 중국은 2008년 이후로 미국을 제치고 최대 탄소 배출국이 되었다. 중국의 대기오염은 도시화의 속도에 맞춰 빠르게 진행되어 왔다. 석탄의존적 산업구조와 마이카 시대가 열리면서 자동차 보급량이 급속히 증가한 것도 한몫 하였다. 현재 대기오염으로 인한 조기 사망자 수는 1백만 명당 842명, 건강수명 손실은 1천 명당 16.3년으로 OECD 국가 평균 대비 각각 2.1배, 2.8배를 기록하고 있다.

2008년 중국 환경실태보고에 따르면 519개 도시 대기 환경 수준을 조사한 결과 1급에 해당하는 도시가 21곳(4.0%), 2급 378곳(72.8%), 3급 113곳(21.8%), 3급 이하 7곳(1.4%)이었다. 대다수 도시 대기질이 2급 이하에 해당되어 개선이 시급한 상황이었다. 8년이 지난 2016년 조사보고서에서는 스모그를 유발하는 오염물질인 초미세먼지(PM2.5) 농도가 50$\mu g/m^3$으로 세계보건기구(25$\mu g/m^3$) 및 중국 내 기준치(35μ

g/m3)를 큰 폭으로 상회하였다. 최근 2020년 상반기 코로나19의 영향으로 에너지 사용량이 감소 추세를 보였다. 중국 생태환경부가 발표한 〈상반기 전국지표수와 환경질량상황(上半年全國地表水和環境空氣質量狀況)〉에 따르면, 중국 337개 도시에서 오존, 이산화질소, 일산화탄소의 배출량이 2019년의 같은 기간과 비교하여 각각 1.4%p, 14.8%p, 13.3%p가 줄어든 것으로 나타났다.

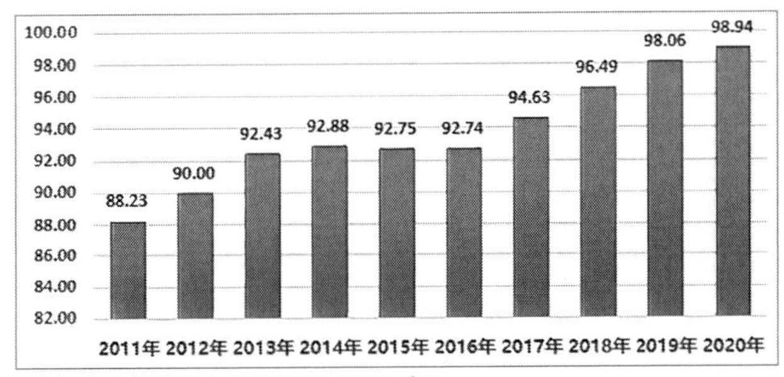

*자료: 中國國家統計局, 中國統計年鑑(2021) 참조.
*단위: 억톤

〈그림 4〉 연도별 이산화탄소 배출량(2011~2020)

2020년 중국의 168개 중점도시 가운데 대기질 최하위 20개 도시는 산시성(山西省)에 6개, 허베이성에 5개, 허난성(河南省)·산시성(陝西省)에 각 3개, 산둥성에 2개, 네이멍구(內蒙古) 자치구에 1개가 각각 분포하여 중국의 서북부 지역 및 창장 북쪽 지역에 집중되어 있다. 산업별 대기오염물질 배출량에서는 전력 및 열에너지 생산 공급 과정에서 이산화탄소와 매연 배출량이 가장 많았고, 비금속 광물제조업은 분진 배출량이 가장 높았다. 이산화탄소와 매연 배출량을 줄이기 위해서는 화력발전소의 대기오염물질 배출 규제와 정화 설비를 고도화하는 것이 관건이라 할 수 있다.

(3) 고체 폐기물 배출로 인한 오염

고체폐기물은 산업 폐기물, 도시 생활 폐기물, 최근 코로나19 발생으로 인한 의료폐기물 등이 해당된다. 산업 폐기물은 철강, 비철금속, 화학, 발전(發電) 등에서 주로 발생한다. 생활 폐기물은 대부분 매립 및 소각되고 있어 매립지 부족 및 2차 오염으로 이어질 가능성이 높은 편이다. 중국은 공업화에 속도가 붙은 1980년대부터 부족한 산업 고체폐기물을 해외로부터 수입해 재활용해서 사용해 왔다. 현재는 세계 최대 고체폐기물 수입국이다.

미국 재활용산업협회(Institute of Scrap Recycling Industries, ISRI)의 통계에 의하면 유럽연합은 2018년을 기준으로 중국에 39억 유로(5조 4600억)가량의 고체폐기물을 수출하였다. 또한 같은 해에 미국이 중국에 수출한 고체폐기물의 총액은 56억 달러(8조 5천억)를 초과하여 미국에서 수출한 고체폐기물 총량의 약 33.94%를 차지하였다. 중국은 자동차나 건설업 분야에 급격히 늘어나는 수요를 대량의 중고폐기물 수입을 통해 충당해 왔다. 국가통계국은 2018년 고체폐기물 처리 및 자원화 분야 매출 규모는 2019년 대비 증가하였으며 수익성도 개선되었다고 발표하였다. 지역별 분포에서는 광둥, 저장, 장쑤, 안후이(安徽), 베이징 등 5개 지역에 집중되어 있으며 전체의 43%, 전체 매출액의 70% 이상을 차지하고 있다.

〈그림 5〉를 참조해보면 장쑤성의 경우 중소형 기업이 많아 매출액은 상대적으로 적은 편이며 베이징은 대다수 중대형 기업이 상주하므로 매출액은 상대적으로 높은 편이다. 이러한 지역 분포는 중국 고체폐기물 사고 발생량이 높은 지역을 반영하고 있다. 해당 도시들은 모두 산업 폐기물, 도시 생활 폐기물, 의료폐기물 배출량이 높은 편이

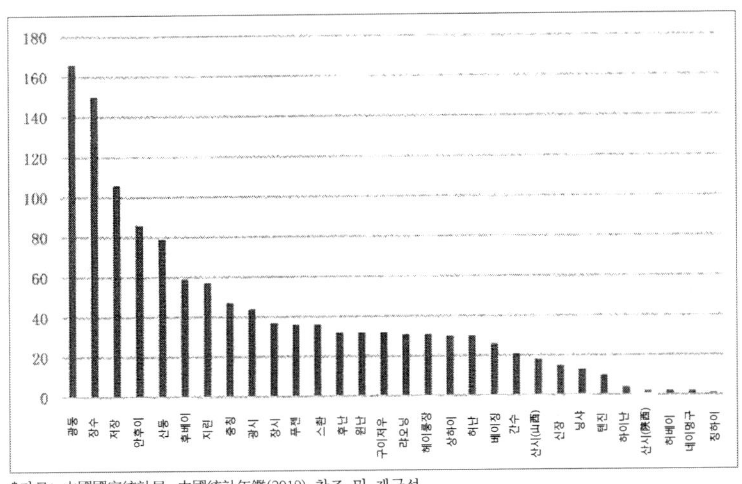

*자료: 中國國家統計局, 中國統計年鑑(2019) 참조 및 재구성.
*단위: 개

〈그림 5〉 고체폐기물 처리 및 자원화 기업 수의 지역별 분포(2019년)

며 사고 발생 확률도 높아 환경문제를 논의할 때마다 자주 거론되어 왔다.

중국정부는 2018년부터 환경오염을 이유로 고형 폐기물 수입을 단계적으로 막아왔다. 예상치 못한 조치로 한국에서도 폐비닐과 폐플라스틱 등의 중국 수출길이 막히며 한때 쓰레기 대란이 일기도 하였다. 도시 생활 폐기물은 발생량이 증가함에 따라 처리 능력도 향상되고 있다. 2019년 도시 생활 폐기물 무공해 처리율은 99.0%로 전년 대비 1.3% 증가한 것으로 나타났다. 전국의 무공해 처리장은 총 1,091곳이며, 그중 위생 매립장 663곳, 소각장 331곳, 기타 무공해 처리장 97곳으로 2018년 1,013개 생활 쓰레기 무공해 처리장 수 대비 7.7% 증가하였다.

한편 도시화가 계속 진행되면 앞으로 도시 생활 폐기물 배출량의 증가세도 계속 이어질 것이다. 전국 산업 고체폐기물과 도시 생활

폐기물 총발생량은 2020년 각각 31억톤, 2억톤으로 2000년 대비 279%, 78% 증가하였다. 경제 개발로 인한 공업 고체폐기물이 늘어났지만 정책적인 규제와 관리로 재활용되거나 리폼되는 양이 크게 증가되어 실제 배출량에서는 큰 증가세를 보이진 않는다. 주로 화학공업, 철금속 제조 분야의 기업에서 고체폐기물 발생량이 높은 편이다. 화학공업이나 석유가공업에서 발생된 위험폐기물은 환경오염 사고로 이어지는 경우가 많아 정부의 규제와 관리가 비교적 엄격한 편이다.

코로나19 발생으로 인해 감염병 환자를 치료하는 과정에서 발생하는 의료폐기물의 발생량이 증가한 것도 환경에 부정적인 영향을 미칠 수 있다. 중국정부가 2020년 2월 이후로 4개월에 걸쳐 1주일 단위로 발표한 자료에 따르면 의료폐기물의 누적 처리량은 44.7만 톤에 달하며 코로나19 발생 이후 110일 동안 매일 평균 약 3,170톤의 의료폐기물이 처리되었다. 최근까지 코로나19 감염 환자의 발생으로 도시 폐쇄가 발생하고 있어 당분간 의료폐기물로 인한 환경문제가 상당한 부담이 될 것이다.

3. 중국 환경 법제와 환경 규제 동향

1) 환경정책의 변화

(1) 개혁개방 이후(1979~1990)

개혁·개방과 함께 1980년대로 들어선 이후 중국은 경제 성장에 더욱 가속도가 붙기 시작하였다. 1983년에 환경보호가 국가 기본 국책의 하나로 확정되었다. '조화로운 사회 발전이론'이 발표되었고, 동시에 '삼동보, 삼통일(三同步, 三統一)'의 환경보호전략방침이 확정되었다. '삼동보, 삼통일' 방침이란, 환경, 경제, 사회 등 세 개 방면에서 효율성을 극대화하여 상호 조화를 이루어가며 발전해나가는 것을 의미한다. 곧 환경의 중요성이 부각되어 가고 있음을 보여주는 정책이라 할 수 있다. 조화로운 사회 발전을 위한 주요 지침으로 '환경보호 3대 정책'과 '환경관리 8개항 제도'를 공포하여 환경보호정책과 제도 체계를 점차 확대시켜 나갔다. 중국의 '환경보호 3대 정책'은 "예방 위주의 예방 처리정책(豫防爲主, 放置結合政策), 오염 원인자 부담정책(誰污染, 誰治理政策), 환경관리강화정책(强化環境管理政策)"을 가리킨다.

먼저 예방 위주의 예방·처리정책은 경제 발전 과정에 나타나는 대규모 경제 건설 부문의 영향으로 인해 환경오염이 촉발될 것에 대비해 마련한 정책이다. 주요 내용으로 〈국가국민경제사회발전규획강요(國家國民經濟和社会發展規劃綱要)〉에 "환경보호 및 3동시 제도[1]"와 "환경영향평가 제도의 시행" 등이 포함되어 있다.

오염 원인자 부담정책은 환경오염 제공자에게 오염처리에 관한 책임과 함께 비용 부담을 지우는 정책으로 주요 내용은 오염배출비용징수 제도, 기업의 기술개발을 통한 공업오염 예방 등을 포함하고 있다. 환경관리강화정책은 환경관리 강화를 통한 환경문제의 해결과 환경재정을 증대하는 정책으로 주요 내용으로는 환경보호법규 완비, 정부의 환경보호기구 설립, 국가 및 지방의 환경관리감독시스템 구축, 지

1) '삼동시(三同時)' 제도란 건설항목 중에서 환경보호설비는 반드시 주 공정과 동시에 설계하고, 동시에 시공하며, 동시에 생산에 투입 사용하여야 한다는 제도이다. 이는 중국 환경관리의 기본 제도 중의 하나로서 중국의 독창적인 환경법제이며 동시에 새로운 오염원의 신설을 통제하고 예방 위주의 중요한 원칙을 실현하는 것이다.

방정부에 대해 환경목표책임제 실시, 오염물질 배출 총량규제 제도 실시 등을 포함하고 있다.

(2) 발전 단계(1991~2002)

1990년대 초반 이후 중국은 '사회주의 시장경제'를 도입하기 위한 제도 개혁을 지속하였다. 외자유치를 촉진하고, 민영기업을 위한 회사법을 제정하며 사유재산권을 인정하는 헌법 개정을 단행하였다. 이 시기 중국의 전반적인 경제 상황은 민간 부문의 역할 확대로 경제적 호황을 유지하였다.

중국정부의 환경정책도 강도를 더욱 높여가는 모습을 보이는데 1992년에 있었던 덩샤오핑의 남순강화 발표 이후 중국의 환경보호 정책은 본격적으로 발전 단계에 들어서기 시작하였다. 개혁·개방의 진전과 지속 가능한 발전 전략에 대한 구체적인 방안 등을 포함하고 있는 〈환경발전 10대 대책〉과 앞서 발표된 3대 정책을 기초로 하여 환경관리체계의 강화를 핵심부문으로 보강하여 새로이 '환경관리 8개항' 제도를 발표하였다. 이로써 중국은 환경보호 정책과 제도 체계를 수립해나가며 점차 강화시켜 나갔다. '환경발전 10대 대책'과 '환경관리 8개항'에 관한 주요 내용은 다음과 같다.

사업 항목	주요 내용
주요 오염물 배출량감축사업	• 성진 생활 오수처리시설과 부대시설 관리망, 오니(sludge) 처리, 공업용수 오염 방지, 가축가금사육 오염 방지 등 수질오염물 배출량 감축 • 전력산업의 탈황과 탈질소산화물, 철강소결기 탈황과 탈질소산화물, 기타 비전력 중점 산업의 탈황, 시멘트 산업과 공업용 보일러의 탈질소산화물 등 대기오염물 배출량 감축 등

사업 항목	주요 내용
민생 환경보장사업	• 중점 유역 수질오염 예방 및 생태 복원, 지하수 수질오염 예방, 중점 지역 대기오염의 공동예방과 공동 통제 실시, 토양오염 복원 등
농촌 환경보호 주민혜택사업	• 농촌 환경의 전면적인 복원, 농업 비점원 오염·예방 등
생태환경보호사업	• 중점생태기능구와 자연보호구 건설, 생물다양성보호 등
중점영역 환경 리스크 예방 사업	• 중금속 오염예방, 영구 유기오염물과 위험화학품 오염예방, 위험폐기물과 의료폐기물 정화 처리 등
핵과 방사능 안전보장사업	• 핵안전과 방사능 오염 예방에 대한 법규 표준체계를 확립, 핵과 방사능 안전에 대한 감독관리 기술 연구개발 기지건설 등
환경기초시설 공공서비스 사업	• 도시생활오수와 위험폐기물 처리시설 건설, 도농음용수 수원지 안전보장 등
환경감독관리 능력보장 및 인재팀 건설사업	• 환경에 대한 감시·감찰·조기경보·응급 및 환경평가능력 육성, 오염원 자동감시통제시설 건설 및 운행 등

1993년에 개최되었던 전국인민대표대회에서 '환경보호위원회'가 설립되었고 〈청결생산촉진법〉, 〈환경영향평가법〉 등 5부의 새로운 법률이 제정되었고 〈대기오염방지법〉과 〈수질오염방지법〉 등 3부의 법률이 개정되었다. 개정된 환경표준 항목은 200여 개에 이르며 각 성(省), 자치구, 직할시 별로 지방 특성과 맞는 환경행정법규와 규정을 제정할 것을 공포하였다.

(3) 심화 단계(2003~현재)

2000년대 이후 중국은 환경보전을 위한 정책을 본격적으로 강화해 나갔다. 〈환경보호법〉의 집행을 강화시켰으며, 순환경제 발전체제로 전환해나가면서 환경보호 체계를 더욱 심화 발전시켜 나갔다. 그 배경을 살펴보면 다음과 같다. 중국정부는 이전까지 양적 성장에 치중한 경제정책으로 고속성장을 실현해 왔다. 그러나 1990년대 이후 급속한 도시화로 인해 수질오염과 대기오염의 확산되는 데 반해 정부의 환경보호 정책은 미흡한 수준에 머물렀다. 결국 환경오염은 심각한 사회 문제로 대두되었다. 여기에는 몇 가지 원인이 있다.

첫째, 정부 차원에서 엄격한 환경 기준 및 관리 감독 체계 마련이 미흡했고 기업들의 환경문제에 대한 인식이나 책임도 소홀하였다.

둘째, 연구 투자를 소홀히 하여 제 때에 새로운 기술력과 설비로 교체하지 못하면서 에너지 소모가 많은 산업구조로 전락하였다. 이렇게 노후하고 낙후된 설비는 에너지 소모가 많고 탄소 배출을 증가시켜 대기오염을 유발하는 악순환이 반복되는 것이다. 온실가스의 주범인 탄소나 수질오염을 일으키는 공장 하수원도 환경에 대한 인식의 부재로 말미암아 무분별하게 배출되어 왔다. 중국의 관련 부처에서 조사한 자료에 따르면 기본적인 정화시설인 탈황 설비조차 제대로 갖추어지지 않은 공장이 많았으며 산업 현장에서 나오는 오폐수 등을 하천으로 흘려보내는 일이 빈번하게 발생하였다.

셋째, 시민들의 공공의식이 아직 자리 잡지 못한 점도 환경문제를 키운 원인 중의 하나이다. 중국 국민을 대상으로 지난 2017년 일부 환경단체에서 환경보호에 관한 국민의식 설문 조사를 실시하였는데 설문 결과에 대해 예상보다 심각한 수준이라는 평을 내놓았다. 대도시지역 거주자를 대상으로 환경문제에 관한 주체를 묻는 질문에 환경보호는 국가 업무에 속한다는 인식이 강하였고 심지어 자신과는 무관하다는 의식을 가진 경우도 적지 않았다고 전하였다. 물론 5년 전의 설문 결과이긴 하지만 환경문제를 개인의 문제가 아닌 국가가 해결해야 할 문제로 인식하는 시민 의식도 지금의 환경문제를 방치하고 키운 원인 중의 하나일 것이다.

〈12차 5개년 규획(2011~2015년)〉에서 중국정부는 환경문제의 심각성을 인식하고 지속 가능한 성장 개념을 도입하기 시작하였다. 지속 가능한 성장은 환경보전과 함께 경제 발전을 모색해나가는 신성장 전략이라고 할 수 있다. 중점 정책 기조 가운데 환경정책도 포함시켜 국정 핵심 항목으로 명시하며 강화하기 시작하였다.

2011년에 발표된 〈국가환경보호 12·5 규획〉에서는 환경보호에 관한 주요 목표, 7대 환경보호 지표, 8대 중점 프로젝트 등에 관한 내용을 새롭게 포함하였다. 구체적으로 살펴보면 다음과 같다.

첫째, 현·성(縣·城)과 중점 건설진(建制鎭)에 오수처리장 건설을 가속화하여 오수처리능력을 갖추도록 하며 2015년까지 전국 성진(城鎭) 오수 관리망 약 16만km를 신설하도록 계획하였다. 하루 4,200만 톤의 오수처리능력을 확보하고 도시오수처리율 85%를 달성하도록 목표하고 있으며 가축·가금류 사육장의 오염 방지를 전국적으로 추진하도록 제시하고 있다.

둘째, 전력산업 오염물로 분류되는 집진·탈황·탈질의 배출을 감축해나갈 것과 석탄 화력 발전기 신축할 때 탈황·탈질 설비를 반드시 갖추어야 한다는 조건을 명시하였다. 위반 사항이 적발되면 즉시 시정명령을 내리거나 누적 적발되면 폐쇄조치를 강행한다는 강력한 의지를 보였다.

셋째, 공업 배기가스와 분진에 대한 통제를 강화하도록 하는 조치를 내놓았다. 석탄발전소와 시멘트 공장의 낙후된 집전 시설을 개조하고 철강산업의 기존 설비는 모두 고성능의 집진기를 이용할 것을 지시하는 규정을 명시하였다.

넷째, 공기정화와 관련하여 대기오염 공동예방 통제 중점 지역으로 선정된 지역의 공기 환경 질 평가에 관한 체계를 수립하였다. 지역 대기오염물 특별 배출 제한치를 정하고, 화력발전, 철강, 비철금속,

석유화학, 건자재, 화학공업 등 분야를 중점적으로 예방 통제해나갈 것을 강조하였다.

다섯째, 중점 지역의 토양 재생을 추진하기 위해 대·중소도시 주변, 오염이 심각한 광공업기업, 환경오염 처리실 주변이나 중금속 오염 예방 처리 중점 지역, 식용수 수원지 주변, 폐기물 처리장 등 전형적인 오염지와 오염된 농경지를 중심으로 토지 재생을 시범적으로 전개하도록 규정하였다.

여섯째, 중점 산업과 중금속 오염 예방을 강화하도록 규정하고 있다. 비철금속 채굴업, 비철금속 제련업, 가죽 및 가죽 제품업, 화학원료 및 화학제품 제조업 등 업종을 중심으로 예방조치와 통제를 강화해나가도록 하고 있다. 중금속 관련 기업의 구조 개혁에 대해서도 언급하였다. 중금속 관련 산업 분야의 진입장벽을 높여 오염 사고 발생에 선제적으로 대응해나가면서 해당 기업들의 환경 위생과 사고 예방에 대한 철저한 관리 감독을 추진할 것을 밝혔다.

일곱째, 고체폐기물 처리 목표 기준을 명시하고 전국 도시 생활쓰레기 정화 처리율 80% 달성, 모든 현(縣)의 생활쓰레기 정화 처리 능력 구비 등에 대해 규정하고 있다.

뒤이어 〈13차 5개년 규획(2016~2020년)〉을 발표하면서 '녹색 발전'의 개념을 중점 전략으로 명시하고 구체적인 환경개선 목표를 설정하였다. 에너지 소비에서 석탄 비중을 대폭 축소하고 신재생에너지와 천연가스 등 청정에너지 비중을 확대하는 방침을 내놓았다. 비화석에너지 비중을 2015년 12%에서 2020년 15%로 늘리고 같은 시기에 천연가스 비중을 5%에서 10%로 확대해나가는 개선 목표를 설정하였다.

또한 환경보호법 및 주요 분야별 관련법을 개정하여 오염배출 규제 및 처벌을 강화하였다. 2016년 이후 과잉 설비 축소 등 구조 개혁을 추진하면서 에너지 효율성 및 환경 영향 평가 등을 중요한 구조 조정의 요소로 반영하였다. 환경 인프라 투자를 확대하면서 환경보호산업이 빠르게 성장하였다. 중국의 환경보호산업 시장은 2011년 이후로 꾸준히 성장해 왔다. 2021년 중국 환경보호산업 매출은 전년 대비 11.8% 증가한 약 2조 1천 800억 위안(약 425조 7천 976억 원)으로 집계됐다. 이는 같은 기간 국민경제 증가율을 크게 상회하는 수준에 해당된다. 환경산업은 앞으로 정부와 민간자본과의 협력사업 방식을 활성화해서 높은 성장세가 지속될 것으로 예상된다. 환경보호산업 시스템은 저탄소·녹색·순환발전 등 분야로 빠르게 확장되고 있다.

최근 발표된 〈14차 5개년 규획(2021~2025년)〉은 환경보호산업 육성을 한층 강조하면서 5개 방면에서 환경보호산업 육성에 주력할 방침을 내놓았다. 2020년 5월 개최된 전국인민대표대회에서 발표한 〈2020년 정부업무보고(2020年政府工作報告)〉는 14·5 규획 기간 동안 환경정책이 나아갈 방향, 목표, 주요정책 및 세부 대책 등을 포함하고 있다. 해당 보고에서는 정책 방향으로 '3대 공견전(三大攻堅戰)'[2]을 지정하고 그중의 한 축인 환경오염 방지 정책의 흔들림 없는 추진을 밝혔다. '푸른 하늘, 맑은 물, 깨끗한 토양 보위전(藍天, 碧水, 净土保衛戰)'의 실천으로 '환경오염 방지 공견전(污染防治攻堅戰)'의 단계적 목표를 실현한다는 내용을 담고 있다. 다음은 환경오염 방지를 위한 세부 대책의 주요 내용이다.

---

2) '3대 공견전(三大攻堅戰)'에서 '공견전'이란 적진 침투 공격을 뜻하는 말로 힘든 전투를 의미한다. 여기에서 의미하는 3가지 전투는 '금융리스크 관리, 빈곤퇴치, 환경오염 대응'을 말한다.

〈생태환경 개선대책 효과 제고〉
- 법규와 과학을 기반으로 한 맞춤형 오염개선대책 강화
- 중점 지역의 대기오염 방지 공견전 강화
- 오·폐수 및 폐기물 처리시설 건설 확대
- 유해·위험 화학물질 생산 기업의 이전·개조 가속화
- 에너지 절약·환경보호산업의 육성발전
- 야생동물 불법 도축 및 교역 행위 엄격 금지
- 주요 생태시스템 보호 및 복원 대규모 프로젝트 실시를 통한 생태문명 건설 촉진

〈에너지 안보 확보〉
- 석탄 청정화 및 고효율 이용 촉진
- 재생에너지 발전
- 석유·천연가스·전력 생산 및 공급 시스템 개선
- 에너지 비축능력 제고

〈연계 대책〉
- 빈곤퇴치 정책과 연계, 농촌지역 음용수 안전 및 주민 생활환경개선 지원

현재 환경보호산업 관련 서비스업계는 끊임없이 혁신되는 양상을 보인다. 관련 환경 성과 서비스, 환경관리, 환경금융서비스 등이 빠르게 발전하고 있으며 빅데이터, 클라우드 컴퓨팅, 사물인터넷(IoT) 등 최신 기술이 환경보호 분야와 융합돼 오염 관리 능력도 빠르게 변화되고 있다.

2) 환경 법규

(1) 환경보호법

〈환경보호법〉은 중국 환경정책의 전반에 걸쳐 기본법이 되고 있다. 1989년 12월 제7기 전국인민대표대회 상무위원회 제11차 회의에 통

과함으로써 정식 법률로 시행되게 되었고 환경의 정의를 포괄적으로 나타내고 있으며 국가 환경보호에 대한 기본 방침과 정책을 밝히고 있다. 총칙, 환경감독관리, 환경보호와 개선, 환경오염과 공해의 방지, 법률책임, 부칙으로 구성되어 있다.

환경관리감독	환경보호 및 개선	환경오염 및 기타공해방지
• 성, 자치구, 직할시는 지방환경 기준을 제정할 수 있음. • 환경보호 행정주관부서는 환경상황을 정기적으로 중앙정부에 보고해야 함. • 환경오염을 야기시키는 프로젝트를 진행할 경우 반드시 주관부서의 허가를 받아야 함.	• 희귀동물 및 멸종위기 동물 보호, 야생동물 자연분포 구역 보호 • 주요 수원보호 • 문화유적 및 자연유적보호 • 자연보호구역 및 명승지의 오염배출물질규제 • 농업환경 보호 • 해양환경오염과 피해 방지 • 도시건설 시 지역 자연환경을 고려	• 생산활동 중 야기될 수 있는 환경피해를 방지할 수 있는 조치를 취해야 함. • 오염 방지시설의 철거 시 행정주관부문의 허가가 있어야 함. • 오염물질 배출 허용 기준 초과 시 벌금 납부해야 하며 오염 제거 및 개선해야 할 책임이 있음. • 오염사고 발생 시 적정처리를 취하고 해당 지역과 관련 부서에 보고 후 조사와 결정을 따라야 함.

(2) 대기오염방지법

중국은 1987년 9월 5일 〈대기오염방지법(中華人民共和國 大氣污染防止法)〉을 제정하고 1991년 이 법의 세칙을 공포하였다. 이후 1995년 8월과 2000년 4월, 두 차례에 걸쳐 법률을 개정한 바 있다. 총 7장 66조로 구성되어 있으며 대기오염 방지 감독관리, 석탄연소에 따른 대기오염 방지, 자동차나 선박이 배출하는 오염 방지, 폐기가스·분진·악취 오염 방지 등을 주요 내용으로 하고 있다.

대기오염 방지 감독관리	석탄에 의한 대기오염 방지	자동차·선박에 의한 오염 배출 방지	폐가스, 분진악취 오염 방지
• 대기 오염물질을 배출하는 시설과 관련하여 환경보호관리 기준을 준수하여해 함. • 배출된 대기 오염물질의 종류, 양에 관한 사항을 신고 등기하여야 함. • 소재지 환경보호부에 대기오염 방지방면의 관련기술 자료를 제출해야 함. • 규정된 배출 기준 초과 시 벌금을 부과할 수 있음. • 환경보호부는 오염물질 배출에 대한 현장검사를 실시할 권한을 가지고 있으며 기술비밀과 업무비밀을 지켜야 할 의무가 있음.	• 유해유독물질이 규정 준을 초과하는 탄 개발을 지함. • 오염도가 높은 연료의 판매 및 사용금지 구역을 지정. • 정부는 석탄청결이용에 대한 경제. 기술 정책을 지지함. • 배출하는 기업은 집진시설을 설치하여 배출 통제 조치를 취해야 함. • 대기오염물질을 규정 기준을 초과 시 시정, 제어조치해야 함.	• 오염물질을 배출하는 자동차나 선박을 제조하거나 판매, 수입할 수 없음. • 정부는 청정에너지를 사용하는 자동차나 선박의 생산과 소비를 격려함. • 환경보호 행정주관부문의 공안 자질인증을 취득한 검사소에 배기가스오염 정기 검사를 진행하도록 함. • 폐가스·분진악취 오염 방지	• 분진을 배출하는 기업은 반드시 방진조치를 취하여야 함. • 유해가스를 배출하고자 할 때 반드시 해당지역의 환경 관련 부서의 비준을 받아야 함. • 인구 집중지역이나 환경보호 구역 내, 비행장 주변, 교통간선 부근에서는 유해한 매연이나 분진을 발생시키는 물질을 소각해서는 안 됨. • 유독·유해 기체 혹 진이 날릴 수 있는 물질을 운송 저장할 경우 반드시 밀폐조치를 하여야 함.

(3) 수질오염방지법

중국의 〈수질오염방지법(中華人民共和國水污染防治法)〉은 1984년 5월 11일 제정되고 같은 해 11월 1일 시행되었고 1996년 5월 15일 한차례 수정되었다. 총 7장 62조로 구성된 수질오염방지법의 주요 내용은 수질환경 기준 및 오염물질 배출 기준, 수질오염 방지에 관한 감독관리, 지표수 오염 방지, 지하수 오염 방지 등 4개 부분으로 구성되어 있다.

수질오염 방지의 감독관리의 항목은 수질오염 방지는 유역 또는 지역에 따라 합리적으로 관리하기 위해 오염물질 배출량과 종류에 따라 부과금 징수하고 수질오염 배출시설과 방지시설 설비 제도, 폐수 처리비용 징수 근거 마련, 낙후된 설비개선제도 등이 포함되어 있다.

수질환경 및 오염물질 배출 기준	수질오염 방지 및 감독관리	지표수 오염 방지	지하수 오염 방지
• 성·자치구·직할시는 지방 수질오염물질 배출표준을 제정할 수 있음. • 정부는 국가 수질환경질량표준과 국가 경제, 기술조건에 맞춰 국가 오염물질 배출표준을 제정하고 적기에 수정해야 함.	• 정부는 수자원의 개발·이용·조절 시 하천의 유량과 호수. 저수지 및 지하수역의 수위를 유지하고, 수역의 자연정화능력을 감독관리 유지시켜야 함. • 생활음용수원지, 고적지 등 특수한 지역의 보호구역을 설정하고 규정된 수질기준에 도달하도록 관리해야 함. • 수질오염물질을 배출하는 기업은 오염물의 종류·수량·농도에 관한 사항을 보고해야 함.	• 오염물질 배출량을 초과하거나 수질 오염사고를 발생시켰을 경우 즉시 환경보호관련기관에 보고해야 함. • 산성·알칼리성, 독극물의 배출을 금하고, 수역근처에서 오염물질을 적재한 차량의 이동을 금함. • 병원에서 발생된 오염 오수를 방류할 경우 소독처리를 거친 후 배출. • 농약을 사용하거나 폐기할 경우 표준 규정에 부합해야 함. • 선박이 항해 중 오염물질 배출을 금지함.	• 구덩이, 동굴, 우물 등에 오염물질을 매립하거나 방류할 수 없음. • 삼투방지 지층이 없는 곳에 유독성 오염물질을 저장할 수 없음. • 지하탐사, 채광 활동 시 반드시 지하수 오염 방지 조치를 취해야 함.

(4) 고체폐기물관리법

중국은 1995년 10월 30일 〈고체폐기물관리법(中華人民共和國固體廢棄物污染防止法)〉을 제정하여 1996년 4월 1일부터 시행하였다. 총 6장 77조로 구성된 고체폐기물관리법의 주요 내용은 고체폐기물 환경오염 방지 감독관리, 고체폐기물(공업고체폐기물, 도시생활쓰레기) 환경오염 방지와 유해폐기물 환경오염 방지에 관한 특별규정으로 구성되어 있다.

고체폐기물 환경오염 방지 감독관리	고체폐기물 환경오염 방지			
	일반규정	공업고체폐기물	도시생활쓰레기 환경오염 방지	위험폐기물 환경오염 방지
• 고체폐기물의 보관·처리는 반드시 환경보호 관리규정을 준수해야 함. • 고체폐기물 관리시설은 정부 주관부서의 검사 후 사용할 수 있음.	• 고체폐기물의 수집·보관·운반·이용처리 시 땅속으로 스며들지 않도록 오염 방지조치를 취해야 함. • 생산품은 회수처리가 용이할 것과 환경에 쉽게 분해 가능 재료 사용해야 함. • 원료로 이용할 가치가 있는 고체폐기물수입은 국무원 허가 받아야 함.	• 공업고체폐기물의 배출량, 배출공정, 보관, 처리 관련 자료를 국무원에 제출해야 함. • 이용하지 않는 공업 고체폐기물 보관·처리할 수 있는 장소 설치해야 함. • 규정에 초과하는 공업고체폐기물에 오염물질 배출부과금을 납부해야 함.	• 도시생활쓰레기를 지정된 지역에 버려야 하며 임의로 처리할 수 없음. • 도시 생활쓰레기는 분리 수집·보관·운반·처리해야 함. • 도시생활 쓰레기 처리시설 및 장소를 임의로 폐쇄하거나 철거할 수 없음.	• 위험 폐기물의 용기와 포장재, 수집·보관·운반·처리하는 시설은 식별표지 설치해야 함. • 위험폐기물 배출 시 신고·등록해야 함. • 위험폐기물 이송 시 출발지 및 도착지 환경부서에 신고해야 함.

'지속 가능한 발전' 개념과 관련 있는 환경정책 법률로 〈청정생산촉진법〉(2003), 〈환경영향평가법〉(2002), 〈에너지절약법〉(2007), 〈순환경제촉진법〉(2008) 등이 있다.

(5) 청정생산촉진법

〈청정생산촉진법〉에서는 청정생산의 적용 범위, 정부가 청정생산을 추진해야 하는 책임, 기업에 대한 청정생산 요구, 그리고 청정생산 장려조치, 법적 책임 등에 대하여 규정하고 있다.

청정생산추진	청정생산실시
• 정부는 청정생산 정부시스템과 기술자문서비스를 제공하며, 청정생산방법과 기술, 청정생산 정책 등 정보를 제공함. • 기업의 오염물질 배출상황에 근거하여 오염이 심각한 기업의 이름을 지역 언론매체에 정기적으로 공포함. • 정부는 관련 행정부서와 청정생산의 홍보와 훈련을 전개함.	• 제품의 포장은 인체와 환경에 무해하고 쉽게 분해되는 방법을 선택해야 함. • 기업은 제품생산 시 재료성분의 기준을 명확히 표시해야 함. • 농업생산자는 화학비료, 농약, 첨가제 등 무해화와 농업환경오염을 방지하여야 함. • 기업은 생산과 서비스 과정 중 자원소모 및 폐기물 발생 시 감독과 측정을 실시하여야 함. • 유해한 원료를 사용하는 기업은 정기적으로 심의를 하여야 하며 심의결과를 소재지 환경부서에 보고해야 함. • 오염이 심각한 기업은 국무원의 규정에 따라 오염물질 배출 상황을 보고하고 국민들의 감독을 받아야 함.

(6) 환경영향평가법

중국 환경정책의 미비한 부분으로 남아 있던 절차와 제도가 보완되어 환경에 악 영향을 끼치는 정책과 사업에 대해 사전에 예방하는 정책이 강화되었다.

계획 환경영향평가	건설프로젝트 환경영향평가
• 건설 및 개발이용계획에 대한 환경영향분석과 예측, 평가를 진행하여 심사승인기관에 제출해야 함. • 심사 승인 전 심사위원회를 소집하여 환경영향보고서에 대해심사를 진행해야 함. • 환경에 막대한 영향이 있는 계획을 실행할 경우 진행과 동시에 평가결과를 심사기관에 보고해야 함.	• 건설프로젝트의 환경영향 정도에 따라 분류하여 관리함. • 건설프로젝트 환경영향평가를 위해 기술서비스를 위탁 받는 기관은 행정기관의 심사를 거쳐 자격증서를 발급받아야 함. • 환경영향보고서는 반드시 평가 자격이 있는 기구에서 작성해야 함. • 부실한 환경영향평가서 작성 시 법적 책임을 추궁함.

(7) 수자원법

2002년 10월 1일부터 새로운 〈중화인민공화국수법(中華人民共和國水法)〉이 정식 시행되었다. 1988년 제정되었고, 2002년 8월 29일, 제9기 전국인민대표대회 상무위원회 제29차 회의에서 개정안이 심의 통과된 것이다. 중국 수리사업 발전을 위한 내용이 체계적이고 상세하게 구체적인 목표, 책임, 조치 및 의무를 규정하고 있다.

수자원계획	• 정부는 수자원에 관한 자료와 관련규정을 공개해야 함. • 정부가 지정한 하천, 호수 부근에 수리 공정을 할 경우 타당성 연구 보고를 하고 심사를 거쳐 실행해야 함.
수자원개발이용	• 수역의 물 조절은 물 수요량을 고려하고 생태환경을 파괴하지 않도록 해야 함. • 수자원이 부족한 지역의 대형규모의 공장과 서비스업종건설을 제한함. • 정부는 수자원 개발과 이용을 장려함.
수자원 및 수역공정보호	• 수자원의 개발이용계획 수립 시 하천의 유량과 호수와 저수지의 수위를 유지하고 수역의 자연정화능력을 보호해야 함. • 정부는 음용수 수원보호구역을 지정하고 수원의 고갈과 오염을 방지하여 국민의 음용수 안전을 보장해야 한다.
수자원 배치와 절약 사용	• 성, 자치구, 직할시의 급수계획은 국무부가 심사 승인하며 지방의 급수계획은 지방 물 행정주관부서가 제정함. • 용수는 반드시 승인된 용수에 따라 계획적으로 사용해야 하며 용수 계량에 의한 비용징수와 초과액에 대한 누진세 세도를 실시함. • 국가 규정에 따라 급수요금을 납부해야 함.
물관리분쟁처리 및 법집행검사	• 물 분쟁이 발생한 경우 협상에 의하여 해결 한다. • 물 관리감독 검사자의 검사업무에 적극 협조하며 검사자의 법 집행업무를 거절하거나 방해해서는 안됨.

(8) 순환경제촉진법

2007년 8월 27일 〈순환경제촉진법(循環經濟促進法)〉 초안에 대한 심사를 시작하였다. 순환경제의 발전 추진을 통해 자원이용 효율을 높이며 환경보호 및 개선 효과를 촉진하여 지속 가능 발전을 실현하기 위하여 제정하였다. 초안은 '감량화, 재활용, 자원화'를 주요 원칙으로 하며 총 7장 61조로 구성되어 있다.

기본관리제도	• 순환경제 주요 평가지표에 근거하여 순환경제 발전 현황을 정기 심사함. • 정부는 중공업분야의 에너지 소비량과 용수소모를 중점 관리감독함. • 정부는 자원소모, 폐기물 발생에 대한 통계 지표를 정기 발표함. • 에너지절약, 용수절약, 재료절약 및 폐기물 재이용의 표준 엄수함.
감량화	• 정부는 기술, 공정, 설비, 재료 및 제품에 대한 장려, 제한 목록을 정기 발표함. • 전기전자 제품의 유독. 유해한 물질을 설계 사용할 수 없음. • 공업기업은 용수절약 기술, 공정 및 설비를 도입하고 통제해야 함. • 정부는 무독. 무해한 고체 폐기물을 이용한 건축자재 생산을 장려함. • 국가기관과 재정자금을 사용하는 조직은 엄격한 절약을 시행함. • 자원을 낭비하고 환경을 오염시키는 제품 사용을 감소시켜야 함. • 일회용품 생산과 판매 제한.
재이용 및 자원화	• 기업은 생산과정 중에 발생한 공업폐기물을 재이용해야 함. • 기업은 선진기술과 공정과 설비를 이용하여 생산과정 중에 발생한 폐수의 재생이용을 진행해야 함. • 건설회사는 반드시 시공 중 발생한 건축폐기물을 종합 이용하여 무해화 처리를 진행해야 함. • 폐기물 회수시스템 구축의 장려 및 추진. • 폐 전자제품, 폐 차량, 폐 전지 등 특정제품의 재이용은 반드시 관련법규의 규정을 준수해야 함.

(9) 에너지절약법

중국은 에너지 부족과 환경오염 문제에 직면하면서 지난 1997년 〈에너지절약법(中華人民共和國能源法)〉을 시행하였다. 하지만 원칙만 있는 법, 선언적 규정만 있는 법, 강제력과 현실성이 없는 법이라는 비판을 받아왔다. 이에 기존 에너지절약법에 30여 개 조문을 대폭 추가한 개정된 〈에너지절약법〉이 2007년 10월 제10대 전국인민대표대회 상임위원회 30차 회의에서 통과되어 2008년 4월 1일부로 시행되었다.

2007년 개정된 〈에너지절약법〉은 에너지 절약의 기본 제도를 확립하기 위한 시장의 메커니즘과 정부의 규제를 적절히 혼합하여 규정하고 있으며, 구〈에너지절약법〉에 비해 강제성 규범을 대폭 추가하여 법의 집행력을 강화하였다. 특히 에너지 절약 목표설정 및 결과에 대한 평가, 고정자산에 대한 에너지 사용의 합리성 심사, 에너지 절약 표준 제정, 상품의 에너지 효율성 표시 부착, 에너지 절약상품 인증 등의 규정은 매우 실질적인 규정으로 평가받았다.

개정된 〈에너지절약법〉은 총 7장 87개 조문으로 구성되어 있다. 개정안의 주요 내용 및 특징을 살펴보면 다음과 같다.

총칙에서 법안의 목적과 에너지, 에너지 절약 등 본법에서 사용되는 개념에 대해 정의하고 관련 정책 전반에 대한 총괄적 규정을 담고 있다. 에너지절약법 제1조는 그 목적을 전체 사회의 에너지 사용 효율을 높이고 환경을 보호하며, 이를 통해 사회의 지속적인 발전을 보장하는 데 있다고 밝히고 있다. 제2조에서는 에너지를 석탄, 석유, 천연가스, 생물 에너지, 전기, 열에너지 및 기타 직접 혹은 가공을 통하여 에너지로 사용할 수 있는 자원으로 정의하였고 범위를 광범위하게 규정하고 있다. 또한 에너지 절약 문제를 산업정책 및 산업구조 조정과 적극 연계, 국가가 에너지 절약과 환경보호에 유익한 산업은 보호하고 에너지 소비형 업종과 오염형 업종에 대해서는 제한할 수 있도록 하여 국가의 산업구조 정책을 결정할 때 에너지 절약을 적극 고려하도록 하였다(제7조). 이는 구(舊)에너지절약법의 '경제 발전과 환경보호에 부합하도록 한다'(제5조)라는 선언적 규정에서 진일보 강화된 것이라는 평가를 받고 있다.

2장은 에너지 관리에 관한 내용으로 주로 에너지 표준에 대한 내용을 담고 있다. 현(縣)급 이상의 정부는 에너지절약 법규의 집행 및 감독을 실시하며, 위법행위에 대한 처벌권을 가진다(제12조). 구에너지절약법은 현급 정부의 주관 부서가 해당 지역의 에너지절약에 대한 업무를 관장한다고 언급한 정도에만 그쳐 직권에 대한 구체적 내용이 없었는데 개정 에너지절약법에서는 위법행위에 대한 조사권과 처벌권을 명확히 하였다. 제14조에서는 성급 인민정부는 지역 상황에 맞게 에너지 표준을 제정하고, 이러한 기준에 부합하지 않는 경우 건설 시공을 금지하거나 이미 완공된 경우는 이를 사용하지 못하도록 하여 강력한 조치 권한을 지방정부에 부여하였다. 에너지절약법 제18조는 "가전제품 등 사용하는 사람이 광범위하고 에너지 소비량이 많은 제품에 대해서 에너지효율 표시제도를 통하여 관리한다"라고 규정하였다. 이는 시장의 원리를 통해 에너지 절약을 유도하기 위한 것으로 만일 에너지효율 표준에 부합하지 않는 제품을 생산하거나 수입, 판매하는 경우 생산된 제품 및 위법행위를 통한 소득은 몰수하고 위법행위를 처벌하도록 하였다.

제3장은 합리적인 에너지 사용과 절약에 관한 내용으로 구에너지절약법에서는 구체적이지 않은 원칙적인 규정만을 하고 있었으나 개정안은 이에 대해 세분화, 구체화하였다. 일반규정은 구체적인 내용보다는 선언적 규정에 가깝다. 각 단위의 합리적 에너지 사용과 절약의 의무(제24조), 에너지절약 목표 수립과 결과에 대한 포상(제25조), 교육의무(제26조), 에너지 사용량의 정확한 통계와 분석의무(제27조) 등이다. 특이한 것은 에너지 공급업체가 자기 단위의 직원에게 무상으로 에너지를 공급하거나 혹은 정액제(保費制)를 실시할 수 없도록 규정하고 있다는 점이다(제28조). 이 규정을 위반하는 경우 5만~10만 위안의 비교적 높은 벌금을 부과할 수 있도록 하였다(제77조).

에너지절약법 제4조는 '에너지 절약은 우리나라의 기본 국가정책이다. 국가는 절약과 개발을 함께 중시하며, 에너지 절약을 자원발전

전략의 최고 우선 순위로 둔다'라고 규정하였다. 이는 중국의 에너지 절약에 대한 태도를 그대로 드러낸 것이라 할 수 있다. 이미 중국의 에너지 수급과 환경 오염 문제는 당면과제의 하나이며, 앞으로 경제 발전을 보장하는 기본 전제로 인식하고 있음을 알 수 있다. 이러한 흐름에서 2007년 개정된 에너지절약법의 특징은 다음의 몇 가지로 정리할 수 있다.

우선 개정 에너지절약법은 구에너지절약법과 비교하여 매우 구체적이고 실질적인 규정을 담고 있다. 대부분 규정에서 주관 부서를 명확히 하였고, 관련 보고의 주체와 보고 내용, 보고 시기 등도 구체적으로 규정되었다. 또한 개정 에너지절약법은 에너지 절약 관련 제한들을 구체화하는 한편, 에너지 효율 표준과 에너지 효율 표시 및 인증 제도를 중점적으로 정비하였다. 이는 시장 메커니즘을 통한 에너지 효율 제고를 위한 것으로 에너지 효율을 상품의 경쟁력과 연계시켜 시장에서 자연스럽게 에너지 절약 상품이 경쟁력을 가질 수 있도록 하는 조치라고 평가할 수 있다.

그 외에도 구에너지절약법에 비해 각 의무와 제한에 대해 명확한 강행규범을 두고 이에 대한 법률 책임도 대폭 강화하였다. 이는 구에너지절약법이 집행력이 없다는 비판을 들었던 것과 비교하면 주목할 만한 특징이다. 그러나 에너지절약법을 통하여 영업 중지, 수입의 몰수, 심지어는 영업 폐지까지 조치할 수 있는 강력한 집행력에 비해 이에 대한 재심이나 불복 절차에 대해서는 규정이 미비하다는 지적을 받았다. 국내 기업뿐만 아니라 해외기업들에까지 법률적 피해 발생이 불가피한 경우가 발생하였다. 이러한 방면에서 에너지절약법 관련 분쟁의 유형과 해결 방법, 법원의 태도, 각 지방 정부의 규범 판단 기준 등에서 더욱 충분한 연구와 준비가 요구된다는 평가를 받았다.

최근 발표된 14차 규획에서는 해당 기간(2021~2025) 동안 공공기관 에너지자원의 절약을 위한 주요 지표를 세부적으로 규정하였다. 중국 국가발전개혁위원회는 〈중국에너지절약법(中華人民共和國節約能源法)〉 및 〈공공기관 에너지 절약 조례(公共機構節能條例)〉 등을 통해 지방정부에 다음과 같은 후속 조치들을 시행하도록 하였다. 탄소 중립 실현을 위한 공공기관의 선도적 역할을 강조하고 행정 업무를 구체화하기 위한 주요 지표를 마련하였다. 공공기관 탄소 배출 산정지침을 작성하고 탄소 배출량 통계를 공개하여 청정 난방, 데이터센터 효율 개선, 에너지 사용 및 설비의 효율 개선, 그린빌딩 확대 등 저탄소 환경 조성에 정부의 적극적 동참 의지를 드러냈다.

대표적으로 상하이시의 경우 녹색 저탄소 실천을 위한 에너지 소비와 탄소배출을 효과적으로 통제하기 위해 공공기관의 역할을 강조하면서 2023년까지 9개 분야에서 구체적인 목표를 설정한다고 발표하였다. 공공기관의 녹색 저탄소 기반 조성, 공공기관과 녹색산업부문의 융합을 추진, 공공기관 간부 대상 인식개선 실천 및 훈련 강화, 5,000m^2 이상 건물 신축 시 그린빌딩 2급 및 에너지 소비 제한 설계, 공공기관 옥상 활용한 분산형 태양광 발전 건설, 녹색병원, 녹색식당, 물 절약기관 시범사업추진, 공공기관 플라스틱 감량 및 대체, 2023년까지 시 전체 20개 녹색 데이터센터 시범 혁신 사업 추진, 공공기관 신차 및 차량 교체 시 신에너지 차량 80% 할당 등이 해당된다.

(10) 사막화방지법

2001년 8월 31일, 제9기 전국인민대표대회 제23차 회의에서 〈사막화방지법(防沙治沙法)〉이 심의 통과되었다. 〈사막화방지법〉은 예방을 원칙으로 함을 명확히 하고 있으며, 사막화 토지측정의 강화, 측정 결과의 정기적인 보고제도, 사막화 토지 소재지에서 지도자의 사막화 방지를 위한 임기 내 목표·책임·심사·상벌제도를 수립할 것을 규정하고 있다. 또한, 사막화 토지 소재지의 지방 정부는 정기적으로 동급 인민 대표 대회와 그 상무위원회에 사막화 방지 업무 상황을 보고하도록 규정하고 있다.

중국 환경보호 관련 법제 형성 및 발전

구분	주요 내용
준비 단계 (개혁개방 이전)	• 대약진운동, 문화대혁명으로 인한 환경오염의 악화, 생태계파괴 시작 • 1972년6월 제1차 인류환경회의에 대표단 파견
초기 단계 (1979~1991)	• 1988년 국가환경보호국 설치 • 1989년 중화인민공화국 환경보호법 공포
발전 단계 (1992~2002)	• 1994년 국무원 〈중국21세기의정(中國21世紀議程)〉 제정 • 1995년 폐기물관리법 • 1996년 소음오염방지법 • 2002년 사막화방지법
심화 단계 (2003년 이후~)	• 2003년 환경영향평가법 시행 • 2003년 청정생산촉진법 시행 • 2005년 국가환경보호총국 30개 항목 법 제정, 환경영향평가법 시행 후 첫 환경청문회 • 2007년 삼동시제도의 규율 위반 항목 제정 • 2008년 기구개혁: 환경보호총국이 환경보호부로 승격 • 12·5 온실가스 배출량 통제업무 방안에 관한 통지 • 12·5 에너지절약·환경보호산업 발전 계획 • 12·5 전국도시오수처리와 생활쓰레기 정화처리시설건설계획 • 12·5 에너지절약·배출량 감축 계획 • 12·5 기후 변화 대응 계획

그 외에 지난 2008년 5월부터 시행되어 온 〈정부정보공개조례〉는 환경 관련 법규와 통계, 환경상태, 오염배출 부담금의 징수 항목 및 금액, 환경행정처벌, 오염배출 총량 초과 기업 명단 등 정부의 문서들을 환경보호부를 통해 쉽게 접할 수 있도록 규정하고 있다.

3) 환경 규제 대책

(1) 환경영향평가제도

1989년 제정된 〈환경보호법〉에서 건설사업 환경영향평가를 최초로 규정한 이후, 동 제도는 지속 보완되어 2003년 9월에는 관련 사항이 대폭 강화된 〈환경영향평가법〉이 시행되게 되었다. 3동시(同時)제도(설계, 시공, 운영 시 환경설비를 동시에 고려)와 함께 대표적인 사전 오염예방 제도에는 '환경영향평가법'이 있다. 각종 경제 발전계획과 건설프로젝트에 대한 평가의 원칙과 적용 범위, 절차 및 그에 상응하는 책임 등을 규정하고 있으며 '선평가(先評價) 후건설(後建設)'이라는 원칙을 제시하는 전략적 환경영향평가 개념을 포함하고 있다.

2009년 10월에 기존의 〈환경영향평가법〉에 과학 기술적 요소를 보완한 세부 조항을 만들어 세밀하게 평가항목을 마련하였다. 이에 따라 〈기획 환경영향평가 조례〉가 제정되어 지금까지 시행되고 있다.

(2) 청정생산제도

2003년 1월부터 〈청정생산촉진법(淸淨生産促進法)〉을 시행하고 있으며 자원·에너지 소비가 적고 오염물질 배출이 적은 친환경 생산방식을 촉진하는 것을 목적으로 한다. 청정생산 활성화와 청정생산 의무화를 주요 내용으로 하는 〈청정생산심사방법〉을 2004년 9월에 제정하였고, 세부 심사절차를 규정한 '중점기업 청정생산 심사절차규정'을 2005년 12월에 제정하였다. 청정생산심사는 자발적 심사와 강제심사로 구분하고, 오염물질 배출 기준을 만족한 기업에는 자발적 심사를 장려하며 오염배출 기준을 초과한 기업, 배출 총량이 규정을 초과한 기업(1부류), 생산과정에서 유독유해물질을 사용·배출하는 기업(2부류)은 강제심사를 하도록 규정하였다.

〈청정생산촉진법〉을 수정하여 청정생산심사를 강제 적용하는 기업의 범위가 확대되고 기업의 청정생산 심사제도가 강화되었다. 한편, 중국 환경보호부에서는 기업의 친환경관리를 촉진하고자 2003년에 환경친화기업 제도를 도입하였다. 환경지표, 관리지표와 제품지표 등 심사지표에 근거하여 우수기업을 '국가환경친화기업'으로 추대하고 있다.

(3) 제품생산자 책임제도

제품생산자 책임제도는 말 그대로 생산자에게 제품 판매부터 회수처리와 재생이용까지의 의무를 부과하는 것을 골자로 하고 있다. 주로 전자제품 및 자동차업계를 대상으로 추진하고 있다. 2007년 3월부터 중국 공업정보화부는 납, 수은, 카드뮴 등 전자제품에서 발생되는 유해물질에 대해 사용 제한을 핵심으로 하는 〈전자정보제품 오염통제관리방법〉을 시행하고 있다. 전자제품의 환경성 및 유해성을 심사하는 포괄적 규정으로 유해물질 사용제한, 표시의무, 사전인증제도 등을 포함하고 있다.

국가환경보호총국은 2006년에 〈전자정보제품 중 유독유해물질 제한요구'와 '전자정보제품 오염통제표식요구〉를 발표하였다. 특히 〈폐전자제품 오염 방지 강화 사업에 관한 의견〉을 반포하여 전자폐기물에 대한 완전한 처리기반과 시스템 구축을 목표로 설정하였다. 자동차의 경우 EU의 〈폐차처리지침〉과 유사한 규정으로 친환경설계 및 제조자의 폐차 회수처리 의무를 주요 골자로 하는 '자동차제품 회수·이용기술정책'을 확정하였으며, 생산자에게 차량의 회수이용 가능 비율을 85%(재료의 재활용비율은 80%)로 제고하는 목표를 제시하였다.

〈순환경제촉진법〉이 2009년부터 시행되었으며, 순환경제계획제도, 자원낭비 억제 및 오염물질 배출 총량통제 제도, 순환경제 평가제도와 심사제도, 생산자 책임연장제도, 에너지 다소비 및 수자원 다소비 업체를 단속하기 위한 전문관리 감독제도, 순환경제 발전기금 등을 포함하고 있다.

(4) 3대 공견전(三大攻堅戰) 중 환경오염 대책

2020년에 중국정부는 〈푸른 하늘 보위전 완승 3년 행동계획(打赢藍天保衛戰战三年行動計劃)〉을 통해 대기오염 관리를 위한 주요 대책을 발표하였다. 대기오염 관리지역의 확대, 휘발성 유기화학물질 배출저감 및 오존 대응책 강화, 스모그 등에 대한 지역 간 통합관리 강화 등을 실시하는 내용을 담고 있다.

〈푸른 하늘 보위전 완승 3년 행동계획〉의 효과적인 이행을 위하여 중국은 규제 대상 지역에 속해 있는 베이징시를 비롯한 39개 도시별 이행계획을 '일시일책(一市一策)'으로 명명하며 실시하고 있다. 중점 업무에는 완성 시기, 담당 부문 및 책임 부서 그리고 관련 부서가 명확히 지정되어 있으며, 일반제조업과 오염기업 퇴출 기업 수 등 각 지역별로 중점 업무의 목표를 정해서 관리하고 있다.

(5) 휘발성 유기화합물질(VOCs) 저감 대책

최근 들어 중국 환경정책 이외에도 코로나19 발생에 따른 2차 산업과 3차 산업의 전력 사용량 감소 등의 영향으로 주요 대기오염물질의 평균농도가 감소되고 있는 통계수치가 확인된다. 하지만, 대기질에 있어서 오존 농도는 저감 추세가 분명하지 않으며 오히려 증가하는 양상을 보이고 있다. 중국정부가 새롭게 추진하고 있는 〈2020년 휘발성 유기화합물 저감방안(2020年 揮發性有機物治理攻堅方案)〉은 대기오염 저감을 위해 오존 농도를 저감하는 데 초점을 두고 있다.

'푸른하늘 보위전 완승 3년 행동계획'의 대상 지역인 징진지(京津冀) 및 주변 지역, 창장(長江)삼각주 지역, 펀웨이(汾渭) 평원 지역의 39개 도시 이외에 장쑤성, 안후이성, 산둥성, 허난성 접경지역 및 기타 오존 오염 저감이 필요한 도시의 석유화학, 화공, 공업 도장, 포장인쇄 및 유제품을 생산·저장·운송·판매하는 기업을 대상으로 하고 있다. 현재 미세먼지 대응책으로 시행되고 있는 '추동계 계절 관리제'에 빗대어 '하계 계절 관리제'로 평가받고 있다. VOCs 저감 방안은 아래와 같이 총 10가지의 대책으로 구성되어 있다.

① VOCs 발생 재료 및 제품 대체
② '휘발성유기물질 무조직배출 규제기준'의 전면 시행 및 무조직 배출 규제강화
③ 휘발성 유기 화합물질 오염저감시설 효율 제고
④ 산업단지와 클러스터 정비 및 산업의 녹색발전 촉진
⑤ 유류제품 저장·운송·판매 관리감독 강화
⑥ 기업 지원에 따른 법 집행 체계를 견지하며 관리 감독 강화

⑦ 모니터링 및 관리 감독 체계 개선

⑧ 정부 정책지원 강화로 기업의 적극성 유도

⑨ 홍보교육의 강화로 국민의 지지 분위기 조성

⑩ 중국 공산당과 중앙정부의 지도 강화와 엄격한 성과평가 및 감독 실시

(6) 의료폐기물 처리 대책

전 세계적으로 코로나19로 인한 의료폐기물 발생량이 급격히 증가하였다. 중국 역시 어마어마한 의료폐기물 배출량의 처리 문제가 주요한 환경문제로 부각되고 있다.

감염병 발생 방지를 위한 야생동물 관리 강화, 감염병 바이러스 전파 및 확산 방지를 위한 의료폐기물의 안전한 처리, 의료기관 오폐수 및 음용수 수질의 모니터링 및 안전한 관리 등 풀어가야 할 새로운 환경문제가 산적해 있다.

4. 중국 환경 NGO 단체

1) 등장 배경

NGO(Non-Governmental Organization)는 국가 중심의 공공영역이나 일반 기업의 이윤추구를 목적으로 하는 시장영역과는 별개의 영역으로 시민사회 영역의 단위라 할 수 있다. 일반적으로 비정부기구라 불리는데 처음 공식적으로 사용된 시기는 1950년 2월 UN경제사회이사회에서 결의한 288조가 통과된 이후부터이다. 당시는 정부 대표가

아니면서도 UN과 협의적 지위를 인정받는 공식적 조직을 의미하였다. 중국에서는 일반적으로 시민이 자발적으로 만들어 그들의 공동목적을 실현하기 위한 조직인 사회단체와 민간비영리단체를 지칭하고 있다.

중국 환경 NGO 단체의 등장은 고도의 경제 성장이 가져온 환경문제를 더 이상 좌시할 수 없는 중국의 현실을 대변하고 있다. 무릇 경제가 발전할수록 노동생산의 효율성이 크게 제고되지만 빈부격차, 실업, 환경파괴 등의 부정적 영향도 함께 발생하게 된다. 경제 발전에 비례해 환경오염의 악순환도 안정적인 사회 발전에 심각한 영향을 주게 줄 수 있다. 이러한 사회문제는 시장을 통해서 완전히 해결될 수 없으며 정부에만 의존할 수 없는 상황에 이르러 이를 보완할 수 있는 조직이 필요하게 되었다.

중국 사회는 다양한 소유제 구조가 형성되기 시작하면서 사회 전반에 전통 단위조직을 넘어서는 다원화된 이익주체가 출현하기 시작하였다. 이들은 시장경쟁 속에서 자신의 이익을 보호하기 위해 새로운 형태의 조직에 의존하는 성격을 띠고 있다. 이러한 요인들로 인해 NGO가 활동할 수 있는 여지를 만들어졌으며, 환경 NGO의 사회적 공헌 및 역할에 대한 인식도 제고됨으로써 환경 NGO의 성장 및 발전에 기여하게 되었다. 중국은 이러한 환경문제를 주로 정부 기관이나 기업에 의존하여 해결책을 내놓았다. 하지만 21세기 들어 전 세계는 인터넷과 통신 등의 급속한 발전으로 국제교류 및 협력 등을 통해 상호 정보의 교류와 전달이 획기적으로 빨라졌다. 이를 통해 중국 사회도 NGO에 대한 개념과 사회에서의 그들의 역할에 대한 인식이 바뀌기 시작했고 현재는 중국 NGO를 통해 해외원조가 활발히 이루어지고 있다.

중국 사회에 NGO가 등장하게 된 또 다른 배경에는 이익 구조의 변화를 들 수 있다. 개혁개방 이후 중국 사회는 경제적·사회적으로 큰 변화를 겪어 왔으며 이러한 변화는 국가와 사회 그리고 개인과의 관계에도 영향을 미쳤다. 개혁개방 이전까지 중국은 계획경제를 통하여 사회의 모든 부문을 국가가 통제하였다. 정부는 현존하는 자원의 대부분을 독점했을 뿐만 아니라 새로운 자원까지도 직접적인 관리 아래 두었다. 또한 국가는 모든 행정 수단을 동원하여 잠정적인 경쟁자들을 제거하였다. 따라서 중국 사회 내에 NGO가 출현하고 발전할 만한 공간은 있을 수 없었다.

그러나 개혁개방 이후에 나타난 중국 사회 내의 변화는 이제까지 중국정부가 독점해 온 사회적 자원을 민간으로 이동시켰으며 전면적으로 통제되었던 사적 활동 공간이 새롭게 자리 잡았다. 이로 인하여 중국 사회 내에 NGO가 자연스럽게 출현하고 성장할 수 있는 공간이 마련되었다. 이제까지는 찾아볼 수 없었던 다양한 사회문제 즉, 빈부격차, 도시화, 인구문제, 개발문제, 환경 등이 수면 위로 떠오르고 민중의 사회적 요구가 급증함으로써 이러한 다양한 요구를 해결하는데 NGO의 역할이 중시되고 환경운동조직도 발전하게 되었다.

2) 환경 NGO 단체의 활동

중국 환경 NGO 단체는 다음과 같은 특징들을 가지고 있다. 첫째, 지역 분포가 불균형적이다. 중국 환경 NGO는 주로 베이징, 상하이, 충칭 및 동부 연해 도시지역에 집중되어 있다. 그 외에도 허난, 허베이, 쓰촨과 윈난 등 자연자원이 풍부한 지역에도 분포되어 있다. 이들은 다양한 활동을 통해 지역민의 환경의식을 고취하고 지방정부의 환경문제에 대한 인식을 제고시키고 있다. 중국정부의 불균형발전전략으로 동남 연안의 도시지역은 수준 높은 공업화를 이룩하였고 그에 따라 환경오염도 중서부 내륙지역보다 심각하게 대두되었다. 따라서 환경의식에서도 지역적 편차가 초래되었다. 동남연안의 공업화 지역은 상대적으로 활발한 환경운동이 시작되고 있으며, 이러한 환경운동이나 환경의식의 제고에 따라 지방정부의 환경보호 정책도 가시화되고, 동시에 기업의 환경보호투자도 증대되고 있다. 반면에 저발전지역인 중서부 내륙지역의 지방정부는 환경보호에 대한 관심이 부차적인 수준에 머무르고 있어 중앙정부의 환경정책을 따라가지 못하는 실정이다.

또한 중국 환경 NGO는 대부분이 합법 NGO들로 4개 부류로 나눌 수 있다. 첫째, 정부에서 발기 설립된 환경 NGO 중에서 68.8%가 민정부문에서 등록한 것들이다. 둘째, 국가기구와 사업단위에 의지하는 환경 NGO 중에서 2.8%가 민간비기업(民間非企業)으로 등록되었다. 셋째, 학생환경NGO인데 이러한 환경NGO는 학교 단위(團委)에서 기록하고 등록한다. 넷째, 중국 환경 NGO의 등록 비율은 비교적으로 낮은데 이는 미등록 사례가 존재하기 때문이다. 정부에 등록된 환경 NGO는 23.3% 정도에 머물러 있다.

중국 환경단체의 구체적인 활동 내용은 주로 교육과 선전 및 국가역할의 보완 정도 수준이라고 볼 수 있다. 환경운동조직은 시민사회조직의 활성화 속에서 양적 성장을 거두었으나 질적인 면을 들여다보면 독립적인 환경사업을 이끌거나 직접적인 정책결정에 참여하지 못하고 있다. 환경운동이라고 하기에 다소 무리가 있으나, 다른 비영리조직이 안고 있는 문제와 비슷하다고 할 수 있다. 현재 중국의 환경단체는 두 가지 형태의 활동을 전개하고 있다. 첫째, 국가와 사회를 매개하거나 혹은 국가의 역할이 축소되거나 미치지 못하는 영역을 보완하는 성격에 머무르면서 국가와 협력 관계를 유지하고 있다. 둘째, 기업과의 협력 관계를 통해 기업의 이미지 제고에 도움을 주고, 이를 통해 자금을 동원하는 형태이다. 두 가지 모두 환경단체의 의존성과 환경운동의 목적을 왜곡시킬 가능성을 내포하고 있다.

중국정부 입장에서는 다음과 같은 이유로 환경단체의 협조가 필요하다. 첫째, 국가의 특정 부문은 환경단체의 역량을 이용하여 다른 부문의 협력을 이끌어 내고자 한다. 둘째, 국가 차원에서 행하기 어려운 환경활동을 환경단체에 위탁하여 해결하고자 한다. 셋째, 정부의 특정부문은 영향력 있는 환경운동조직과의 협력을 통해 사회적 이미지를 제고하여 정부의 특수 이익을 보존함과 동시에 정치적 자원을 동원하고자 한다. 넷째, 환경문제에 대한 정부의 책임을 강조하는 중국인의 의식으로 인하여 정부는 환경문제의 책임을 경감시키기 위해 환경단체의 발전을 지원하고 이러한 환경단체는 다시 정부의 환경부서를 지지하는 순환구조를 탄생시켰다. 정부와 환경조직의 이러한 미묘한 유기적 관계는 중국 환경운동의 주요한 특징이 되고 있다.

기업의 입장에서 보면 국가보다 주동적으로 환경단체와의 협력을 모색하고 있다. 기업은 환경단체와의 협력을 통해 기업 이미지를 제고할 수 있으며 광고비를 절약하여 기업 경쟁력을 제고시킬 수 있다. 또한 환경 활동을 통한 공익활동을 통해 직원들이 자긍심을 갖게 하여 기업 응집력을 높일 수 있다. 한편 환경단체 입장에서는 최대 약점인 자금과 인력 동원에서 지원을 얻을 수 있다. 그러나 환경운동의 상업적 이용은 운동 자체의 도덕성에 부정적인 영향을 미칠 수 있으며 동시에 자금과 인력에 대한 의존은 환경단체의 자주적 발전에 부정적 영향을 미칠 수 있다. 현 단계의 중국 환경운동은 교육 및 선전

활동 등에 치우쳐 있으므로 단기적으로 기업의 이익과 충돌할 가능성은 적다. 그러나 장기적으로 볼 때 환경단체와 기업의 목표 혹은 이익 충돌은 불가피하다. 따라서 환경단체는 이러한 구조적 문제에 대한 인식이 필요하다.

3) 환경 NGO 단체 활동의 한계

중국은 1990년대 이후 환경 NGO가 해마다 증가하고 있다. 1994년에 9개에 불과했으나 환경보호에 대한 중국 시민사회의 관심과 참여가 증가하면서 2008년 말 중국의 환경 관련 민간단체는 총 3529개로 증가하였다. 그중 시민들이 자발적으로 참여해 조직된 순수 환경 NGO 508개, 정부에 의해 만들어진 환경단체 1309개, 학교 환경보호 동아리 1382개로 정부 주도형 참여단체가 많은 편이다. 즉, 진정한 의미의 환경 NGO는 소수에 불과하며, 기본적으로 정부에 의해 조직된 GONGO(Government Organized NGO)가 대다수이다.

정부는 환경 관련 법률을 제정하였고 대중에 대한 환경교육을 강화하는 등 환경보호를 위한 여러 조치를 취해 왔다. 현재 중국의 환경 NGO들은 환경교육, 일반 대중과 청소년에 대한 환경의식 고양, 식수 조림에 동원되는 등 비(非)정치적 영역에서 정부의 환경행정을 보완하는 역할을 수행하고 있다. 중국 당국은 이들을 창구로 하여, 국제사회의 NGO들로부터 국내 환경보호에 필요한 자금과 기술 등의 지원을 확보하려 하고 있다.

2004년 시작된 '누장(怒江) 수력 발전소' 논쟁 이후 국가환경보호총국과 환경 NGO는 소위 동맹군을 결성하여 환경문제에 대응하고 있으며, 이를 통해 중국 내 환경 NGO는 중국 환경보호에서 일정한 영향력을 행사하기 시작하였다. 하지만 현재 대다수 중국의 환경 NGO의 등록은 환경보호 부문의 허가가 필요한데 중앙에서 지방에 이르기까지 비교적 소극적인 태도를 보이고 있다. NGO에 대한 중국정부 관료 및 일반 대중의 이해가 매우 부족한 상황에서 환경 NGO는 종종 국외와 연계된 압력집단, 반정부조직으로 인식되는 경우가 허다하며, 이외에도 중국의 환경 NGO는 재정 및 인력자원의 심각한 부족으로 실질적인 활동을 전개하기 어려운 형편이다. 더욱이 중국 환경 NGO의 다수를 차지하는 GONGO의 경우 관료적 색채가 농후하며 NGO로서 갖추어야 할 환경적 문제 제기나 독립적 활동이 결여되어 있다.

엄격한 건립 제한 조건과 자금 부족 문제를 안고 있다. 대중의 관심과 참여가 해마다 늘어나는 반면 조직 내 인적 자원의 자질이 부족하고, 조직의 체계성도 빈약한 편이다. 또한 사회 전반에 환경문제에 대한 인식이 아직 부족하며 관련 법규 체계나 규칙이 그다지 엄격하지 않다.

중국 환경 NGO의 이러한 한계는 환경보호와 관련한 대중의 참여에도 영향을 미친다. 〈전국 대중 환경의식 조사 보고〉에 따르면 중국 대중은 아직도 전체적으로 교육 수준이 낮은 데다 개혁개방의 조류를 타고 경제 발전과 치부 관념이 주된 사회적 가치이자 최우선 목표가 되면서 전반적인 환경보호의식은 여전히 낮은 것으로 나타났다. 아직 환경문제에 대한 전반적 이해가 떨어지며 대부분 환경문제가 개인의 이익과 연계될 때에만 일정한 행동을 취하는 등 공공재로서의 환경에 대한 중국 대중의 인식은 여전히 낮은 수준에 머물러 있다.

5. 환경문제 해결을 위한 중국의 선택과 한계

중국정부가 환경문제에 관심을 돌리면서 관련 조치를 취하기 시작한 것은 아마도 1972년 스톡홀름에서 개최되었던 유엔인간환경회의 이후일 것이다. 이 회의를 계기로 국내적으로 국무원 산하에 '환경보호영도소조 및 판공실'을 설치하였고 각 성 및 시에서도 환경관리부문과 환경보호 관련 과학 연구기관들이 설립되었다. 이후 '도농건설환경보호부'를 거쳐 1988년 국무원 직속기관인 '국가환경보호국'으로 대체되었다가 1998년 장관급 기관으로 승격되면서 중국정부 내 위상이 격상되었다. 1970년대 말 이후 비국유경제가 자리잡기 시작하며 고속성장이 이루어진 동시에 환경문제 또한 상당히 악화되었다. 특히 대량의 사영기업이 배출하는 오염물질들로 인해 주요 도시와 하천에 대기오염과 수질오염이 확산되는 심각한 환경문제에 직면하게 되었다.

중국정부는 1989년 환경보호법을 공포하였고 초보적이나마 환경법제와 정책의 기본 틀을 마련하였다. 1983년 환경보호는 국가 기본국책으로 확정되었다. 하지만 당시 중국의 경제는 여전히 낮은 발전수준에 머물러 있었고 경제 체제의 개혁도 초기 단계 수준이었으므로 사실상 추상적 선언에 그쳤다고 할 수 있다. 중국정부나 일반 대중들에게 있어 환경보호란 그저 요원한 개념에 불과한 것이었다.

브라질 리우에서 1992년 개최된 '유엔환경개발회의'를 기점으로 중국 국가 전략의 기본 방침이 '지속 가능한 발전'으로 규정되었고 각종 관련 법규와 제도가 제정되었다. 이 회의를 계기로 중국정부는 환경보호 정책을 국가 중장기 발전 계획에 포함시키며 환경보호의 중요성에 대한 인식을 처음으로 국가정책에 유기적으로 결합시켰다. 이를 토대로 현재까지 중국의 환경보호 관련 법안은 다양한 영역에 걸쳐 비교적 완성도 있게 구축되어 있다는 평가를 받고 있다. 또한 중국정부는 환경문제 해결을 위해 환경투자의 강화, 제한적 범위이긴 하나 대중적 관심과 참여를 확대해나가고 있다. 환경 NGO 단체들과 연대해 전국 규모의 감시 네트워크를 구성할 수 있도록 규정하였다. 하지만 이러한 중국의 노력은 기본적으로 '경제 발전과 환경보호의 조화'라는 절충적 관점에 머물러 있다. 이러한 관점은 물론 단순히 경제적 효율만 추구하고 환경적 피해의 심각한 결과를 고려하지 않는 것에 대한 비판이기도 하지만 실상 경제 발전을 제약하지 않는 범위에서의 환경보호에 대해서만 인정할 수 있다는 것을 의미한다. 중국으로서는 '환경'과 '성장'이라는 두 개의 가치를 두고 환경을 대가로 성장을 취하는 단계에 머물러 있다고 할 수 있다.

중국의 환경문제는 경제정책의 결정 과정에서 일부 정책 결정자들에 의해 차순위로 밀리거나 무시되는 경우가 흔히 나타나곤 한다. 특히 중국은 지방정부의 자기 지역 내 보호주의 및 단기적 이익 추구로 인해 환경 요소를 무시하고 정책을 수립하는 경우가 종종 발생하는데 결국 심각한 환경문제를 발생시키게 된다. 중국의 환경정책은 환경문제를 예방하고 해결하는 것을 지향하고 있다. 하지만 현실에 부합하여 실현시킬 구체적 방안은 부재하다. 환경정책의 실제적 어려움 중의 하나는 환경문제의 예방보다도 실제적 손실에 대해 효과적으로 감독하고 복구해나가는 행정 실무에 있다. 중국의 경우 환경보호 부문의 규모와 경비는 물론 환경관리 종사자 수도 타 산업 부문에 비해 아직 부족한 편이다. 최근 들어 환경영향평가 제도에 과학기술 시스템을 도입하여 정확성을 높여가고 있다 하더라도 환경 관련 법률을 위반하는 기업에 대해 적절히 대응하는 것과는 별개의 것이다. 결국 환경정책의 집행 자체가 어렵게 된다.

환경보호에 대한 실질적 효과는 경제 발전이 이루어지는 단계와 비례하는 양상을 보인다. 중국정부는 2020년 한 해 동안 환경보호를 위해 64억 위안(1조 2700억원)의 자금을 투입하였다. 2020년 중국 GDP 성장률이 101조 5986억 위안(약 1경 7274조 8099억원)이었던 점을 감안하면 전체 GDP에서 환경보호와 관련 투자가 차지하는 비중이 1.4% 정도 되는 셈이다. 그동안 환경보호 투자는 장기간 정부 예산에 의존해 왔고 앞으로도 투자 수요는 계속 증가할 것으로 예상된다. 선진국의 사례를 보면 환경보호에 대한 투자 규모가 전체 GDP 대비 1.5%가 되면 기본적으로 환경오염의 악화 추세를 막을 수 있고 2~3% 수준에 닿아야 비로소 환경개선이 이루어지는 것을 발견할 수 있다. 중국 내 관련 학자나 전문가들은 순환형 경제로의 전환이 시급하다고 목소리를 높이고 있지만 요즘과 같이 경제난이 심각한 때에 경제의 지속 성장을 유지하기란 쉽지 않다. 결국 환경 문제를 개선하기까지 아직 요원한 상황임을 알 수 있다.

앞에서 언급한 바와 같이 중국은 현행 행정체계를 보면 각 급 환경보호 부문은 모두 지방정부의 관할 하에 있다. 환경보호 부문의 예산과 경비, 인사가 모두 지방정부에 의해 관리됨으로써 환경보호 부문의 법집행 과정에서 지방정부의 간섭을 받을 수밖에 없는 상황이 발생한다. 중앙정부는 업무 지도 기능을 가질 뿐이며 환경보호는 실제 지방정부의 통제 하에 놓여 있어 행여 환경 명령이나 규제가 경제부문과 부딪히게 되면 집행이 어려운 경우가 왕왕 발생하게 된다.

환경보호 부문에 있어 법 집행이 제대로 실행되지 못하는 체제 요인이 존재하는 것이다. 환경영향평가 제도의 실행으로 위법한 사업이 중단되거나 허가받지 못하게 되었다가 이후 재심을 거쳐 통과한 사례가 발견되기도 하였다. 이러한 문제를 해결하기 위해 지방 환경부문의 법 집행에 대한 독립적 지위가 확보되어야 하며 예산도 충분히 배정되어야 한다. 강력한 집행 기구가 존재하지 않는다면 환경보호란 그저 구색 맞춘 허울에 불과할 수밖에 없다.

중국은 환경오염 문제에 있어서 국제사회로부터 적극적인 대처를 요구하는 압력을 계속 받아왔다. 하지만 이러한 압력에도 중국은 일시적이고 수동적인 대처를 고수해 왔다.

국제환경협력에 대한 중국의 공식 입장은 1992년 유엔 환경개발회의에서 리펑(李鵬) 총리가 선언한 '환경문제에 관한 중국의 4대 원칙'에 잘 드러나 있다. 첫째, 경제 발전은 환경보호를 반드시 함께 고려해야 하며, 둘째, 글로벌 환경문제 해결은 각국의 공동임무이지만 주요 책임은 선진국들에 있고, 셋째, 각국은 자국의 자연자원과 생물에 대한 주권을 가지며, 넷째, 선진국들은 지구환경문제와 관련하여 개발도상국에 대한 자금지원, 환경에 무해한 기술 이전 등 더욱 많은 의무를 부담하여야 한다고 표명하였다.

1992년 리우 회의를 통해 중국은 개발도상국 대표로 거듭나면서 국제환경레짐에 중요한 행위자로 급속히 부상하게 된다. 중국의 입장을 간단하게 정리하면 '환경보호를 위해 경제 발전을 포기할 수는 없다'와 '글로벌 환경문제 해결의 주된 책임은 중국과 같은 개발도상국이 아닌 선진국들에 있다'는 두 가지로 요약할 수 있다.

이에 따라 중국은 경제 성장을 저해하지 않는 범위 내에서 최소한의 국제환경규제에 순응하는 모습을 보여 왔다. 동시에 국제환경규제가 이러한 범위 내에서 최소화되도록 다양한 외교적 행보를 이어갔다. 그러나 한편으로는 국제 협약 체결과 환경레짐 강화에도 참여하고 국내적으로 관련 기구와 법률을 강화하는 점진적 협력을 이어가고 있다.

6. 나오며

오늘날 환경문제는 자국 경제와 국가 안보 수준을 넘어서 국제적으로도 상호 긴밀하게 연계되어 있다. 환경문제는 국가 이익을 결정짓는 중요한 요소로 여겨지기도 한다. 경제 발전과 환경보호는 서로 선순환되기 어려운 요소임은 분명하다. 경제적 효율을 추구하는 과정에서 크고 작은 환경 피해가 발생하기 마련이다. 결국 양자 간 조화를 이룬다는 것은 경제 발전을 해치지 않는 범위에서 이루어지는 환경보호 정도 수준을 의미한다고 할 수 있다. 이러한 관점에서 볼 때 환경문제를 바라보는 중국의 입장이 자국의 경제 발전을 가장 우선 도모하고 있는 성장 방식에 변화를 주는 것이라고 해석하긴 어렵다.

중국의 환경문제는 다양한 요인이 얽혀 나날이 심각해지고 있다. 인구 증가, 도시화, 공업화 등 환경문제 유발의 요인이 되는 사회현상은 더욱 심화되어 환경문제의 개선은 엄청난 도전에 직면해 있다. 앞에서 살펴본 바와 같이 중국정부는 수질오염, 대기오염, 고체폐기물 배출로 대표되는 환경문제에 대한 심각성을 인식하고 다양한 환경정책 및 법규를 마련해 왔다. 정부기관 산하 연구소나 환경 NGO 단체들, 각종 언론 매체들에서도 환경문제의 심각성을 두고 피해 확산 방지나 대응 방안에 대해 진지하게 논의하는 모습을 보이기도 한다. 중국의 환경문제는 삶의 질 향상을 위한 환경보호 차원의 문제를 뛰어넘어 이제는 경제 성장 과정에서 반드시 해결해야 할 요인으로 인식되고 있다.

중국의 환경문제는 비단 자국만의 문제에 국한되지 않는다. 접경 국가는 물론이거니와 인접 국가들 상당수가 매년 중국에서 넘어오는 황사와 미세먼지 등으로 피해를 받고 있어 주변 지역의 환경문제에도 부정적 영향을 미치고 있다. 중국 환경오염의 심각성이 국경을 넘어 공통 논의 대상으로 심화되고 있음을 반영하는 것이다. 근래 들어 미세먼지에 대한 한국의 관심이 날로 뜨거워지고 있다. 중국발 미세먼지와 황사의 영향으로 중국과 지리적으로 근접한 한국의 도시지역에서 비정상적인 미세먼지 수치가 나타나기 시작하면서 양국 간 논쟁이 붙었다. 이와 관련해 중국정부는 주변국 간 협력 필요성은 공감하나, 미세먼지의 국가 간 영향에 대해서는 보다 면밀한 연구가 필요하다는 입장을 표명하였다. 중국의 여론도 한국이 미세먼지 원인을 중국으로 돌리는 것에 대해 부정적이다. 우리는 미세먼지 문제를 중국발 황사 현상에 원인이 있는 것으로 인식하지만 중국정부와 대중은 해당 국가의 환경오염 문제로 이해한다. 한국의 중국발 미세먼지 논란이 중국으로 전해지자 양국 네티즌 간에 감정싸움으로 번지기도 하였다.

국제환경협력은 일방의 희생과 다른 일방의 이익이 아닌 모두의 이익임을 서로 확인하는 과정이라고 할 수 있다. 중국의 입장에서 이러한 논쟁에 대해 미온적이거나 냉소적인 태도를 보일 수 있다는 것이다. 중국이 참여하게 만들기 위해서는 중국의 미세먼지 오염이 타국까지 영향을 미친다는 확실한 증거가 뒷받침되어야 할 것이다. 명확한 근거가 전제되지 않은 상황에서 중국에 대화와 대책을 요구하는 것은 양국 간 감정의 골만 더 깊게 만들 뿐이다.

동북아 지역은 국가 간 경제 발전 단계나 환경보호에 대한 인식, 환경정책 및 규제 기준 등에서 상당한 차이가 존재한다. 물론 황사 문제는 중국이 당면한 중요한 환경문제 중의 하나이고 국가 간 예민한 현안이기도 하다. 이러한 환경문제 해결을 위한 지역협력체제나 기구가 안정적으로 구축된다면 국가 간 환경문제에 관한 협력에도 차츰 외연이 확장될 수 있을 것이다.

참 고 문 헌

강택구, 「권역별 환경협력에 대한 중국의 정책 비교」, 『중소연구』 38(1), 한양대학교 아태지역연구센터, 2014, 139~169쪽.

강택구·윤정호, 「전환기 한중 환경협력의 진단과 전략」, 『中國地域研究』 4(2), 중국지역학회, 2017, 21~42쪽.

김상규·김동연, 「월경성 환경오염문제에 관한 한중 인식 차이와 협력 분석: 평화적 갈등 해결 논의를 중심으로」, 『평화학연구』 19(1), 한국평화연구학회, 2018, 253~277쪽.

문흥호, 「중국의 환경외교와 한중 환경협력」, 『中蘇研究』 26(4), 한양대학교 아태지역연구센터, 2002, 13~31쪽.

방민석, 「환경안보 차원에서 보는 월경성 대기오염 문제 해결을 위한 정책과제: 동북아 환경 거버넌스 구축을 중심으로」, 『평화학연구』 19(1), 한국평화연구학회, 2018, 227~252쪽.

원동욱, 「미세먼지에 대한 중국의 대응과 지역협력방안」, 『동북아연구』 29(2), 조선대학교 사회과학연구원 부설 동북아연구소, 2014, 235~259쪽.

이국화, 「국제환경규제에 대한 중국경제외교와 대응전략연구」, 『대한정치학회보』 23(2), 대한정치학회, 2015, 163~181쪽.

이기현, 「중국 국가대전략과 환경회교의 변화」, 『글로벌정치연구』 1(2), 한국외국어대학교 글로벌정치연구소, 2008, 161~183쪽.

최민욱, 「중국 대기환경 관리 실제 현황과 한중 대기분야 환경협력 발전 방안 연구」, 『아태연구』 25(4), 경희대학교 국제지역연구원, 2018, 57~99쪽.

추장민, 「중국 산성비 규제에 관한 국제협력전략 연구」, 『현대중국연구』 5(1),

현대중국학회, 2003, 113~161쪽.
원동욱 「황사문제와 동북아 환경협력: 권력, 이익 그리고 지식의 상호작용연구」, 『中蘇研究』 27(3), 한양대학교 아태지역연구센터, 2003, 63~97쪽.
추장민 외, 「동북아 국제정세 변화에 대응한 지역환경협력 추진전략」(KEI 사업보고서 2017-14-04), 2017.
劉亮, 「我國憲法修改频率與時間限制探究」, 『常州工學院學報(社科版)』 第2期, 2013.
劉松山, 「黨的領導寫入1982年憲法的歷史回顧與新期待」, 『河南財經政法大學學報』 第3期, 2014.
范進學, 「論中國特色社會主義新時代下的憲法修改」, 『學習與探索』 3期, 2018.
范進學, 「2018年修憲與中國新憲法秩序的重构」, 『法學論壇』, 上海交通大學凱原法學院, 2018.
楊景宇, 「回顧彭眞與1982年憲法的誕生」, 『黨的文献』 第5期, 2015.
李玲, 「關於人大個案監督的思考」, 『湘潭大學社會科學學報』, 2003.
秦前紅, 「2018年憲法修改與新时代中國法治的發展」, 『人大研究』, 武漢大學法學院, 2018.
中國環境保護部, “2013中國環境狀況公報”, 2013.
中國環境保護部, “2014中國環境狀況公報”, 2014.
中國環境保護部, “2015中國環境狀況公報”, 2015.
中國環境保護部, “2016中國環境狀況公報”, 2016.
中國生態環境部. “2017中國生態環境狀況公報”, 2017.
중국외교부, “2019年 3月6日 外交部發言人陆慷主持例行記者會” (https://lrl.kr/cfLx, 검색일: 2022.7.10).
중국외교부, “2019年3月7日外交部發言人陸慷主持例行記者會” (https://lrl.kr/dvOg, 검색일: 2022.10).

한국일보(2019.3.11), “한중 먼지분쟁, 유럽 ‘산성비 협약’에 답 있다”
(https://lrl.kr/ZIR, 검색일: 2022.9.11).
環球時報, “韓國人因首爾霧霾要北京賠償精神損失, 對此你怎麼看?”
(https://lrl.kr/bPKG, 검색일: 2022.10).

한중 수교 30년, 한국 기업의 대중 투자 변화의 역사

장지혜

1. 들어가며

1992년 8월 24일 한중 수교 이후 30년간 양국 간의 관계는 지리적 인접성과 경제적 보완성 등을 기반으로 경제·외교·인적 분야 등 여러 방면에서 발전해 왔다. 특히 경제적 교류는 글로벌 산업 가치사슬에서 한국의 기술·자본이 중국의 저임금 노동력 및 시장과 결합하여 상호 보완적 분업 구조를 기반으로 해 급속히 성장하였다.

한국 기업의 중국 진출은 한중 수교 이전에도 있었으며, 포스코의 경우 1991년 베이징에 사무실을 개설하며 중국에 진출하였다. 한중 수교 이후 국내 기업들의 본격적인 중국 진출이 시작되었다. 한국 경제는 2000년 이후 중국의 경제 성장에 따라 함께 성장하였다고 할 수 있다. 2017년 사드 논란 이후 한중 간 경제협력은 잠시 주춤한

듯 했으나, 한국의 대중국 무역의존도는 여전히 높다. 한국의 전체 수출에서 중국이 차지하는 비중은 한중 수교 직후 3.5%였으나 2000년 10.7%로 7.2% 성장하였으며, 2018년에는 사드 논란에도 불구하고 전년 대비 1.7%p 상승한 26.8% 성장하였다. 이는 미국이 전체 수출에서 13.5%를 차지하는 것과 비교해 약 2배 정도 차이가 나는 것이다. 한중 수교한 해인 1992년과 비교했을 때 2021년의 한중 무역액은 47배, 대중 투자(누적액)금액은 394배 증가였다. 현재 중국은 한국의 최대무역국이자 2대 투자대상국이며, 한국은 중국의 3위 교역대상국이다. 한국의 중국 수출 비중은 미국에 대한 수출 비중인 15.2%보다 약 2배 많은 31.2%이며, 해외 투자 비중의 경우 중국이 14.5%로 그 뒤를 잇는 베트남 5.2%에 비해 약 3배 가까이 높다.

그러나 중국 경제가 대내적으로는 중국 당국의 대출 규제 강화로 부동산 개발 회사들이 자금난을 겪고, 전력난으로 인해 산업 생산이 감소되었으며, 대외적으로는 글로벌 공급 차질과 원자재 가격의 상승 등으로 생산에 차질이 생기며 2021년 2/4분기 7.9%에서 3/4분기 4.9%로 둔화되었다. 한국의 주요 수출과 투자대상국인 중국의 이러한 경제 둔화는 한국 경제에 부정적 영향을 줄 것이다.

이러한 경제 둔화의 상황 속에서 최근 중국은 '공동부유(共同富裕)'를 위해 각종 경제 활동 분야에 대한 규제를 강화하고 있으며, 중국에 진출한 한국 기업은 그 영향을 받고 있다. '공동부유'는 2012년 11월 18차 중앙정치국 회의에서 시진핑(習近平) 주석이 '사회주의 현대와 국가건설에서 전 인민의 공동부유에 중점을 두어야 한다'며 처음 언급하였다. 그리고 약 8년 후인 2020년 10월 26일 제19기 5중 전회에서 '전 인민의 공동부유 실현'이라는 중장기 목표가 제시되며 다시 언급되었다. 게다가 2021년에 들어서는 지속적으로 강조하고 있는데,

2021년 3월에 발표된 〈14차 5개년 규획 및 중장기 발전전략〉에서도 '공동부유'를 명시하였으며, 8월 17일에는 제10차 중앙재경위원회 회의에서 시진핑이 "'공동부유'는 사회주의 근본이며 중국식 현대화의 중요한 특징"이라고 강조하였다. 이와 함께 중국정부는 최근 공동부유 실현과 같은 이유로 빅테크, 암호화폐, 사교육, 게임 등 각종 경제활동 분야에서 규제를 강화하고 있다.

중국 공산당은 이러한 각종 규제 강화가 민간기업과 고소득층의 부를 조절하고, 자발적인 기부를 통해 다 같이 잘 살자는 개념이며, 창의성을 촉진해 부의 창출을 장려하고 부의 재분배를 강조하는 것이지만, 먼저 부를 축적한 이들을 인정하는 것이기 때문에 부자의 부를 빼앗는 것은 아님을 강조하고 있다. 이것은 전 인민의 풍요로운 생활수준 보장을 의미하며, 물질적인 것뿐만 아니라 정신적인 풍요도 함께 향유할 수 있는 것이라고 한다.

하지만 중국 진출 한국기업들은 이에 대해 부정적 영향을 미칠 것이라고 보았다. 2021년 10월 전국경제인연합회에서는 중국 진출 10년 이상인 한국 기업 131개사를 대상으로 "최근 10년 중국 내 사업환경 변화"를 조사하였는데, 최근 중국정부의 공동부유 실현 등을 위한 각종 규제강화의 영향에 대해서는 응답 기업 10곳 중 7곳(70.2%)이 '부정적'이라고 내다봤다.

이 밖에도 '쌍순환(雙循環)' 전략으로 대표되는 중국의 발전 전략도 중국 진출 기업에 영향을 주고 있다. '쌍순환'은 2020년 5월 공산당 정치국 상무위원회에서 시진핑 국가주석이 그 개념을 처음 제기하였으며, 같은 해 가을 공산당 중앙위원회 전체회의에서 2021~2025년 중국 경제를 이끌 핵심 발전 전략으로 채택되었다. 쌍순환은 국내 시장이라는 내순환과 국제 시장이라는 외순환을 뜻하며, 대외적으로는 개혁개방과 수출 경제를 유지하면서 내수를 활성화해 중국 경제 성장의 두 동력으로 삼겠다는 것을 의미한다. 쌍순환이란 개념이 등장한 원인은 대내적으로는 40년이 넘는 개혁개방 기간 동안 수출은 중국 경제 성장을 이끌었으나, 중국인의 생활수준은 국가 경제 수준과 비교해 나아지지 않았고 소비도 활발하게 이루어지지 못했기 때문이다.

2008년 세계금융위기를 거치며 중국정부는 수출 의존도를 줄이고 내수시장을 키우기 시작하였다. 이를 위해 대규모 인프라 건설과 부동산 개발을 하였으나 국유기업과 지방정부의 과잉채무, 과잉설비를 초래하였다. 중국 측은 '공급 측 개혁'으로 경제 성장 위축을 불러왔으며, 소비 증가를 통한 내수시장 성장전략, 즉 '수요 측 개혁'이 필요하고 판단하였다.

대외적으로는 미국과의 마찰이 원인으로 첫 시작은 미국 트럼프 행정부가 시작한 무역전쟁이다. 미국은 중국산 수입품에 고액 관세를 부여하고, 5G, 인공지능(AI), 로봇, 항공우주 등 첨단산업 부문의 기술 교류를 제한하고 중국을 배제하였다. 즉, 쌍순환은 소비를 활성화해 국내 내수시장을 키우고, 독자적이며 고부가가치의 국내 산업 공급망을 구축하고, 수출 일변도이던 대외경제에서 금융 부문을 심화시킨다는 것이다. 그러나 소비 진작을 위해선 중국정부는 사회보장제도가 완비되어야 하고, 빈부격차도 줄여야 한다. 이에 시진핑이 공동부유론을 주장하고 있는 것도 이와 관련 있다.

'쌍순환' 전략 외에 중미 양국의 분쟁, 중국 산업고도화에 따른 한중 산업구조의 변화 등은 한중 양국의 경제협력에 리스크 요인으로 작용하고 있다. 이에 수출의 25%를 차지하고 있어 포기할 수 없는 시장인 중국 시장에서 한국 기업들의 중국에 대한 안정적이고 지속적인 투자 확대를 위해, 한중 수교 이후 30년간 한국의 대중국 투자 환경 및 진출 기업 현황을 알아보고 향후 변화될 투자 환경 및 리스크 요인은 어떤 것이 있는지 살펴보고자 한다.

2. 대중 투자의 역사와 현황

한국의 대중국직접투자(ODI)와 글로벌 밸류체인(GVC)의 확대는 한국의 대중국 무역의존도를 높였다. 글로벌 자본은 ICT와 물류 혁신으로 글로벌 밸류체인이 확대되자 생산가공 단계의 최적지를 찾아 해외로 진출하기 시작하였으며, 한국 기업들 역시 원가절감, 해외시장 진출, 무역 장벽 회피 등의 목적으로 대중국직접투자를 하게 되었다. 한국의 대중국 직접투자는 한중 수교 이후 지속적으로 증가하였으며, 특히 중국의 WTO 가입 이후 더욱 증가하여 현재 미국에 이어 2위를 유지하고 있다.

1) 한국의 대중 투자 현황

한국 기업의 대중국 투자는 제조업에 대한 투자 비중이 매우 높다. 한국의 대외수출에서 중국은 23~25%를 차지하는 최대 수출시장이며, 이 중 50% 이상이 가공무역이라는 것은 중국 현지 투자 진출이 대외 수출과도 긴밀하게 연결되어 있음을 알 수 있다. 한국의 대중국 직접투자는 1992년 수교 당시 1억 4,000만 달러에서 2021년 66억 8,000만 달러로 약 48.5배 증가하였다. 특히 2021년 대중국 투자는 역대 최고치를 기록하였는데, 이것은 제조업 투자가 59억 달러로 역대 최대치를 기록하였으며, 특히 반도체나 전기차 같은 첨단 제조 분야에서 대규모 투자가 이루어졌기 때문이다.

〈표 1〉 한국 기업의 대중 투자 규모

연도	투자금액	신규법인 수
총계	87,924	28,402
1988	1	3
1989	6	7
1990	22	25
1991	42	70
1992	138	174
1993	291	388
1994	675	850
1995	926	761
1996	1,045	751
1997	819	646
1998	692	279
1999	357	473
2000	798	800
2001	686	1,083
2002	1,160	1,434
2003	1,945	1,729
2004	2,612	2,225
2005	2,917	2,364
2006	3,546	2,392
2007	5,703	2,213
2008	3,951	1,364
2009	2,522	766
2010	3,723	917
2011	3,606	860
2012	4,269	741
2013	5,228	834
2014	3,327	723
2015	3,004	737
2016	3,442	695
2017	3,225	538
2018	4,806	490

연도	투자금액	신규법인 수
2019	5,865	466
2020	4,512	246
2021	6,681	261
2022.10	5,479	97

*자료: 한국수출입은행, 해외직접투자통계(https://lrl.kr/nc5y, 검색일: 2022.09.20).

한국 기업이 중국에 최초로 투자한 해는 한중 수교 전인 1988년이며, 당시 3개의 신규 법인인 등록 되었다. 최초 투자한 해인 1988년부터 2022년 현재까지 한국 기업의 대중 투자 규모는 〈표 1〉과 같다.

〈표 1〉에 따르면 한국 기업의 중국에서의 투자 금액은 WTO 가입 후인 2002년 전년에 비해 약 2배 정도 증가한 후 지속적으로 증가하여 2007년 정점을 찍고 감소 추세를 보였는데, 이는 국제금융위기의 영향이라고 할 수 있을 것이다. 신규법인 수의 경우도 중국이 1999년 473개에서 WTO 가입 이후인 2002년 3배 가까이 증가한 1,434개였으며 이후 지속적으로 증가하여 2006년 2,392개로 최대치를 기록한 이후 지속적으로 감소 추세를 보이며, 2021년에 261개를 기록하였다.

또한 한국의 해외 투자액 중 대중국 투자액이 차지하는 비중은 1992년 10%에서 2003년 39.4%로 역대 최대치를 기록하였다가 2021년 8.7%로 감소하였다. 이러한 대중국 투자 비중의 하락은 첫째, 중국 내 임금과 토지 비용 및 임차료 등의 생산비용 상승, 둘째, 중국정부의 환경오염을 유발하는 산업과 저부가가치 산업의 외국인투자를 제한 또는 금지, 셋째, 중국 기업의 경쟁력 제고에 따른 수익성 악화, 넷째, 중·미 무역 마찰 등으로 중국 내 전통 제조업에 대한 투자 환경의 변화, 다섯째, 사드 배치로 인한 한국기업의 중국 진출과 경영에 영향으로 한국 수출입은행 해외통계자료에 따르면 중국 진출 한국 기업의 수는 2017년 1월 52개에서 4월 45개로 급격히 줄어든 것으로 나타났다. 여섯째, 투자 금액면에서는 큰 차이가 없지만, 신규법인 수는 2020년부터 많은 감소를 보이고 있는데, 이것은 중국에서 투자 환경 변화와 코로나 19의 장기화된 상황 등이 중국 투자에 영향을 미친 것으로 보인다.

중국 내 투자환경 및 글로벌 경제환경의 변화에 따라 투자 업종, 투자 주체, 건당 규모와 대상 지역에서 구조적인 변화가 나타났다. 지난 30년간 대중국 투자 업종은 제조업 위주로 연평균 80.8%의 투자 비중을 차지하고 있었으며, 서비스업에 대한 투자 비중은 16.9%로 두 업종 간의 투자 비중은 약 4.7배 차이가 났다. 제조업의 경우 1990년대 중후반에는 섬유, 의류, 플라스틱, 전자 제품 부품과 같은 저임금 활용을 위한 가공무역형 제조업 투자에서 2000년대 초반에는 가전, 자동차 및 부품, ICT, 철강 등으로 변화하였다. 그리고 2010년 이후에는 LCO, 반도체 및 제조 장비, 배터리, 전기차와 같은 첨단 제조업 위주로 재편되었다. 서비스업의 경우 1990년대에는 숙박 및 음식업, 도매 및 소매업, 부동산업, 금융 및 보험업 위주에서 과학 및 기술 서비스업, 예술, 스포츠 및 여가 관련 서비스업으로 변화하였다.

대중국 투자 주체는 수교 초기에는 중소기업이 전체 비중의 82%, 대기업이 17%를 차지하며 주로 중소기업의 투자 위주로 이루어졌다. 그러나 1998년 IMF와 2008년 글로벌 금융위기를 겪은 후 중소기업의 비중은 6.3%로 감소하였으나 대기업은 93.2%로 대기업의 투자 비중이 커졌다. 하지만 2016년부터 2020년까지 4년 사이 중국에 진출한 한국 대기업 생산 법인의 매출은 28% 급감하였다. 2020년 기준 국내 500대 기업 중 중국 내 생산 법인이 있는 113개사의 320개 법인을 대상으로 2016년 이후 매출을 조사한 결과 2020년 매출이 103조 9,825

억 원으로 2016년 143조 3,916억 원에 비해 27.5% 감소하였다. 그 중에서도 자동차·부품 업종(총 99개 법인)의 감소폭이 59.2%로 가장 크게 나타났다.

〈그림 1〉은 중국 진출 대기업의 2016년과 2020년 매출 증감액으로 삼성전자의 경우 증감율이 −77.9%로 중국 진출 대기업 생산 법인 매출 감소 1위를 차지하였다. 다음으로 현대자동차가 −65.9%로 2위, 현대 모비스가 −73.3%로 3위, 기아가 −63.4%로 4위, 삼성디스플레이가 −16.1%로 5위를 차지하였다. 감소의 원인은 중미 무역 분쟁과 사드 배치 그리고 중국 내 생산경쟁력 저하로 인한 생산 시설 이전 등이다.

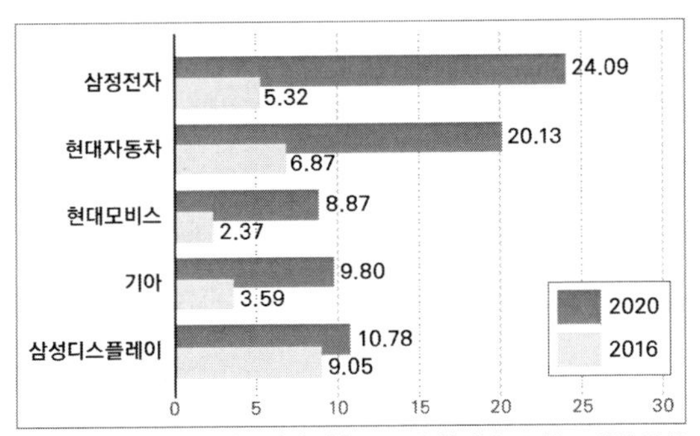

*자료: "중국 현지 진출 국내 대기업 생산법인…4년새 매출 28% 급감", 『The Public』, 2021.06.16 (https://lrl.kr/i0Wu, 검색일: 2022.07.14).
*단위: 조원

〈그림 1〉 2020년 기준 4년 사이 중국 생산 법인 매출 감소 1~5위 국내 대기업

대중국 투자 목적은 1992년에서 2000년대 중반까지는 수출 촉진과 저임금 활용을 위한 투자로 1992년의 경우 수출 촉진이 5,900만 달러로 전체 42.7%, 저임금 활용이 3,300만 달러로 23.9%, 시장 진출 목적이 100만 달러로 0.7%를 차지하였다. 이러한 투자 목적은 2005년 이후

중국 경제의 성장으로 중국 내수 시장 진출을 목적으로 하는 투자가 증가하기 시작해 2021년에는 현지 시장 진출에 대한 투자 규모가 49억 달러로 67.3%를 차지하였으며, 그 다음으로 선진기술 도입이 18억 8,000만 달러로 28.1%를 차지하였다. 그러나 한중 수교 당시 규모가 컸던 수출촉진과 저임 활용 목적의 투자는 2021년 각각 2.5%(1억 6,000만 달러)와 1.3%(9천만 달러)로 그 비중이 급격하게 감소하였다.

투자 대상 지역은 수교 초기에는 지리적 인접성과 가공무역에 유리한 동북 3성, 산둥성, 톈진 등이었으나 점점 투자 환경과 첨단 제조 기반이 좋은 상하이, 장쑤성, 광둥성과 같은 동부 연해 지역으로 진출하기 시작하였다. 1992년 한중 수교 이후 초기 한국의 대중국 투자는 주로 생산 설비에 대한 투자 위주였으며, IMF와 리먼브라더스 사태와 같은 두 차례의 금융위기를 거치며 변화가 나타났다. 아래에서는 대내외적 경영환경의 변화 요인에 의해 대중국 투자가 어떻게 변화 발전하였는지에 대해 살펴보겠다.

2) 시기별 투자 변화의 특징

(1) 초기 1단계(1992~2000년)

1992년 1월 18일부터 2월 22일 사이 덩샤오핑은 '남순강화(南巡講話)'를 통해 대외개방 전략을 적극 추진하였다. 남순강화는 덩샤오핑이 천안문(天安門) 사건 후 중국 지도부의 보수적 분위기를 타파하기 위해 우한(武漢), 선전(深圳), 주하이(珠海), 상하이 등 경제특구를 시찰하며 개혁개방 노선을 더욱더 확대하고 지속할 것이라고 주장한 담화이다. 이 담화는 1989~1991년 기간 중 정부가 실시한 긴축정책으로 경제가 경색되자 다시 한 번 경제 개혁과 개방으로 경제 활성화를 이루고자 하는 내용으로 보수적인 베이징의 지지를 받지 못했으나 지방으로부터의 호응에 따라 동년 10월 개최된 제14차 공산당 대표대회 보고서에 거의 전문이 수록되었고, 사회주의 시장경제론을 천명하게 되는 기초가 되었다.

남순강화 후 중국은 개혁개방에 박차를 가하기 위해 저임금 노동력, 저렴한 토지 제공, 세금 우대 정책 등 외자기업에 대한 각종 우대 정책을 펼치며 외국 자본의 투자를 적극적으로 유치하기 시작하였다. 가공무역을 중시하는 전략을 폈으며, 중국을 가공무역 기지로 활용하기 위한 무역과 투자가 활발하게 이루어지기 시작하였다. 같은 해 국무원이 소매 시장에서의 외자유치를 허용하는 문건을 발표하였고, 베이징·상하이·톈진 등 11개 도시에서 한두 개 정도의 중국 자본과의 합자기업 설립을 통한 외자 유통 기업 유치가 시범적으로 이루어졌다.

한국 기업들은 1980년대 말부터 국내 생산비용의 증가로 새로운 생산기지를 찾기 시작하였는데, 1992년 8월 24일 한중 수교로 한국과 중국 간에 정식 외교 관계가 성립되자 한국 기업들 역시 제조 공장을 중국으로 옮겨 투자하기 시작하였다. 중국 진출 지역은 주로 한국과 지리적으로 가깝고, 문화적 이질감이 적으며, 중국 동포가 많이 거주하며, 가공 무역에도 유리한 동북 3성과 산둥성, 톈진시 등을 중심으로 이루어졌다.

이 시기는 노동집약형과 가공무역형태의 중소기업 중심으로 투자가 일어났으며, 삼성전자나 LG전자와 같은 가전제품 제조 공장에 대한 투자도 이루어졌다. 그러나 1997년 IMF로 한국의 대중 투자는 급감하게 되었다. 같은 기간 중국은 두 자릿수의 경제 성장을 이루었으며, 이에 따라 대외의존형이던 경제 성장 방식이 점차 내수시장 확대형으로 변화해가기 시작하였다. 한국 기업들은 가공무역 위주의 투자 방식에서 중국 내수시장을 겨냥한 투자 진출로 투자의 방향이 전환되기 시작하였다.

(2) 성장기 2단계(2001~2010년)

이 시기는 저임금을 활용한 가공 무역형과 대기업의 협력업체들이 동반 진출하는 형태의 투자 그리고 중국 내수시장에 진출하기 위한 형태의 투자가 확대되었다. 중국은 WTO 가입으로 내수시장이 개방되며, 세계의 공장과 세계의 시장으로서의 지위를 갖게 되었다. 한국은 이러한 중국의 변화에 맞춰 대기업 위주의 대중 투자가 활발히 이루어지기 시작하며 한중 양국의 경제협력은 양적으로 크게 성장하기 시작하였다. 한국의 대기업들은 베이징, 상하이, 텐진, 장쑤, 광둥과 같은 중국의 대도시 및 동부 연해 지역에 대규모 투자를 진행하였으며, 중국 본사 및 판매·생산 거점을 설치하였다.

2001년 삼성전자의 휴대폰 공장이 후이저우와 텐진에 진출하였으며, 2002년에는 현대차 공장이 베이징에 진출하였는데, 이들 대기업의 중소 협력 업체도 동반 진출하였다. 2005년 11월에는 한중 무역과 투자 규모가 확대됨에 따라 〈한중 무역·투자 협력 확대 양해 각서〉 체결 및 중국 시장경제지위를 인정하였으며, 글로벌 금융위기에 공동으로 대응하기 위해 통화스와프 체결 등 대대적인 경제협력 환경에 대한 정비 작업을 실시하였다. 이에 따라 2001년 이전 연간 10억 달러 미만이었던 대중국 직접투자는 2007년 57억 달러로 증가하였으며, 특히 2002년에서 2007년 사이에는 한국의 최대 해외직접투자 대상국이었던 미국보다도 많은 투자가 중국에서 이루어졌다.

앞에서 언급한 것처럼 한국의 대중국 직접투자는 한중 수교 당시 1억 4,000만 달러에서 2001년 중국의 WTO 가입을 계기로 2007년(57억 달러)까지 빠르게 증가하였다. 그러나 이후 대내외 경제 환경의 변화에 따라 30~60억 달러 수준에서 등락을 거듭하게 되는데, 중국의 토지와 노동력과 같은 생산 비용의 상승 및 중국정부의 외자유치 정책의 전환 그리고 2008년 글로벌 금융 위기로 인해 노동집약적 산업과 임가공 중소기업들 중 일부에서는 경영의 어려움을 겪고 '야반도주식'으로 중국 사업 철수를 하는 일이 벌어지기도 하였다.

(3) 전환기 및 성숙기 3단계(2011~현재)

이 시기는 대기업 부품 및 소재 중심의 투자 및 내수시장 진출을 위한 형태의 투자가 주로 이루어졌다. 대기업은 중국 내수시장 진출을 목적으로 LCD, 반도체, 전기차 배터리, 자동차 강판과 같은 대형 투자를 하며, 대중 투자에 있어 첨단화 품목으로 변화해가기 시작하였다. 2010년 초반까지 중국은 가공무역이 중시되었고, 내수시장이 크지 않아 주로 중소기업의 독자투자 형태가 주를 이루었다. 그러나 12차 5개년 규획 기간 중국은 대외의존형 경제 발전 정책에서 도시화를 주요 경제 성장 동력으로 하여 내수 확대를 통한 경제 성장형태로 전환하려고 하였다. 이에 따라 저가 노동력을 바탕으로 한 저부가가치 가공무역 위주에서 고부가가치 첨단산업제품의 형태로 변화하려고 하였다. 이러한 변화 상황에서 중국 내수시장에 대한 경험 부족과 유통망에 투자하기 힘든 중소기업들이 중국 기업과의 파트너쉽 없이 독자적으로 중국 시장에서 살아남기는 어려운 상황이 되었다고 하겠다. 또한 중국의 경제 성장 속도는 한 자릿수로 둔화되기 시작했으며,

노무 및 세무 관련 제도가 변화되고, 인력 부족과 임금상승, 가공무역 제한 업종이 확대되는 등 대중 투자 환경에는 급격한 변화가 일어나기 시작하였다. 중국에서는 외자에 대한 우대정책은 줄어드는 대신, 자국 산업과 국가 발전에 유리한 산업에 대한 우대정책을 펼치기 시작하였으며, 2018년 중·미 양국의 경쟁 심화 역시 기업들에게 리스크 요인으로 작용하기 시작하였다. 코로나19의 장기화도 한국 기업의 중국 시장에서의 생존을 위협하였다. 2018~2019년 해외에 진출한 1만 2,000개 기업 중 1,425개에 달하는 기업이 코로나19 이후 중국에서 철수하였다.

전국경제인연합회의 '최근 10년 중국 내 사업환경 변화'를 조사한 결과, 실제로 중국에 진출한 한국 기업들의 85.5%가 2011년에 비해 10년 후인 2021년 현지 투자 환경이 악화됐다고 느끼며, 중국 기업 대비 차별을 받고 있다고 하였다. 중국 내 투자 환경이 악화된 원인으로는 '정부 리스크'라는 응답이 가장 많았으며, 이외 원인과 비중은 〈그림 2〉와 같다.

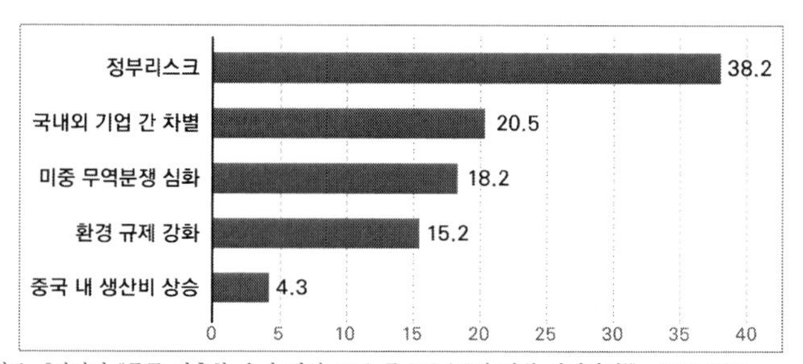

*자료: 국민일보, 「전경련 "중국 진출한 우리 기업 10곳 중 8곳 '규제·지원 차별받아'"」, 2021.12.22 (https://lrl.kr/MnXJ, 검색일: 2022.09.28).
*단위: %

〈그림 2〉 중국투자환경 악화 이유

중국은 내수를 통한 경제 성장 전략으로 경제 성장 방식을 전환하였으며, 제조업에 있어 산업 구조 고도화 및 신흥 산업 육성을 목표로 '인터넷+', '중국제조 2025', '홍색공급망(Red Supply Chain)' 구축을 추진하기 시작하였다.

홍색공급망 구축은 중국 제조업 고도화에 따라 중국이 수입해 온 중간재에 대해 자국산 제품으로 대체해 완제품을 생산한다는 정책으로 '중국 기업들로만 이루어진 완결한 가치사슬을 구축하는 것'을 말한다. 즉 중국의 수입 대체화 또는 국산화 전략이라고 할 수 있다. 이 정책이 시작된 때는 2000년대 초반으로 당시 중국은 산업고도화를 명분으로 중간재 수입대체 전략을 추진하기 시작하였다. 중간재 투입 자급률을 높여 생산과 판매 전 과정을 중국 안에서 중국 기업이 주도하게 만들겠다는 것이다. 이처럼 중국의 경쟁력이 점차 제고되는 가운데 한중 간의 경제협력의 형태는 상호보완적 관계에서 점차 경쟁관계로 전환되기 시작하였다. 또한 2016년 7월 사드 배치 결정 이후 한중 양국의 갈등이 증대되고, 중미 양국 간의 분쟁, 코로나19, 우크라이나 사태 등으로 글로벌 공급망이 재편됨과 동시에 중국 기업의 경쟁력이 제고되며 중국 진출 대기업들이 일부 탈중국 및 사업 전환을 하였다.

그러나 한중 양국은 2015년 6월 한중 FTA 체결과 같은 해 12월 발효를 통해 양국 간의 교역과 투자에 있어 새로운 환경이 조성되었고, 2018년 3월부터는 투자와 서비스 협상을 진행 중에 있다. 이러한 협력으로 세계 금융위기로 한때 주춤했던 대중국 투자는 2018~2019년 사이 48억 달러로 증가하였다. 같은 기간 한국의 미국에 대한 투자는 103억 달러였으며, 3위인 베트남은 23억 달러였다.

앞서 살펴본 대중 투자에 대한 3단계 변화 과정을 국내외 환경과 중국의 경제 위상 변화를 따라 정리하면 〈표 2〉와 같다.

〈표 2〉 한중 경제협력 발전 단계

	협력 기반 구축 단계 (1992~2000년)	경제협력 고속 성장 단계 (2001~2014년)	경제협력의 성숙과 전환 단계 (2015~현재)
국내외 환경	• 중국: 국제 대순환전략과 남순강화(1992.01) • 한국: 북방정책과 세계화 • 대외: 외환위기 (1998~99)	• 중국의 WTO가입(2001. 12)과 내수 개방 • 중국의 G2 부상(2010~) • 한국의 중국에 대한 시장경제지위 부여(2005.11) • 대외: 글로벌금융위기 (2008~2009)	• 한중 FTA 발효(2015.12) • 한중 FTA 2단계(투자/서비스) 협상 추진(2018~) • 사드 갈등(2016.07~) • 중·미 무역마찰(2018~) • 코로나19(2019~) • 우크라이나 사태 (2022.02~)
중국의 경제 위상 변화	• 중국 경제의 고속 성장기 • 중국 '세계의 공장'으로 부상	• 중국경제의 고속 성장 (2001~2008) • 중국의 내수 중심 성장 전략으로 전환(2009~) • 중국 수출/소비 대국 부상	• 중국 중고속 성장, 공급 측 구조 개혁, 중국제조 2025, 쌍순환 전략 • 중국 일대일로 전략 추진 (2015~)
대중국 투자	• 한국의 일방적 대중 투자 • 외환위기와 대중 투자 조정 • 다다익선 외국인투자 정책	• 내수형 대중 투자 확대 • 대중 진출 중소기업의 '야반도주형' 철수 (2007~2008) • 중국의 선별적 외국인투자 유치	• 대중 직접투자 성숙 단계 • 중국 진출 한국 대기업 구조 조정(2018~) • 상호 자본시장 투자 확대
	• 중소기업 중심 • 중국 동부 연해 중심 • 노동집약형 가공 및 조립 산업에 대한 투자	• 대기업 중심으로 한 중소기업 동반 중국 진출 • 중국 동부 연해 진출 및 중서부 진출 개시 • 중대형 산업 투자 (자동차, 휴대폰 등)	• 대기업+기술집약형 중소기업의 대중 진출, 벤처 협력 • 중국 중서부 지역 투자 확대 • 첨단 부품 소재, R&D, 신산업, 서비스업
	• 한중 투자보호협정 (1992.09)	• 중국 해외진출 전략 → 중국 기업의 한국 진출 • 한중 투자보장 협정 개정 (2008) • 한·중·일 투자보장협정 (2012.08 체결, 2014.05 발효)	• 직접투자 쌍방 확대, 자본시장 투자 • 제3국 공동진출 협력 (BRI와 연계 협력)
	• 지리적 근접성: 중국 연해 지역	• 내수시장 및 산업입지: 중국 연해 및 중서부 지역	• 중국 지역 발전 전략: 중국 중서부 지역

*자료: 현상백 외, 「한중 수교 30주년: 경제협력 성과 및 과제」, 『오늘의 세계경제』(KIEP대외경제정책연구원), 2022.08.24, 5면에서 대중국 투자 중심으로 필자 재정리.

3) 코로나19 이후 대중국 투자 환경 현황

한국무역협회에서는 2021년 중국에 진출한 한국 기업들의 경영환경을 파악하기 위해 중국에 진출한 1,600개의 한국 기업들을 대상으로 설문조사를 실시하였다. 조사 내용은 2021년 사업 실적과 2022년 사업 실적 전망, 향후 1~2년간 대중국 사업에 대한 확대 또는 축소 혹은 철수와 같은 전개 방향, 중국 사업환경 리스크 전망 등으로 구성하여 조사를 실시하였다. 이 보고서에 따르면 매출액과 전망지수가 2021년 각각 90과 83에서 2022년에는 각각 107과 103으로 상승할 것이라 예상하였으며, 2022년 사업 실적이 개선될 것이라고 전망하였다.

조사에 응답한 기업 중 중국 기업에 제품을 납품하는 업체는 33.5%, 중국에 진출한 한국 기업에 납품하는 업체는 15.6%로 중국과 한국 기업에 납품하는 100% 내수형 업체는 49.1%에 달하였다. 특히 중국 기업에 제품을 납품하는 기업의 비중이 한국 기업에 제품을 납품하는 기업에 비해 약 2배 높아 현지화 기업의 비중이 높았으며, 응답 업체들은 주로 중국 내수에 의존하는 비즈니스 형태를 가지고 있었다. 조사대상 기업들 중 47.7%가 현지 매출 감소, 56.3%가 수출 감소가 사업 실적에 중요 요인으로 보았다. 개선 요인은 생산 및 판매 효율

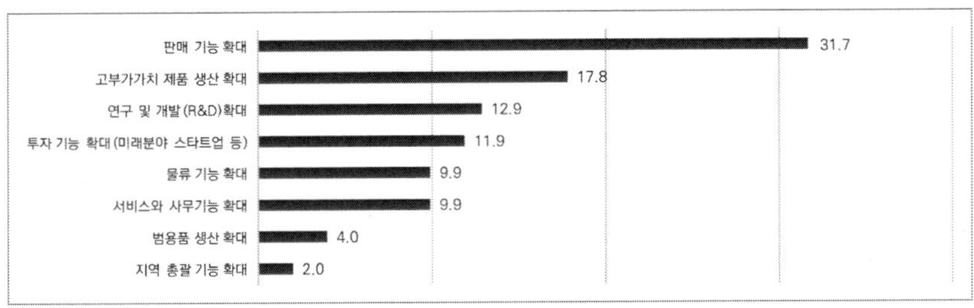

*자료: 한국무역협회(2021), 『중국 진출 우리기업의 경영환경 전망과 시사점』, 한국무역협회 국제무역통상연구원, 22쪽.
*단위: %

〈그림 3〉 대중국 사업 확대가 필요한 분야

개선이 21.3%를 차지하였다.

〈그림 3〉은 대중국 사업 확대가 필요한 분야에 대한 설문조사의 내용으로 중국에 진출한 한국 기업들 중 53.8%가 향후 1~2년간 중국 사업에 대해 현상유지를 해야 한다고 하였다. 확대가 필요한 분야는 판매 기능에 대한 것이 31.7%로 가장 많았으며, 그 다음으로는 고부가가치 제품에 대한 생산 확대가 필요하다고(17.8%) 답하였다.

대중국 사업에 대한 축소를 해야 한다는 기업은 17.3%였으며, 이전 및 철수를 해야 한다는 기업은 3.8%였으며, 비용의 증가를 가장 큰 원으로 생각하였다. 이들 기업이 지목한 대중국 사업에 대한 축소 및 이전·철수 요인은 〈그림 4〉와 같다.

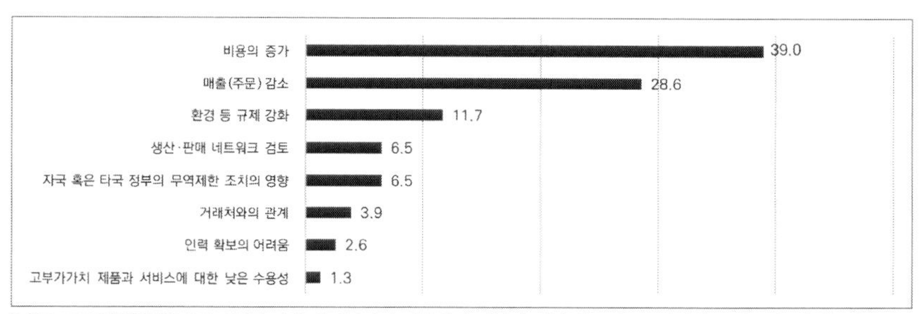

*자료: 한국무역협회(2021), 『중국 진출 우리기업의 경영환경 전망과 시사점』, 한국무역협회 국제무역통상연구원, 22쪽.
*단위: %

〈그림 4〉 대중국 사업 축소 및 이전·철수의 요인

향후 1~2년 동안 대중국 사업에 가장 큰 위협 요인은 전체 22.3%를 차지한 현지 업체의 경쟁력 향상이었다. 즉 R&D 및 고부가가치 제품 생산을 위해 노력하지 않는다면, 글로벌 기업과 중국 기업의 경쟁력에 밀려 중국시장에서 철수하거나 업종을 전환하는 현재 상황이 가속화 될 것이라 분석하였다. 그러나 중국 내 경영환경 악화에도 제조시설과 판매채널에 대한 막대한 투자, 고객과 협력사와의 관계, 직원의 숙련도 등은 사업 이전 및 철수 의향에 영향을 주어 사업 이전과 철수를 하려는 의향이 있는 기업은 3.8%로 낮게 나타났다. 중국에 진출한 기업의 사업을 제약하는 위협 요인 관련 응답 내용은 〈그림 5〉와 같다.

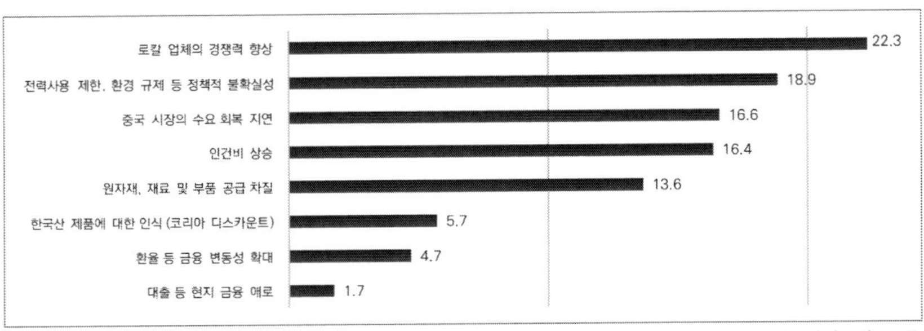

*자료: 한국무역협회(2021), 『중국 진출 우리기업의 경영환경 전망과 시사점』, 한국무역협회 국제무역통상연구원, 23쪽.
*단위: %

〈그림 5〉 대중국 사업을 제약할 위협 요인

중국 사업 환경에 대해서는 설문조사 기업 중 2022년 하반기에 경제 정상화가 된다고 응답한 기업이 40.9%로 가장 많았으며, 그 다음으로는 2023년 이후라고 응답한 기업이 32.7%를 차지하였다. 또한 코로나19 이전 대비 수요가 감소할 것이라 전망한 기업은 45.7%였으며, 코로나19 이전 대비 수요 증가는 36.1%로 응답하였다. 즉 중국에 진출한 한국 기업들은 경제가 정상화가 되더라도 코로나19 이전으로 회복되기는 어려울 것이며, 중미 무역분쟁도 최소 2년 이상은 지속되어 현재 수준을 유지하거나 더욱 격화될 것으로 전망하였다.

향후 사업 실적의 주요 변수 중 '현지 시장에서의 매출'이 사업 실적 개선을 결정하는 요인이라고 인식하고 있었다. 사업 실적 개선 요인 중 매출이 차지하는 비중은 2021년 56.3%, 2022년 50.8%였다. 그러나 생산자 물가 상승 압력이 커짐에 따라 비용을 통제하고 비용 상승분을 가격에 전가할 수 있는 능력이 더욱 중요해질 것으로 보인다.

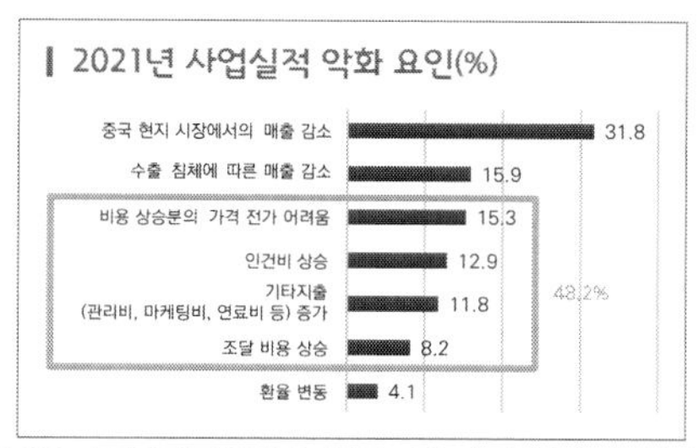

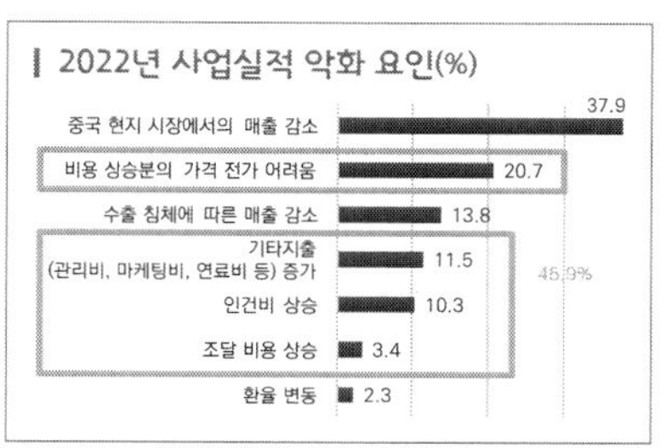

*자료: 한국무역협회(2021), 『중국 진출 우리기업의 경영환경 전망과 시사점』, 한국무역협회 국제무역통상연구원, 31쪽.
*단위: %

〈그림 6〉 2021년과 2022년 사업 실적 악화 요인

코로나19 이후 대중국 투자 환경에 있어 다음과 같은 정책적 변화가 있다. 중국 국무원에서는 2020년 8월 12일 〈대외무역 및 외자 안정화 촉진에 관한 의견(關於進一步做好穩外貿穩外資工作的意見, 이하 '의견')〉을 발표하였다. '의견'은 안정적인 교역 여건과 외자유치 환경을 조성하기 위해 대외무역과 외자기업을 대상으로 한 금융 지원 확대, 온라인 무역 채널 활성화, 통관 및 인적 교류 편리화 수준 제고, 중점 외자 프로젝트 지원 등 15개 조치를 포함하고 있다. 안정적인 수출입과 관련해서는 수출 물량 취소에 따른 리스크 보장, 영세 수출입기업에 대한 신용대출 및 융자지원 확대, 노동집약형 제품 수출기업 적극 지원, 중국 수출기업과 해외 바이어 매칭 지원 등 10개 조치이며, 적극적인 외자유치와 관련해서는 해외 기업인들의 신속한 왕래를 위한 패스트트랙 구축, 중점 외자 프로젝트에 대해 내외자 동일한 지원 서비스 보장, 외자기업의 중국 내 R&D 센터 투자·설립 장려 등 5개 조치이다.

이 조치는 2020년 경제 운용 방침인 '6대 안정(六穩), 6대 보장(六保)'

과제를 추진함과 동시에 코로나19 여파에 따른 수출입기업과 외자기업의 피해 최소화와 경제 정상화에 초점을 맞춰 발표된 것이다. 2020년 7월 기준 중국 수출증가율은 전년 동기 대비 –4.1%를 기록하였고, 2020년 상반기 FDI 규모도 전년 동기 대비 4% 감소한 것으로 나타났다. 중국정부는 2019년 하반기 이후 글로벌 경제의 불확실성에 대응하여 대외무역과 외국인투자 안정을 강조하고 관련 정책적 조치를 지속적으로 발표해 왔다. 특히 2020년 5월 개최된 양회(兩會)에서는 '고용 및 민생 안정'이 최우선 과제로 언급되었으며, 고용 안정을 위한 무역의 중요성이 대두되면서 '안정적인 수출입'과 '적극적인 외자 유치'가 중점 과제로 부상하게 되었다. 코로나19의 글로벌 확산세 지속 및 중·미 통상갈등 장기화 등으로 인한 세계 경제 침체, 대외수요 감소, 중국 수출 실적 악화, 외자기업의 탈중국(리쇼어링) 움직임 등과 같은 리스크 관리의 필요성이 더욱 증대되고 있다.

2020년 8월 12일 중국 국무원에서 발표한 〈대외무역 및 외자 안정화 촉진에 관한 의견〉 이전에 2019년에서 2020년 사이 중국정부의 외자 관련 주요 정책과 내용은 다음과 같다. 2019년 11월에 대외개방과 투자촉진 지원 확대 그리고 외국인 투자자의 권익 보호에 대한 20개 조치를 제시한 〈외자 활용 촉진 업무에 관한 의견(關於進一步做好利用外資工作的意見)〉, 2020년 2월에는 투자 유치 방식의 혁신 추진 및 신규 소비 잠재력 제고 등의 20개 조치를 제시한 〈코로나19 대응을 위한 대외 무역 및 외자의 안정화와 소비 촉진에 관한 통지(關於應對新冠肺炎疫情做好穩外貿穩外資促消費工作的通知)〉, 2020년 3월 외자기업의 생산 재개에 대한 적극적인 지원과 중점 외자 프로젝트 협조 추진 그리고 외국인투자 장려 범위 확대 등을 내용으로 한 〈코로나19 대응과 외자 프로젝트 관련 업무 추진과 관련된 업무 통지(關於應對疫情進一步

深化改革做好外資項目有關工作的通知)〉, 2020년 4월에 외자기업에 대한 정상적인 생산과 경영질서 회복을 위한 적극적 지원과 외자기업 투자 관련 서비스 강화 그리고 외국인 투자자의 투자 환경에 대한 지속 개선 등을 내용으로 한 〈코로나19에 대응하여 개혁개방에 대한 진일보 추진을 통해 외자 안정화 업무에 관한 통지(關於應對疫情進一步改革開放做好穩外資工作的通知)〉가 있었다.

향후 중국정부는 '경제 성장'보다는 '안정적인 경기 회복'을 위해 대외개방과 외자 유치 확대 관련 정책을 더욱 적극적으로 추진할 것으로 보인다. 2020년 8월에 발표한 〈대외무역 및 외자 안정화 촉진에 관한 의견〉 조치를 통해 중국정부가 수출기업 및 외국인 투자자와 같은 시장 주체의 안정을 보장함으로써 경제 회복의 여건을 조성하는데 주력하고 있는 것으로 볼 수 있다. '안정적인 경기 회복'과 관련해 2022년 양회에서도 여전히 언급하고 있는데, 2022년 3월에 개최된 양회에서 중국정부는 경제 하방압력 심화, 중·미 갈등의 장기화, 코로나19 등 대내외적인 경제 불확실성에 대응하여 '경제안정'을 최우선 목표로 하는 2022년 경제 운영계획으로 재정지원 확대, 소비·투자 증진, 국내외 공급망 안정, 신(新)성장동력 발전 등의 경제 운영전략을 발표하였다.

중국정부는 국내 소비와 투자시장의 활성화를 추진하고자 하며, 산업고도화, 지역 균형 발전, 소비 활성화, 대외개방 수준 제고를 추진할 계획이다. 한국은 이에 따른 산업·시장·제도 변화를 모니터링하고 중장기적 대응전략을 마련할 필요가 있다.

우선 중국은 제조업 핵심경쟁력 강화를 위한 강소기업 육성과 공급망 안정 등의 산업고도화 전략을 적극 추진할 계획을 가지고 있으며, 한국은 중국 혁신기술 발전에 대한 중장기적 대응전략을 마련해야 할 것이다.

둘째, 중국은 지역경제의 특징적 발전 및 지역 간 협동발전을 강조하고 있으며, 한국은 지역별 발전전략의 차이를 분석하고 지역 산업과의 연계 가능성을 검토·활용할 필요가 있다.

셋째, 중국은 친환경·디지털 소비를 통하여 새로운 소비 패턴을 육성할 계획이며, 한국은 중국의 확대되는 시장수요 변화에 주목할 필요가 있다.

넷째, 중국은 서비스 무역과 외자 투자 부문에서 네거티브 리스트를 도입할 계획에 있으며, 한국은 중국의 제도적 대외개방에 따른 중국 진출 기회를 꾸준히 모니터링하는 것이 필요하다. 또한 중국정부는 외국인 투자자의 중국 시장 진입 장벽을 지속적으로 완화하는 동시에 대형 외자 프로젝트 유치를 위해 다양한 우대 조치를 제공하고 있어 중국 시장 진출을 희망하는 한국 기업은 이를 활용하는 방안을 모색할 필요가 있다.

3. 2017년 이후 중국 진출 한국 기업의 주요 재편 사례

앞서 살펴본 중국 진출 기업들의 설문조사에 따르면 매출과 영업이익 감소가 사업 실적을 악화하는 요인으로 보았다. 즉, '중국 기업의 경쟁력 향상'은 한국 제품과의 가격과 품질 차이의 축소를 가져오고 이것이 중국 진출 기업들에 대한 중국 내 리스크로 작용한다는 것이다. 여기서는 중국 진출 한국 대기업들에게 리스크 요인은 무엇이 있었는지 알아보겠다.

〈표 3〉은 2017년부터 2021년 사이 중국에 진출한 한국 대기업의

사업 재편과 생산기지 이전과 관련된 내용이다.

〈표 3〉 2017년~2021년 사이, 중국 진출 한국 대기업 사업 재편 사례

기업명	사업 분야	재편 내용	원인
삼성전자	전자	• 2016년부터 중국 현지인력 감축(2016년 7,878명(17.5%) 감원 • 2018~2019년 사이 선전·텐진·광둥 지역의 스마트폰 공장 철수 • 2018년 5월 해외 첫 통신 장비 기지인 선전공장 철수 • 2018년 12월 중국 텐진 휴대폰 공장 철수 • 2020년 장쑤성 쑤저우시 노트북·PC 생산공장 폐쇄	판매부진/ 생산기지 이전
	디스플레이	• 2021년 장쑤성 LED 생산 라인 매각	
LG	전자	• 2019년 저장성 냉장고 생산시설 폐쇄 • 2019년 타이저우 냉장고 공장을 국내 창원시로 이전 • 2020년 텐진·쿤산 생산 법인, 유통매장 청산	가동률 부진
	생활용품	• 2021년 항저우 공장 및 현지 판매사 지분 매각 결정	
SK 이노베이션	베터리	• 2017년 1월 베터리 공장 가동 중단 및 유럽 대체지 검토	국내 기업과의 차별/ 사드 보복
현대자동차	자동차	• 2019년 5월부터 베이징 1공장 가동 중단 • 2020~2021년 베이징 1,2 공장 매각 확정 • 2021년 창저우 4공장 매각 및 사업 개편	판매 부진으로 인한 사업 전환
기아자동차	자동차	• 2019년 옌청 1공장 폐쇄	가동률 부진
이마트	유통	• 2017년 상해 유통매장 철수	적자 누적
CJ	식품	• 2018~2021년 중국 전역의 유통매장 철수	적자 누적
	홈쇼핑	• 2018년 광저우 기반의 남방CJ 청산	적자 누적
롯데그룹	쇼핑	• 2019년 백화점과 마트 철수 • 2020년 텐진 쇼핑관련 법인 청산 • 2020년 8월 18일 청두 백화점 지분 매각	사드 보복
	제과	• 2019년 베이징 공장, 초콜릿 공장 매각	
	음료	• 2019년 뤄허와 베이징 음료 생산 공장 매각	

*자료: 정귀일, 『중국 진출 우리기업의 경영환경 전망과 시사점』, 한국무역협회, 2021, 32쪽 및 언론사 보도 자료 추가 편집.

〈표 3〉에 따르면 한국의 대기업은 사드 보복을 제외하고는 현지 시장에서의 경쟁에 밀려 가동률 부진과 수익성 하락에 의해 사업 재편과 생산기지 이전이 나타난 것으로 보인다. 예를 들어 휴대폰과

전자 제품의 경우 현지 로컬기업과의 경쟁 격화가 원인이며, 유통과 식품 분야 역시 중국 기업과 다국적 기업의 경쟁에 밀려 사업을 철수한 것으로 보인다.

2017년 중국정부의 외국인 기업 차별 정책과 소비자들의 불매 운동, '애국 소비' 그리고 사드 보복 등으로 중국에서 사업을 전면 철수하거나 비중을 줄이는 기업들이 나타나기 시작하였다. 특히 소비자들과 가장 가깝게 접하고 있는 식품과 유통 업체들은 앞에서 언급한 리스크에 직격탄을 맞았다.

1990년대 중반부터 2000년 후반까지 호황을 누리던 유통시장은 급격하게 늘어난 중국의 국내외 대형 마트와 글로벌 금융위기 그리고 전자상거래의 활성화로 매출이 급감하기 시작하였다. 한국 유통기업들은 한류의 열풍으로 한국 제품에 대한 높은 수요에도 매출에 직접적 영향을 주지는 못하였다. 더욱이 사드 배치는 한국 제품에 대한 불매 운동으로까지 이어져 2017년 이후 매출은 더욱 급감하였다.

신세계 이마트는 2017년 연말까지 중국 시장에서 전면 철수하기로 선언하였으며, 롯데마트는 중국 시장에 진출한 지 10년 만인 2018년 중국 시장에서의 철수를 본격화하며 점포를 매각하기로 결정하였다. 우선 중국에 진출한 지 20년 된 이마트는 1997년 중국 시장에서 '1000호점'을 개점하겠다는 목표로 진출하였으나 IMF로 한국 점포에 집중하여 중국 사업을 진행하지는 못하였다. 2003년 국내 사업이 궤도에 오르자, 중국 사업을 본격화하여 한때 현지 매장이 30개에 육박하였다. 사업 초기 베이징·톈진·상하이 등에서 소비자들의 호응을 얻어 점포 수를 늘려갔으나 점차 가격 경쟁력이나 물류 효율화 측면에서 중국 현지 기업과 해외브랜드 등의 경쟁사들에 밀리기 시작하였다. 중국에서는 대만계 대형 마트인 다룬파의 위상이 가장 컸으며 지역별

로 특정 기업이—예를 들어 화북지역은 월마트, 화동지역은 까르푸 등—인지도가 높은 편이었다.[1)]

그리고 성 이외의 작은 지역들은 그 지역 브랜드들만 자리 잡기도 하였다. 이마트는 2011년 한 해에만 1,000억 원이 넘는 손실을 기록하였으며, 2013~2016년 사이 누적 적자는 1,500억 원에 달하였다. 총 7,000억 원을 투자하였던 이마트는 2010년 26개 점포에 대한 구조조정을 하기 시작하였으나 점포 대부분이 '자가점'들이어서 최종 매각까지는 7년의 시간이 걸렸다. 2014년 10개 점포만 운영되다 점차 줄어들어 2017년에는 6개 점포만 운영되었으며, 최종적으로 남은 이마트 점포 5개는 대만계인 CP그룹이 인수하였다.

롯데마트의 경우는 총 2조 원을 투자하여 2007년 진출한 후 2008년 6월 중국 베이징에 1호점을 열었다. 롯데마트는 중국 현지 할인점 '타임즈', 네덜란드 할인점 '마크로'를 인수해 가격 경쟁력을 갖춘 후 시장을 공략했으나, 진출 후 매년 1,000억~1,500억 원 규모의 적자를 기록하였다. 그러나 2012년 중국 현지 100호점을 돌파하였고, 사업 철수와 구조 조정을 하지 않고 운영해 왔었다. 롯데의 영업 손실 규모는 2013년 약 830억 원에서 2015년 약 1,480억 원으로 2년 사이에 약 650억 원이 증가하였다. 2016년에는 약 240억 원 감소하여 1,240억이 되었지만 여전히 적자 규모가 매우 컸다. 특히 롯데그룹이 국방부에 사드 부지를 제공한 후 중국 당국은 소방 점검 결과 등을 이유로

---

1) 대만 유통기업 다룬파(大潤發, RT-MART)는 1997년 중국 시장에 진출하여 중국 최대 유통사로 성장하며 중국 시장에 안착하였다. 다룬파는 다른 경쟁업체들이 경제 수준이 높은 대도시 지역을 공략하던 것과는 달리 중소도시와 농촌 지역에 대한 시장개척을 하였다. 다룬파는 무료주차, 소비자의 무료 대중교통 이용, 간편한 교환과 환불 등으로 소비자들의 만족도가 매우 높았으며, 2015년 월마트를 제치고 중국 최대 유통기업이 되었다. 그러나 2018년 10월 알리바바가 지분을 인수하며 중국 시장에서 철수하였다.

롯데마트의 중국 점포 99개 중 74개를 영업정지 시켰으며, 13개는 자율 휴무를 하였다. 그러나 중국 소비자들의 불매 운동이 커지면서 정상적인 영업을 하기 힘들어졌다. 롯데마트의 해외 사업 매출 중에서 중국이 차지하는 비중은 2016년 45.3%에서 2017년 40.3%로 감소하였으며, 2017년 영업 손실액은 2,686억 원이었다.[2]

유통기업의 경우 중국에서는 현지 대형 도매상인 '거상'이 브랜드의 입점부터 물류와 배송까지 상품 공급망을 장악하고 있었으며, 이들을 거치지 않고 매장에 물품을 공급하는 것은 힘들다. 이와 같은 중국 특유의 상권 분석과 구매 방식, 현지 상품 공급망에 대한 파악이 제대로 이루어지지 않은 '현지화' 실패가 중국에서의 사업 실패를 가져왔다고 할 수 있다. 그리고 또 다른 원인으로는 중국 내수화가 영향을 주었다고 할 수 있는데, 전자상거래 시장의 발전이 유통시장의 변화를 가져 왔으며, 이것이 대중 진출 기업에 영향을 주었다. 현재 중국은 온라인 쇼핑 플랫폼이 주요 유통 채널이다. 더 좋고 값싼 제품을 더 빠르게 더 많은 사람들에게 배송하는 것이 플랫폼의 경쟁력이 되었다. 중국인들의 온라인 구매율은 한국의 두 배인 30% 후반대로 중국은 할인점 시장이 안착되기 전에 온라인 업체들이 빠르게 각 성장하여 소비자에게 가깝게 다가갔다. 결국은 가격 경쟁력으로 오프라인 점유율을 통해 성장하려던 롯데마트는 중국 유통시장에서 인지도를 쌓지 못하고 현지화 전략에 실패하였다.[3] 게다가 중국시장에서

2) 롯데그룹은 2017년 기준 총 투자 규모 10조 원을 투자하여 롯데마트에 마트 99개와 슈퍼 13개, 롯데백화점 5개점, 롯데시네마 12개관 92개 스크린을 운영하고 롯데월드 선양과 청두 복합단지를 추진해 왔다. 그러나 롯데백화점의 경우 2016~2017년 사이 약 1,400억 원의 영업 손실을 냈다.

3) 온라인을 통한 판매로 판매량이 증가하였으나 위안화 환율의 영향으로 판매액이 감소한 기업도 있다. 락앤락은 2017년 중국 시장에서의 1분기 매출이 407억 원으로 전년 동기

철수를 하게 된 결정적 원인이 된 것은 사드 배치로 인한 것이라고 할 수 있다.[4] 사드 사태로 한때 롯데마트의 철수설이 나왔으나 롯데마트는 계속 중국에서 사업을 유지하기 위해 7,000억 원 규모의 직간접적 지원을 하였다. 그러나 사드 배치 완료로 사실상 매장 영업 재개가 불가능해 할인점과 슈퍼 전체 혹은 일부를 매각하기로 결정하고 2019년부터 매각 및 철수하기에 이른다. 또한 제과와 식품 역시 2019년 사업 철수를 하게 된다.

2010년 7월 중국 3위 홈쇼핑 업체인 '럭키파이'의 지분 63.2%를 1억 3,000만 달러에 인수했던 롯데홈쇼핑도 2018년 2월 윈난성과 산둥성 지분 및 사업 운영권을 전량 매각하며 중국에서는 충칭 사업에 대한 지분 약 32%만 남게 되었다. 롯데홈쇼핑은 '럭키파이' 인수 후 충칭, 산둥성, 윈난성, 헤이룽장성, 허난성 등 5개 지역에서 사업을 개시한 후 빠르게 지역을 넓혀가려고 하였다. 그러나 라이선스·합작사의 문제와 영업 손실의 누적으로 2011년 헤이룽장성과 허난성 사업 운영권을 매각하였으며, 2015년에는 충칭 사업 운영권도 현지 사업자에게 매각하였다. 이후 산둥성과 윈난성을 중심으로 재기하려 하였지만 사드 배치에 대한 보복으로 이마저 중국 현지 업체에게 매각하며, 충칭 사업에 대한 32% 지분이 남았었으나 2021년 계약이 만료되어 중국에서 완전히 철수되었다.

2016년 4월부터 송출이 중단되었던 현대홈쇼핑도 2018년 10월 중

대비 5.9% 감소하였다. 중국 시장에서 온라인 시장 성장으로 판매량이 증가하긴 했지만, 위안화 환율이 떨어지며 매출액의 감소가 일어났다고 한다.

4) 중국 관영매체인 글로벌 타임스는 롯데마트의 철수는 사드 배치로 인한 양국 관계 악화가 원인이기보다는 롯데마트의 저조한 영업실적 때문이라고 보도하기도 하였다. 국내에서도 이러한 롯데마트의 사업 실패 원인에 대해 중국 할인점 시장을 제대로 파악하지 못한 것이 원인이라고 분석하기도 하였다.

국 현지 파트너인 가유홈쇼핑(家有購物集團股份有限公司)을 상대로 제기한 국제소송에서 승소한 후 해당 회사에 손해배상 청구 소송을 진행하였다. 현대홈쇼핑은 2011년 중국 전역에 홈쇼핑 사업권을 보유한 가유홈쇼핑과 상하이시가 최대 주주인 동방 유선의 자회사 동방이푸와 함께 현대가유홈쇼핑(現代家有購物商務有限公司)을 설립해 상하이 지역에서 홈쇼핑 방송을 시작하였다. 현대홈쇼핑과 현대 그린푸드가 각각 30%와 5%의 지분을 가졌으며, 가유홈쇼핑과 동방이푸는 각각 33%와 32%의 지분을 나눠 가졌다. 그러나 경영권을 둘러싼 이견이 생기며 가유홈쇼핑은 2016년 4월 현대가유홈쇼핑 방송 송출을 중단하였다.

유통기업 외에도 매출 감소가 일어난 기업으로 중국에서 성공사례로 알려진 이랜드도 2016년 중국 사업 매출이 2011년 이후 처음 감소세를 보였다. 이랜드는 중국 사업이 그룹 전체 매출의 30%에 달하며, 그동안 연 40~50% 가까이 성장해 왔었다. 그러나 2016년에 중국 사업부인 의념·의련·위시 세 곳의 매출이 2조 312억 원으로 2015년 2조 3,112억 원에 비해 12.1% 감소하였다. 게다가 2017년 핵심 브랜드인 티니위니를 매각하여 더욱 감소하기 시작하였다.

화장품 분야는 산업통상자원부가 발표한 2017년 4월 수출입 동향에 따르면 4월 1일부터 20일까지 화장품 총 수출액이 2016년 동기대비 2.6% 감소하였다고 한다. 화장품 수출액이 감소한 것은 2012년 1월 이후 처음으로 2016년 10월에는 성장률이 43%에 달하였다. 최근 중국은 2030세대를 중심으로 애국주의 소비를 형성하고 있는데, 온라인상에서 사용되고 있는 '궈차오(國潮)'는 중국 전통을 뜻하는 '궈(國)'와 트랜드를 뜻하는 '차오(潮)'를 합한 신조어로 중국 기반의 제품을 소비하자는 의미이다. 이러한 젊은 층에서 나타난 소비 형태는 타국제품에 대한 소비를 꺼리며, 수년간 인기를 끌던 'K뷰티' 사장에 적신호를 켜게 만들었다.

2017년 한국 대표 제조업 관련 대기업들의 중국시장 점유율은 급감하였다. 삼성전자의 경우 중국에서의 휴대폰 2017년 1분기 판매량은 350만대로 60% 감소하였으며, 중국 내 휴대폰 시장 점유율에서 8위를 차지하였다. 시장조사업체인 IDC에 의하면 2017년 1분기 중국 스마트폰 시장의 1~3위는 모두 중국 기업이었으며, 시장점유율의 경우 중국 기업이 52.3%로 절반을 넘었다고 한다. TV 시장에서 삼성전자와 LG전자는 중국 시장에서 점유율이 각각 7%와 1.4%였으며, 나머지는 모두 중국 업체들이었다.

중·미 무역분쟁과 외국기업에 대한 규제 등의 영향으로 삼성전자는 선전에 있던 통신 장비 공장과 톈진 휴대폰 공장을 2018년 철수하였으며, 중국 스마트폰 시장에서의 점유율이 1% 아래로 떨어지자 생산 설비를 그대로 유지할 필요가 없다는 판단 하에 중국 마지막 휴대폰 공장에서 희망퇴직을 받기에 이른다. LG전자 역시 휴대폰에 대한 온라인을 이용한 중저가 제품만을 판매하고 오프라인 판매는 완전히 철수하였다. 이러한 점유율의 급감 요인은 기존에 한국산 휴대폰을 쓰던 소비자들까지 자국 브랜드를 구매하는 추세와 사드 배치와 같은 분위기가 영향을 주었다.

자동차 산업의 경우 중국 자동차 회사들의 점유율이 높아지며 2019년 5월부터 현대자동차는 베이징 제1공장을 기아자동차는 옌청 1공장에 대해 가동 중단과 구조 조정을 진행하기 시작하였다. 현대자동차와 기아자동차가 2017년 1분기 중국 판매량이 2016년 1분기 2조 7,791억 원과 비교했을 때 1조 4,477억 원으로 35% 감소하였다. 이 중 베이징 현대차는 2016년 중국 자동차 시장 6위를 기록했으나, 2017

년 4월 판매 순위 10위로 밀려났다. 원인은 현지 로컬기업들이 사드 갈등을 활용하여 '애국마케팅'을 벌인 결과 3월 이후 계속 판매가 급감하여 3월에는 전년 동기 대비 40% 감소, 4월에는 전년 동기 대비 50% 이상 감소하였다.

대기업과 함께 진출한 중견 및 중소기업들 중 현대자동차와 기아자동차를 따라 중국 시장에 진출했던 부품업체 C사의 경우 2016년까지 90% 이상 유지되었던 중국 내 공장 가동률이 2017년에 들어서 절반 이상 떨어졌다고 한다. 현대자동차와 기아자동차 납품의존도가 90% 이상이었던 C사는 위안화 약세에 현대와 기아자동차의 단가 하락 압력에 시달리며 2017년 1분기 매출이 전년 동기 대비 30%가량 감소하였다고 한다. C사 외에도 당시 현대자동차와 기아자동차와 함께 동반 진출하였다가 중국 내 인건비 상승과 단가 하락의 압력을 못 견디고 업종 전환 혹은 중국 시장에서 철수한 기업들이 많았다고 한다. 2017년 기준 중국 진출 한국 자동차 부품 관련 기업들은 약 150여 개로 현대자동차와 기아자동차가 1차 협력사였던 기업이 100여 곳이었으며, 이들 기업이 위의 2개 기업에 대한 매출의존도는 70%를 넘었다고 한다.

2006년 중국 시장에 진출한 SK는 2008년 SK텔레콤이 현지 GPS 제조업체인 '이아이(E-eye)카오신'을 139억 원에 인수하였지만 계속 적자를 기록했으며 2015년 매각하였다. SK차이나는 2015년 45억 원의 적자를 냈으며, SK이노베이션의 자회사인 SK종합화학이 상하이세코 지분 50% 인수를 추진하였지만 실패하였다. 또한 SK이노베이션은 서산공장에서 배터리 셀을 생산해 베이징 BESK 테크놀로지 공장으로 보내 최종 조립해 오며 중국에서 전기차 배터리팩 공장을 운영하였으나 중국정부가 2016년 12월부터 한국 업체 생산 배터리를 장착한 전기차를 보조금 지급대상에서 제외하면서 2017년 1월부터 베이징 공장의 운영을 중단하였다.

중국정부는 2016년까지 한국산 배터리를 장착한 차량에 대해서도 보조금을 지급하였으나 2016년 12월 29일 공업화신식부에서 제외한다고 발표하였다. 원래 한국산 배터리를 탑재한 5개 차종을 포함한 498개 모델에 보조금을 지급한다고 발표하였으나 당일 오후에 한국산 배터리를 탑재한 5개 차종은 제외하고 나머지 493개 모델에 대해서만 보조금을 지급하겠다고 발표하였다. 이 중에는 LG화학과 EDI 등이 포함되어 있었다. 이후 2017년 6월까지 총 5번의 목록 업데이트가 있었으나 한국산 배터리를 장착한 모델은 모두 제외되어 있었다. 중국의 전기차 생산량은 2014년 8만 4,000대에서 2016년에 52만대로 2년 사이 6배 이상 급증하였다.

배터리는 전기차 원가의 40%를 차지하며, 한국의 배터리는 세계 최고 수준이지만 중국의 한국산 배터리 수입은 중국 시장에서 외면받고 사실상 차량용 배터리 사업은 접어야 할 상황에 처하였다고 볼 수 있다. 이에 SK이노베이션은 중국 베이징 배터리 공장을 대체할 후보지로 헝가리로 정하고 8,000억 원을 투자하여 2020년 1월 양산을 계획으로 2018년 2월 착공을 시작하였다. 또한 SK그룹의 중국 사업장을 보유한 SK차이나는 2021년 8월 중국 시장에서 렌터카 사업 지분을 모두 도요타에 4,400만 달러에 매각하였으며, 중국 현지 판매법인 설립을 추진하던 SK케미컬은 한중 관계가 경색되자 이에 대한 것을 무기한 연기하였다.

위에서 언급한 것처럼 인건비 상승, 위안화 하락, 중국 내 우대 혜택의 축소 등으로 대기업 들이 중국 내 생산 라인을 베트남이나 태국과 같은 곳으로 이전하면서 협력 업체들이 중국 내에서 사업하기 어려운 환경이 되었다. 게다가 사드 갈등으로 한국 제품 기피 현상이 나타나며 이중고를 겪어야 하는 상황이 되었다. 중국경영연구소에 따르면 중국 진출 기업은 2017년 약 2만 3,000곳이었다고 한다. 이 중에는 경영 악화로 인해 사업을 철수하는 과정에서 법적 청산 절차를 밟지 않고 떠나는 기업들도 있었다.[5)]

반면 이러한 환경에서 매출의 감소가 일어나지 않고 성공한 기업들도 있다. 현대·기아자동차를 따라 중국에 진출했던 자동차 부품업체인 에스엘의 경우 중국 시장에서의 정치적 리스크가 있다는 점을 알고 다양한 판매처를 확보하였다고 한다. 에스엘은 2017년 현대·기아자동차가 54%, GM 25%, 중국 현지 자동차 업체 6%, 기타 15%로 고객사를 확보하였으며, 2020년까지 GM, 포트, 중국 현지 업체의 비중을 늘리고 현대자동차의 비중을 50% 이하로 감소시키겠다고 하였다. 이 밖에도 중소기업인 S전자는 오랫동안 거래 관계를 유지하고 부품에 대한 신뢰도가 높아 매출이 줄지 않고 있다고 하였으며, 사드 이후 기술이 필요한 중간재를 수출하는 곳은 그다지 큰 영향을 받지 않았다고 하였다. 사실 다른 지역으로 진출 혹은 중국 시장에서 업종 변화 및 철수하는 기업들의 공통점은 대내외적 환경의 요인 외에도 기업 자체의 문제점이 있는 경우도 있었다. 예를 들면 중국 현지 기업을 압도할 정도의 경쟁력을 가지지 못했다는 점이다. 중국 시장은 자국 기업에 대한 선호도가 매우 높은 곳으로 최근 들어 자국 기업과의 차별화가 없다면 해외 기업의 제품의 구매를 선호하지 않는 것으

---

5) 중국 법인 청산 절차는 다음과 같다. 1단계 최고 의결기구 해산 결의, 2단계 해산에 대한 비준 취득, 3단계 청산팀의 구성과 신고 수리, 4단계 채권자 통지와 신문공고, 5단계 청산 방안의 제정 및 재산 정리, 6단계 세무와 세관 등기 말소 및 세금 및 벌금 추징, 7단계 청산 보고서 작성, 8단계 외환등기증 말소 등 마무리 절차이다.

로 나타나고 있다.

따라서 이미 대부분 산업에서 중국 현지 기업들의 경쟁력이 상승한 가운데 한국 기업이 갖고 있던 기술, 품질, 가격과 같은 것으로는 경쟁에서 이길 수 없다는 것이다. 즉, 기업이 중국 시장의 환경 변화만을 탓하고, 변화에 맞춰 전략을 변화시켜 대응하지 않는다면 향후 중국 시장에서 살아남기는 어려울 것이다.

제조업의 경우 규모를 축소하거나 철수하는 이유는 첫째, 인건비 상승과 같은 생산 비용의 상승이다. 2007년 월 평균 15만원이었던 제조업 분야의 근로자들의 임금은 10년 후 3~4배 이상 높아졌다. 그리고 이러한 근로자들도 다른 곳에서 일하는 사람들과의 커뮤니티를 통해 임금을 비교하며 이직하면서 이들을 지속적으로 관리하는 것도 큰 어려움을 겪게 되었다. 둘째, 중국 기업의 경쟁력 상승으로 인한 매출 감소이다. 일본 기업들의 경우 인건비 상승보다 중국 내 매출 감소가 더 큰 요인이라고 하였다. 셋째, 중국 기업들의 기술 발전이다. 중국에서는 중국 제조업의 업그레이드를 위해 홍색 공급망, 공급 측 개혁, 제조 2025, 인터넷+ 등을 강력하게 추진하였고 이러한 정책의 영향으로 중국 제조 기업들의 기술력이 향상되고 중국 내 조달 부품들이 점차 중국산으로 바꿔가며 변화하기 시작하였다. 넷째, 중국정부의 자국 기업에 대한 막대한 보조금 지급 및 자국 산업 보호를 위한 외국계 기업 차별 규제가 있다. 마지막으로 글로벌 가치사슬의 변화이다. 제조업의 스마트화는 생산에서 인건비가 차지하는 비중을 감소시키며, 선진국의 기업들은 점점 시장접근성이 높고 첨단기술의 공급이 용이하고, 리스크 관리가 많지 않은 미국, 유럽 등을 생산거점으로 검토하고 있다. 이러한 상황에서 미중 무역분쟁이 장기화되며 외자기업들도 중국을 이용하는 방향에 따라 추가 투자, 축소, 철수, 이전 등의 전략들이 재조정되고 있는 것이다.

현지 한국기업들 역시 중국 내 기업환경의 변화에 원가절감, 제품 경쟁력 향상 등으로 대응하고 있으며, 새로운 판매처를 찾기도 한다. 예를 들어 베이징 현대자동차 밴더 기업이 처음으로 다른 외국브랜드에 납품을 성공하기도 하였다. 중요한 원천기술 부문을 중국 내 스타트업 기업에서 찾으려는 한국의 기업들도 있다. 종합적으로 보면 중국진출 한국기업들은 과거와 달리 글로벌 가치사슬 속에서 중국의 활용 분야를 재검토하면서 재투자, 축소, 이전, 철수 등을 고민하고 있는 것이다.

중국은 현재 코로나19나 중미 무역 전쟁 등과 같은 대내외적 영향으로 경제 성장이 주춤해진 상황에서 '공동부유'와 같은 정책을 실현하기 위해서는 더욱 많은 투자를 통한 경제 성장이 이루어져야 하는 상황이다. 하지만 위에서 언급한 것처럼 최근 외자기업들이 중국 내 제조 거점들을 재조정하고 있어 중국으로서는 대책을 세우지 않을 수 없게 되었다. 이에 최근 외자 기업에게 대하는 태도의 변화가 일어났다.

2019년 3월 외상투자법이 공식 발효되면서 본격적으로 외국인 투자항목의 네거티브 시스템 도입, 내외자 동등 대우, 외자기업의 지적재산권 보호, 외자기업의 기술 강제이전 금지 등 외자기업의 경영환경을 개선하겠다는 내용이다. 또한 외자기업이 중국에서 번 수익을 중국 내에 재투자 할 경우에는 몇 년간 법인세 감면 등의 혜택을 준다는 정책도 이미 나왔다. 여기에 2022년 4월부터는 증치세율 인하, 제조업 및 소형 가게의 전기요금 10% 이상 인하, 5월부터 현재까지 40%에 가까운 사회보험료를 인하하였다.

4. 나오며

외자기업의 기술과 투자로 중국이 현재와 같은 성장을 이루었다고 할 수 있다. 그러나 2008년부터 중국은 외국기업에 제공하였던 세제 혜택을 폐지하였으며, 법인세율을 기존보다 10% 증가한 25%로 변경하였다.

이후 중국정부는 자국 기업에 대한 육성을 적극적으로 추진하면서 중국 진출 외국기업들은 점점 경쟁력이 약화되었다. 게다가 2017년에 이르면 중국정부의 보이지 않는 자국기업에 대한 특혜와 외국기업에 대한 차별 그리고 소비자들의 '애국 소비'와 사드 보복 등의 여러 리스크들이 등장하였다. 그러나 이것만이 중국 시장에서 부진하게 된 문제 요인은 아니라고 본다. 예를 들어 유통 기업들의 부진은 위에 등장한 요인뿐 아니라 중국 내 온라인 시장 변화에 대응하는 것과 같은 중국 시장의 변화에 재빠른 대응 및 중국 시장에서의 확장 전략보다는 제품에 있어서의 차별화가 이루어지지 않아서라고 볼 수 있다.

다수의 중국 관련 전문가들은 중국 시장이 급속도로 변화하고 있으며 이에 맞는 대응이 필요하다고 말한다. 따라서 한국기업들이 중국에 대한 안정적이고 지속적인 투자 확대를 위해서는 투자 분야 변화 및 리스크 대비를 해야 할 것이다.

한국의 대중국 투자의 수출입 유발효과는 지속적으로 감소하고 있는 가운데, 대중국 투자 전략에 대해 다시 한번 점검하여 효과적인 방향으로 전환할 필요가 있다. 재중 한국기업의 대중국 투자의 대중국 수출 유발 효과는 2005년 2.1로 최고치를 기록한 이후 계속 하락하여 2020년 0.6을 기록하였으며, 수입 유발 효과의 경우 2011~2012년 최고치인 2.2를 기록한 후 계속 하락해 2020년 0.9를 가록하였다. 또한 중국 시장 내 경쟁의 심화로 영업이익률은 2013년 4.9%로 최고치를 기록한 후 역시 계속해서 하락하여 2020년에 2.25%를 기록하였다.

이러한 상황에서 2018년 이후 중국에 진출한 대기업을 중심으로 중국 사업의 부분적 매각을 통한 탈중국화 혹은 사업 전환이 이루어지고 있다. 문제는 진출 초기의 노동집약적 업종이 아닌 2단계에서 변화하여 진출한 가전, 자동차, 휴대 전화와 같은 분야에서 일어나고 있다는 점에서 새로운 대중국 투자를 위한 산업 분야를 모색할 필요가 있다.

전기전자 및 휴대전화, 승용차 분야에서 구조 조정기를 겪고 있는 대중국 제조업 투자는 중국정부가 내수시장을 바탕으로 한 쌍순환 전략을 추진하고 있으며, 향후 글로벌 수요 변화에 가장 빠르게 대처할 가능성이 있다. 이 때문에 중국 내수시장 공략을 위해 반도체, 배터리, 전기차, 친환경, 의료 및 바이오, 신재생에너지와 같은 신산업 분야로의 투자가 확대되어야 한다. 또한 한중 FTA 서비스·투자 후속 협상의 추진을 통해 관광, 의료, 문화와 같은 전통적 서비스 시장에 대한 투자의 제도적 기반을 마련해야 할 뿐만 아니라 디지털화, 그린화, 스마트화 과정에서 창출되는 신흥 서비스업에 대한 시장 진출 확대도 고려해보아야 할 것이다.

다음으로 중국정부가 추진하고 있는 쌍순환 전략에 따라 중국의 독자적 공급망 구축이 있을 것이며, 공급망 부분에서 약한 고리를 보완하기 위해 강소기업 육성이 본격화될 것이다. 이에 따라 제조업 분야에서의 투자 방식은 그린필드 방식의 투자 형태에서 M&A나 기술 투자 등의 투자 방식도 고려하여 추진해야 할 것으로 보인다.

마지막으로 미중 무역 분쟁 혹은 기술 경쟁과 같은 대외적 요인이나 중국 내 경제사회 환경 변화와 같은 리스크에 대해 상시적으로 검토하며 대응 방안을 마련하는 것이 필요할 것이다. 2018년 이후 다시 대중국 투자 리스크로 대두되고 있는 중·미 무역 분쟁과 기술 경쟁이 본격화되고 있는데 최근 미국 바이든 대통령이 서명한 〈반도체 생산지원 및 과학법(CHIPS and Sceience Act)〉, 〈인플레이션 감축법(IRA)〉, 〈위구르 강제노동 금지법〉 등에는 중국의 태양광 패널, 반도체 전기차 배터리에 대한 견재 내용을 일부 포함하고 있다. 이러한 상황하에 중국에 진출한 관련 기업이나 대중국 투자가 많이 진행되어 한중 간에 긴밀한 공급망을 형성하고 협력이 확대된 반도체, 배터리, 전기차, 바이오와 같은 분야에서 리스크에 대한 대비 역시 필요하다.

참 고 문 헌

「'롯데 이마트 철수 사드 때문 아냐', 글로벌 유통기업 무덤 된 중국 유통시장」, 뉴스핌, 2019.08.08 (https://url.kr/o98uaj, 검색일: 2022.07.20).

「산업 전반 덮친 '中 엑소더스'...준비 안 된 '탈출'로 범죄자 몰릴 수도」, Invest chosun, 2019.07.31 (https://url.kr/y4gmcb, 검색일: 2022.07.14).

「성장과 자립, 두 마리 토끼를 잡겠다는 쌍순환 전략」, 중앙일보, 2022.03.18 (https://url.kr/14whq8, 검색일: 2022.08.21).

「習近平談共同富裕」, 央視網, 2021.03.18 (https://lrl.kr/nb9J, 검색일: 2022.07.20).

「習近平主持召開中央財經委員會第十次」, 中華人民共和國中央人民政府 (https://lrl.kr/vArO, 검색일: 2022.07.20).

「王曉輝: 十九屆五中全會首次把"全體人民共同富裕取得更為明顯的實質性進展"作為遠景目標提出」, 鳳凰網, 2020.10.30 (https://lrl.kr/vArP, 검색일: 2022.07.20).

「유통빅2'中철수'…일찍이 포기한 신세계·노선 바꾼 롯데」, Invest chosun, 2017.0921 (https://url.kr/zuqfo7, 검색일: 2022.07.14).

「전경련 "중국 진출한 우리 기업 10곳 중 8곳 '규제·지원 차별받아'"」, 국민일보, 2021.12.22 (https://url.kr/9yilam, 검색일: 2022.09.28).

「中, 유통업계 '무덤' 또 입증...현대홈쇼핑도 철수」, 『아시아경제』, 2018.10.22 (https://url.kr/rnfxhp, 검색일: 2022.07.14).

「중국 사드보복 버티기 한계…한국 기업들 속속 철수」, 한국일보, 2017.09.11 (https://url.kr/f1n5ag, 검색일: 2022.07.14).

「중국 현지 진출 국내 대기업 생산법인…4년새 매출 28% 급감」, The Public, 2021.06.16 (https://url.kr/wmdqga, 검색일: 2022.07.14).
「한국 기업 무덤이 된 중국시장|유통업체들 짐싸고 삼성 휴대폰은 8위」, 매일경제, 2017.06.16 (https://url.kr/zfo3an, 검색일: 2022.07.14).
KIEP 북경사무소, 「중국의 '공동부유(共同富裕)' 정책의 추진 및 향후 전망」(KIEP 북경사무소 브리핑), 대외경제정책연구원, 2021.11.03.
KOTRA, 「중국 오프라인 유통시장의 변화와 기회 요인」, Kotra해외시장뉴스, 2020.08.04 (https://url.kr/2wdk4v, 검색일: 2022.09.11).
KOTRA, 『2018~2019 해외진출 한국기업 디렉토리』, KOTRA, 2018.12.31.
KOTRA, 『2020년 국내기업 해외진출 디렉토리』, KOTRA, 2020.12.29.
강준영, 「중국사회주의 시장경제체제의 발전과 한계」, 『중국연구』 24, 한국외국어대학교 중국연구소, 1999, 181~198쪽.
김병유, 「중국 진출 외자기업들의 고민과 변화」, 뉴스인사이트, 2019.03.26 (https://han.gl/vJWqB, 검색일: 2022.07.20).
김영선, 「중국, 대외무역과 외국인투자 안정을 위한 조치 발표」, KIEP, 2020.09.07 (https://url.kr/6avtls, 검색일: 2022.08.11).
문지영 외 3인, 「2022년 양회를 통해 본 중국의 경제정책 방향과 시사점」, 『오늘의 세계경제』(KIEP대외경제정책연구원), 2022.03.31.
박범종·공봉진·장지혜 외 4인, 『중국개혁개방과 지역균형발전』, 한국학술정보, 2019.
박범종·공봉진·장지혜 외 4인, 『한중 지방외교와 지역발전』, 세종출판사, 2018.
박범종·공봉진·장지혜 외 5인, 『중국발전과 변화! 건국 70년을 읽다』, 경진출판, 2020.
이현국, 『중국시사문화사전』, 2008.02.20(남순강화, https://url.kr/87ahe3, 검

색일: 2022.07.20).

정귀일, 『중국 진출 우리 기업의 경영환경 전망과 시사점』, 한국무역협회, 2021.

中國政府網, 「國務院辦公廳關於進一步做好穩外貿穩外資工作的意見」, 『国办发』 28, 2020.08.05 (https://lrl.kr/vArQ, 검색일: 2022.08.12).

한국수출입은행, 해외직접투자통계 (https://url.kr/xwo7pz, 검색일: 2022.09.20).

한유정, 「한국기업의 중국 투자 동기와 전략: 시기별 요인 분석을 중심으로」, 연세대학교 석사논문, 2018.

현상백 외, 「한중 수교 30주년: 경제협력 성과 및 과제」, 『오늘의 세계경제』 (KIEP대외경제정책연구원), 2022.08.24.

제  부

중국과 북한, 그리고 한국과 중국의 협력과 갈등

한국과 중국이 수교를 맺은 지 30년이 지나가고 있지만, 양국의 관계가 여전히 물음표다. 그 가운데에는 북한이 있고 미국이 있다. 그래서 중국과 북한의 외교 관계에 대한 이해도 매우 중요하다. 그리고 한국과 중국이 수교를 맺는 과정과 수료 이후의 국가 관계 변화를 아는 것도 중요하다. 한국이 중국과 수교를 맺었을 때 장밋빛 미래를 얘기하는 사람도 많았지만, 실상은 그렇지 못하였다. 최근 양국 간에는 외교와 통상 만이 아니라 환경과 해양 등 해결해야 할 많은 문제가 산재해 있다. 특히 중국의 공격적인 해양 정책은 한국을 위협하고 있기 때문에, 한국은 다른 문제에 앞서 해양 문제에 신경을 써야 할 때이다.

한중 수교 30주년과 북한 문제 상관 관계

이강인

1. 들어가며

한국과 중국은 과거 역사 이래로 끊임없이 교류하면서 발전해 왔다. 특히 1950년 한국전쟁 이후 두 국가 간의 교류는 멈추었고 교류 없이 지내오다 1983년 중국민항기의 한국불시착과 이를 해결하기 위한 만남으로 시작하여 결국 1988년 올림픽까지 참여하면서 그 물꼬를 틔었다. 결국 노태우 정부 시절인 1992년 한중 수교를 맺게 되었다.

한중 수교 이후 한중 관계는 비약적인 발전을 해 왔다. 한중 경제 무역규모는 거의 50배 가까이 성장하였고, 상호간 주요 무역 대상국이 되면서 경제 의존성이 높아졌다. 경제 교류 확대에 비례하여 인적 교류가 다양화, 다층화, 다원화되었고, 상호 국민 간 접촉은 일상화되었다. 정치적으로도 이념과 체제 경쟁을 하던 적대 관계에서 안보대화 채널을 가동하는 전략적 협력적 동반자 관계로 발전하였다.

발전 과정에서 갈등이 없었던 것은 아니다. 소소한 경제 마찰이 발생했고, 경제규모가 큰 중국에 대한 우리의 열세를 확인하기도 하였다. 중국의 동북공정으로 인한 역사 왜곡 갈등이 있었고, 최근까지도 김치, 한복 등 문화 및 전통 원조 논란이 지속되고 있다. 무엇보다 정치, 외교적으로 북핵 관련 문제가 양국 간 갈등의 핵심이었고, 갈등의 결정판으로 사드(THAAD) 사태가 발생하여, 한중 관계의 최악의 시기를 경험하기도 하였다.

이처럼 1992년 한중 수교 이후 한중 관계의 초기 단계는 교류와 협력의 확대를 통한 상호 이익의 교집합이 많았다면, 접촉 빈도가 많아짐에 따라 서로 다름에 대한 불만이 증대되면서 갈등이 증폭되었다. 더구나 중국의 경제 발전으로 인해 세계경제와 정치적 부상이 본격화되면서, 관계의 상호보완성보다는 상호경쟁성이 부각되었고, 한국이 우위를 차지했던 산업기술경쟁력이 점차 약화되기 시작하였다. 무엇보다 양국 관계의 발전을 제약하던 구조적 요인들은 해결의 진전을 보기보다는 오히려 악화되었다. 특히 북한의 핵실험과 미사일 도발 그리고 한미 동맹, 미중 무역경쟁 등의 문제들은 한반도의 지정학·경제학적 리스크를 심화시켰다.

한중 관계의 발전은 매우 중요하다. 우리의 선호와 관계없이 중국은 지리적으로 인접한 국가이고, 긴 역사를 통해 정치외교, 경제무역, 사회문화 모든 방면에서 일정한 영향력을 발휘해 왔다. 그러나 한중 수교 30주년을 맞이한 현재 한중 관계가 직면한 현실은 그리 녹녹치만은 않다. 양자 차원의 노력과는 달리 글로벌 차원의 미중 전략 경쟁 심화와 경제, 안보, 가치이념의 디커플링(decoupling) 현상은 의도치 않은 오해와 반목을 발생시키고 있으며 현재 진행형이다. 이 때문에 한중 관계는 구조적 현실을 직시하고 이를 어떻게 극복할지에 대한 고민과 그 대안 마련이 필요한 시점이다. 이러한 중요한 시점에서 이 글은 한중 관계의 과거를 되돌아보고 현재를 직시하며 미래를 어떻게 전망할 것인가를 살펴볼 것이며, 특히 북한과의 관계를 한중, 남북, 한미, 북중 관계를 중심으로 살펴보고자 한다.

2. 사드로 인한 한중 관계의 악화

2016년은 2015년 9월 박근혜 대통령의 중국 전승절 행사 참여 등으로 더할 나위 없이 좋다고 평가되던 한중 관계가 24년 만에 급추락하는 부정적인 해가 되었다. 주지하듯 한국의 사드 배치 결정 이후 중국은 한한령 등의 비공식적인 제재를 한국에 가하였다. 2017년 12월 문재인 대통령의 첫 중국방문을 앞두고 양국 외교부 간 합의로 '사드 관련한 문제는 봉인됐다'라는 일련의 조치가 취해지긴 했지만, 원천적인 문제의 해결책은 되지 못하였다.

사드 배치 마찰 이후 2017년 1월과 3월 한국인의 대중국 호감도가 많이 떨어졌다. 전체 한국인의 대중국 호감도는 1월의 4.31에서 3월 3.21로 떨어졌고, 특히 60대 이상의 고령층에서는 1월 4.38에서 3월 2.72로 급락하였다. 아산정책연구원은 사드 배치 문제로 한국인의 대중국 인식이 급격히 악화하였다고 밝혔다. 특이한 것은 중국 호감도(3.21)는 일본 호감도(3.3)보다 낮았다는 점이다. 그동안 북한 외에 일본에 가장 낮은 호감도를 보였던 것을 고려하면 매우 이례적이라 할 수 있다. 이 조사와 관련해 가장 관심이 가는 대목은 2017년 중국을 경쟁상대로 보는 한국인의 비율이 52.7%에 달하고 반대로 협력 상대로 보는 한국인의 비율은 38%에 그쳤다. 아산정책연구원의 조사에 따르면 2016년 중국을 경쟁상대로 본 응답자가 38%, 협력 상대로 본 응답자가 56.9%에 달했던 것에 비하면 완전히 대조적인 결과를 낳았다.

사드 배치 이후에 약 33%의 비중이 중국에 대한 호감이 있는 것으로 조사됐지만, 코로나 19 이후에는 약 22%의 비중만이 중국에 대한 호감이 있는 것으로 나타났다. 거의 5명 가운데 4명이 중국에 대해 비호감적인 이미지를 갖게 된 것이다. 게다가 2021년 시사IN과 한국리서치의 〈한국인의 반중 인식 조사〉 결과는 더 충격적이다. 지지정당에 큰 관계없이 반중 정서가 굳어지고 있고, 특히 20~30대 청년세대들의 중국에 대한 감정 온도는 각각 15.9도와 21.8도이다. 전체평균 26.4도를 훨씬 밑도는 수준이다.

심지어 북한이나 일본에 대한 감정 온도보다 낮았다. 물론 이러한 반중 정서는 인터넷상에서 더 과장되는 측면도 있지만, 미세먼지, 코로나19 초기 대응, 불법조업, 중국 누리꾼의 혐한 표현, 중국의 정치체제 등 사안별로 2030세대에서는 구체적으로 감정이 전반적으로 좋지 않고 무조건 중국의 모든 것이 싫다는 사람들도 적지 않다는 것이 이러한 조사로 드러났다. 이처럼 한 번 떨어진 호감도는 쉽게 복원되기 힘들며 복원될 때까지는 장기간의 시간이 필요하다. 따라서 중국에 대한 한국인의 호감도는 한국에 대한 중국인의 호감도와 마찬가지로 회복하는 데 상당한 어려움을 겪을 것이다.

한편, 2021년 11월 중국은 3차 역사결의를 통해 당의 핵심 시진핑 주석을 중심으로 한 대내 안정과 단결을 도모하기로 하였다. 중국의 엘리트 정치 구도 변화와도 맞물린 사건이어서 한국에서도 많은 화제가 됐다.

3. 한중 관계 30년의 회고

지난 30년 한중 관계는 다양한 분야에서 놀라운 발전을 거두었다. 첫째, 경제 분야에서 비약적인 발전성과가 있었다. 2021년 양국의 무역규모는 약 3000억 달러로 수교 당시 64억 달러에 비해 무려 47배가 증가하였다. 중국은 한국의 최대 수출 및 수입 대상국이 되었고, 미국과 일본의 교역규모를 합친 것보다 많다. 한국은 중국의 2위 수입 대상국이자 4위의 수출대상국으로 중국의 전체 교역 대상국 중 3위이다. 한국의 대중 투자 금액은 수교 당시 1.38억 달러에서 2021년 66.7억 달러로 60배 이상 성장했고, 중국의 대한국 투자 역시 2010년대 중반 이후부터 대폭 증가하는 추세이다. 더구나 한중 양국은 2015년 FTA를 정식 발효시키면서 상호 무역과 투자 협력의 확대를 위한 제도적 기반을 만들었으며, 세계 다자 경제협력체 등을 통해서 상호 경제 협력을 확대시켜 왔다.

둘째, 인적 교류 분야에서의 발전이다. 외교부의 자료를 살펴보면, 한중 양국 간 인적 교류는 1992년 수교 당시 13만 명에서 2019년 기준으로 1037만 명으로 약 80배 증가하였다. 2021년 기준 한국 내 중국인 유학생 수는 약 6만 7천여 명, 중국 내 한국인 유학생은 약 2만 6천여 명이다. 또한, 중국에는 약 24만 8천여 명의 한국 국민이 거주하고 있으며, 한국에는 약 61만 명의 중국 동포를 포함한 약 84만 명의 중국인이 체류 중이다. 양국 간 관광교류도 급속도로 확대되었다. 사드 사태로 양국 관광이 직격탄을 맞기 전까지, 한국을 가장 많이 찾는 외국인은 중국인이었고, 중국을 가장 많이 찾는 외국인도 한국인이었다.

셋째, 정치, 외교 분야의 발전이다. 한중 관계 30년은 주로 경제 중심이었고, 북한 문제에 대한 인식 차이, 사드 사태로 인한 갈등 등 정치·외교 관계 발전에 제약을 많이 받아왔다. 그러나 이 분야에서도 다양한 발전이 있었다. 수교 이후 양국은 단순한 우호 협력 관계에서 전략적 협력동반자 관계로 관계를 지속적으로 발전시켜왔다. 정치, 외교, 군사안보적 차원에서 소통 및 교류 채널이 확대되었다.

이처럼 양국의 협력 분야는 당면한 현안 해결뿐 아니라 중장기적인 비전을 갖고 미래 발전 이슈까지 포괄하여 발전을 이루어 왔다. 양국 현안 관련한 협력의 범위 역시 양자 차원을 넘어서 지역적, 세계적 차원으로 확대되었다. 한중 양국은 ASEAN+3, 한중일 정상 회의, 동아시아 정상 회의(EAS), ASEAN 지역 안보 포럼(ARF), 아시아·태평양 경제협력체(APEC) 등 역내 다자협력체에서 정책 공조를 해 왔다. 동시에 글로벌 이슈 해결을 위해, 기후 변화 공동 대응, 대량살상무기(WMD) 확산 방지 및 국제 테러리즘, 금융 및 경제 범죄, 해적, 첨단 기술 범죄 퇴치 등에 공감대를 형성하였으며, 최근에는 코로나19 팬데믹 대응과 관련한 공조를 진행해 왔다.

4. 북한 문제에 대한 한중 관계

한중 수교 이후 지난 30년 동안 한중 양국은 북한에 대한 동상이몽이 역력히 드러냈다. 한국은 북한과 한반도 문제에서 중국에 대한 기대감을 지니고 있고, 중국은 비(非)경제 분야에서 한중 관계를 발전시킴에 있어 북한을 의식해 남북한 간에 '등거리(균형)외교'를 견지하려 한다. 더욱이 한중 양국 간 서로에 대한 관계 인식이 상이하게 나타나면서 북한이 이를 이용하려는 양상 또한 나타나고 있다.

한중 관계가 순탄하게 발전할 때 북한이 도발로 이를 제동한 사례를 무시할 수 없다. 물론 북한이 의도적으로 이를 행했는지는 논란이 될 여지가 있는 것이 사실이다. 그래서 정황 증거에만 의존해 북한의 행위를 설명하는 것은 결과론적인 해석이 될 수밖에 없는 경우가 많다.

중국은 한중 관계를 발전시키는 데 있어 '동맹'인 북한에서 벗어날 수 없다. 여기에는 세 가지 요인이 유효하게 작동한다. 첫째, 한미 동맹이 유효한 가운데 북한의 한반도 지정학적 전략 가치다. 남북한의 분단 및 대치 상황과 주한미군 및 한미 동맹의 존재 때문에 중국의 동북아 전략이익에서 북한의 활용 가치가 아직 유효하다는 의미다.

둘째, 한미 동맹이 유지되는 동안 중국의 한국에 대한 인식 역시 전략적 제약을 받는다. 즉, 미중 관계의 부침이 필연적으로 한중 관계에 영향을 미친다는 의미다. 미국과의 갈등 관계로 미중 관계가 비우호적인 양상을 보이면 한국에 대한 중국의 인식도 유사하게 변할 수밖에 없는 구조가 된다.

셋째, 역내 동맹 관계 구조로 인해 중국은 우리 기대에 부응하는 수준의 대북 영향력을 발휘하는 데 제한적일 수밖에 없다. 중국은 자신의 역내 안보전략 이익을 수호하는 데 있어 다른 동맹이 미치는 영향뿐 아니라 이에 북한이 '동맹'으로서 기여하는 가치를 고려하지 않을 수 없기 때문이다.

따라서 한중 수교 30년을 회고하는 현 시점에서 우리는 중국과 북한의 관계를 다시 설정하여 살펴보아야 할 것이다. 그리고 한국은 이러한 역학 관계를 잘 이용하여 한반도에서 발생할 수 있는 안보문제를 슬기롭게 해결해야 할 과제가 있는 것이다.

1) 한반도 안정에 위협되는 북한의 핵 문제

북중 관계는 1949년 10월 국교 수립 이후 1950년 한국전쟁과 1961년 〈북중우호 협력상호원조조약〉 체결을 거치면서 군사안보적 동맹관계를 유지해 왔다. 하지만 냉전의 해체와 1992년 한중 수교는 북중 관계에 커다란 충격을 주었다. 이후 탈냉전 시기 북중 관계는 이전과 다른 새로운 영향 요인이 출현함으로써 양국 관계의 복잡성을 더했고, 특히 북한의 잇따른 핵·미사일 도발로 인해 양국은 오랫동안 소원한 관계를 경험하기도 하였다. 한중 관계를 포함한 동아시아·한반도 정세에 적지 않은 영향을 미치고 있다. 특히 최근 북중 관계가 보여준 '밀착'추세는 미중 전략경쟁의 심화로 대표되는 국제질서의 구조적 변화를 반영하고 있으며, 이는 다시 한미 동맹과 북미협상 및 북핵·북한 문제 등과 같은 동아시아·한반도 정세와도 직·간접적으로 연계되어 상호 영향을 주고받고 있다.

이처럼 냉전체제의 해제와 중국의 개혁개방 심화 및 한국의 북방정책 등과 같은 요인이 결합되어 탄생한 한중 수교는 동아시아지역 및 한반도 정세에 커다란 변화를 초래하였다. 특히 한중 수교는 중국의 한반도 정책의 일대 전환을 의미한다는 점에서 한중 관계 자체의 변화뿐만 아니라 북중 관계에도 지대한 영향을 미쳤다.

불안정한 한반도 안보구조는 1945년 8.15 해방과 분단에서 태동하였다. 북한의 대남공작은 분단과 동시에 시작됐으며, 전술적으로 투쟁 양상만을 달리할 뿐 북한 체제가 존속하는 한 앞으로도 계속될 것이다. 6.25전쟁은 냉전이 열전으로 변할 수 있음을 보여준 전환기적 사건으로서, 김일성의 발의, 스탈린의 승인과 지원, 마오쩌둥의 동의와 지원이 결합된 국제전이었다. 전쟁이 평화협정이 아닌 정전협정으로 종료되면서 남북한의 지속적 적대 관계는 한반도 불안정성의 근본 원인이 되고 있다. 이러한 과거의 한반도 정세 불안의 태동은 2011년 김정은 체제가 들어선 후 여러 요인들로 인해 더욱 심화된 것으로 평가된다.

이러한 한반도의 불안 정세는 과거에도 그러하였지만 현재에도 여전히 중국의 입김은 상당하고 볼 수 있다. 즉 중국은 북한과 순망치한의 관계를 유지해 왔다. 물론 북중 간 갈등 시기에는 상호 정치 교류를 중단하기도 하였지만, 정치 경제적으로 북한 정권의 사실상 후원국 역할을 수행해 왔다. 북중 관계가 이러하다 보니, 북한의 핵실험이나 미사일 도발에 대한 중국의 입장과 인식은 한국과 많은 협동과 갈등을 유지하였다. 물론 한중 협력을 통해 북핵 해결을 위한 6자 회담 성사 및 중국의 중재 노력 등이 진행되어 왔지만, 사태의 근본적 해결에는 미치지 못하였다.

중국은 북핵 문제 해결에 있어 미국 책임론을 강조하며, 북핵 위협에 둔감한 태도를 보였다. 이에 반해 한국은 북핵과 미사일의 직접적 안보 위협 당사자로, 중국이 한국의 안보위협을 이해하고, 북핵 문제 해결에 보다 건설적이고 구체적인 역할을 하기를 희망해 왔다. 그러나 중국은 한국의 안보 위협에 대한 이해보다는 남북 관계 개선을 위한 노력이 필요하다는 점만 강조하고, 자국의 책임 이행에 대해서는 적극성을 보이지 않았다. 심지어 국제사회가 합의한 대북 제재도 이행하지 않거나, 오히려 제재의 완화를 강조하기도 하였다. 또한 탈북자 강제 북송 문제 등 북한 인권 문제에도 한국과 가치를 달리하였다. 한국의 진보정권의 경우는 조용한 외교를 통해 탈북자 강제 북송 문제 등을 해결하려 했지만, 보수정권의 경우 이 문제는 결국 한중 관계를 악화시키는 하나의 요소로 작용하였던 것이다.

그리고 미국 바이든 행정부 출범 이후 미중 전략경쟁이 심화되고, 러시아-우크라이나 전쟁의 장기화 가능성이 제기되고 있는 상황에서, 미국의 대중국 견제와 압박에 대응하기 위한 중국의 전방위적인 노력이 시도되고 있고, 북중 관계의 유지 및 강화는 북한의 핵 문제와 연결되어 역시 매우 중요해질 가능성이 높다.

또한 중국 외교정책에서 강조되어 왔던 세계질서의 다극화를 앞으로도 적극 추진해 가야 할 중요한 외교 전략으로 거론하면서도, 이러한 다극화 전략의 추진이 미국의 세계 유일 초강대국으로서의 지위를 부정하거나 미국의 이익을 훼손시킴으로써 미국과의 안정적 관계구축에 부정적인 결과를 초래하지 않도록 대단히 신중한 자세를 견지하고 있다. 따라서 북핵 문제에 대한 중국의 정책도 중국의 지도체제가 추구하는 외교정책의 기본방향에 부합해 가는 방향에서 모색될 것이다. 다시 말하면 중국은 북핵 문제를 미국과의 안정적 협력 관계를 구축해 가는 계기로 적극 활용해 갈 것이며, 이에 따라 미국과의 안정적 협력 관계에 대한 중국의 절실성과 의지는 앞으로 북핵 문제에 대한 중국의 정책선택에 중요한 잠재적 영향력을 갖게 될 것이다.

2) 경제적 전략적 방어적 선택에 대한 북한의 핵개발 의미

북한의 당면한 경제상황과 공업의 낙후성을 감안할 때, 재래식 무기 개발을 통한 안보체제의 확립이 불가능하기 때문에 핵과 미사일 등 대량살상무기의 개발은 북한이 그들의 기본적 안보확보를 위해 취할 수 있는 불가피한 선택이다. 북한의 경제적 상황과 전략적 취약성에서 핵무기의 보유는 북한으로 하여금 가장 경제적 방법으로 그들의 궁극적 억지력을 확보할 수 있다는 점에서 전략적 안전감을 갖게 하는 중요 수단으로 받아들이고 있다. 최근 북한에 의한 일련의 핵도발이나 위기 조성도 북한이 안고 있는 이러한 안보상의 불안정성과 취약성에 기인하고 있으며, 이에 따라 북핵 문제의 해결도 북한의 이러한 안보상의 취약성을 개선해 가는 방향에서 접근해 가야 한다.

최근 북한 측의 도발적 행위나 조치들에 대한 중국의 공식 입장은 핵개발 자체보다는 미국과의 불가침 조약 체결을 통한 북한의 체제보장과 경제 원조를 확보하기 위한 외교적 수단으로 인식하고 있다. 이러한 기본 인식하에 중국 측은 미국 측이 북한 핵의 위협을 과대평가하고 있다고 보고 있으며 경제제재나 군사적 조치 또는 정권교체 등에 의한 외부적 압박정책은 북한의 고립과 안보적 취약성을 더욱 악화시키게 될 것으로 평가하면서, 이러한 압박정책이나 조치들은 북핵 문제의 해결을 위한 기본 접근방법으로서 배제하고 있다.

중국이 외부 안보 환경이나 지정학적 환경을 평가하는 데 있어서 핵무기나 미사일 등 대량살상무기 문제는 가장 중시되는 고려사항의 하나이다. 핵무기와 관련 최근 중국 측은 미국 등 핵강대국으로부터 초래되는 위협보다도 핵소국이나 잠재적 핵보유국으로부터 초래되는 위협이 더욱 심각하다는 인식하고 있다. 이러한 시각은 최근 한반도에서 초래된 핵 위기에 대한 직접적인 반영으로 볼 수 있으나, 이러한 인식의 보편화는 북핵 문제가 그들의 안보나 국가이익에 미치는 영향을 보다 심각하게 평가하고 대응해가는 계기로 작용해가고 있다. 중국은 전면적 소강사회의 실현이라는 장기적 목표 달성과 관련 안정되고 평화로운 주변 환경 구축과 유지는 중국 외교정책의 가장 중요한 과제이다. 따라서 북한의 핵보유는 한반도와 동북아에 있어서 핵충돌이나 전쟁 발발 가능성을 증대시키는 요인으로 작용할 수 있다는 점에서 중국의 국가이익과 기본적으로 충돌되고 있기 때문에 이에 대한 경계심이 매우 크다고 볼 수 있다.

다시 말해서 북한의 핵개발로 새로운 전쟁이 발발하는 경우 한반도에서의 사태발전이 중국의 이익이나 정책 방향과 일치하지 않는 방향으로 전개될 가능성을 배제할 수 없으며, 이렇게 되는 경우 중국은 전략적으로 대단히 어려운 결단을 내려야 하는 곤경에 처할 수 있기 때문이다. 북한의 핵보유가 중국에 가져다주는 위협은 그들 안보나 국가이익에 미치는 직접적 위협의 성격을 띠기 때문에 북한의 핵보유에 대한 중국의 위협인식은, 대량살상무기 확산방지에 목표를 설정한 미국은 물론, 일본, 한국보다도 더욱 심각하게 나타내고 있다.

중국은 북한의 핵보유가 동북아에 있어서 핵확산의 결과로 연결될 가능성에 대해 심각한 우려를 지니고 있다. 특히 북한 핵 문제가 해결되지 않고 북한의 핵보유는 동북아에 있어서 핵개발도미노 현상이 발생하여 중국이 핵보유국에 의해 포위되는 사태 발전으로 연결되어, 그들의 가장 핵심적 안보 이익을 위협하게 되는 것을 매우 우려하기 때문이다. 이에 북핵위기가 심화되면서 북핵 문제 해결에 대한 중국의 자세도 기존의 소극적, 방관적 자세에서 탈피 미국과의 긴밀한 협력 등 적극적인 자세로 전환되었다.

한반도 비핵화와 평화와 안정의 유지에 대한 중국의 전략적 이해는 미국을 포함한 여타 국가와 비교, 결코 적지 않을 뿐 아니라, 북핵 문제의 장기화는 지역 정세에 부정적 영향을 미치게 될 것이며, 특히 북한으로부터 초래되는 핵위기는 일본으로 하여금 평화헌법의 구속에서 벗어날 수 있는 기회와 환경을 제공할 것이라는 인식을 갖게 되었다.

따라서 중국은 북한의 일련의 핵도발은 그들이 안고 있는 경제적·안보적 불안정성과 취약성에 기인하기 때문에 이러한 안보상의 취약성을 개선해 가는 방향에서 접근해 가는 경우 북핵 문제의 평화적 해결이 가능하다고 인식하고 있으며 지금까지 이러한 정책을 견지해 오고 있다. 그리고 중국은 미국과의 협상과 긴밀한 공조를 통해 북한이 안고 있는 경제적, 안보상의 취약성을 개선해 가는 조치를 통해 북핵 문제를 해결해 가는 정책을 견지해 가고 있다.

이러한 북핵의 동북아 불안 정세를 야기하는 시점에서 미중 양국은 한반도 비핵화에 공동 이해를 갖고 있으나, 이러한 한반도 비핵화의 목표를 달성하기 위한 과정이 북한 체제에 미치는 영향이나 결과에 대한 입장이나 이해에 근본적 차이를 보이고 있고, 이러한 이해 상의 차이는 한반도 비핵화 달성의 접근방식과 정책상의 차이나 갈등을 초래하고 있는 것은 사실이다. 즉, 북한 핵 문제 해결에 대한 중국의 정책선택은 한반도 비핵화와 동시에 북한 체제의 붕괴와 그 이후의 한반도(중국 안전의 완충지대) 상황 전개와의 긴밀한 연계 하에서 이루어지는 복잡성을 띠고 있음을 인식하고 있다.

북한 체제 붕괴 이후 한반도 상황 전개가 중국의 국가이익이나 정책목표에 부합되는 방향으로 나타날 것이라는 확신을 갖지 못하는 한 중국 측은 북한 체제의 붕괴나 북한의 붕괴로 연결될 수 있는 어떠한 조치도 정책선택으로서 배제할 것이며 이는 미국과 한국에도 큰 영향을 미칠 수 있다. 현재 중국은 북한 체제 붕괴로 이루어지는 한반도에서의 급진적 변화는 미국 세력의 일방적 신장으로 연결되어 그들 안보상의 완충지대로서 북한이 갖는 가치를 소실하는 결과를 초래할 것으로 보고 있으며, 북한 체제의 붕괴는 대량 난민의 중국 유입이 당연히 일어날 것이기에 이에 대한 대비책을 유지하면서도 북한 체제의 붕괴를 막을 방안을 지속적으로 선택 적용할 것이다.

또한 북한에 대한 에너지와 식량의 가장 중요한 공급국으로서 중국은 북한의 행위에 가장 실효적인 영향을 미칠 수 있는 레버리지를 갖고 있으나, 미국 등 서방 측에 의해 적극 개진되고 있는 무력 사용이나 경제제재 등 외부적 압박 수단들은 궁극적으로 북한 체제의 붕괴 원인으로 작용한다는 점에서 북핵 문제 해결의 정책 수단으로 그리 반갑게 여기지도 않고 있기도 하다. 특히 이러한 외부적 압박 조치에 대한 중국 측의 동조는 북한에 대한 중국의 신뢰를 근원적으로 동요시킴으로써 북한에 대한 중국의 영향력이나 특수지위를 훼손시킬 것이며, 한반도와 동북아에 있어서 중국의 전략적 태세를 피동적으로 전락시키는 결과를 초래할 것이기에 중국은 한중 수교의 지속적 유지와는 별개로 북중 관계를 지속적으로 유지 발전시켜 나갈 것이다.

그러나 이러한 복잡한 한중, 미중, 북중 관계에 있어서 북한 핵 문제에 대한 중국의 궁극적 목표는 북한의 핵개발 포기에 있으며, 이러한 목표 달성을 위한 기본적인 수단은 대화와 평화, 외교적 방식이 될 것이며, 무력 사용이나 경제제재와 같은 외부적 압박 수단은 최대한 배제하는 것도 중국의 입장이며 그들의 정책이기도 하다. 이에 중국은 북한의 핵개발의 기본목적을 경제적·안보적 취약성을 탈피하려는 데 있다고 보고 있기 때문에 북핵 문제의 평화적 해결에 보다 낙관적인 전망을 하고 있다. 따라서 중국은 미국과의 적극적 공조 구축을 통해 북한의 안보에 대한 미국의 보장을 유도함으로써, 북한의 안보적 취약성을 근본적으로 해결하는 방향에서 북핵 문제를 접근해 갈 것이다.

최근 북중 관계의 '밀착'을 가능하게 했던 중요한 이유 중 하나가 미중 전략경쟁이라는 국제질서 구조 변화에 북중 양국이 공동 대응했던 측면이 강하였다는 점에서, 바이든 행정부 출범 이후 미중 전략경쟁의 장기화 추세는 북중 관계에도 영향을 미칠 것이다. 즉, 미중 두 강대국이 코로나19 극복과 경제회복 등과 같은 국내적 문제 해결에 집중하면서도 상대방에 대한 전략경쟁을 늦추지 않고 있다는 점에서 북미 협상의 교착 국면은 더 길어질 것이고, 북한과 중국은 상호 전략적 소통을 통해 이와 같은 장기 교착 국면에 대응하고자 할 것이다.

현재 북한이 국내적으로 처한 가장 큰 어려움이 바로 코로나19 확산과 대북 제재 지속에 따른 경제난이라는 점에서, 중국의 대북지원과 협력이 이전보다 강화될 가능성이 있다. 특히 북중이 전략적 소통을 통해 국제사회의 대북 제재 공조를 약화시킬 가능성도 배제할 수 없다. 다만, 현재 바이든 행정부의 대중국 견제와 압박이 전방위적으로 이루어지고 있고 러시아–우크라이나 전쟁으로 인해 중러 협력이 쉽지 않다는 점에서, 중국이 대북 제재 해제를 위해 북한을 전면적으로 지원하기는 쉽지 않은 상황이다.

문재인 정부 시기에, 각종 제약 요건들로 인해 한중 관계는 크게 발전하지 못했다. 2017년 12월 중국 방문에서 겪은 이른바 '혼밥 사건'이 이를 방증하였다. 문재인 정부는 사드 사태로 한중 관계가 경색된 가운데 조속한 방중을 실현하기 위해 10월에 중국 측과 이른바 사드 '3불(不)'을 도출하였다. 이후 2019년 12월 중국에서 시작된 코로나 바이러스가 국내에 확산되기 시작하였음에도 불구하고, 시진핑의 답방을 기대하며 중국인의 입국을 금지하지 않는 '저자세' 외교를 구사함으로써 국민의 불만을 유발하였다.

남북 관계와 북미 관계는 2018년 평창 동계올림픽을 계기로 호전되었다. 2017년만 해도 도널드 트럼프 미 대통령은 북한을 선제공격할 만반의 태세를 갖추고 있었다. 이의 절정은 그해 12월 북한의 6차 핵실험이었다.

2018년 관계 회복 이후, 중국은 대북 관계의 특수성을 유지하기 위한 노력을 부단히 진행하고 있다. 두 가지 측면에서 이를 볼 수 있는데, 하나는 한반도 통일에 대한 중국 측의 지지 입장, 다른 하나는 대북 관계에 대해 시진핑 국가주석이 2018년에 천명한 이른바 '3개의 불변(三個不變) 사항'(이하 '대북 3불')이다. 이 중 '대북 3불'은 북중 관계의 공고와 발전에 대한 확고한 입장, 중국의 대북 우호와 우정, 그리고 사회주의 북한에 대한 지지가 불변할 것임을 의미한다. 즉 북한의 생존 문제에 있어 최소한 중국의 지지를 시진핑이 김정은에게 확인시킨 대목이다. 통일은 북한의 국정 최대 목표이다. 시진핑의 '대북 3불'은 북한 생존을 보장하는 중국 측의 약속이다.

중국의 지지는 2019년 6월 시진핑의 방북에서 다시 한번 공개된다. 그는 북중 우호 관계를 불변한 입장을 가지고 견지하면 '세 가지 새로운 국면의 장'을 열어갈 수 있다고 확신하였다. 그가 언급한 세 가지 새로운 국면의 장은 다음과 같다. 첫째, 전략적 소통과 교류 강화를 통해 서로의 장점을 배우면 북중 우호에 새로운 함의를 양산할 수 있는 새로운 조건과 환경의 장의 창출이 가능하다. 둘째, 양국 간의 우호 왕래와 실무 협력의 강화로 북중 관계의 발전에 새로운 동력이 제공되는 새로운 장을 개막한다. 셋째, 의사소통과 협력을 통해 양국이 지역의 안정과 평화를 위한 새로운 국면을 연출한다.

3) 코로나19 이후 중국의 대북 정책의 영향

현재 북한이 국내적으로 처한 가장 큰 어려움이 바로 코로나19 확산과 대북제재 지속에 따른 경제난이라는 점에서, 중국의 대북지원과 협력이 이전보다 강화될 가능성이 있다. 특히 북중이 전략적 소통을 통해 국제사회의 대북 제재 공조를 약화시킬 가능성도 배제할 수 없다. 다만, 현재 바이든 행정부의 대중국 견제와 압박이 전방위적으로 이루어지고 있고 러시아–우크라이나 전쟁으로 인해 중러 협력이 쉽지 않다는 점에서, 중국이 대북 제재 해제를 위해 북한을 전면적으로 지원하기는 쉽지 않은 상황이다.

북한 비핵화 실현을 위해서는 UN을 포함한 국제사회의 대북 제재가 장기적으로 순조롭게 진행되어야 하지만 현재와 같은 북중 경제협력 및 중국의 대북 지원이 유지되는 상황에서는 국제사회의 대북 압박과 제재 효과를 반감시키고 있다. 중국은 이미 지난 2019년 12월에 이어 2021년 11월에도 러시아와 함께 대북 제재 완화를 위해 유엔 결의안 초안을 제출한 바 있고, 2022년 12월에는 미국 국무부 관계자들의 인터뷰를 근거로 중국이 최근 북한 노동자를 고용하고 북한으로부터 석탄과 해산물 및 기계류를 불법 수입하였다는 소식이 보도되었다. 이는 곧 향후 북중 간 밀착이 강화됨에 따라 미국과 중국을 포함한 국제사회의 대북제재 공조에 균열이 생길 가능성이 높아질 것을 보여준다.

또한 중국은 여전히 북한의 비핵화는 찬성하지만 북한 체제에 영향을 주는 추가 제재에는 반대하는 입장을 견지함으로써 북중 간 전략적 소통을 강화할 것이다. 중국은 2022년 6월 10일 유엔 안전보장이사회에서 북한의 최근 대륙간탄도미사일(ICBM) 시험발사에 대한 추가 제재결의안에 대해 러시아와 함께 거부권을 행사했지만, 북한 비핵화 목표는 여전히 포기하지 않았다는 점을 강조하였다. 이 과정에서 중국은 북미 간 직접 대화를 강조하고 '미국 책임론'을 제기함으로써 북한에 대한 편들기를 계속할 것이다.

4) 시진핑 주석의 3연임과 북한의 향후 대응

2022년 10월 16일로 개최된 제20차 중국공산당 전국대표대회('당대회')에서 시진핑 총서기의 선출이 이루어졌다. 그리고 2023년 3월 전국인민대표대회('전인대')에서 국가주석에 선출되었다. 그는 2012년에 총서기, 2013년에 국가주석으로 처음 선출된 이후 3연임을 이루었다. 마오쩌둥 이후 15년 장기 집권은 중국 정치사상 없었다. 이번에 중국공산당이 이를 허용한 만큼 그의 3연임은 상당한 의미가 있다고 할 수 있다. 그의 3연임의 의미를 살펴보면서 향후 중국의 대외전략 중 한미·북중 관계를 전망하고자 한다.

2022년 18일 미국 헤리티지재단은 〈2023 미국 군사력 지수〉 보고서를 통해 북한의 가장 큰 군사적 위협으로 핵과 미사일 병력을 꼽으며 2011년 집권한 김정은 북한 국무위원장이 북한의 무기 체계를 광범위하게 다각화하였다고 진단하였다.

이 보고서는 2017년 북한이 대륙간탄도미사일(ICBM)인 화성 14호·15호의 시험 발사에 성공한 이후 다탄두 ICBM, 극초음속 미사일, 잠수함발사탄도미사일(SLBM) 등으로 미사일 역량을 다각화해 온 것을 언급하며 "진화하는 핵 및 미사일 전력은 기습·선제공격, 보복적 2차 공격, 전장 반격을 수행할 수 있는 능력을 점점 더 많이 제공한다"고 평가하였다.

보고서는 아울러 "북한의 핵 역량 강화는 동맹의 기존 군사 계획의 효과를 떨어뜨리고, 미국이 동맹을 지키기 위해 (자국에 대한) 핵 공격 위험까지 감수할 것인가에 대한 동맹의 우려를 가중시킬 수 있다"고 평가하였다. 북한의 핵 능력이 더 진화할 경우 핵 공격에 대한 두려움을 이용해 한국에 한미 연합 훈련 중단이나 주한미군 축소를 요구할 수도 있다고 보고서는 전망하였다. 더불어 북한의 사이버전 역량이 갈수록 정교해지면서 통신, 금융, 인프라 네트워크에 매우 실질적인 위협이 되고 있다고 보고서는 우려하였다. 이러한 미국 보고서의 분석은 북한의 대남 공격이 날로 더 거세지고 북미회담이나 남북회담에서 유리한 고지를 점령하고자 하는 경향이 매우 짙어 보인다.

이와 더불어 2022년 10월에 시진핑이 총서기에 연임되면서 미중, 한중, 북미, 남북 관계와 더 나아가 현재 우크라이나 전쟁으로 인한 중국의 타이완 침략에 대한 우려가 더욱 커지고 있다. 시진핑 주석이 그의 임기 내에 타이완을 차지하겠다고 선포하였다. 그러나 중국의 타이완 침공은 쉽지 않다. 동아시아의 국제 관계가 동맹 관계로 얽혀 있기 때문이다. 미일 동맹과 한미 동맹, 북중 동맹 등이 여전히 유효하게 존재기 때문이다. 중국과 러시아 사이에도 지난 2월에 선언한 '무제한의 협력 관계'는 준동맹 관계라 해도 무방하다. 이런 상황에서 중국이 타이완을 무력으로 점령하려는 시도는 이들의 군사 동맹이 작동하는 빌미가 될 것이다. 특히 미국의 타이완 방어 의지가 진심일 경우, 주일 미군과 주한 미군의 동원은 물론 미일 동맹과 한미 동맹의 연루 가능성이 높아진다.

여기에 북중 동맹의 작동도 상상할 수 있다. 지금까지 우리는 북중 동맹의 자동 개입 문제를 한반도 유사시에만 국한시켰다. 중국의 타이완 침공 시나리오에서 핵무기와 다양한 종류의 미사일을 가진 오늘날의 북한이 중국을 도와줄 가능성을 상상하지 못하였다. 그러나 중국이 미국에 반격을 당할 경우, 북한이 같은 공산국가로서, 또 중국의 동맹국으로서 개입할 가능성을 배제할 수 없다.

공산국가 간에는 동맹조약보다 더 큰 효력을 가진 것이 국제공산주의다. 이는 혁명을 먼저 완수한 나라가 혁명의 후발국을 도와주어야 하는 의무와 책임을 중시하는 공산국의 외교 도그마다. 이런 점에서 타이완 유사시 북한의 중국 지원은 필연적이라 본다. 한국전쟁(6.25)과 베트남전쟁에서 중국, 북한, 북베트남 간에 동맹조약이 없었음에도 참전하여 도와준 이유이기도 하다. 만약 타이완에 전쟁이 일어난다면, 북한은 중국을 도와주는 기회로 삼을 뿐만 아니라 남한을 공격해 무력 통일할 기회로 이용할 수 있다. 또 타이완 위기에 주일미군과 미일 동맹이 개입하면, 북한은 일본을 공격할 수 있는 더할 나위 없는 명분으로 삼을 것이다.

시진핑 총서기의 3연임으로 타이완 문제뿐만 아니라 현재의 비우호적 미중 관계의 여파는 한중 관계에도 전해질 것이다. 한국은 한미 동맹이 우선이기 때문이다. 미중 관계가 안 좋을 때 북미 관계가 안 좋을 수밖에 없는 이유도 북중 동맹 관계 때문이다. 이런 상황에서 남북 관계도 경색될 수밖에 없다. 북핵 문제의 해결을 위한 이해 당사국 간의 협상 채널의 가동도 기대하기 어렵다. 이러한 미중 전략대결 상황에서 중국의 북한 '끌어안기'는 더욱 강화되는 모습을 보였다. 2018년 6월 북중 정상회담에서 시진핑 주석이 북한에 전한 이른바 '3개 불변'에서 이를 볼 수 있다. 즉, 북중 관계의 공고와 발전에 대한 확고한 입장, 중국의 대북 우호와 우정, 그리고 사회주의 북한에 대한 지지의 불변을 약속한 것이다. 따라서 시진핑 국가주석의 3연임의 여파는 미래의 미중 관계, 한중 관계, 남북 관계를 예측할 수 있으며, 이에 따라 한국의 입장 역시 매우 곤란하게 될 것이다. 그러나 한국의 미래는 이러한 관계를 슬기롭게 처리해야 살아남을 수 있게 매우 고도의 전략을 잘 짜고 이를 적용해야 할 것이다.

5. 한중 수교 30년과 향후 발전에 대한 의견과 전망

동북아의 국제 관계 구도 때문에 역내 국가들의 관계를 양자 차원에 국한 시켜 접근하는 데는 한계가 있다. 물론 양자 성질의 현안이 존재하는 것은 사실이다. 그러나 군사 안보 현안만큼은 양자 차원에서 분석하는 것이 사실상 불가능할뿐더러, 해결하기도 매우 어렵다. 이의 근본적인 원인은 앞서 강조했듯 역내 역학 구조가 동맹체제로 유지되고 있기 때문이다. 또한 지역의 평화와 발전이 동맹 간의 세력 균형에 기반하고 있기 때문이다.

한미 동맹, 미일 동맹, 북중 동맹과 과거의 북소 동맹으로 세력 균형이 이뤄진 사실은, 역내 군사 안보 문제가 양자만의 현안이 될 수 없다는 데 확고부동한 근거를 제공한다. 비록 2000년 〈북소동맹조약〉의 개정으로 과거와 같은 강력한 군사적 의무와 책임 요구조항이 삭제되었지만, 오늘날 북러 관계를 준동맹 수준의 것으로 정의해도 무난하다. 개정된 북러의 우호·친선·협력 조약은 일방이 침략을 당했을 경우의 즉각적인 개입 조항을 '즉시 접촉'으로 대체하였다. 전략적인 의미에서 양국의 접촉은 실질적으로 대응책을 협상하는 것을 의미한다. 군사적인 것을 포함한 후속 조치가 뒤따를 수 있음을 암시하는 대목이다.

한반도가 분단 상태로, 그리고 남북한이 모두 강대국과 동맹 관계를 유지하고 있는 상황에서 동북아지역의 지정학적 전략 관계의 기본 패러다임은 '3각 관계'에 기초할 수밖에 없다. 가령, 한중 관계만을 놓고 보더라도 한국에 대한 중국의 전략 계산에는 미국 요소와 한미 동맹이 자연스럽게 포함될 수밖에 없다. 미국이 북한 문제를 해결하는 데 있어 중국과의 협력을 강조하는 이유도 같은 맥락에서 볼 수 있다. 북한이 대남 관계를 대하는 데에 있어 한미 동맹을 의식하는 것도 같은 이유에서다. 우리가 한중 관계를 통해 북한의 문제를 해결하려 해도 중국이 북중 관계를 고려하지 않을 수 없는 이유도 여기에 있다.

이렇게 동북아의 국제 관계가 '3각 관계'의 체제 내에서 작동한다는 현실을 직시해야 한다. 그럼 3각 관계에서 북한은 어떤 의미를 지니고 있는가. 이는 다시 말해, 북한을 중심으로 '남북미'와 '북중미' 관계를 분석해야 한다는 의미다. 그리고 그 결과 북한의 대남 전략과 남북 관계는 북미 관계의 상황과 성격에 따라, 반대로 북한의 대미 전략은 미중 관계의 상황에 따라 진화하는 것으로 귀결된다.

그럼 한중 관계의 발전을 위해 북한을 건설적인 방향으로 견인할 전략은 무엇인가. 이에 답하기 이전에 우선 명제가 존재한다는 사실을 인정해야 한다. 이는 중국이 북한을 한중 관계에 종속변수로 취급하지 않는다는 것이다. 그러면 여기서 반문할 수 있는 것이 중국은 북한을 독립변수로 인지하는가이다. 그렇지도 않다는 것도 사실일 수 있다. 중국의 여러 가지 3각 관계에서 북한은 하나의 종속변수에 불과하다. 북한은 중국에게 절대적인 독립변수가 될 수 없다. 다만 북한은 한중 관계의 변화를 효과적으로 이용하는 면모를 보여 왔다. 북한의 이 같은 대외 행위의 유형은 미중 관계와 북미 관계에서도 나타났다.

1) 미중 전략 경쟁의 심화: 양자택일의 딜레마

현재 미중 경쟁은 안보, 경제, 심지어 가치 규범 분야까지 전방위적인 전략 경쟁 단계로 접어들었다. 불행하게도 이 경쟁은 일시적인 현상이 아니고 지속적으로 확대될 것으로 예상된다. 과거의 강대국의 역사가 증명하듯, 현재의 미중 경쟁은 글로벌 리더 역할을 해 온 미국의 패권에 대한 중국의 도전과 그에 따른 패권 경쟁 성격이 강하기 때문이다. 따라서 중국의 종합국력이 쇠락의 길로 떨어지지 않는 한, 향후 긴 기간 동안 경쟁은 지속될 것이다.

우려스러운 것은 미국과 중국 중심의 정치, 군사, 경제, 사회, 문화 블록화가 심화될 가능성이다. 미국 바이든 행정부는 기존의 군사 동맹과 민주주의 가치연대를 강화하기 시작하였고, 중국 역시 이에 대한 대응으로 반서구의 공감대를 형성하는 권위주의 국가들과의 협력을 확대 중이다. 물론 블록화는 각 국가들의 이해관계의 복잡성으로 쉽게 실현될 수 없고, 설령 실현된다고 하더라도 점진적으로 진행될 것이다. 그러나 이번 러시아-우크라이나 전쟁에 대한 각 국가들의 인식과 대응에서도 잘 나타나듯이, 체제와 가치 이념의 차이로 인하여 블록화 현상이 나타날 개연성도 배제할 수 없다. 경제적으로도 미국은 중국이 주도해 온 공급망을 자국에게 유리하게 전환시키기 위해 자국과 가치와 이념을 공유하는 우호 국가들과 함께 연대하길 희망하고 있다. 중국도 기술 및 산업 국산화를 통해 중국 중심의 가치 사슬 재편을 도모하고 있다.

이러한 미중 전략 경쟁의 심화는 한중 관계에 영향을 미칠 수밖에 없다. 우선, 한미 동맹 강화에 대한 견제이다. 중국이 한미 동맹의 불가피성을 인정해 왔다 하더라도, 지난 30년 한중 관계에서 한미 동맹은 결정적 순간에 관계 발전의 발목을 잡아 왔다. 미중 전략 경쟁의 심화 및 블록화 현상은 한국의 의도와는 관계없이 중국이 한국을 안보위협으로 인식하게 될 가능성이 높아지게 한다. 반면 중국은 미국의 블록에 대응하기 위해 북한의 지정학적, 지경학적 가치를 재인

식할 것이다. 과거 미국의 대중 견제가 확대되거나, 한미 동맹이 강화되면, 중국은 북한과의 관계 개선을 통해 균형을 맞추는 전략을 왕왕 활용해 왔다. 미중 간 안보 갈등이 확대되면 중국은 결국 북중 관계를 강화할 것이고, 이에 따라 북핵 및 군사적 도발에 대해서는 우리에게 우호적인 입장을 취하지 않을 것이다.

또한 경제의 안보화 가능성이다. 한국은 중국에 대한 경제 의존성이 상대적으로 높다. 사드 사태 때 이미 경험해보았듯이, 중국은 한국이 미국의 블록에 동참해 자국을 위협한다고 인식하면, 경제적 처벌 카드를 통해 한국을 고통스럽게 할 것이다. 미중 전략 경쟁은 군사안보, 과학기술, 경제 무역, 이념체제 등 전방위에 걸친 경쟁이기 때문에 안보 분야 외에도 다른 분야에서 우리의 대미 편승이 제2의 사드 사태로 비화되지 않으리라는 법이 없다. 결국 한국은 미중 블록화에 대한 대응 과정에서 소위 양자택일의 딜레마에 빠질 가능성이 높은 것이다.

2) 경제적 구조의 변화: 상호보완에서 상호경쟁으로

지난 30년 한중 경제 관계의 비약적 성장은 경제구조의 상호보완성에 기인한 바가 크다. 중국은 후발 개발도상국으로 인력과 인프라를 제공하고, 한국은 기술과 자본 투자, 비교우위를 가진 고부가가치의 핵심 중간재 공급 등 각자의 역할을 하면서 공생하였다. 그러나 중국의 제조 강국 부상 및 기술력의 성장은 경제구조에 있어 보완성보다는 경쟁성을 부각시키고 있다. 이미 중국 수입 시장에서 한국 상품의 점유율이 하락하고 있는 반면, 한국 수입 시장에서 중국 상품의 점유율 증가가 관찰되고 있다.

투자 측면에서도 한국 기업의 탈중국화 현상이 가속화되고, 이로 인한 구조 조정이 일어나고 있으며, 역으로 중국 기업과 자본의 한국에 대한 투자가 확대되는 구조로 전환 중이다. 이러한 추세라면 대중국 무역흑자 제로도 시간문제라는 평가이다. 대외경제정책연구원의 분석에 따르면, 한국이 중국에 대해 흑자를 유지하고 있는 반도체, 디스플레이, 일부 석유화학제품에서 중국의 경쟁력이 빠르게 강화되고 있고, 이에 더해 소비재 분야에서 우리의 대중국 적자가 확대되면서 전통 제조업 교역에서 우리의 대중국 흑자구조가 적자구조로 전환되는 것은 불가피할 것이라는 전망이다. 향후 신에너지, 환경, 바이오, 로봇 등 신산업과 신소재 분야에서 한국이 새로운 공급능력을 갖추지 못할 경우, 한국의 대중국 적자구조는 더욱 고착화될 가능성도 배제할 수 없다.

더구나 중국의 기술력 성장도 한국 경제에는 큰 도전이다. 중국의 ICT 기술 성장은 괄목할 만하다. 물론 반도체, 배터리 등 한국의 주력 수출상품에 대한 기술력은 여전히 중국을 앞서고 있고, 중국은 최대의 부품 소재 시장이기 때문에 한국에 의존해야 하는 상황이다. 그러나 중국이 반도체 등 분야에 과감한 투자를 통해 기술력을 제고하고 있어 이 또한 우리에게는 도전이 될 수밖에 없다. 무엇보다 미중 전략 경쟁의 여파로 글로벌 공급망에 대한 재편 및 전략상품에 대한 리쇼어링 등 세계경제구조의 불확실성이 가속화되고 있어, 한중 경제 관계는 더욱 경제 자체의 경쟁성만큼이나 정치적 요인에도 상당한 영향을 받을 가능성이 높다.

첫째, 미중 전략 경쟁의 한반도화 방지이다. 미중 관계와 남북 관계를 분리할 수 있는 방안에 대해 심도 깊은 논의가 필요하다. 미중 전략 경쟁이 갈등을 심화시키는 유무와 관계없이 한반도 문제가 미중 경쟁에 연루되는 것을 방지해야 한다. 이를 위해서 한중 간 다양한 소통과 성찰 있는 대화가 진행되어야 하고, 상호 오해를 방지하고 신뢰를 구축할 수 있는 대화 기제가 마련되어야 할 것이다. 특히 한국 정부는 북핵 문제 해결이 미중 전략 경쟁을 완충시킬 수 있다는 점을 지속적으로 설득할 필요가 있고, 독자적인 남북 관계 발전을 추구함으로써 미중 전략 경쟁이라는 구조적 영향력으로부터 자율성을 제고해야 할 것이다.

둘째, 한반도의 평화와 안정 추구이다. 한반도의 평화와 안정이라는 목표를 재확인하고, 이를 위한 방법론과 수단에 있어 상호 조율을 보다 활성화해야 한다. 이는 북한의 도발을 방지하고, 한반도 평화의 역진을 방지하는 것이 주요 목표가 되어야 한다. 한국은 중국의 한반도 관련 전략적 고려를 보다 이해하고, 중국은 한국의 안보적 위협에 대한 이해와 북핵 해결을 위한 보다 구체적이고, 건설적인 역할을 수행할 필요가 있다. 동시에 한중 간 비전통적 안보 분야(방역·보건의료, 관광 등) 협력을 '남·북·중' 협력으로 확대하고, 한중 협력을 통해 '남·북·미·중' 간 소다자(Mini-Lateral) 협력으로 전환하는 노력도 해야 할 것이다.

셋째, 양국 간 소통 기제의 지속 가능성 제고이다. 한중 관계의 갈등은 불가피할 수밖에 없다. 따라서 문제의 발생을 방지하는 것보다 발생한 문제에 대한 해결 기제를 만드는 것이 더 중요하다. 이를 위해서는 소통 기제를 다원화하고 정례화시키고, 해결 메커니즘의 제도화 수준을 제고해야 한다. 특히 한중, 남북의 군사적 긴장이 고조될 가능성이 높은 만큼, 상호 중첩되는 군사작전 공간상에서의 상호 이해 증진 및 신뢰 제고를 위한 위기관리 기제가 필요하다. 여기서는 양국 간 갈등의 부침과 관계없이 지속적인 소통이 중요하고, 필요하면 북한도 설득해서 참여시키는 방법을 강구해야 한다.

넷째, 한중의 미래세대의 상호신뢰를 더욱 강화시키는 방향으로 발전시켜 나가야 한다. 현재 사드 배치 이후로 상대국에 대한 비호감도가 상승하여 양국 관계의 미래 발전을 어둡게 한다. 중국의 젊은 세대는 중국의 강대국화를 직접 경험한 세대로 과거 세대에 비해 중국의 체제, 가치 이념에 대한 자부심과 애국주의 성향이 강하고, 미국 및 서구 체제와 이념에 대한 반감이 지속적으로 증가하고 있다. 한국의 젊은 세대는 중국의 패권 추구 경향, 코로나19, 중국발 미세먼지, 인터넷상에서의 사회문화 갈등 등을 직접 체감하면서 반중 정서가 어느 세대보다 강한 세대이다. 즉, 과거 세대가 한중 간 경제협력의 과실로부터 혜택을 받으며 우호적 정서를 쌓을 수 있는 기회가 있었던 반면, 미래세대는 한중 간 협력보다는 경쟁, 갈등에 훨씬 더 노출되어 있다는 것이다.

한중 양국 정부는 적극적으로 공공외교를 강화하여 양국 젊은 세대들의 상호 이해 증진을 도모하고, 역사 가치 갈등과 같이 협력을 통한 해결 가능성이 낮은 사안에 대해서는 중장기적으로 문제 해결의 방향성을 제시하여 현재의 양국 관계에 직접적인 영향이 미치지 않도록 관리해 나가야 할 것이다. 또한 양국의 사회문화 갈등의 정치화 방지와 불필요한 오해와 불신 치유를 위한 소통 관리 시스템을 구축하는 노력이 필요하다. 이러한 한중 양국의 상호신뢰와 미래 발전은 북한을 안정화시키는 데 나름 도움이 될 것이며, 한·중, 남·북의 상호 교류의 물꼬가 트여 동북아의 안정과 미래 발전을 가져 올 것이다.

마지막으로 북중 관계의 이완과 협력 추세가 장기간 지속될 가능성을 고려하여, 한중 협력을 통해 중장기적으로 북한의 변화를 촉진할 수 있는 방안을 모색할 필요가 있다. 한반도가 처한 지정학적 특수성으로 인해 한국은 북한 비핵화뿐만 아니라 중장기적으로도 한반도

통일을 달성해야 하는 과제가 있다. 특히 한반도 통일을 위해서는 북한체제의 근본적인 변화가 수반되어야 하는데, 북중 간 경제협력의 강화는 이러한 변화를 이끄는 동력이 될 가능성도 있다.

실제로 북한이 경제난 극복 및 중장기적 경제사회 발전을 위해 중국식 개혁개방 모델을 포함한 다양한 발전 전략을 검토하고 있다는 점에서, 북중 경협의 강화가 초래할 긍정적 효과도 무시할 수 없는 상황이다. 따라서 비록 현재 국제사회의 대북 제재가 여전하고 북미 협상이 지체되고 있는 상황에서 지정학적 차원의 북한 비핵화를 위한 한중 협력 방안을 마련하는 것이 급선무이지만, 중장기적으로도 북중 경제협력 혹은 한중 협력을 통한 북한의 참여 유도 등과 같은 정책 방안을 마련할 필요성이 있다.

따라서 작금의 한중 수교 30주년을 한중과 남북의 관계가 미래의 한중 40주년을 바라보고 나아가는 데 큰 역할을 할 것이며 한중 40주년에는 생각지 못한 밝은 미래가 올 것으로 기대한다.

참 고 문 헌

동서대학교 동아이사연구원 중국연구센터·지린대학교 동북아연구원 공편, 『동북아정세의 변화와 남북중 협력의 모색』, 산지니, 2021.

문정인, 『문정인의 미래 시나리오: 코로나19, 미중 신냉전, 한국의 선택』, 청림출판, 2021.

박병광, 「시진핑 시기 북중 관계에 대한 평가와 전망」, 국가안보전략연구원 연구보고서, 2020.

백원담, 「G2시대와 다원 평등한 세계재편의 향도」, 『황해문화』 71, 새얼문화재단, 2011, 10~46쪽.

서진영, 『21세기 중국외교정책』, 폴리테리아, 2013.

신상진, 「미중 전면적 전략경쟁 시대 중국의 대북정책과 북중 관계: 미중 관계와 북중 관계의 연관성」, 『국방연구』 63(4), 국방대학교 안보문제연구소, 2020, 67~96쪽.

신종호, 「북중 관계」, 성균중국연구소 편, 『한중 수교 25년사』, 성균관대학교 출판부, 2017.

신종호, 「수교 25주년 한중 관계, 위기관리를 통한 리질리언스 강화 시급」, 『온라인 시리즈』 CO17-25, KINU(통일연구원), 2017.08.24.

신종호, 「한중 수교 30년과 북중 관계: 평가와 전망」, 『현대중국연구』 24(1), 현대중국학회, 2022, 41~62쪽.

양평섭, 「최근 대중국 수출 급감의 원인과 과제」, 『오늘의 세계경제』(KIEP대외경제정책연구원), 2020.07.07 (https://han.gl/cymKv, 검색일: 2023.01.06).

원동욱, 「한중 간 초국경 협력의 한계와 가능성: '동북아 경제회랑'에 대한 비판적 고찰」, 『현대중국연구』 24(1), 현대중국학회, 2022, 105~140쪽.
이기현, 「중국의 대북정책과 북, 중동맹의 동학」, 『JPI 정책포럼』 71, 제주평화연구원, 2011, 1~19쪽.
이기현, 「한중 관계 30년 평가와 미래발전에 대한 소고: 구동존이를 넘어 화이부동으로」, 『한중사회과학연구』 64, 한중사회과학학회, 2022, 9~27쪽.
정보통신기획평가원, 「2020년도 ICT기술수준조사 및 기술경쟁력분석 보고서」, 정보통신기획평가원, 2021.
조대엽·박길성, 『한국 사회 어디로 가나』, 굿인포메이션, 2005.
조영남, 『중국의 꿈』, 민음사, 2013.
조지프 나이, 홍수원 역, 『소프트파워』, 세종연구원, 2004.
주재우, 「시진핑 3연임과 중국의 대외전략: 동아시아와 한반도에 미치는 영향을 중심으로」(기획특집: 시진핑 3연임과 중국의 미래(2)), 『아시아 브리즈』 2(36), 서울대학교 아시아연구소, 2022 (https://lrl.kr/MlHT, 검색일: 2023.01.06).

「美연구소 "北, 억지력 넘어 전쟁수행전략에 필요한 핵역량 개발"」, 연합뉴스, 2022.10.19 (https://lrl.kr/rmYH, 검색일: 2023.01.06).

한중 외교의 갈등과 화해 그리고 도전

: 역사로부터의 경험

박범종

1. 들어가기: 한중 수교 30년을 넘어 한중 외교의 새로운 도전

1970년대 덩샤오핑(鄧小平)의 개혁개방 이후 연 10%의 경제 성장을 기록해 온 중국은 새로운 신창타이(新常態, New Normal) 시대에 미국과 함께 'G2'로 불리고 있다. 특히 2010년 일본을 누르고 제2의 경제대국으로 성장하면서 '중국 부상론'이 대두되고 있다. 무엇보다도 한국은 미국, 일본, 중국, 러시아 등 주변 4국과의 관계 속에서 지정학적·역사적 중요성을 바탕으로 외교를 추진해 왔다. 왜냐하면 한국의 독립과 정부 수립, 한국전쟁 그리고 그 이후에 펼쳐진 세계적인 냉전 구조의 형성과 와해 과정은 한국과 이들 4국과의 관계에 그대로 투영되어 있기 때문이다.

한중 간에 있어 식민통치 시절 일제의 중국에 대한 멸시와 근대화 정도에 의한 국가 간 서열구조(일본－조선－중국)가 투영되었고, 한국전쟁 과정에서 냉전 이데올로기가 투영되면서 중국에 대한 부정적 인식이 존재하였다. 중국이 한국전쟁에 참전하면서, 중국은 북한 그리고 소련과 함께 적대 국가로 규정되었다. 하지만 1971년 중국이 대만을 밀어내고 유엔 안보리 상임이사국이 되면서 중국의 영향력은 더욱 커졌다.

1970년대 이후 한국이 급속한 경제 성장을 하면서 개혁개방 이전 경제적으로 열세에 있던 중국에 대한 무시와 비하가 나타났고, 중국과의 관계는 멀어져갔다. 하지만 1983년 중국민항기 불시착 사건을 통해 한중 관계는 새로운 전환점을 맞이하게 되었다. 그리고 1986년 서울 아시안 게임과 1988년 서울 올림픽에 중국이 참가하면서 양국 간의 관계는 점차 호전되었고, 1992년 8월 24일에 한중 수교가 성사되었다.

1992년 노태우 대통령과 장쩌민(江澤民) 주석이 한중정상회담에서 '우호 협력 관계'를 맺었다. 그리고 1996년 한국인은 중국을 신뢰의 대상으로 인지하지는 않았으나, 국민 다수가 문화의 선택적 교류와 개방을 희망하는 등 신중한 태도를 보였다. 그리고 1998년 한중정상회담에서 김대중－장쩌민은 '21세기를 향한 협력동반자 관계'로 격상시켰다. 그리고 1997년 북한의 황장엽 망명사건과 2000년 중국과 마늘 분쟁 사건으로 다소 외교적인 어려움이 있었지만 한중 관계는 원만하게 지속되었다.

2003년 노무현 대통령과 후진타오(胡錦濤) 주석 간 정상회담에서 '전면적 협력동반자 관계'로 격상되었다. 하지만 중국의 동북공정과 한미 동맹 강화로 인해 한국 내에서 반중정서가 확대되었다. 이후 2008년 이명박 대통령과 후진타오 주석이 정상회담에서 '전략적 협력동반자 관계'로 발전시켰지만, 한미 동맹에 대한 비판적 시각이 한중 관계를 어렵게 만들었다. 2013년 박근혜 대통령의 방중을 통해 '한중 미래비전 공동성명'이 채택되었고, 2015년 한중 관계는 '전략적 협력동반자 관계'를 형성해 역대 최상의 우호 관계를 맞이하였다. 하지만 2016년 사드 배치 관련 마찰을 계기로 중국에 대한 반감이 증가했다. 무엇보다도 중국의 부상이 본격화된 21세기 이후 중국의 국제적 위상 변화에 따라 제기된 국제사회의 우려의 목소리는 미중 경쟁의 심화와 함께 중국에 대한 반감으로 발전하였다. 특히 2019년 12월, 중국 우한(武漢)에서 시작된 COVID-19가 전 세계로 확산되고, 중국의 초기 대응이 잘못된 것으로 알려지며, 팬데믹에 의한 피해가 심각한 국가들을 중심으로 반중 정서가 확산되고 있다.[1] 중국이 팬데믹으로 인해 확산된 글로벌 반중 여론을 완화시키기보다는 소위 '전랑 외교(戰狼外交)'와 같이 자국의 입장을 피력하는 공세적인 기조로 대응함에 따라, 국내 반중정서도 글로벌 여론과 상호작용하며 더욱 심화되고 있다.

그럼에도 불구하고 중국은 변화하는 국제정세 속에서 한국과 인접한 국가이며, 양국은 유구한 역사를 간직하고 있다는 점에서 양국의 외교 관계는 매우 중요하다. 특히 한국과 중국은 추구하는 이념, 정치제도, 경제 방식, 사회문화 등 분명한 차이가 존재하지만 1992년 양국은 국가이익과 공동발전이라는 목표에 따라 한중 수교 이후 전 방위적으로 교류와 협력을 강화해 왔다. 무엇보다도 중국이 국제사회에서 강대국으로 부상하고 있고, 북한과도 혈맹국가로서 주요한 영향력을

1) 2020년 중국에 대한 호감 여론은 미국 22%, 일본 9%, 프랑스 26%, 영국 22%, 한국 24% 등으로 주요 선진국들의 중국에 대한 평가가 심각히 저하되고 있다(PEW Research Center. "Summer 2020 Global Attitude survey. Q8b" 참조).

행사하고 있기 때문에 한반도 평화체제 유지와 안정을 위해 매우 주요하다. 그러나 한중 관계는 2016년 사드(THAAD)배치 문제로 경색 국면을 걷고 있는 가운데 세계적인 코로나 바이러스 감염증의 악재까지 겹쳐 오늘날까지 기존 상황이 개선될 여지가 보이지 않고 양국 간의 갈등과 대립이 커지고 있다. 하지만 한국은 미국과의 정치적, 안보적 국제 관계가 매우 중요하듯이, 중국하고도 정치·경제적 측면 등 긴밀한 국제 관계를 형성하고 유지 및 발전시켜야 한다.

특히 한중 관계는 냉전과 탈냉전의 교차점에 있다. 2022년은 한국 전쟁 70주년이며 베를린 장벽이 무너진 지 43년이 되는 해이다. 따라서 한미 동맹이나 북중 동맹이 냉전의 산물이라면 한중 관계는 그 냉전의 한계를 넘어 새로운 21세기의 협력과 공존의 모델을 만들어가는 과정이 되어야 한다.

2. 한중 관계의 어제와 오늘 그리고 내일

한국과 중국의 외교는 언제부터 시작되었을까? 휴 워커는 『한중 관계사』라는 저서에서 고구려－당나라 관계(CE103~CE733: 항전기)에서부터 설명하고 있다. 나당 관계 후반, 발해－당나라 관계, 고려－북송 관계, 여요 관계, 고려－남송 관계(733~1392: 양면적 대응기), 여몽 관계, 조명 관계(1392~1636: 전형적 순응기) 그리고 조청 관계(1636~1895: 강제적 순응기)로 구분하고 있다. 이처럼 한국과 중국은 고구려 시대부터 정치·외교적으로 밀접한 관계를 맺고 있다.

이후 지리적으로 인접한 양국은 역사적으로 유교 문화권에 바탕을 둔 조공－책봉 관계를 유지하면서 특히 조선 시대에는 '작은 중화(小中

華)'라는 의식과 함께 전통적 형제국가라는 인식을 공유하였다. 그러나 중국에서 청의 몰락과 중화민국이 건국되고, 한반도는 조선의 붕괴와 대한제국의 멸망으로 한중 간의 전통적 관계는 깨졌다. 하지만 경술국치 이후 일제라는 공통의 적에 대항하는 입장이 되면서 다시 가까운 관계가 형성되었다. 한국의 여러 독립투사 및 운동가들이 만주 및 중국 대륙으로 건너가 활동하였고 상하이에는 대한민국 임시정부가 수립되었다. 중화민국 국민당 장제스(蔣介石) 정부는 한중 연합군 부대 창설을 통해 일제와 맞서 싸우는 등 임정과 한국광복군을 지원하였다. 그리고 대만은 1949년 1월 대한민국 정부를 공식 승인하고 서울에 상주공관을 개설하였으며, 한국전쟁과 그 이후의 전후 복구 기간 중에도 한국과 우호 협력 관계를 지속하였다.

1950년 한국전쟁이 발발하자, 마오쩌둥이 미국에 대항해 조선을 지원한다는 항미 원조를 내세우며 한국전에 개입하면서 한국과는 적성국이 되었다. 그리고 남북한 간의 대립과 반목 상태가 지속되는 20여 년 동안 한국과 중화인민공화국 양국 간 관계는 개선되지 않았다. 이러한 미중 적대 관계의 구조 속에서 1961년 출범한 박정희 정권은 출범 직후 '반공'을 '국시(國是)'로 내세웠고 이러한 정책적 기조 속에서 대중국 봉쇄를 위한 지역협의체인 아시아태평양이사회(ASPAC)를 주도하는 등 대중국 적대 외교를 추진하였다. 하지만 1970~1980년대 국제적인 데탕트와 남북 관계 개선 등의 변화 흐름과 함께 한국의 대중국 외교는 과거 '구조적 제약'에서 벗어나 독립적, 전향적 흐름을 보이게 된다. 1970년대 초, 중국의 국제사회 복귀 시기에는 양국은 상호 관심 표명기를 거쳤고, 1978년 말, 중국은 개혁·개방을 선언하고 미국과 수교를 맺으면서 본격적으로 국제사회에 편입하게 된다.

1) 데탕트와 대중국 문호개방외교의 시동(1969~1978)

한중 관계의 단절과 대중국 적대 외교는 1960년대 말부터 새로운 대외환경을 맞이하게 된다. 건국 이후 '냉전의 틀' 속에 갇혀 있던 대중국 인식과 외교 기조가 새롭게 변화하기 시작한 것은 1969년 닉슨독트린과 1972년 닉슨의 중국방문, 1970년 서독의 동방정책 등 국제적인 데탕트의 흐름과 주한미군 감축[2) 등 안보위기감이 고조되는 국내외적 환경에 직면한 시기였다. 이에 대해 박정희 정부는 미중 양국 간 비밀교섭 과정에서 주한미군의 추가 감축 우려가 있다고 판단했고, 미국에 의존하는 안보의 한계를 극복할 필요를 느꼈다. 박정희 정부는 미국으로부터 버림을 받을 위험성, 북한의 도발 가능성, 경제 성장의 지체, 국내 정치세력의 반발에 대처하기 위하여, 자주국방, 중화학공업 육성 등을 시행하였고 독자적인 안보환경 구축을 위해 '중국'을 새롭게 인식하게 되었다. 무엇보다도 1972년 미중 화해와 중·일 수교 등으로 중국에 대한 인식과 태도가 중대한 전환을 맞이하게 되었다.

특히 1972년 '7·4 남북공동성명'을 발표할 당시 중국 관영 언론에서 한국을 '괴뢰집단' 대신에 '남조선'이라 호칭하고, 비방과 공격도 중지하며, 남북한 관계 개선에 대해 환영한다는 입장을 표명하였다. 그리고 박정희 정부는 1973년 '6·23'선언을 통해 중국, 소련 등과의 대공산권 문호개방 외교를 선언하고, 북한의 실체를 인정하면서 남북 간 창조적 경쟁과 UN동시가입을 촉구하였다.

---

2) 닉슨 정부는 1970년 3월 27일 주한미국대사를 통해 한국정부에 주한미군 철수를 위한 협의를 제안하였고, 1971년 말까지 주한미군 1개 사단 병력 2만 명이 철수하였다.

중국은 한국이 '6·23선언'을 발표할 즈음 한국에 대한 인식을 '적성국가'에서 '비적성국가'로 전환하였다. 이러한 국제적 데탕트 분위기와 한국의 대중국 문호개방외교의 선언으로 한중 간에는 비공식적 영역에서 교류가 이루어지기 시작하였다. 1974년부터 우편전신업무의 중개에 대한 합의, 피난어선의 조기 석방, 중국 거주 조선족의 한국 방문 허용 등 일련의 관계 변화가 생겨났다. 그리고 1976년에는 당시 김성진 문공부장관이 동남아 순방 귀로에 홍콩에서 인터뷰를 통해 "한국정부는 언제든지, 어느 장소이든지, 어떤 수준에서도 중국정부 당국과 접촉하고 싶다."는 의사를 전달하였다. 또한 1977년 한국정부는 신안해저인양 유물 공동조사연구를 제의하면서 중국에 대한 비정치적 교류를 통한 관계 개선의 의지를 보여주었다.

2) 중국의 개혁개방과 한중 경제교역의 확대(1979~1983)

중국은 덩샤오핑이 권력을 장악하고, 1978년 12월 중국공산당 11기 3중전회를 통해 개혁개방 노선을 채택한다. 그리고 중국은 경제 발전을 최우선 목표로 하는 정책 기조 속에서 경제 교류의 대상으로서 인접한 신흥공업국 한국에 대한 관심이 서서히 표출되기 시작하였다. 그해 12월 18일 중국공산당 대외무역상 리창은 홍콩 인터뷰를 통해 "중국은 한국과의 교역을 고려해야 한다"고 언급하였다. 또한 중국사회과학원은 1978년 말부터 세계경제정치연구소 산하에 한국 경제 성장 모델을 연구하는 연구 소조를 설립하였고, 1980년대 초부터 한중 관계 교류가 조금씩 확대되었다.

1978년 중국의 개혁개방노선 채택과 경제 발전을 중심으로 하는 정책노선의 추진은 한국과의 관계에 있어서도 중요한 변화들을 만들어갔다. 1980년대 들어 중국은 한국과 일정한 범위 내에서 관계를 맺기 시작하였다. 또한 국제규약에 의하여 국제기관과 국제체육조직이 조직하는 국제회의나 스포츠 대회에 서로 참가하였고, 양국 민간의 친척 방문도 허가하였다. 뿐만 아니라 1981년 초부터 중국은 제3국에서의 외교행사에서 중국 외교관리와 한국 외교관의 접촉을 허용하였다.

1980년 미국을 방문한 전두환 대통령은 '중국이 미국의 친구이고, 친구의 친구는 적이 아니다'라고 하면서 중국과 한국이 교역 관계를 수립하고 중국이 한국의 유엔 가입을 도와주도록 할 것을 미국 측에 요청하였다고 전해지고 있다. 특히 1980년 북한이 미국, 일본과의 관계 개선을 선언하는 등 전방위 외교를 전개하면서 국제적으로 한국을 고립시키고자 하는 움직임을 보이는 것에 대응하여 한국정부도 공산국가와의 관계 개선을 통해 한국의 정통성을 강화하고 북한을 고립시키고자 하였다. 따라서 한국정부는 이러한 기조에 따라 중국의 개혁개방 이후 경제 분야를 중심으로 시작된 한중 간 비정부 교류를 관계 개선의 기회로 적극 활용하고자 하였다.

3) 한중 비정부 교류의 확대와 정부 외교의 태동(1983~1986)

1970년대 초부터 국제적 데탕트 분위기와 한중 양국 국내 정세의 변화가 이루어지고 있을 때, 양국 간 직접 접촉의 돌파구가 된 것은 1983년 5월 중공 민항기 납치사건이었다. 중국은 당시 민항국장을 단장으로 하는 33명의 대표단을 한국에 보냈고, 이 대표단에는 외교부 조약 법률국의 부국장과 조선처장 등이 포함되어 있었다. 중국은 민항국장 명의로 '대한민국'이라는 정식 국호를 표기해 전문을 보내고 최초로 양국 정부 간 직접 협상이 진행되었다. 이에 대해 한국정부는 당시 중국과 외교 관계가 수립되지 않았던 상황이었지만, 중국 측의 요구를 적극적으로 들어주었다. 또한 한국과 중국 간 직접적인 외교가 이루어진 사건은 1985년 3월 어뢰정 사건이었다. 당시 중국은 처음으로 '중국 외교부의 위임'을 명시해 홍콩 주재 신화사 명의로 유감표명 내용을 담은 서한에 서명하였다.

어뢰정 사건 해결 교섭 과정에서 중국 측의 요청으로 주홍콩총영사와 신화사 홍콩분사 외사부장 사도강 간에 직접 접촉이 이루어졌고, 어뢰정 사건 이후 '주홍콩총영사–신화사 홍콩분사' 채널은 양국 간 상시접촉 채널로 발전하였다. 이 두 사건은 비정부, 비정치 교류의 기조가 유지되던 양국 관계에 정부 접촉이 이뤄지는 주요한 계기가 되었고, 비정부 교류를 더욱 활성화시키는 기반이 되었다.

즉 중국 민항기 사건 이후 중국은 북중 관계를 유지하면서 한국과의 관계도 별도로 발전시켜 간다는 원칙을 가지고 있었다. 그리고 1985년 어뢰정 사건 이후 중국은 이미 지도부 내에서 한국과의 관계 개선과 수교 의사를 가지고 있었던 것으로 보인다. 첸치천(錢其琛) 전 중국 외교부장의 회고록인 『외교십기(外交十記)』에는 1985년 4월 덩샤오핑은 "중한관계를 발전시키는 것은 중국 입장에서 필요한 것"이라고 말하면서 "첫째 장사를 할 수 있다. 이는 경제에 좋은 것이다. 둘째는 한국과 대만과의 관계를 단절시킬 수 있다"고 말하였다. 덩샤오핑은 또한 "중국과 한국의 민간 교류를 발전시키는 것은 중요한 전략적 포석으로 대만과 일본, 미국, 한반도는 물론 동남아의 평화와 안정에 모두 중요한 의의를 갖는다"고 강조하였다. 그러나 "이는 매우 민감한 문제로 매우 신중하게 일을 진행해야 하며 북한 측의 이해를 구해야 한다"고 하였다.

이후 한국정부는 경제, 스포츠 교류 등 비정부 교류 채널을 통해 중국 당국과의 간접 접촉을 확대해 가는 한편, 남북 관계 개선[3]을 계기로 중국에 대한 한중 관계 개선의 명분을 제공하였다. 이러한 분위기는 중국이 1986년 아시안게임과 1988년 올림픽에 참가하고, 한중 양국 간 스포츠 교류를 확대되도록 도왔다. 실제로 1990년 북경 아시안게임주최를 희망하는 중국 당국으로서는 스포츠 교류를 중심으로 한국과의 공개적 공식적 교류를 하는 것은 불가피한 것이었다.

4) 한중 수교(1992년)

1992년 8월 24일, 한중 양국은 40년에 걸친 반목을 청산하고 역사적인 수교를 단행하였다. 한중 수교 협상에서 중국군의 한국전 참전에 대한 유감 표명을 받아내고, '하나의 중국' 원칙과 관련해서는 중국의 요구를 수용해 유일 합법정부로 중화인민공화국을 '승인(recognize)'하였다.

1992년 8월 24일 한중 수교는 당시 구소련 및 동유럽권 붕괴 이후 탈냉전의 조류에 적극적으로 부응하여 한반도와 동북아시아에도 화해와 협력의 시대를 열었다는 의미를 갖는다. 또한 과거 반세기 동안에 걸친 양국 간 단절의 역사를 청산하고, 중국 대륙과의 교류, 협력의 물꼬를 트는 결정적 계기가 되었다. 더 나아가 역사적 교류를 회복하여, 미래를 향한 양국 간의 새로운 선린·우호 협력 관계를 구축하는 계기를 마련하였다는 의미도 갖는다. 이에 따라 정치, 경제, 사회, 문화, 국민 교류 등 모든 분야에서 양국 국민 간 상호 왕래 등 실질

3) 1983년 9월 1일 KAL기 격추사건, 1983년 10월 9일 미얀마 아웅산묘소 폭탄테러사건 등 북한의 도발로 악화되었던 남북 관계는 1984년 말부터 수해물자 지원, 남북대화 재개 등 화해국면으로 들어서게 된다.

분야에서 교류가 이루어지고 있다.

1992년 노태우 대통령과 장쩌민 주석 간에 우호 협력 관계를 맺었다. 그리고 한중은 무역을 중심으로 한 경제협력을 중심으로 우호 협력 관계를 발전시켰다. 이후 1993년 김영삼 대통령의 방중에 이어 1995년에는 11월 13~17일 간 장쩌민 주석이 한국을 답방하였다.[4] 하지만 1997년 2월 12일에 북한의 황장엽 국제담당비서의 망명 사건과 동년 2월 19일에는 당시 중국 최고지도자 덩샤오핑이 사망하면서 황장엽의 망명 사건에 대한 한중 간의 협상은 난항을 거듭하였다. 하지만 황장엽은 제3국인 필리핀을 거쳐 한국에 입국했고, 중국은 국제법과 관례에 따라 황장엽의 망명 의사와 한국의 의견을 존중하였다. 그리고 황장엽의 필리핀 체류기간을 최대한으로 연장시키며 북한의 반발을 최소화하기 위해 노력하였다.

1998년 11월 11일~15일 간 김대중 대통령이 중국을 국빈 방문해 경제 관계에 집중되어 있던 한중 관계를 정치·사회·문화·안보 등 다양한 분야에 걸친 포괄적인 협력 관계를 구축하기 위해 노력하였고, 양국 관계는 '21세기를 향한 협력동반자 관계'로 격상되었다. 특히 김대중 대통령이 2000년 6월 13~15일 사이 평양을 방문하여 6.15공동선언을 이끌어내면서 남북문제도 평화의 분위기가 조성되었다. 하지만 2000년에 한중 간에 마늘 분쟁 사건이 발생하면서 무역분쟁에 휩

4) 장쩌민 주석의 방한은 한중 관계의 외교 분야에서 두 가지의 커다란 의미를 가지고 있었다. 첫째, 장쩌민 주석은 중국의 국가원수로는 처음으로 한국을 방문하여 정상회담을 개최한 중국의 최고 지도자였다. 둘째, 장 주석은 또한 국가 주석 취임 이후 북한을 방문하지 않고 한국을 먼저 방문한 최초의 중국 국가주석이기도 하였다. 이처럼 당시 중국은 기존의 한반도 정책에서 외교적 관례를 깨며 한국과의 관계를 중시하는 모습을 보였다. 반면 탈냉전 시기에 접어들며 북중 관계는 과거 혈맹관계에서 점차 국가대 국가의 관계로 변화하며 냉각되어 갔다.

싸이기도 하였다. 그럼에도 불구하고 김대중 정부 시기 한중은 북한의 핵개발에 함께 대응하는 과정에서 중국이 의장국을 맡은 6자회담을 2003년 8월에 중국 베이징에서 처음으로 개최했다. 그리고 2005년 9월에 열린 제4차 6자회담에서는 한반도 비핵화 원칙 등 6개항의 '9·19 공동성명'이 발표되며 한중은 한반도 비핵화와 평화를 위해 함께 협력해 나갔다.

5) 한중 외교의 조정기(2003~2012)

2003년 7월 노무현 대통령이 중국을 방문해 '전면적 협력동반자 관계'로 발전하였다. 하지만 노무현 정부 시기 중국의 '동북공정(東北工程)'과 한미 동맹에 대한 비판적 시각이 공개적으로 표출되면서 한중 관계는 갈등에 휩싸였다. 노무현 정부 시기 한중 관계를 흔들었던 동북공정 현안은 양국 수교 이후 처음으로 한국 내 반중 정서를 급격하게 고조시키는 사건이 되었고 반중 정서는 한국 내에서 2004년까지 이어졌다. 결국 한중 정부는 양국 사이의 갈등을 관리하기 위해 동북공정의 문제를 봉합하기로 하였다. 또한 한중 관계에 갈등을 야기시킨 사건은 한미 동맹이었다. 한미 동맹은 양국의 시각차에서 생겨난 것이다. 한국은 한미 동맹을 대외정책의 기반으로 삼고 북한의 핵과 미사일 위협에 대응하고 있었지만, 중국의 시각은 달랐다.

2008년 8월, 이명박 대통령이 중국을 국빈 방문하였다. 하지만 중국은 한미 동맹에 대한 비판적 시각을 표출하며 양국 간의 한미 동맹의 시각 차이에 관한 논쟁은 심화되었다.

당시 중국 외교부 친강(秦剛) 대변인이 "한미 군사 동맹은 지나간 역사의 유물"이며 "냉전시대의 군사 동맹으로 전 세계 또는 각 지역이 당면한 문제를 다루고 처리하려 해서는 안 된다"는 발언을 하며 중국이 한미 동맹에 대한 비판적 시각을 공개적으로 표출하였다. 이러한 친강 대변인의 발언은 사실상 한국에게 '안미경중(안보는 미국, 경제는 중국)'의 틀을 바탕으로 한미 동맹과 한중 협력을 병행 발전시킨다는 한국의 대외정책이 본격적인 시험의 무대에 오르는 신호탄이 되었다. 그럼에도 불구하고 이명박 정부는 중국과 '전략적 협력동반자 관계'로 양국 관계를 발전시키는 것에 합의했고, 양국은 외교, 안보, 경제, 사회, 문화 등 제반 분야에서의 협력 강화뿐만 아니라 양자—한반도를 포함한 지역—범세계적 공동 관심사에 대해서도 긴밀히 협의하는 관계로 발전하였다.

6) 한중 외교 관계 갈등기(2013~)

2013년 6월 박근혜 대통령의 방중을 계기로 양국은 '한중 미래비전 공동성명'을 채택하고 '한중 전략적 협력동반자 관계'의 내실화에 합의하였다. 또한 박근혜 대통령은 2014년 1월 신년사 기자회견에서 "한중 관계는 과거 어느 때보다 긴밀한 협력 관계"라고 언급했고 동년 7월 시진핑 주석의 방한을 계기로 '한중 공동성명'을 채택하였다.[5)]

2013년 10월 3일 시진핑 주석이 인도네시아 방문을 통해 AIIB(Asian

5) 시진핑 주석의 한국 단독 방문 외교에 대해 중국 내에서는 한국보다 더 긍정적으로 평가하는 경향을 보였다. '중·한 관계 역사의 새로운 이정표'를 세운 것이라 평가하기도 하고, '좋은 이웃 외교(好鄰居外交)'라는 중국 주변외교의 새로운 모델을 창출한 것이라고도 의미 부여를 하고 있다. 중국 학계와 언론들은 시진핑 주석의 한국 방문 외교가 성공적이었다고 자평하는 분위기였으며, 그런 만큼 시진핑 주석의 정상외교 성과의 상징으로서 한중 관계도 마땅히 새로운 단계로 발전해야 하는 당위의 문제로 인식하는 경향을 보이고 있다.

Infrastructure Investment Bank, 아시아인프라투자은행) 설립을 제안한 이후 중국은 한국에 AIIB 가입 요청을 지속적으로 해 왔다. 2014년 7월 시진핑 주석은 정상회담에서 박근혜 대통령에게 한국이 AIIB 창립 회원국으로 참여하기를 희망한다는 의사를 공식적으로 밝혔다. 중국은 10월 24일 인도와 파키스탄 등 21개국과 MOU를 맺으며 한국에 거듭 참여를 요청했지만 한국정부는 가입을 유보해 왔다. 하지만 한국은 2015년 3월 12일 미국의 강력한 동맹국인 영국이 참여 선언을 함으로써 3월 26일 한국정부도 AIIB에 공식적으로 가입하였다. 한국의 AIIB 가입은 결과적으로 '최적의 시기'에 성공적으로 이루어졌으며, 한중 관계가 새로운 단계로 발전했음을 보여준다. 따라서 2015년 한중 관계는 '역대 최상의 우호 관계'라는 수사가 등장할 정도로 발전하였다.[6]

2015년 9월에는 박근혜 대통령이 동맹국인 미국의 비판과 반대에도 불구하고 중국이 개최한 '항일전쟁 승리 및 세계 반(反)파시스트 전쟁승리 70주년' 기념행사에 참석해 한중 우호 협력 관계가 절정을 이룬 시점으로 평가된다. 하지만 당시 미국과 일본에서는 한국이 중국에 기울었다는 시각이 확산되며 한미 동맹에 틈이 생긴 것이 아니냐는 우려의 목소리도 생겨났다.

2016년 이후 북한의 핵·미사일 도발과 미중 전략적 경쟁의 심화라는 한반도 정세 및 국제환경의 변화에 따라 한중 관계는 조정기에

6) '역대 최상의 우호 관계'는 시진핑(習近平) 주석이 9월 정상회담에서 직접 언급한 것으로 청와대 브리핑을 근거로 국내 언론에 타이틀 기사로 보도되었지만 이는 직후에 청와대가 통역상의 오류라고 해명한 바 있다. 그럼에도 현재 한중 관계가 '최상의 관계'에 있다는 표현은 정부와 언론에서 자주 등장하고 있고 일반적으로 사용되고 있다. 「시진핑 '한중 관계, 역대 최상의 우호 관계로 발전'」, 『연합뉴스』(2015.9.2); 「역대최상의 우호 관계? 청와대의 '오역' 해프닝」, 『오마이뉴스』(2015.9.4).

접어들었다. 특히 박근혜 정부 시기 한중 우호 협력 관계를 순식간에 냉각시켜 버렸던 현안은 2016년 7월 8일에 한국과 미국정부가 공식 발표했던 한국 내 사드 배치 결정이었다. 당시 중국은 한국 내 사드 배치 결정의 철회를 주장하며 사드 배치는 미중 사이의 전략적 균형을 깨는 행위라며 강하게 비판하였다. 또한 한국에 대한 단체관광 및 한한령(限韓令)과 관계된 직·간접적인 경제 제재를 가하였으며 중국 내에서는 한국 내 사드 부지를 제공한 롯데 그룹의 중국 롯데마트를 비롯한 한국 기업과 상품의 불매운동이 나타나기도 하였다. 2015년 '최상의 관계'라고 했던 한중 관계가 사드 배치로 인해 2016년 사실상 수교 이후 최하 수준으로 급전직하하였다.

2017년 7월 문재인 대통령과 시진핑 주석의 첫 정상회담에서 양국 간 이견을 다양한 소통을 통해 좁혀가기로 합의하였다. 문재인 정부는 한중 관계의 회복을 위한 노력의 일환으로 2017년 10월 30일 강경화 외무장관을 통해 한국의 '3불 입장표명'에 대해 밝혔다.

먼저 문재인 정부는 사드 추가 배치를 검토하고 있지 않고 있으며, 미국이 주도하는 동아시아 미사일 방어체계(MD: Missile Defense)에 대한 한국의 가입 여부와 관련해 사드 배치는 북한의 핵과 미사일 위협에 대응하고 한국과 주한미군을 보호하기 위한 자위적 조치이며 미국의 미사일 방어체계의 편입과는 무관함을 분명히 하였다. 또한 문재인 정부는 미국의 미사일 방어체계에 참여하지 않는다는 기존 입장에 변함이 없으며, 한반도 전략 환경에 적합한 독자적인 '킬체인(Kill-Chain)'과 한국형 미사일 방어체계(KAMD: Korea Air and Missile Defense)의 조기 구축을 위해 노력 중이라고 언급하였다. 그리고 한·미·일 3국 안보협력은 북한의 핵 미사일 위협에 대하여 억지력을 증진하고 실효적으로 대응하기 위한 범위에서 이루어지는 것이며, 이러한 3국의 안보협력이 3국 간의 군사 동맹으로 발전하지 않을 것임을 밝혔다.

중국은 한국의 '3불 입장표명'을 계기로 다음날인 31일에 '한중 관계 개선 관련 양국 간 협의 결과'를 한중이 공동 발표하며 양국 관계 개선의 돌파구를 마련하였다. 이어 2017년 12월에 문재인 대통령의 방중 및 대중국 유화정책의 지속적인 실행을 바탕으로 한중 관계의 복원을 추구하였다. 하지만 문재인 정부의 노력은 일부 분야에서 양자관계의 회복과 발전을 이룩했으나 2022년 현재까지 완전한 한중 관계의 개선은 이루어지지는 않고 있다.

따라서 향후 윤석열 정부는 문재인 정부에 비해 대중국 유화정책의 수위를 조정하고 주요 현안별로 한국의 가치, 정체성, 국익을 바탕으로 한 당당한 외교를 실현해 가려는 정책적 노력이 필요해보인다. 시진핑 주석의 국가 목표는 신중국 건국 100주년에 맞춰진 '중국몽(中國夢)'이다. 중국의 경제적 발전을 배경으로 정치, 외교, 군사, 사회, 문화적으로도 국제사회에서 영향력을 확대하기 위환 방법으로 '일대일로(一帶一路)' 정책을 추진 중에 있다. 즉 21세기 중국의 대외관계는 시진핑에 의한 '주도적 외교'라고 할 수 있다. 시진핑 주석은 과거 그 어떤 중국 지도자보다 훨씬 적극적이고 공세적인 방식으로 행동을 취하고 있다. 이러한 변화의 과정에서 '하나의 중국' 원칙, 북핵 문제에 대한 중국의 적극적인 참여를 이끌어내야 한다.

한중의 양국 관계는 수교 후 30여 년이 경과하면서 꾸준히 발전하였지만 각 사안에 따른 양국 관계가 보다 심화되지는 못하였다. 특히 2016년 사드 배치 이후로 한중 상호 간에 정치 및 외교뿐만 아니라 경제, 사회 분야 등 전반적으로 신뢰를 잃게 되면, 동북아의 평화적인 체제 안정과 유지를 형성하는 데 어려움을 겪게 될 수도 있다. 따라서 한국은 한미 관계나 한중 관계 또는 남북 관계의 어느 한쪽에만 몰입하지 않고 균형적인 외교를 추진해야 한다. 한중 수교 이후 노태우, 김영삼, 김대중, 노무현, 이명박, 박근혜 그리고 문재인 대통령이 중국을 방문하였고, 장쩌민, 후진타오 국가주석, 리펑(李鵬), 주룽지(朱鎔基), 원자바오(溫家寶) 국무원 총리 등이 한국을 방문하였다. 한 번의 정상회담만으로 양국 관계가 급격히 좋아지거나 신뢰가 구축되지는 않는다. 따라서 정상 간의 잦은 만남으로 신뢰를 구축해야 한다.

〈표 1〉 한중 정상 간 교류(한중정상회담)

일자	회담 및 장소	정상 간 만남 (대통령 - 주석)
1992.09.28	노태우 대통령 국빈 방중(베이징)	노태우 - 장쩌민
1993.11.19	APEC 회의시(미국, 시애틀)	김영삼 - 장쩌민
1994.03.28	김영삼 대통령 국빈 방중(베이징)	
1994.11.14	APEC 회의시(인도네시아, 보고르)	
1995.11.14	장쩌민 주석 국빈 방한(서울)	
1996.11.24	APEC 계기(필리핀)	
1997.11.24	APEC 계기(캐나다)	
1998.11.12	대통령 국빈방중 (베이징)	김대중 - 장쩌민
1999.09.11	APEC 계기(뉴질랜드)	
2000.09.06	UN 새천년 정상회의(뉴욕)	
2000.11.15	APEC 계기(브루나이)	
2001.10.19	APEC 계기(상하이)	
2002.10.27	APEC 계기(멕시코)	
2003.07.07	대통령 국빈방중(베이징)	노무현 - 후진타오
2003.10.19	APEC 계기(태국)	
2004.11.19	APEC 계기(칠레)	
2005.05.08	제2차 세계대전 승전 60주년 기념 계기(모스크바)	
2005.11.16	주석 국빈 방한 및 APEC 계기(서울)	
2006.10.13	대통령 실무 방중 계기(베이징)	
2006.11.17	APEC 계기(하노이)	
2007.09.07	APEC 계기(시드니)	

일자	회담 및 장소	정상 간 만남 (대통령 - 주석)
2008.05.27	대통령 국빈 방중 계기(베이징)	이명박 - 후진타오
2008.08.09	대통령 베이징 올림픽 개막식 참석 계기(베이징)	
2008.08.25	주석 국빈 방한 계기(서울)	
2009.04.03	G20 정상회의 계기(런던)	
2009.09.23	UN 총회 계기(뉴욕)	
2010.04.30	상하이 엑스포 개막식 참석 계기(상하이)	
2010.06.27	G20 정상회의 계기(토론토)	
2010.11.11	G20 정상회의 계기(서울)	
2012.01.09	대통령 공식 방중 계기(베이징)	
2012.03.26	핵안보정상회의 계기(서울)	
2012.05.14	한·중·일 정상회의 계기(베이징)	
2013.06.27	대통령 공식 방중 계기(베이징)	박근혜 - 시진핑
2013.10.07	APEC 계기(발리)	
2014.03.23	핵안보정상회의 계기(헤이그)	
2014.07.03	주석 국빈방한 계기(서울)	
2014.11.10	APEC 정상회의 계기(베이징)	
2015.09.02	대통령 중국전승70주년기념행사참석계기(베이징)	
2016.03.31	핵안보 정상회의 참석 계기(워싱턴)	
2016.09.05	G20 정상회의 계기(항저우)	
2017.07.06	G20 정상회의 계기(베를린)	문재인 - 시진핑
2017.11.11	APEC 정상회의 계기(다낭)	
2017.12.14	대통령 국빈 방중 계기(베이징, 충칭)	
2018.11.17	APEC 정상회의 계기(포트모르즈비)	
2019.06.27	G20 정상회의 계기(오사카)	
2019.12.23	한·중·일 정상회의 계기(베이징)	

3. 역사로부터의 경험: 한중 외교 변화를 가져온 사건들

1980년대 초 한중 관계는 미수교국이라는 제도적 한계와 북한이라는 정치적 제약 속에서 양국 간 정부 외교가 부재하던 상황에서 비정부 행위자—기업, 스포츠협회, 학자 등—의 교류 채널이 먼저 확보되고 있었다. 따라서 한중 수교의 역사적 배경을 이해하기 위해서는 공식 수교 이전인 1980년대에 발생했던 한중 간 공식·비공식 외교 교섭의 내용을 살펴볼 필요가 있다.

왜냐하면 1980년대 후반부터 나타났던 ① 냉전 종식이라는 국제 환경의 변화, ② 노태우 정부 시기 외교적 총력을 기울였던 북방 외교의 추진, ③ 한중 수교에 대한 중국의 긍정적인 평가뿐만 아니라 우연한 사건들에 의해 한중 수교로 이어졌기 때문이다.

특히 수교 전의 시기였던 1980년대에 한중 사이에는 외교적 교섭이 필요했던 대표적인 사건은 ① 1982년 10월 16일 및 1986년 2월 22일에 있었던 중공 (수교 이전이었던 당시 중국의 명칭) 미그 19기 망명사건, ② 1983년 5월 5일의 중공 민항기 사건,[7] ③ 1985년 3월 22일의 중공 어뢰정 사건,[8] ④ 1986년 6월 17일에 발생한 중공 민간인 선박 표류 사건 등이 있다. 또한 1986년 서울 아시안 게임 및 1988년 서울 하계 올림픽의 개최와 중국 선수단의 참석은 한중 간의 우호와 신뢰를 높이고, 외교적 접촉을 스포츠 분야로 확대시키며 양국 수교의 기반을 강화하는 또 다른 중요한 계기가 되었다. 특히 중국은 1989년 6월의 천안문 사태 이후 국제사회의 제재와 외교적으로 고립에 가까운 상황에서 한중 수교를 통해 하나의 돌파구를 찾을 수 있다는 판단 하에 수교 논의에 적극적인 모습을 보였다.

---

7) 특히 1983년 5월에 중공 민항기가 한국의 춘천공항에 착륙했던 사건의 처리 과정에서는 공식 수교 전이었지만 한중 양국의 합의 문서에 국가의 공식 명칭을 표기했다.

8) 1985년 3월에 있었던 중공 어뢰정 사건은 수교 전 한중 간 외교적 교섭의 대표적인 사례로 한중 사이에 외교적 신뢰를 쌓고 중국 지도부로 하여금 한중 수교에 대한 긍정적인 인식을 증가시켰던 대표적인 사건으로 평가받고 있다(윤해중, 『한중 수교 밑뿌리 이야기』, 이지출판, 2022, 26~29쪽).

1991년 9월에 개최된 제46차 UN 총회에서 남·북한이 각각 UN 회원국으로 동시 가입이 됨으로써 한중 수교 추진에 있어 '하나의 중국' 원칙과 관련된 타이완 문제가 돌파구를 찾게 되었고, 국제사회의 탈냉전 국면의 도래와 함께 노태우 정부의 '7·7선언'과 '북방 외교'는 한중 수교의 또 다른 추동 요인이 되었다. 그러나 한중 수교 후 양국의 급진전한 외교와 민간 교류에도 불구하고 또 갈등을 야기하는 문제들을 경험하고 있다. 특히 1997년 북한 황장엽 망명 사건과 마늘 분쟁 그리고 한중 간 갈등이 일회적이고 부분적인 성격을 넘어서 심각한 성격으로 표출시킨 중국의 동북공정이 있다. 이외에도 베이징 올림픽 경기 개막식 직전에 있었던 성화 봉송 충돌 그리고 한중 간에 반드시 해결해야 할 북한의 핵 문제 등이 있다. 뿐만 아니라 탈북자들에 대한 중국정부의 북송 처리 문제, 대기오염을 비롯한 환경문제, 백두산에 대한 중국의 영토주장, 한류의 왜곡 및 혐한 등 여전히 갈등을 안고 있는 문제들이 있다.

특히 2016년 7월 이후 한국 내 사드(THAAD) 배치 현안으로 또다시 냉각의 시기를 맞이하고 있다. 이러한 다양한 이슈는 한중 양국 관계를 긴장시켜왔다. 이처럼 2022년 8월 한중 수교 30년을 맞이한 한중 관계는 경제, 사회·문화, 정치, 군사·안보 등 각 분야에서 다양한 굴곡이 여전히 존재하고 있다. 이러한 문제들에는 다양한 원인이 있겠지만 양국 간 보이지 않는 편견, 오해에서 비롯된 것들도 있다. 따라서 양국이 신뢰를 쌓아가기 위한 노력들이 필요하다.

따라서 한중 관계 발전의 중요한 변곡점이 되었던 두 개의 '우연적 사건', 즉 한중 수교 전인 1983년의 중공 민항기 납치 사건과 중공 어뢰정 사건 그리고 수교 후인 1997년에 발생한 황장엽 망명사건, 마늘 분쟁, 동북공정, 그리고 사드 문제에 대해 살펴보고자 한다.

1) 중공 민항기 납치사건(1983)

중국은 민항기 사건 발생 반년 전 1982년 10월 16일 중국 공군 소속 우롱건(吳榮根) 조종사가 미그 19기로 한국에 불시착했을 때, 한국정부는 조종사는 대만으로 인도하되 기체는 국제관행에 따라 중국으로 돌려보낼 것이라 발표하였다. 당시 한국이 중국의 입장을 고려하여 호의적인 제안을 했음에도 불구하고 중국정부는 정작 어떠한 요구와 반응도 하지 않았다. 하지만 1983년 5월 5일 발생한 중국 민항기 납치사건에 대한 중국의 대응은 달랐다.

중국 승객 105명을 태우고 선양(審陽)을 출발해 상하이(上海)로 비행하던 중국 민항기가 주오창런(卓長仁) 등 6명의 중국인 납치범에 의해 피랍되어 한국 춘천 비행장에 불시착하였다. 중국은 이 사건이 발생하자 매우 이례적으로 당일 저녁 곧바로 사건 처리를 위해 중국 민항총국 관리가 한국에 입국할 수 있도록 해 달라는 전문을 보내왔다. 전문은 "중국민항기가 무장 폭도들에 의해 납치되어 춘천공항에 착륙되었기에 중국민항총국은 서울에 직접 가서 처리를 위한 교섭할 것을 바라고 있으며 대한민국 측의 협력을 바란다."는 간단한 내용이었으나 중국 당국이 직접 한국정부에 공식적으로 접촉을 요청한 최초의 사례였다. 한국정부도 이례적으로 매우 신속하게 다음날인 6일 오전에 곧바로 "대표단의 방문을 접수하며, 중국 외교부 고위관리가 수행할 것을 강하게 요구한다."는 내용의 답신을 중국에 전달하여 일사천리로 중국 협상단의 한국 방문이 성사되었다.

당시 선투(沈圖) 중국민항총국장을 단장으로 중국 외교부 조약국 부국장과 아주국 처장, 신화사 기자 등 이 포함된 대표단 33명이 5월 7일 서울에 도착하여 이 사건 처리를 위한 한중 양국 당국자 간 공식

협상이 시작되었다. 양국 대표단은 3일 동안 10회의 협상을 통해 합의에 이르렀고 합의 내용을 각서형식으로 문서화했는데 이 문서에 한국의 정식 국호를 표기하였다. 중국은 협상과정에서 기체, 승무원, 승객 전원의 송환을 요청했을 뿐만 아니라 납치범 6인에 대해서도 중국 법률에 의거해 처벌할 수 있도록 범죄인 인도를 요구하였다.

하지만 대만의 국민당 정부는 당시 이들 납치범들이 정치망명을 요청한 만큼 즉각적으로 기체와 함께 대만으로 보내줄 것을 압박하고 있었다. 결국 한국정부는 한국과 중국 양국 모두가 가입하고 있는 항공기의 불법납치 억제를 위한 〈헤이그조약〉, 그리고 한국의 〈비행항공안전법〉을 근거로 내세워 납치범을 중국의 주장대로 형사범으로 규정하되 중국이 아닌 한국 법정에 세워 처벌하는 절충안을 제시했고 마침내 중국과의 합의를 이끌어냈다. 이후 납치범들은 한국에서 4년에서 6년의 징역형이 확정되어 약 1년간 실형을 지낸 후 1984년 8월에 강제 추방의 형식을 빌려 대만으로 보내졌다. 또 하나의 중요한 쟁점은 양해각서에 국호를 표기하는 문제였다.

한국정부는 정식 국호표기를 강하게 주장한 반면에 중국은 미수교국이라는 이유로 국호 표기에 난색을 표명하였다. 중국은 하루속히 승객과 기체를 송환하는 데 최우선순위를 두고 있었던 까닭에 더 이상 시간을 지체할 수 없다고 판단하여 '정부를 대표한다'는 문구를 양해각서에 포함시키지 않는 대신에 서명란에 '대한민국 외무부 제1차관보 공로명'과 '중화인민공화국 중국민용항공총국 총국장 선투'라는 명의를 기입하는 것으로 합의하였다.

따라서 중국 민항기 납치 사건은 그야말로 한중 양국 모두가 예상치 못한 역사적 우연의 사건이었음에도 첫 외교 협상을 성공적으로 마무리하여 한국의 대중국 관계 개선 시도에 중대한 돌파구를 마련하는 성과를 거두었다. 이후 1983년 8월, 중화인민공화국 국적 민항기가 대한민국의 비행정보구역을 통과할 수 있도록 하는 합의가 이루어졌다. 또한, 체육, 문화, 관광 등의 비정치적인 영역에서 양국 간의 교류를 시작한 계기가 되었다.

2) 중공 어뢰정 사건(1985)

1985년 여름 산둥반도 해상에서 훈련 중이던 중국 해군 어뢰정 6척 중 한 척에서 내부 반란이 일어나 한국 서해안으로 표류한 사건이 발생하였다. 이 사건은 앞서 민항기 납치사건 해결을 위한 협상에서 합의한 내용이 기본 매뉴얼이 되어 협상이 순조롭게 진행되었다.

한국의 홍콩주재 총영사관과 중국 신화사의 홍콩지국이 협상 창구 역할을 수행했고 그에 따라서 어뢰정 사건 역시 발생 직후 바로 홍콩 신화사 지국의 간부가 한국 총영사관 측에 긴급 접촉을 요청하였다. 한국정부는 이 사안 역시 중국과의 관계 개선이라는 큰 틀에서 전향적으로 접근하였다. 양국정부는 3일간의 회담을 거쳐 단순 살인사건으로 규정하고 어뢰정과 승무원을 중국으로 돌려보냈다. 한국정부가 중국의 요청에 적극적으로 편의를 제공해주면서 매우 신속하게 처리하여 순조로운 협상의 선례가 되었으며 그 결과 중국정부의 한국에 대한 인식도 긍정적으로 변화한 것으로 알려졌다. 이후에도 중국 공군 전투기의 망명 등 유사한 사건이 발생할 때마다 '민항기 해결 방식'이 원용되어 순조롭게 해결됨으로써 양국 간에 긴급사태 발생 시 일종의 해결 공식으로 정착하게 되었다.

이처럼 한중 간의 공식 접촉이 증가하면서 중국 관영 언론에서도 한국에 대한 보도 태도가 변하기 시작하였다. 여전히 북한을 의식해 한국이 아닌 '남조선'이라고 지칭했지만, 이전처럼 '괴뢰정권', '군사독재정권' 등의 적대적 표현은 자제하였다. 그리고 당시 최고 지도자였던 덩샤오핑은 1985년 4월 '한중 관계 발전은 우리에게 필요하다'며 한국에 대한 상당한 관심을 표명하기도 하였다.

3) 황장엽 망명사건(1997)

1997년 2월 12일 오전 9시 북한 노동당 국제담당 비서 황장엽이 수행원 김덕홍과 함께 베이징 한국 대사관 영사부에 들어와 망명 신청을 하는 돌발적 사건이 발생하였다. 주중 한국 대사관에서는 황장엽 일행의 망명 신청 2시간 반 만인 11시 30분에 신속하게 중국 외교부에 이 사실을 통보하였고, 이어서 오후 5시에 망명신청 사실을 언론을 통해 공식 발표하였다. 한국에서는 신속하게 망명사실을 알려준 반면에 북한 측에서는 중국에 사실을 알려오지 않았던 것으로 전해진다. 황장엽 망명사건이 발생하면서 한국정부의 일차적 관심은 중국정부가 어떻게 대응할 것인가 하는 것이었다. 우선 대사관의 비호권을 인정할 지 여부가 초미의 관심이었다.

그리고 비호권을 인정할 경우 한국으로 데려올 수 있느냐는 또 다른 과제였다. 한국정부는 황장엽 망명을 가능한 한 신속하게 추진해 정치적 효과를 얻고자 했던 만큼 망명사건 발생 초기부터 빠른 해결을 위해 총력을 기울였다. 황장엽 망명은 이미 한국 안기부가 주도하고 있었기에 신속한 대응이 가능하였다. 다만 원래 일본에서 망명하려던 계획이 실패하고 불가피하게 베이징에서 실행에 옮기게 되면서 상황은 훨씬 복잡해졌다.

베이징의 주중 한국 대사관에서는 중국 외교부에 황장엽의 망명

신청 사실을 신속하게 통보하고 협의를 위한 면담을 신청하였다. 한국정부는 김하중 당시 장관 특별보좌관을 베이징에 급파하여 중국과 협상을 진행하도록 하였다. 심지어 김영삼 대통령은 직접 장쩌민 주석에게 빠른 송환을 요청하는 친서를 보내기도 하였다. 그런데 중국은 초기에는 한국의 면담 요청에 응답하지 않고 냉담하게 반응하였다. 왜냐하면 북한은 망명 사실이 알려진 직후 망명을 인정하지 않고 한국에 의해 납치되었다고 주장했기 때문이다.

이러한 상황에서 중국은 한중 수교 이후 경색된 북한과의 관계가 황장엽 망명사건으로 더 악화되고 한반도 정세가 불안정해질 것에 대해 우려하면서 매우 조심스러운 반응을 보였다. 2월 14일 싱가포르에서 개최된 아시아유럽 정상회의(ASEM)에 참석한 첸치천 중국 외교부장이 유종하 외교부 장관에게 중국의 이러한 신중한 입장을 전달하였다.

그런데 북한에서 특수부대를 베이징에 급파해서 물리력을 동원해 황장엽을 북한으로 송환하고자 한국대사관 난입을 시도하자, 중국정부는 이례적으로 주중국 한국과 북한 대사관 주변에 천여 명의 공안, 무장경찰, 그리고 심지어 군 병력까지 배치하여 안전 조치를 취하며 만일의 사태에 대비하였다. 중국은 무엇보다 상황이 더 악화되는 것을 막는 데 우선순위를 두고, 황장엽의 한국대사관 밖으로의 이동을 막고 충돌도 방지하면서 상황이 진정되기를 기다리고자 하였다. 왜냐하면 망명사건의 경우 국제법적으로는 중국정부가 치외법권이 인정되는 한국 대사관 내에 진입한 황장엽을 강제로 북한으로 돌려보낼 수는 없기 때문이다.

이에 따라 한국정부는 중국정부에 국제법과 인도주의 원칙을 강조하면서 황장엽의 한국 송환을 설득하였다. 그런데 중국이 상황을 관리하며 고민에 빠져 있는 사이 2월 16일 북한 중앙방송에서 '비겁한 자여 갈 테면 가라'는 혁명가요를 방송하고, 이어서 17일에 조선중앙 통신이 외교부 대변인 성명을 인용하여 "황장엽이 실종된 사건과 관련하여 우리의 입장은 단순하고 명백하다. 황장엽이 납치되었다면 우리는 그에 대해 참을 수 없으며 단호한 대응 조치를 취할 수밖에 없다. 그러나 그가 망명을 추구하였다면 그것은 변절을 의미하므로 변절자는 갈 테면 가라는 것이 우리 입장이다"라는 발표를 하였다.

황장엽 망명사건은 북중 관계의 특수성을 감안할 때, 예상보다는 중국이 한국과 긴밀히 협의하며 비교적 신속하게 처리하였다고 할 수 있다. 결과적으로 보면 이 사건은 초기의 우려와 달리 오히려 한중 관계의 발전을 입증해주는 중요한 성과가 되었다. 그리고 한국이 북한 문제에 대한 중국역할의 기대를 제고시키게 만든 또 하나의 사례가 되었다.

4) 마늘 분쟁(2000~2003)

2000년부터 2003년까지 이어진 한국과 중국의 무역 분쟁이다. 우루과이 라운드(UR, Uruguay Round) 이후 중국산 마늘의 수입이 급증한 것이 한중 마늘 분쟁의 원인이다. 신선마늘 수입은 1996~1998년 사이에 4배 정도 증가했으며 냉동마늘의 경우 1996년과 비교하면 1999년 9배 정도 증가하였다. 1999년 산업자원부 산하 무역위원회는 국내 마늘 농가가 심각한 피해를 받을 것으로 판단하고 재정경제부에 세이프가드 발동을 건의하였다.

무역위원회가 제안한 세이프가드는 일정 기간 냉동마늘과 초산제조마늘의 관세를 기존 30%에 잠정긴급관세 285%를 추가해 총 315%

로 인상하는 방안이었다. 냉동마늘과 초산제조마늘은 우루과이 라운드 협상 당시 국내 수요가 적을 것으로 예측해 30%의 낮은 관세를 허용한 품목이다. 한국과 중국정부는 2000년 4월과 5월에 1, 2차 협상을 진행했으나 합의에 실패하였다. 한국정부는 세계무역기구(WTO)에 세이프가드 조치를 정식으로 통보했으며 6월부터 중국산 마늘에 추가 조세를 부과하기 시작하였다.

이에 중국정부는 한국산 휴대전화와 폴리에틸렌의 수입금지로 대응하였다. 하지만 2000년 6월 말 북경에서 한중 3차 협상이 진행되었다. 같은 해 7월 31일 한국과 중국은 협상안에 최종 서명하고 마늘 협정을 타결하였다. 중국은 한국산 휴대전화와 폴리에틸렌에 대한 수입금지 조치를 해제하기로 했으며 한국은 2002년까지 3년 동안 관세할당제도를 통해 매년 중국산 냉동마늘과 초산제조마늘을 2만 톤 수입하고 세이프가드 기간을 2002년 말까지 줄이기로 하였다.

하지만 한중 마늘 분쟁은 2001년 4월 중국정부가 마늘 세이프가드와 관련해 보복 조치를 재개한다고 경고하면서 다시 시작되었다. 한국이 2000년 예정된 수입 물량을 채우지 못하였다는 이유였다. 한국정부는 도입 기간이 4개월 정도로 짧았기 때문이라고 설명하며 한중 통상장관회담을 통해 2001년 8월까지 남은 분량을 전량 수입하는 한편, 예정된 물량 역시 수입하겠다고 약속하였다.

2002년 6월 농업협동조합 중앙회가 무역위원회에 마늘 세이프가드를 연장해달라고 요청하면서 논란이 발생하였다. 2001년 7월 타결된 한중 마늘 협상 부속서에 2003년 1월 이후 세이프가드를 연장하지 않는다는 내용이 포함되어 있었기 때문이다. 한국정부는 타결 당시 해당 내용을 공개하지 않았으며 뒤늦게 알게 된 농민단체는 이에 반발하였다. 결국, 한국정부는 마늘 재배 농가에 대한 지원을 약속했으며 2003년부터 중국산 마늘은 수입 자유화되었다.

5) 동북공정(2004)

동북공정은 현 중국 내지는 청나라 영토에 흥기했던 중국 동북방, 즉 만주의 나라들이 처음부터 중국에 속해 있었다고 주장하는 정부 주도의 수정주의적 역사 왜곡 시도이다. 중국은 2002년부터 동북공정 역사 연구 프로젝트를 진행하며 자국의 동북 변경의 역사를 정리하기 시작하였다. 하지만 중국에게 동북 변경 지역 역사의 정리를 맡았던 동북공정이 고조선을 중국사에 귀속시키는 것은 물론, 고구려와 발해를 중국의 지방정권으로 해석하면서 한국인들에게는 자국의 민족사적 자긍심을 높여왔던 고대 국가들의 역사를 중국에게 빼앗겼다는 불만과 중국에 대한 비판이 높아졌다.

2004년 국내적으로 본격 이슈화된 '동북공정'은 한국인들의 중국에 대한 인식을 전환시키는 중요한 변수로 작용하였다. '동북공정'으로 한국인들의 중국에 대한 반감과 중국의 부상에 대한 '위협인식'이 확대되었고, 이후에도 중국의 외교 태도나 정책을 '중화패권주의'의 틀 속에서 인식하게 만드는 '프레임'으로 작용하고 있다.

중국의 동북공정에 대한 한국의 인식은 동북공정이 단순히 학술적 차원의 역사연구를 넘어 영토 문제, 중국의 영향력 확대 문제 등 실질적인 정치적 전략적 위협이 존재한다고 인식한다. 2007년 동북공정의 프로젝트는 종결되었고 이로 인해 한국 학계와 대중의 관심 또한 줄어들었으나 여전히 한반도에 대한 중국의 전략 차원에서 진화하고 있다고 우려한다.

동북공정 사업이 한국의 반발로 제대로 된 보고서조차 발간하지 못하고 종결된 실패한 프로젝트라는 인식은 일종의 착시현상일 뿐 동북공정은 역사연구를 넘어 고구려, 발해역사문화유적의 '중국화'는 물론이고 동북진흥전략과의 연관성을 가지고 동북 변경지역의 안정과 영토주권 유지를 위한 각종 전략사업으로 내재화되고 있다. 결국 동북공정 문제는 양국 간 합의에 이르지 못하고 구두양해로 마무리되어 현재까지도 한국인들의 반중 정서에 큰 영향을 미치는 사건으로 남아 있다.

6) 사드 배치(2016)

사드(THAAD, 고고도미사일방어체계) 배치로 인한 '비이성적' 갈등이 분출되면서 '세계외교의 기적'으로 불렸던 한중 관계는 수교 25주년을 맞아 최대 위기에 봉착하였다. 사드 배치는 한중 간 가장 대표적인 외교 마찰 사례로 거론되며, 사드 배치로 인한 중국 측의 보복성 조치(비공식적인 경제제재, 한한령, 민간의 한국 상품 보이콧 운동 등)가 현재까지도 완화되지 않고 있다.

북한의 4차와 5차 핵실험 이후 대북제재에 대한 한중 간의 긴밀한 공조가 한국정부가 기대하고 요구했던 만큼 이루어지지 못하면서 한중 관계에 불편한 징후들이 나타나기 시작하였다. 그리고 한국정부는 북핵 대응에서 중국이 기대만큼의 적극적인 역할을 수행하지 않는다고 판단하고 그동안 모호한 입장을 견지해 왔던 사드 배치 문제를 새로운 북핵 대응카드로 제시하였다.

우선 1월 13일 신년기자회견에서 박근혜 대통령이 사드 배치 문제를 안보와 국익에 따라 검토할 것임을 밝히면서 사드 배치 가능성을 처음으로 언급하였다. 그리고 2월 7일 북한이 장거리 탄도미사일 실험을 단행하자 바로 미국과 사드 배치에 대한 공식협의의 시작하였다. 그리고 5개월이 지난 7월 8일 갑작스럽게 한국과 미국은 “주한미군에 사드체계를 배치하기로 한미 동맹 차원에서 결정하였다”고 발표하였다.

사드 배치 결정을 발표한 직후 중국은 정부를 비롯하여 모든 언론매체, 싱크탱크, 학자들이 일관되게 사드 반대 입장을 표명했고, ‘보이지 않는 보복’ 조치의 강도를 높였다. 당시 중국 외교부는 “사드 배치 프로세스를 중단하고, 지역정세를 복잡하게 만드는 행동을 취하지 않으며, 중국의 전략적 안보이익을 훼손하지 말 것을 강력히 촉구한다”는 성명을 발표하였다.

중국 국방부 역시 담화를 통해 “필요한 조치를 통해 국가전략안보 및 지역전략균형을 수호하는 방안을 고려할 것”이라고 대응 조치까지 언급하였다. 특히 2016년 7월 24일 사드 배치 결정 이후 ‘아세안지역안보포럼(ARF)’에서의 첫 한중 외교장관회담에서 왕이 외교부장은 “사드 배치 시 한중 상호신뢰가 훼손될 것”이라며 사드 문제가 한중 관계 전반에 부정적 영향을 미칠 수 있다고 강도 높게 압박하였다.

2016년 9월 항저우에서 갖은 한중 정상회담에서도 시진핑 주석은 사드 반대 입장을 명확히 하였다. 이후 2017년 10월 31일 한국 청와대의 남관표 국가안보실 2차장과 중국 콩쉬안유(孔鉉佑) 외교부 차관보는 사드협의를 통해 ‘한중 관계 개선’ 협의를 시작하였다. 중국이 2017년 10월에 ‘사드’ 갈등 봉합에 나선 것은 당시의 미중 관계 상황을 염두에 둔 현실적 실리를 생각했기 때문이다. 중국은 배치가 이미 완료된 사드를 철수시키기는 힘들다는 현실적 판단과 11월 트럼프 대통령의 방중을 앞둔 상황에서 한국과 대화에 나선 것이다.

중국이 ‘사드 협의’에서 중요하게 생각한 것은 ‘3불(三不)’ 관련 대목이다. 화춘잉(華春瑩) 중국 외교부 대변인은 ① 한국이 미국의 미사일 방어체제에 들어가지 않고, ② 한·미·일 군사협력이 동맹으로 발전하지 않으며, ③ 사드를 추가로 배치하지 않고 한국에 배치된 사드가 중국의 안보 이익을 훼손하지 않는다는 점을 공개 표명한 것에 주목하였다. 반면 한국이 '사드 협의'를 서둘렀던 것은 중국의 경제 보복을 해소한다는 명분이었다.

이러한 한중 갈등을 야기한 사드 배치 문제뿐만 아니라 미세먼지(2013~현재) 문제도 양국 간 갈등 요인이 되고 있으며, 중국에 대한 한국인의 여론도 악화되고 있다.

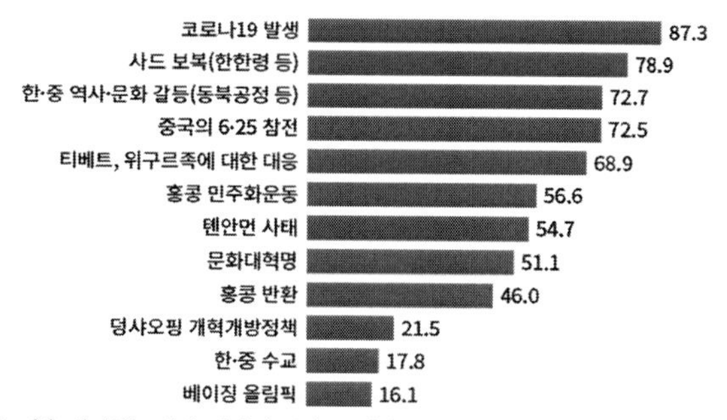

*출처: 「중국의 모든 것을 싫어하는 핵심 집단, 누굴까?」, 시사IN, 2021.06.17(https://lrl.kr/rnuG, 검색일: 2023.01.06).
*단위: %

〈그림 1〉 역사적 사건별 중국에 대한 부정적 인식

하지만 이러한 민감한 현안들이 양국 관계를 저해하지 않도록 원만하게 해결해 나가는 지혜와 노력이 필요하다. 과거 수천 년에 걸친 양국 간의 긴밀한 교류 경험과 지리적 인접성 및 문화적 유사성, 그리고 경제 구조의 상호보완성 등에 기초해볼 때 한중 관계는 지속적으로 발전해나갈 수 있는 잠재력과 가능성을 지니고 있다.

4. 나오기: 한중 수교 30년 이후의 새로운 도전

한중 관계는 2022년에도 사드(THAAD) 사태 이후의 후폭풍을 벗어나지 못하고 있다. 그리고 남북 관계 개선을 중심으로 국제 관계의 난국을 돌파하려는 정부의 기대와 미국을 극복 대상으로 인식하는 중국의 대미 전략, 그리고 '극한 경쟁'을 예고하면서 강력한 대중 압박을 천명한 바이든 정부의 시각이 교차하는 복잡한 상황이 계속되면서 한중 관계도 표류하고 있다. 또한 요소수 사태에서도 나타났듯이 경제력의 외교 무기화 가능성도 분명하게 대두되었다.

중국이 2060년 탄소 중립을 선언하고 화석 연료의 발전을 제어하면서 생긴 급격한 석탄 수급 불균형은 석탄 제련 과정에서 생산되는 요소 부족으로 이어졌고 느닷없이 한국 요소수 시장을 강타해 한국 경제가 공전의 위기를 겪는 상황이 발생했다. 이러한 일련의 사태를 볼 때 한중 관계는 다양한 도전 요인에 직면해 있다.

1) 정치·외교 분야: 한중 사이의 가치와 체제의 차이

한중 수교 당시부터 양국 간 가치와 체제의 차이점이 존재해 왔으나, 양국은 상호 관계의 발전을 추구함에 따라 도전 요인으로 부각되지 않았다. 하지만 최근 미중 전략적 경쟁이 점차 심화되며 미국은 중국을 인권과 민주주의의 가치 및 국제사회의 보편적 규칙 기반 질서를 위협하는 존재로 규정하여 왔다.

특히 시진핑 지도부는 내부적으로 '중화민족의 위대한 부흥'을 주창하며 반부패와 정치개혁을 실행하고 있다. 외부적으로는 미국과의 전략적 경쟁을 펼치며 트럼프 행정부에 이어 바이든 행정부로 이어진

다양한 분야에서의 대중 압박정책을 돌파해야 하는 정치적 과제를 안고 있다. 이러한 과정에서 중국은 미국이 인권과 민주주의의 가치를 내세우며 자유진영 국가들을 결집하고 중국을 전략적으로 포위·압박하고 있는 점에 우려하고 있다. 그리고 중국은 국제사회의 다양한 국가가 가지는 고유한 역사와 문화, 그리고 대내외환경에 의해 '가치'와 정치체제의 '다양성'이 존재하고 있다고 주장한다. 이러한 배경으로 인해 한중 관계에서도 '가치'와 '체제'의 차이와 관련된 현안들이 민감한 도전 요인으로 부상할 수 있다.

또한 중국의 입장에서는 한국이 NATO+AP4의 구조 및 동북아 지역에서 한미 동맹 공고화에 나서는 한편, 미국이 사실상 중국을 압박하는 한·미·일 지역안보협력체제를 강화함에 따라 한중 관계에서 군사안보 분야에서의 도전 요인이 증가할 가능성이 높아졌다. 특히 한미 동맹의 공고화 과정에서 윤석열 정부의 ① 사드 및 '3불'에 관한 입장, ② '방공식별구역(ADIZ: Air Defence Identification Zone)' 및 해상경계획정 현안, ③ 한국의 쿼드(QUAD) 참여 방식, ④ 남중국해에서의 '항행의 자유 작전' 참여, ⑤ 타이완 해협 등의 현안들이 언제든 부상할 수 있다. 이중 한국의 사드 및 '3불' 입장 표명과 관련하여 2022년 8월 9일 중국 산둥성(山東省) 칭다오시(青島市)에서 개최된 한중 외교장관 회의 이후 '3불(不)-1한(限)'의 약속을 준수하라는 중국과 '3불'은 '약속'이나 '합의'가 아니며 2017년 당시 문재인 정부의 입장 표명이었다는 한국의 반박이 이어지기도 하였다.

따라서 한중 수교 30주년을 맞이해 한중 관계의 재정립 및 장기적인 한중 관계의 안정적인 발전을 위해 한중 관계에서 단기적인 갈등이 나타나더라도 한국은 국민들과 합의된 한국의 '가치'와 '체제'의 정체성에 대한 입장을 조금 더 명확하게 중국에 전달할 필요가 있다.

또한 한중 외교에서는 가치와 주권을 분리하는 외교적 접근이 필요하다.[9)]

2) 미중 전략적 경쟁의 장기화와 한미 동맹 공고화

한중 관계는 미중 전략적 경쟁이 심화되면서 새로운 도전 요인들이 부상하고 있다. 즉. 한중 관계 외교 분야는 미중 전략적 경쟁 이외에도 북핵 요인을 포함한 한반도 정세, 한중 산업구조의 변화와 문화 논란 등 양자관계에서 다양한 요인이 영향을 미칠 수 있다.

먼저 단기적인 측면에서 윤석열 정부 출범 이후, 전임 문재인 정부가 추구했던 대중국 유화정책의 견지보다는 한미 동맹의 공고화를 추구하고 있다는 점이다. 2022년의 한국 대통령 선거 기간 중에 외교 분야 공약에서 "한미 동맹의 재건"과 "포괄적 전략동맹"을 제일선에서 강조하고 있기 때문이다.

구체적으로는 "자유민주주의의 가치를 바탕으로 아태지역과 글로벌 질서의 미래비전을 함께 설계"하고, 신기술, 글로벌 공급망, 우주, 사이버, 원자로 등으로 정의된 "뉴프런티어 분야"에서의 협력을 확대하고 심화하겠다고 기술하고 있다. 반면 한중 관계에서는 "상호존중"을 강조하고 있다. 특히 문재인 정부의 대중정책을 "지나친 이념 편향 외교"로 평가하며 한미 동맹과 한·미·일 안보 협력의 구조적 약화를 불러왔다고 언급하고 있다.

---

9) 한국은 문재인 정부 시기였던 2019년 7월 열린 제41차 UN 인권이사회에서 22개국이 위구르 소수민족에 대한 인권 문제를 제기할 때, 같은 해 10월 UN인종차별철폐위원회에서 23개국이 신장위구르자치구에서 발생한 인권 유린문제를 비판할 때, 2020년 6월 제44차 UN 인권이사회에서 27개국이 홍콩보안법의 인권 침해 가능성을 지적할 때 모두 기권하거나 참여하지 않았다.

또한 현재의 갈등과 대립이 심화되는 미중 관계 속에서 기존의 '안미경중'과 '전략적 모호성'의 외교 기조는 더 이상 유지하기 어렵다고 기록하고 있다. 반면 "경제, 공중보건, 기후 변화, 미세먼지, 문화교류" 등을 중심으로 한중 관계의 발전을 추구하겠다고 밝혔다. 하지만 한국사회 내에서 2022 베이징 동계올림픽에서의 한복 및 쇼트 트랙에서의 판정 논란으로 중국에 대한 비판적인 정서가 여전히 팽배해 있다. 따라서 한미 동맹의 강화를 기반으로 상호존중의 한중 관계를 추구하는 윤석열 정부의 대미 및 대중정책의 방향성이 견지될 것으로 전망되면서 한중의 갈등은 지속될 것으로 보인다.

특히 윤석열 정부가 미국 바이든 행정부가 요구하는 쿼드(QUAD), 인도-태평양 경제 프레임워크(IPEF: Indo-Pacific Economic Framework), 미국 주도의 동아시아 미사일 방어체계, 한·미·일 지역안보협력체제, 신뢰 가치 사슬(TVC: Trusted Value Chain) 등의 현안에서 한미 동맹의 전략적 신뢰 회복 및 실질적인 강화를 추구한다면, 이는 역으로 한중 관계에서는 민감한 도전 요인이 될 것으로 보인다. 따라서 한중 전략대화 채널의 복구와 확대가 우선 필요하지만, 나아가 양국 전략대화 채널이 대내외적 환경에 흔들리지 않게 '정례화'시키는 방안이 더욱 필요하다.

3) 중국 내 애국·민족주의 및 사상 교육의 강화와 한중 간 문화 논란

중국의 시진핑 지도부는 미중 전략적 경쟁이 점차 심화되는 과정에서 중국 내 애국·민족주의 및 사상 교육을 강화시켜 왔으며, 다른 한편으로는 중국공산당 중앙선전부를 통해 중국 언론 매체와 SNS를 엄격히 통제해 왔다. 시진핑 지도부는 이를 통해 민족주의적인 대미 항전 의지를 높이며 미국과의 경쟁을 위한 중국인들의 내부 결집을 추구하였다. 특히 애국·민족주의 및 사상 교육의 강화는 중국 공산당과 시진핑 지도부에 대한 정통성과 지지도를 제고시킴으로써 시진핑 주석의 입장에서는 국내정치적인 이익 또한 얻을 수 있는 방안이었다. 따라서 중국 내 애국·민족주의 및 사상 교육의 강화는 2022년 가을에 개최되었던 중국공산당 20차 전국대표대회까지 이어졌다. 이는 시진핑 주석의 당 총서기 3연임의 과정을 공고히 하는데 적지 않은 기여를 한 것으로 평가된다. 나아가 미중 전략적 경쟁이 장기화된다면 중국 내 애국·민족주의 및 사상 교육도 지속될 것으로 예상된다.

이러한 중국 내 애국·민족주의 및 사상 교육의 강화는 중국인들, 특히 20~30대의 젊은 세대에서 중화 문명에 대한 민족주의적 자긍심을 높였다. 이로 인해 한국을 포함해 오랜 역사를 통해 중국과 문화를 교류해 온 이웃 국가들과 점차 문화적 갈등이 발생하는 현상이 나타나고 있다.

한중 관계에서 사회·문화 분야는 많은 성과를 이룩해낸 영역이다. 한중 수교 이후 인적 교류 및 한류를 중심으로 한중 문화콘텐츠 산업 확대, 양국 유학생 증가, 청소년 및 전문가 교류 증진 등이 함께 나타났다. 하지만 2002년부터 불거진 '동북공정' 및 2016년 한국 내 사드 배치 현안 이후 '한한령'을 포함한 중국의 직·간접적인 제재 조치에 이어 최근 한중 네티즌 간의 한복 및 김치 논쟁으로 한중 갈등이 증가하고 있다. 이로 인해 한국 국민들의 중국에 대한 호감도가 감소하고 나아가 반중 감정이 증가하는 현상이 점차 뚜렷해지고 있다. 이러한 변화는 한중 사이의 문화논란이 단기적인 현안이 아닌 중국인들의 세대별 인식이 바뀌어 나타나는 한중 사이의 장기적인 현안이 될 수 있다.

4) 경제·통상 분야: 한중 산업 분업화 구조의 변화 및 공급망 요인

경제·통상 영역에서의 협력은 한중 수교 이후 가장 괄목할 발전을 이루어낸 분야이다. 한중 경제 관계는 수교 이후 가치와 체제의 차이점에도 불구하고 상호 발전과 이익이라는 지향점을 공유하며 협력 관계를 유지해 왔다. 하지만 한중 간 경제협력 구조가 변화하고, 중국이 마주한 대내외적 상황으로 인해 경제 개혁의 동력이 감소하며, 정치적으로는 권위주의로 회귀하는 것이 아니냐는 평가가 나타나면서, 향후 한중 경제 분야에서의 갈등 요인이 증가할 것으로 전망된다.

한중 경제 관계는 이미 한중 산업분업화의 구조적인 변화로 인해 중국과의 무역에서 과거와 같이 한국이 일방적인 흑자를 보는 국면은 이미 지나갔다. 2022년 들어와 수교 이후 처음으로 4개월(5~8월) 연속으로 대중(對中) 무역수지 적자가 발생하고 있다. 주요 원인은 ① 이차전지의 원료가 되는 '기타 정밀 화학원료'와 배터리 중간재인 '기타 축전지' 등 산업 원자재 및 중간재 수입 증가, ② 공급망 재편, ③ 산화리튬, 수산화리튬 등 원자재의 RCEP 특혜관세 등으로 분석된다.

또한 중국은 최근 사실상 내수경제를 강조하는 '쌍순환' 정책을 포함하여 첨단 기술의 자립과 자국 주도의 공급망 구축에 노력을 기울이고 있다. 즉 개방적 시장경제에서 벗어나 경제안보를 강화하는 보호주의로 회귀하고 있다는 점에서 우려감이 나타나고 있다. 하지만 중국은 자국의 '첨단 과학기술의 자립'을 위해 반도체 분야에서 한국과의 협력 및 공급망 구축을 강하게 희망하고 있다. 또한 한국은 아직 중국의 시장 규모, 낮은 가격의 원가, 충분한 생산능력을 대체할 시장 규모 및 생산능력을 보유한 국가를 찾지 못한 상태이므로 'China+One' 정책에 입각한 정부 차원의 공급망 관련 리스크를 관리할 필요성이 있다. 따라서 ASEAN 및 EU와 함께 새로운 국가 간 산업 분업화 구조 수립 및 새로운 시장 개척을 통한 무역 다변화 정책을 지속적으로 추구해야 한다.

참 고 문 헌

강준영, 「韓·中수교 25年: '新常態'시대의 도래」, 『중국학연구』 82, 중국학연구회, 2017, 203~227쪽.

강준영, 「2021 한중 관계: 변화와 지속」, 『2021 중국정세보고』, 국립외교원 외교안보연구소 중국연구센터, 2022.

김달중, 「미 중공 외교정상화문제」, 『중소연구』 2(2), 한양대학교 아태지역연구센터, 1977, 169~191쪽.

김하중, 『김하중의 중국이야기: 2. 영원한 이웃, 끝없는 도전: 한국과 중국』, 비전과리더십, 2013.

김한권, 「수교 30주년의 한중 관계 평가와 전망: 외교·안보 분야 관련 도전 요인을 중심으로」, 『주요국제문제분석』 2022(25), 국립외교원 외교안보연구소, 2022, 1~30쪽.

김한권·표나리·최진백, 「신정부 대중국 정책전망 및 제언」, IFANS Focus, 2022.05.10 (https://han.gl/SheTT, 검색일: 2023.01.06).

마상윤, 「데탕트의 위험과 기회: 1970년대 초 박정희와 김대중의 안보인식과 논리」, 『세계정치』 14, 서울대학교 국제문제연구소, 2011, 101~135쪽.

오진용, 『김일성 시대의 중소와 남북한』, 나남, 2004.

외교통상부, 『한국외교 60년: 1948~2008』, 2009.

원광대학교 한중 관계연구원 편, 『G2시대, 중국은 우리에게 무엇인가?』, 서해문집, 2014.

원동욱, 「동북공정의 내재화, 중국 동북지역 인프라개발의 전략적 함의」, 『국제정치논총』 49(1), 한국국제정치학회, 2009, 231~254쪽.

윤해중, 『한중 수교 밑뿌리 이야기』, 이지출판, 2012.
이동률, 「2015년 한중 관계의 현주소와 대중국외교 과제」, 『2015 중국정세보고』(2015년도 정책연구용역 결과보고서), 국립외교원 외교안보연구소 중국연구센터, 2016.
이동률, 「2016년 한중 관계의 현황, 평가, 전망」, 『2016 중국정세보고』(2016년도 정책연구용역 결과보고서), 국립외교원 외교안보연구소 중국연구센터, 2017.
이동률, 「1980년대 한중 국교 정상화를 향한 진전」, 동북아역사재단 한국외교사편찬위원회 편, 『한국의 대외관계와 외교사: 현대편 3』, 동북아역사재단, 2019.
이상현, 「데탕트기 한국의 동아시아외교: ASPAC존속을 위한 한국의 대응과 좌절 1972~1973」, 『한국정치학회보』 45(5), 한국정치학회, 2011, 193~220쪽.
이성일, 「한중 관계에 있어서 1983년 중국민항기 사건의 영향 분석: 중국 측 관점을 중심으로」, 『동북아문화연구』 20, 동북아시아문화학회, 2009, 395~412쪽.
이희옥·리청르 편, 『동북아 평화를 위한 한중 관계의 모색: 역사로부터의 경험』, 동북아역사재단, 2020.
임대근, 「한중 수교 30년, 문화교류의 현황과 과제」, 『현대중국연구』 24(1), 현대중국학회, 2022, 325~349쪽.
정재호, 『중국의 부상과 한반도의 미래』, 서울대학교 출판문화원, 2011.
조동준, 「데탕트 국면에서 박정희 행정부의 선택」, 『EAI NSP Report』 71, 동아시아연구원, 2014.
차정미, 「1980년대 한중 관계 태동기, 정부-비정부 협력외교의 발전 과정: 외교문서(1980~1986) 분석을 중심으로」, 『국제정치논총』 58(1), 한국국제정치학회, 2018, 7~54쪽.
차정미, 「중국의 동북공정에 대한 한국 학계의 인식 분석: 정체성 정치를 중심으로」, 『문화와 정치』 6(1), 한양대학교 평화연구소, 2019, 199~231쪽.
최정진, 「한중 외교 진단과 활성화 방안」, 『인문사회 21』 13(1), CrossRef, 2022, 259~272쪽.
타오빙웨이, 「중공의 대한반도 정책」(일본 동경개최 한중일 국제학술회의 발표문), 『남북대화와 동북아의 정치적 전망』, 1986.
표나리, 「반중 정서를 어떻게 볼 것인가?: 한국 외교에 대한 함의」, 『주요국제문제분석』 2021(48), 국립외교원 외교안보연구소, 2022, 1~27쪽.

PEW Research Center, "Summer 2020 Global Attitude survey. Q8b".
梁優彩 主編, 『中國與東亞經濟』, 劑南: 劑南出版社, 1991.
沈圖, 『沈圖回憶綠』, 天津: 百花文藝出版社, 1993.
대한상공회의소, 「최근 대중 무역적자 원인과 대응 방안」, 2022년 08월 10일 세미나자료 (https://han.gl/UulfK, 검색일: 2023.01.06).
「한중관계」, 나무위키 (https://lrl.kr/nblF, 검색일: 2023.01.06).

한중 외교관계사 30년의 빛과 그림자

박상윤

1. 들어가며

2022년 8월 24일은 한국과 중국이 수교를 체결한 지 30년이 되는 해이다. 1992년 8월 24일 자유중국이라 불리던 타이완과 단교하고 서로 총부리를 겨누고 죽이고 죽였던 그리고 우리의 통일을 결정적으로 방해했던 중공과 수교를 맺었던 것이다. 양국은 양국의 관계 개선이 한국에게는 거대한 기회를, 중국에게는 경제 발전과 타이완과의 단교라는 두 마리 토끼를 아니 그 이상의 이익을 가져다주는 기회라고 봤고 양국은 이념보다 이익을 택하였다. 양국의 수교는 냉전의 폐막, 한국의 '북방정책' 추진 그리고 중국의 개혁개방정책이라는 톱니바퀴들이 맞물리며 돌아가 탄생한 결과물이다.

수교 30년간 한국은 중국의 3위 교역국, 중국은 한국의 최대 수출국이 되었고 1992년 수교 당시 약 64억 달러였던 양국의 교역액은 2021년 3,015억 달러로 약 49배 가까이 증가하였다. 13만 명에 불과했던 방문자 수는 천만 명을 넘어섰으며 코로나 사태 이전 한국과 중국을 오가는 항공편은 1년에 36,000여 편, 하루에만 100여 편의 비행기가 양국을 오가며 엄청난 양의 인원과 물자를 나르고 있다. 또 한국에 체류하고 있는 외국인의 약 48%가 중국인이며 그 수는 약 54만 명으로 다른 나라에 비해 월등히 많다.

이렇듯, 한중 관계는 경제 분야와 사회문화 분야에서, 또 인적 교류에서 역사상 찾아보기 힘든 급속한 발전을 이루었지만 정치, 외교, 안보 분야에서의 양국 관계는 서로간 역사적으로 겪어왔던 믿음과 인식 부족, 그리고 대내외 여러 가지 요인들로 삐걱거리며 잡음을 내고 있었고 30주년을 맞은 현시점 서울과 베이징에서 동시에 기념식이 열렸다. 서울에서는 박진 외교부 장관이, 베이징에서는 왕이(王毅) 외교부장이 양국 정상의 친서를 대독했으나 20주년과 25주년 기념행사에 비해서는 초라하고 빈자리 속출에 마지못해 하는 분위기가 연출되었고 양국의 언론들은 비중 있게 다루지 않았다.

중국은 정주년(整週年) 한중 수교 기념행사 때마다 부총리급 인사의 방한이 있었다. 수교 20주년 기념식에는 시진핑(習近平) 당시 부주석이 주빈으로, 25주년에는 완강(萬鋼) 중국인민정치협상회의 부주석이 참석하였다. 25주년 행사 때는 사드 사태로 양국의 관계가 급격히 얼어붙었음에도 불구하고 부총리급이 방한하여 중국의 차기 지도부가 양국 관계에 대해 어떻게 생각하고 있는지를 여실히 보여주었다. 30주년을 맞이하는 즈음 윤석열 대통령은 서한에서 “상호존중과 호혜의 정신으로 미래를 만들어나가자”라고 하며 공급망, 고위급 교류 활성화, 경제 안보, 환경 기후 변화 등 실질 협력 분야에서 구체적 성과를 달성해 나가자며 실질적이고 구체적인 명시를 했고, 특히 북핵 문제에 대한 중국의 건설적 역할을 기대한다고 하였다. 시진핑 주석은 "같은 배를 타고 나아가자"라며 좋은 이웃, 좋은 친구, 좋은 동반자가 되자고 간단히 말하였다. 같은 배를 탔다는 것은 한국이 새 정부에 들어 한미 동맹이 강화되고 있다는 것을 견제하는 의미로도 해석되며 북핵 문제나 사드 등 갈등 사항에 대한 언급은 하지 않았다. 30주년 기념식과 마찬가지로 현 시점 양국의 분위기는 반한, 반중 그리고 여러 현안들로 얼어붙어 있다.

이 글에서는 1992년 수교 이전의 적성 국가에서 극적 수교, 선린우호 관계를 거쳐 전략적 협력동반자에 이르기까지 서로가 강조하는 협력은 무엇이며, 위기와 갈등은 무엇이며 어떻게 해결할 것이며, 다가올 40주년, 50주년, 100주년에는 진정한 동반자의 길을 나란히 걸을 수 있을까 생각해본다.

2. 수교 배경과 과정

앞에서 서술하였듯이, 한중 양국은 적성 국가였고 두 나라는 매우 조심스럽고 비밀리에 동반자의 길을 선택한다. 30년 전 코드네임 '동해'라는 작전은 1992년 5월 6일 권병현 대사가 이상옥 외교부 장관에게 한중 수교에 관한 비밀 교섭을 맡아 달라는 부탁에서 극비리로 시작된다.

1973년 공산권 국가에도 문호를 개방하겠다는 6.23선언 이후 외교부 내에 동북아 2과가 만들어지고 이는 한중 수교회담의 주축이 되어 물 밑 작업을 시작한다.

1) 한중 교류의 출발점: 민항기 불시착 사건

1983년 5월 5일, 어린이날 중국 민항기가 불시착하는 사건이 생긴다. 한중 관계에 더할 나위 없는 행운의 사건이었다. 6.25전쟁 이후 처음으로 한국을 방문한 초대받지 않은 중국인들이었다. 5월 5일 오전 11시 중국 선양(瀋陽) 공항을 떠나 상하이로 가던 민항기는 6명의 무장납치범들에 의해 기내를 장악당하고 기수를 한국으로 돌릴 것을 협박 받는다.

승무원이 거부 의사를 밝히자 납치범들은 총격을 가하고 승무원 2명이 부상당한 채 춘천 캠프페이지 미 육군 항공기지에 불시착하였다. 납치범들은 중화민국 대사 면담과 중화민국으로의 정치적 망명 허용을 요청하였다.

이에 한국정부는 요구 조건을 수용할 의사가 있다고 밝혔고 무장 납치범들은 무장을 해제하였다. 사건 발생 3시간 만에 중국에서 입국 요청을 하였고 3일 후 전세기로 민항총국 직원 33명이 입국하였다. 어쩔 수 없이 접촉했고 대외적으로는 알려지지 않았지만 외교부 직원도 있었다. 한국 측은 대통령 지시로 발전된 한국을 적극적으로 보여주자는 의지를 드러내었고 승객과 범인 처리에 대한 협상을 진행하는 동안 승객들은 산업시설을 구경, 최고급 호텔에서 지내며 한국을 경험하였다.

1983년 5월 5일 21시 승객과 승무원들은 비행기에서 내려 춘천에서 1박 후 서울로 이동했고 납치범들은 별도로 수용되었다. 한국정부는 승객과 승무원들을 워커힐 호텔에 투숙시키고 여의도와 자연농원(현 에버랜드) 관광을 시켜 주고 출국 시에 컬러 tv 등을 선물하는 등 한중 관계 개선의 지렛대 역할로 이 사건을 활용하려고 노력하였다. 납치범 6명은 1년간 구속 수감되었다가 추방 형식으로 정치적 망명을 허용하였다. 중화인민공화국 측은 납치범들에 대해 외교합의 문서에서 형사범이라는 표현을 기록으로 남길 것을 주장하였으나 한국정부 측에 의해 받아들여지지 않았다.

국교가 없던 양국은 쌍방 합의 문서에 국가 명칭이 문제가 되었다. 한국전쟁 이후 양국의 첫 외교적 절충이었고 담판을 통해 중국 대표단은 10여 개의 '대한민국'이라는 말을 빼고 한두 개는 동의를 하였다. 한국 측도 만족하였고 양측은 합의를 하였다. 초대받지 않는 손님들은 돌아갔지만 한중 관계는 이 사건을 계기로 큰 전환점을 맞게 된다.

민항기 납치 사건은 단순한 납치 사건과 단순한 한중 양국 간의 접촉이 아닌 매우 중요한 의의를 내포하고 있다. 먼저 계속되어 온 한국 측의 관계 개선 의지에 비협조적인 태도를 가져온 중국이 텔렉스를 통해 양국 간 직접 교신을 한 것은 국교관계가 없는 상태에서는 획기적인 일이었다.

이 사건을 계기로 성립된 직접 접촉은 1949년 이후 첫 번째 정부 간 공식 접촉이었으며 양국이 처음으로 정부 간 공식 회의를 가졌다. 또한 한국은 중화인민공화국으로 중국은 대한민국이라는 정식 국호를 상호 외교 문서에 사용하였다.

그동안 양국은 스포츠 대회나 국제기구를 매개로 하는 비공식적인 방문 등 간접적으로 관계를 맺어 왔으나 한중 양국의 직접 대화의 통로가 열렸다. 그리고 1983년 8월 중국 민항기가 한국의 비행 정보 구역을 통과할 수 있도록 합의가 이루어졌다. 또한 체육 문화 관광 등의 비정치적인 영역에서 한국과 중화인민공화국이 교류를 시작한 계기가 되었다. 한중 공식 외교 접촉의 영향을 받아 1984년 2월에 열린 중국 데이비스컵 테니스 대회의 한국 선수가 최초로 참가하였고 중국정부는 1984년 3월 친척 상호 교류를 허용하였다.

1984년 4월 중화인민공화국 농구선수단이 최초로 한국을 방문하게 된 계기도 이 사건의 영향이 컸으며 이로 인하여 관계가 호전돼 1992년 한중 수교로까지 이어지는 계기를 마련한 사건이다.

2) 한중 수교를 향한 1차 회담

1992년 5월 14일 1차 예비회담은 댜오위타이(釣魚臺) 14호루에서 열렸다. 양국 관계를 발전시키는 방법에 대해 각자 원칙적 문제와 의견을 타진하는 자리였다. 한중 수교와 아무 전제 조건 없는 수교가 조속히 이루어지도록 하는 일을 지체하지 말자고 했고 중국은 한국도 수교를 원하는 것을 알고 있었지만 내부의 문제들이 산재되어 있었고 서로를 탐색하며 파악하는 자리를 가졌다.

한국은 전제 조건 없는 수교를 하겠다고 했지만 중국은 조건이 있었다. 중국과 수교를 하는 모든 나라에 요구하는 공통된 조건, 즉 '하나의 중국'을 주장, 타이완 문제를 중국의 원칙과 입장에 따라 해결해야 한다며 타이완과의 단교를 요구하였다.

한국은 중국이 북한과 혈맹을 끊고 남북한 간 균형된 자세를 취해 달라는 요구를 하였다. 중국과 북한, 한국과 타이완 한중 양국이 수교 회담을 극비리에 진행한 이유였다. 이는 북한과 타이완이 국제사회에서의 고립을 의미하기 때문이었다.

중국은 1949년 중화인민공화국이 건립되자 5일 만에 북한과 국교를 맺었다. 공산당과 노동당의 만남이자, 같은 이념을 추구한 동지 관계였다. 이후 6.25전쟁이 발발하였고 북한의 전세가 어렵자 중국이 개입, 두 나라는 단순한 국교관계나 동반자, 동맹이 아닌 혈맹 관계로 맺어지며 한중 양국은 서로 총부리를 겨누었고 적이 되었다.

1989년 국제질서의 많은 변화가 생긴다. 동독은 서독에 흡수 통일되었고, 각지에서 공산국가들이 무너지기 시작하였다. 헝가리를 시작으로 공산국가들이 한국과 수교를 했고, 1990년에는 소련이 한국과 수교, 이에 위기감을 느낀 김일성은 방중하여 1991년 10월 4일 덩샤오핑을 만나 중국이 소련과 같은 길을 가지 않게, 한중 수교를 하지 말거나 최대한 늦춰달라는 부탁을 하게 된다.

1992년 4월 13일 양상쿤(楊尙昆) 국가주석이 김일성의 팔순 잔치를 축하하기 위해 방북하였고 그는 더 이상 한중 수교를 미룰 수 없다고 통보하였다. 김일성은 이제 북한과 미국, 북한과 남한 관계에 변화가 생길 것이니 조금만 연기해 달라고 부탁하였다. 북한은 초조해하기 시작했고 한중 양국은 혹시 모를 북한의 돌발 행동에 대비하여 더욱이 수교를 비밀리에 추진하였다.

1992년 5월 14일 1차 예비회담 일주일 전 타이완의 고위급 특사 장옌스(蔣彦士) 비서실장이 방문, 노태우 대통령을 만나 타이완 총통의 친서를 전달했고 친서에는 우려가 담겨 있었다.

중국과의 수교의 사실여부를 물었고, 경제와 통상관계는 몰라도 수교만은 절대 안 된다는 입장을 표명하였다. 만약 수교를 맺더라도 타이완과의 기존 국교관계는 유지를 부탁하였다.

한국과 타이완은 상하이 임시정부 시절부터 국민당 정부가 임시정부를 국가로 인정하고 도우면서 국공내전 이후 장제스가 타이완으로 쫓겨나자 반공이라는 이념 아래 양국 관계는 더욱 공고히 되었지만 1971년 유엔이 중국을 회원국으로 승인, 중국은 상임이사국의 자리를 가지게 되었고 일본, 미국 등 52개국이 타이완과 단교를 하고 중국과 수교를 하였다. 타이완은 아시아 마지막 수교국 한국을 절대 잃고 싶지 않았다. 수교는 막을 수 없어도 그 영향을 최소화하기 위해 필사적 노력을 하였다.

한국은 월남전 특수와 중동 특수 등이 경제 발전에 큰 기여를 했지만, 그 뒤 더딘 경제 발전 상황을 중국이라는 거대 시장의 등장을 발판 삼아 적극 활용하고 싶어 했고, 중국에게도 새로운 돌파구가 필요하였다. 서방이 천안문 사건을 계기로 중국 제재 조치를 하자 새로운 투자국이 필요한 중국은 한국과의 수교를 적극 검토하였다. 덩샤오핑은 한중 수교는 경제적으로 양국 발전에 유리하고, 정치적으로 중국 통일에 유리, 나아가서는 동북아의 평화 안정에도 도움이 된다고 하였다.

한국의 유엔 가입은 소련의 반대로 매번 부결되었는데 1989년 헝가리로 시작된 한국의 북방정책, 즉 공산권 국가와의 수교는 소련과의 수교로도 이어졌다. 이제 한국의 유엔 가입은 중국의 손에 달려 있었다. 북한은 유엔 가입을 결사반대했지만 중국이 북한을 설득하였고 그 결과 한국과 북한이 1991년 9월 17일 동시에 유엔 가입을 하여 한국은 독립된 국가가 된다. 즉 한국과 수교할 명분과 조건이 중국에게 생긴 것이다.

1991년 11월 12일 한국을 방문한 중국인 중 최고위 인사인 첸치천(錢其琛) 외교부장이 한국을 방문하였고 노태우 대통령은 중국 대표단과 단독 회담을 가졌다. 첸치천 외무부장은 이상옥 외무부 장관과 회담을 가졌고, 이는 실질적 교류를 알리는 계기가 되었다. 1992년 4월 14일 유엔 아태 경제이사회에서 첸치천 외교부장은 중국을 찾은 이상옥 외무부 장관에게 수교를 제안하였다. 중국은 1차 회담에서 한국의 입장을 이해했고 다음에는 한국의 입장이 중국의 상황에 맞는지 고려해보겠다고 하였다.

3) 타이완에 대한 한국 입장을 요구한 2차 회담

1992년 6월 2일, 2차 회담에서 중국은 타이완에 대한 한국의 입장표명을 다시 한번 요구했고 한국은 북한보다 한국과의 관계를 더욱더 가깝게 해달라고 부탁했고 남북한 간 균형된 자세를 가져달라고 요구하였다. 그리고 조중 우호조약, 북한의 핵 문제에 관한 중국의 명확한 입장표명과 6.25전쟁에 관한 중국의 사과 등을 요구했고 중국은 입장 차이가 크고 수교 조건이 성숙되지 않았다며 강하게 반발하였다.

중국은 6.25전쟁 참전 해명 대신 한반도의 평화 통일과 비핵화를 선언문에 명시했고 한국은 타이완과 단교는 하지만 허용된 한에서는 관계를 유지하는 조건부 단교를 선언하였다. 그리고 수교에 관한 양국 간 쟁점 주요 사안들은 해결되었다.

4) 한중 수교 공동선언문을 작성한 3차 회담

1992년 6월 20일 3차 회담이 서울에서 열렸다. 워커힐 호텔 애스톤 하우스에서 이틀에 걸친 합의 끝에 6개항의 한중 수교 공동선언문이 작성되었고 6월 21일 한중 공동선언문에 합의하였다.

하지만 마지막 난관이 남아 있었다. 북한에 대한 회유와 설득이었다. 3차 한중 수교회담이 끝나자 1992년 8월 중국은 극비리에 외교부장 첸치천을 북한에 파견한다. 환영 인파도 없었고 전용기는 공항 구석에 착륙했으며 마중을 나온 사람도 김영남 외교부장 혼자였다.

김일성은 별장에서 중국 일행을 맞이했고 첸치천 외교부장은 중국과 한국의 수교 사실을 알렸다. 이에 김일성은 우리는 일체의 난관을 극복하고 앞으로 계속 자주적 사회주의를 견지 건설해 나갈 것이라고 답하였다. 역대 중국 대표단과의 대화 중 가장 짧은 회담이었다. 그리고 북한은 북한의 길을 간다. 북중 관계를 혈맹 관계로 묶고 있던 관계의 틀이 바뀌는 계기가 된 것이 한중 수교였던 것이다. 이후 북한은 7년 동안 최고 지도자가 한 번도 중국을 방문하지 않았고 이것으로 반감과 섭섭함을 표시하였다. 그리고 김일성이 사망 후 개혁 개방 대신 핵 개발의 길을 선택한 북한은 오늘날에 이르게 된다.

1992년 8월 24일 오후 4시 명동에 있는 타이완대사관에서 대만국기인 '청천백일만지홍기(青天白日滿地紅旗)'의 마지막 하강식이 거행되었다. 하기식에서 진수지(金樹基) 대사는 "한중 수교는 한국정부가 내린 잘못된 결정으로 한국 국민 전체의 뜻으로는 보지 않는다"며 "그 동안 한국민이 우리에게 보낸 사랑과 우정에 감사한다"고 말했다. 이어 "오늘 우리가 비록 국기는 내리지만 언젠가는 이 자리에 다시 국기를 게양하게 될 날이 올 것"이라면서 "대만 동포는 그때까지 몸 건강히 잘 견뎌 달라"고 당부하였다. 국제법에 따라 대사관은 중국에게 소유권이 넘어가며 화교들의 눈물 속에서 한국과 중국의 수교는 이뤄지게 된다.

3. 한중 외교 관계의 발전 과정

외교 관계는 경제 영역과 비교할 때 상대적으로 실질적인 내용을 계량적 수치로서 분명히 표시할 수 없다는 점이 있다. 그러나 중국의 경우 전통적으로 고위지도자의 방문 외교에 상당한 의미를 부여하는 외교형태를 보여 왔고 그 교류의 빈도 자체가 긴밀도를 나타낸다고 인지하고 있다.

중국은 대외전략의 중요도에 따라서 상이한 동반자 관계를 설정하고 있다. 동반자 외교는 냉전시대의 동맹외교를 대체하는 개념으로 중국은 1990년대 초부터 새로운 전략적 개념으로 외교상에서 "동반자"라는 표현을 쓰기 시작했고 2000년대에 들어와서는 "전략적"이라는 단어를 덧붙이면서 동반자 외교를 강화시키고 있다.

1) 선린우호 관계(1992~1997)

노태우 정권이 들어선 6공화국은 주요 치적으로 북방외교를 꼽을 만큼 북방외교에 외교적 역량을 쏟아 부었다. 북방외교는 무리수를 둘 만큼 6공화국의 정책에서 최우선 순위였다. 소련에 30억 달러의 차관을 88년 이후에는 사회주의권 국가에 총40~50억 달러에 달하는 대규모 차관을 함으로 캄보디아, 쿠바 등 몇 개국을 제외한 거의 모든 사회주의 국가와 외교 관계를 수립하였다.

한반도를 둘러싼 국제정세는 한국의 대외관계에 있어서 미국, 소련, 중국 등 주변 강국의 역학 관계를 등외시할 수 없었다. 한국은 정부의 수립 이후 미국과 동맹 관계를 유지해 왔고 친미 외교노선을 걸어왔다.

이런 환경에서 중국과 소련은 한반도에서 한국에 대해 아주 위협적이면서 불리한 국제환경을 조성하고 있었기 때문에 한국은 중·소 두 나라와의 관계를 개선하는 것이 당시 상황에서 한국외교의 급선무였다. 중국은 한국에 있어서는 북한의 전쟁 억제와 동북아 평화를 유지하는 중요한 수단이었고 북한에 있어서는 든든한 버팀목으로 중국은 남·북한 모두에 있어 중요한 위치를 점하고 있었다.

한중 수교 이후 국가 지도자들의 상호 방문은 끊이지 않고 계속되었고 이렇게 빈번한 고위층의 방문은 상호 외교 관계 역사뿐만 아니라 국제사회에서도 보기 드문 경우이다.

1992년 9월 27일 한중 관계 정상화 이후 불과 1개월 만에 한국의 노태우 대통령은 대규모 대표단을 이끌고 중국을 방문하였고 이는 양국 고위 인사의 빈번한 교류의 서막을 알리는 신호탄이었다. 대표단에는 외교부 장관 이상옥 상공부 장관 한승수 과기사 장관 김진현 이외에도 삼성 현대 대우 등의 재계 인사들 37명이 포함되어 있었다.

1992년 8월 24일 베이징 댜오위타이(釣魚臺) 국빈관에서 이상옥 외무장관과 첸치천 중국 외교부장이 '한중 외교 관계 수립에 관한 공동성명'에 서명하고 악수하는 모습(출처: 연합뉴스, 2022.08.16).

노태우 대통령의 중국 방문은 수교라는 기초 위에 양국이 지으려는 건축물의 구체적인 모양과 그 골조를 올린 효과로 평할 수 있다. 중화인민공화국 설립 이후 최초로 방문하는 한국의 지도자에 대한 중국정부의 환대는 중국정부도 한중 수교의 의미를 정치적이나 경제적으로 얼마만큼 중요시 하는가를 알 수 있게 해주었다. 당시 중국정부의 관보격인 인민일보에서도 방문 기간인 4일간 연일 양국 지도자들의 담화 내용 및 활동 등을 대서 특별하였다.

방문 기간 동안 노태우 대통령은 양상쿤, 장쩌민(江澤民), 리펑(李鵬) 등과 회담을 하였다. 상호간에 국가의 정치경제 상황을 소개하고 상호 협력 관계에 관한 문제들에 대한 논의가 있었으며 국제 형세와 지역 상황에 대한 광범위한 의견 교환 및 향후 모든 분야에서 상호 협력을 확인하였다.

당시 노태우 대통령은 양상쿤 주석, 리펑 총리, 장쩌민 총서기와 회담에서 중국에 진출한 한국 기업에 대한 세제 지원과 중국의 8차 5개년 계획에 한국 기업의 참여를 요청하였다.

9월 30일 한중 양국은 4개 항의 상호협정을 체결하였다. 그것은 〈한중 무역협정〉, 〈한중 투자보호협정〉, 〈한중 경제 무역 기술협력위원회 협정〉과 〈한중 과학기술 협정〉이었고 이 협정의 발효로 양국은 경제협력의 기본적 골격을 갖추게 되었다. 특히 쌍방의 경제 무역 기술협력위원회의 설립은 과거 민간 성격의 무역과 투자의 보호 협정을 정부 간의 협정으로 승격시킴으로써 양국의 경제무역 교류와 협력을 강화하는 데 도움이 되게 되었다.

협정 항목에서 볼 수 있는 것처럼 양국 간의 최우선 과제가 경제 분야임을 알 수 있다. 경제적인 접근으로 상호간의 필요성에 공감대를 형성하고 그에 따른 여론을 조성할 필요가 있었던 것이다.

그리고 수교와 노태우 대통령의 방중이 한반도와 나아가 동북아시아의 긴장 완화에 긍정적으로 작용할 것임을 강조하고 이념적 동맹자인 북한을 자극하지 않으면서 점진적인 개방을 유도하려는 의도를 가지고 있었다. 노태우 대통령의 방중을 시작으로 양국의 주요 정부 관리들의 상호 방문이 이어지는데 1992년 12월에는 최곽규 부총리 겸 경제기획원 장관이 경제 현안을 협의하기 위해 중국에 방문하여 9월 노태우 대통령의 방문 시 체결하였던 4개항의 구체적인 시행 방안을 확인하였고 양상쿤 주석은 한국 기업의 대중국 투자를 적극 지원해줄 것을 요청하기도 하였다.

다시 말해 노태우 대통령의 중국 방문은 쌍방의 고위층 상호 방문의 계기를 만들었고 양국 간의 우호 협력과 공동 개발에 대한 새로운 이정표를 수립하게 되었다.

1980년 덩샤오핑(鄧小平)은 중국의 개방 경제 정책이 한국의 급속한 경제 발전 경험에 자극을 받은 것이라 공언할 만큼 한국을 경제협력의 파트너와 스승으로 생각하였다. 미국이나 서구의 기술에 비해 한국의 기술은 저렴하고 중국 수준에 적합하다고 보았고 일본은 오만하고 타이완은 정치적 장벽이 존재하였다. 또 한국은 문화적으로 유사하여 의사소통이 용이하며 지리적 인접으로 인한 수송비 절감의 장점이 있었다. 또 재중동포를 여러 방면에서 활용할 수 있다는 이점도 있었다.

1970년대 중반 이후 양국 간 교역 규모는 미미한 수준이었지만 1980년대에 들어서면서 크게 확대되었다. 양국 간 교역 규모는 1981년 35,000만 달러 수준에서 1985년에는 1억 달러를 넘었으며 1988년에는 30억 달러를 1990년에는 38억 달러 수교 직전인 1991년에는 58억 달러를 상회하는 급신장을 기록하였다.

한국과 중국의 교역이 통계적으로 나타나기 시작했던 1980년대부터 수교가 이루어졌던 1992년까지의 기간에서 양국 간의 교역은 매년 평균 40.7%의 비약적 성장률을 보였다. 1985년에는 11억 6천만 달러로써 작년도 대비 94.1%의 증가세를 보였고, 1988년에는 약 30억 9천만 달러로서 83.9%의 급증세를 기록하였다. 1991년에는 약 58억 달러, 1992년에 이미 중국은 일본, 홍콩, 미국, 대만, 독일에 이어 다섯 번째 교역국이 되었다.

수교 1년 후인 1993년에는 112억 달러를 넘으면서 본격적인 단계로 접어들기 시작하였다. 1993년 한국 최초의 문민정부인 김영삼 정부가 출범하면서 한국의 정치 판도에 적지 않은 변화가 생겼는데 전 정권인 노태우 정부의 북방외교에서 신외교정책인 세계화 다변화 다원화 지역 협력 등이 표방되었다.

그러나 신외교정책의 기본 골자가 1990년 국제정세의 변화에 능동적으로 대처하는 것인 만큼 중국과의 관계는 오히려 더욱 심화될 수 있는 계기로 작용하였다. 그런데 상호 경제적 이익 증대와 보안이라는 가장 현실적인 필요와 요구에 의해서 맺어져 있던 양국의 관계는 북한의 핵 문제가 수면 위로 떠오르면서 새로운 국면을 맞이하게 되었다. 즉 북한과 국제원자력기구 간의 핵 문제 회담이 결렬되면서 중국은 중화인민공화국 수립부터 혈맹의 우방으로 정치적 관계를 가져 온 북한과 경제적 신뢰를 목적으로 관계를 가지고 있는 한국과의 관계에서 명확한 입장표명과 방향을 찾아야만 했었다. 결국 북한의 핵 문제는 양국의 공통 관심 문제로 떠오르게 되고 중국정부는 급기야 1993년 5월 27일 당시 첸치천 외교부장을 한국에 파견 현안 문제와 관련하여 한국정부와 협의토록 하였다.

첸치천 부장은 김영삼 대통령 및 한승수 외무장관과 양국 관계 및 국제와 동북아 지역 정세에 대한 의견을 교환하고 최종적으로 북한 핵 문제의 원만한 해결을 위해 상호 협력한다는 최종 합의를 이루어 내었다.

아울러 대한민국 정부와 중화인민공화국 정부 해운협정을 체결하였는데 이는 한국과의 정치적 경제적 동반자 관계 의사 표명을 한 것으로 평가할 수 있다. 실질적 교류의 확대를 위한 중국정부의 관료들의 방한이 진행되었고 1993년 황낙주 국회 부의장의 초청으로 텐지윈(田紀雲) 전국인민대표대회의 부위원장이 방한하였다. 중국 내 당서열 8위인 텐지윈 부위원장은 “이번 방한(訪韓)은 두 나라 국회사이의 첫 고위급 방문이며 이로써 한중 두 나라의 고위급접촉이 시작된 것”이라고 말하였다. 방한의 주된 목적은 한중 경제협력의 강화로서 양국의 경제적 측면에서의 상호 보완성과 시장의 상호 의존성의 중요성을 강조 한국 기업의 중국 진출과 투자를 적극 권장하였다. 텐 부위원장의 방한의 가장 큰 의의는 한국의 국회와 중국의 전국인민대표대회의 고위급 간부들의 교류라는 것이었다. 그리고 1993년 9월에는 중국 리란칭(李嵐淸) 국무원 부총리가 대전에서 열린 세계 엑스포에 참가하기 위해 중국정부 대표단을 이끌고 방한하였다.

한국 측 관료들의 방중도 이어졌는데 1993년 8월에는 김한규 보건위원회 위원장이 소속 대표단이 방중하였고 10월에는 한승수 외무부 장관이 방중하였다. 한 장관은 이 방문에서 리펑 총리와 장쩌민 주석 첸치천 외교부장과 년 내 제5차 회담을 가지고 기존의 경제무역 관계를 균형적으로 발전시키고 기타 협상의 진행 및 중국정부의 적극적 의사가 있다면 모든 영역에서 교류와 협력을 촉진시킬 수 있다는 우리 정부의 입장을 전달하였다.

이 방문을 통해 한중 양국은 〈환경협력협정〉을 체결하기도 하였다. 한 장관의 방중 이후 한국정부 관료들의 방중은 더욱 잦아졌고 11월에는 시애틀에서 열린 APEC에서 양국의 정상인 김영삼 대통령과 장쩌민 주석이 만나 한국과 중국의 현안 및 동북아 국제 정세에 대한 의견을 나누는 한편 장쩌민 주석은 김영삼 대통령을 중국으로 초청하였고 김영삼 대통령도 이에 회답하였다.

1994년 3월 26일 북한의 핵 위기가 발생하였고 김영삼 대통령은 5일간의 일정으로 중국을 방문하게 된다. 이 방문으로 양국은 정치 경제적으로 실질적 성과를 얻게 되었는데 정치적으로는 김영삼 대통령과 중국의 지도자들은 한반도 핵 위기의 처리 방법과 대화 원칙에 대해 중요한 양해와 일치된 의견을 도출해 이 의견은 북미 담판에 있어서 적극적인 영향을 미쳤고 북미 핵 협의의 도달에 하나의 담보를 제공 한반도의 핵 위기를 평화적으로 해결하였다.

1994년 10월 31일 북미 핵 협정이 타결되고 잠시나마 핵 위기가 해결된 상황에서 한반도 평화의 기초 위에 양국의 경제 무역 협력을 더욱 발전시키기 위함을 목적으로 하는 중국 총리 리펑이 5일간의 일정으로 한국을 방문하였다.

이는 노태우 대통령과 김영삼 대통령의 방중에 대한 답방으로 중국 지도자 최초 방문이었고 이 방문에서 리펑 총리는 평화 공존과 장기적 우호 협력 평등 호해와 상호 협력, 협상의 강화와 진실된 협력 기회 포착 공동발전이라는 양국의 경제무역 사항 원칙을 제기하였다.

1995년 11월 13일은 한중 양국의 우호 관계의 최정점이자 수교 3년을 결산한다고 볼 수 있는 장쩌민 중국 주석이 공식 방한하였고 이는 중국이라는 국가의 주석이 최초로 방한한 것이었다.

외교부 장관, 공산당 중앙서기 국가경제무역주임 화공부 장관 대외경제무역부장 등이 함께 했으며 방문 기간 동안 국제 관계와 정세, 상호 관심 분야에 대한 의견을 김영삼 대통령과 이홍구 국무총리, 황낙주 국회의장 등과 나누었다.

장쩌민 주석은 국회 강연에서 "중국은 장기적 안목에서 출발, 한반도와 지역의 평화에 기초하여 한중 관계를 처리하고 평등 호해와 상호 이익, 진정한 협력과 공동 발전의 원칙에 입각하여 한국과의 경제무역 관계를 계속 발전시키자"고 주장하였고 김영삼 대통령은 "21세기 인류의 평화와 번영을 위해 한국은 중국의 친밀한 이웃이며 우호적 동반자라고 강조하였다.

경제적인 성과로는 자동차, 항공, 공정제어 교환기, 텔레비전 및 핵 발전 등 5개 영역에서 협력을 약속하고 과거 무역과 투자 영역에서 산업협력의 공식적 수단으로 하여 양국 경제무역 관계의 비약적 발전을 가져오게 되었다. 또 〈이중과세방지협정〉 및 〈문화협력협정〉을 체결하고 '통신 협력 양해각서'를 교환하였으며 산업협력위원회를 설치할 것을 합의하였다. 〈문화협력협정〉에 근거하여 양국은 교육, 과학, 문화, 예술, 방송, 영화, 출판 및 체육 분야에서도 교류와 협력을 강화하게 되었다.

김영삼 시기의 대중 투자는 제3국 수출 시장에서 내수 지향의 방향으로 바뀌는 추세에 있다. 투자에 있어서도 중국의 대한 투자는 금액이나 건수에 있어 미미한 편이었다. 그러나 한국의 대중 투자는 해마다 증가 추세를 보이며 1997년에는 중국이 미국 다음인 한국의 제2의 투자 대상국으로 떠오르게 된다. 이는 1988년 최초 2건의 투자로 시작한 대중 투자에서 크나큰 성과라 할 수 있다.

1997년 말에는 투자 건수로는 미국을 앞서 제1의 투자 대상국이 되었으며 한국은 중국의 제7위의 투자 대상국이 되었다. 1997년 말 한국이 중국에 투자한 액수의 누적액은 무려 4,626건 56억 달러에 이르며(허가 기준), 실제 투자 기준으로는 3,528건에 34억 달러를 기록하였다. 이는 한국의 대외 투자 총액의 20%에 달하는 액수였다.

대중 투자가 증가한 요인으로는 먼저 1980년대 중반 국내 경기가 불안정해지고 임금 및 지가 상승으로 국내 기업과 제품의 국제 경쟁력이 약화, 국제 경제 체제에 있어서도 세계화 등의 구조 변화가 일어나 해외 투자의 필요성과 불가피성이 동시에 높아진 데서 그 이유를 찾을 수 있다. 그리고 수교 이후 한중 양국 간의 경제에 대한 상호 보완성이 증가했고 중국의 저임금과 낮은 지가, 중국정부의 해외 투자 기업에 대한 혜택 및 우대 조건 등 유리한 투자 환경은 대중 투자의 증가에 박차를 가하였다.

2) 선린우호 협력동반자 관계(1998~2002)

한국전쟁 이후의 군사적 위협인 북한과의 대치라는 국내 상황, 냉전이라는 국제적 상황 속에서 미국은 한국의 생존과 발전에 있어 가장 큰 후원자라는 인식이 팽배하였고 미국과의 동맹 유지가 사실상 한국 외교의 지향점이 되었다. 그 결과 미국의 공산 진영 봉쇄정책에도 적극 참여하였지만 이러한 한국의 외교정책은 햇볕정책으로 대변되는 대북 정책과 이에 연동된 외교정책을 가지고 시행하는 김대중 정부의 출범과 함께 변모되기 시작하였다.

균형 외교를 유지하던 한중 관계의 변화는 1998년 11월 11일부터 15일까지 김대중 대통령의 방중으로 또 한 번의 발전이 이루어지는데 장쩌민 국가주석과 '21세기 협력동반자 관계'를 구축, 전방위 외교관계에 합의하게 된 것이다.

김대중 대통령의 5일간의 중국 방문은 종전에 한중 양국 간의 외교 관계를 한 단계 끌어올려 경제 위주 교류와 협력의 '선린우호 협력 관계'를 정치·안보·군사·분야의 교류와 협력으로까지 총망라하여 발전시킨 '21세기의 한중 협력동반자 관계'를 구축하는 성과를 가져왔다.

방문 기간 공동성명을 발표한 것 이외에도 형사 사법 협력 조약, 비자 수송 및 복수 비자 협정, 청소년 교류에 관한 각서, 철도 분야 교류 협정 등 여러 가지 문건이 체결되었다. 이러한 협정과 문건에 대한 서명은 양국이 더욱 심도 있고 긴밀한 발전과 21세기 협력적 동반자 관계로의 구축에 관한 기본 틀을 만들어주었다.

1999년 4월 24일에는 제5차 4자 회담을 개최하였고 5월에는 리루이환(李瑞環) 중국인민정치협상회의 주석이 방한하였다. 이와 같이 한중의 고위직 교류는 양국 간의 현안 문제 또는 한반도 평화 문제 해결을 위해 이루어졌고, 중국은 4자 회담의 일원으로 참여하여 한반도 비핵화와 긴장 완화에 중요한 공헌을 하였다.

이어서 2000년 10월 주룽지(朱鎔基) 국무원 총리 방한 시 한중 양국은 군사 안보 분야를 포함하는 '전면적 협력동반자 관계'로의 발전에 합의하기에 이르렀다. 이에 따라 1999년, 2000년 한중 국방장관의 상호방문 회담 개최에 이어서 2001년 10월과 2002년 5월에 각각 한국 군함의 상하이 기항과 중국 군함의 인천 기항까지 이루어졌다. 이처럼 그동안 금기시되어 왔던 군사 안보 분야로까지 교류의 영역을 확대해가면서 중국은 적극적으로 추진하고 있는 다극화 전략에 한국의 동참과 지지를 유도해내고자 하였다.

경제적 측면에서의 이 시기는 동아시아 금융위기 직후로 한국 역시 금융위기를 극복해 나가는 상황으로 경제 분야의 교류는 1997~1998년 상대적으로 주춤했지만 여전히 빠른 증가세를 보였다. 양국의 교역액은 1998년 184.2억 달러로 1997년에 비해 비교적 감소했지만 2002년까지 매년 증가하였다.

한국의 대중 투자도 9.1억 달러에서 21억 달러로 증가하였고 2002년에는 한국의 제1 투자 대상국이 중국이 되었다. 한국의 대중 투자는 해외 직접투자의 33%를 차지하여 22.2%를 차지하는 대미 투자를 상회하였고 이는 금융위기를 극복하는 과정에서 한국의 노동 집약적 수출 가공 및 현지 진출 대기업의 하청 중소기업 등이 대거 진출하였기 때문이다.

금융위기 극복을 위해 두 나라가 정보 교류와 경제연구기관 간의 협력을 강화하고 중국은 인민폐 환율을 안정시키고 내수 확대를 통해 경제 성장을 유지시켜 아시아 금융위기 완화에 기여하였다. 상술하였듯 김대중 대통령의 중국 방문 성과는 아시아 경제 위기를 극복하기 위해 두 나라가 협력하였고 한반도 및 동북아 안정을 위해서도 협력했으며 하나의 중국을 재확인하였다.

이 시기 한국정부의 일관된 대북포용정책은 중국에게 매우 긍정적으로 받아들여졌다. 주변 환경 안정을 외교정책의 우선으로 두던 중국은 남북의 대치를 곤란해 할 것이고 김대중 대통령의 '햇볕정책'은 우리의 빠른 경제회복과 북한에게도 도움이 되었으며, 중국의 현대화를 위한 주변 환경의 평화와 안정, 나아가 동북아의 안정에도 영향력을 끼쳤다는 평가를 받고 있다.

3) 전면적 협력동반자 관계(2003~2007)

고위 인사들의 교류는 2003년 3월 중국의 부총참모장인 첸수건(錢樹根)이 방한, 같은 해 11월에는 한국의 김종환 합참의장이 방중했으며 군 고위 인사들의 상호 방문은 계속 이어져 2005년 4월 한국의 윤광웅 국방장관이 중국을 방문, 2006년 4월에는 차오강촨(曺剛川) 중국국방부장이 한국을 방문하였다. 이런 지속적인 정책 실무의 교류에서 양국의 장성급 대표들은 자국의 국방정책을 설명하고 군사 분야의 교류 협력을 협의하여 그 결과 2007년에는 한중 공군 및 해군 간의 핫라인이 설치되는 실질적 성과를 얻었다.

2003년 7월 7일 중국을 방문 중이던 노무현 대통령은 후진타오(胡錦濤) 주석과의 회담에서 북핵 문제 해결을 위한 확대 다자 회담과 당사자 간 해결 원칙을 놓고 다소 입장 차이를 보이기는 했지만 양국 관계를 더욱 진일보시킨 '전면적 협력동반자 관계'로 격상시켰다. 그리고 구체적으로 10대 협력 산업을 지정하여 협력하기로 협의하였다. 10대

산업으로는 "1. 차세대 정보통신(IT)협력: 코드 분할 다중접속, 2. 미래 첨단 기술 생명공학 등, 3 전력산업 협력: 중국 신규, 4.중국 자원개발 협력, 5 베이징 상하이 고속철도 건설 협력, 6. 환경산업 협력, 7. 금융 협력, 8. 유통 분야 협력, 9. 베이징 올림픽 지원, 10. 서부 대 개발 사업 협력 등"이다.

2005년 11월 중국 후진타오 주석 방한 시 양국 간의 '전면적 협력동반자 관계'에 따라 선린우호 협력 관계를 공고히 하고 발전시켜 나가는 것이 양국의 근본적 이익에 부합하며 동북아 지역은 물론 세계 평화와 안정에 긍정적인 기여를 할 것이라는 데 노무현 대통령도 공감하였다.

2006년 10월 13일 노무현 대통령은 중국을 방문하여 양국이 '전면적 협력동반자 관계'가 되었음을 축하하고 상호 교류와 협력을 더욱 확대하자고 말했고, 이에 후진타오 주석은 2007년 수교 15주년 및 중한 교류의 해를 맞아 관련 사무를 함께 준비하길 원하며 한반도 비핵화를 견지, 핵확산과 북 핵실험에 반대 입장을 표명하였다.

중국은 한반도 및 동북아 안정의 건설적 역할을 다짐했고, 양국 정상은 '전면적 협력동반자 관계'를 계속 심화하고 한반도와 동북아의 평화적 안정을 위해 서로 노력하자는 합의점을 보았다.

경제적인 면에서 노무현 정부의 5년은 한중 양국의 경제 교류에서 전례를 찾아보기 힘든 발전이 있었다. 한중 수교 당시 62억 달러였으나 2002년에는 412억 달러로 7배 가까이 증가했고 2006년에는 1180억 달러로 증가 수교 당시 대비 118배의 규모로 증가하였다.

한국 경제는 이에 그치지 않고 수교 후 양국 간의 경제 교역을 통해 약 35조 원의 GDP를 창출하였다. 그리고 양국의 교역액은 2003년 570.2억 달러에 기록하면서 중국은 한국의 제1의 교역 대상국으로 부상, 2004년 한국은 중국의 제3대 교역 대상국이 되었다.

2006년 한국 전체 교역액의 18.6%를 중국이 차지, 이러한 양상은 한국 대외 교역의 중국 의존화가 매우 심화되었음을 보여준다. 이 시기 한국의 대중 투자는 약간 다른 양상을 보이는데 2003년 28.2억 달러에서 2006년 45.3억 달러까지 증가하여 절대 금액은 여전히 증가하는 추세지만 전체 투자에서는 대중 투자가 차지하는 비중은 2003년부터 계속 감소하는 추세를 보인다. 하지만 여전히 한국의 전체 해외 투자의 4분의 1 정도를 차지해 대중 의존도는 높은 편이다.

4) 전략적 협력동반자 관계(2008~)

2008년 2월 대한민국의 제17대 대통령인 이명박 정부가 출범하였다. 이명박 정부는 국정 전반의 운영 개념을 특정 정치 이념에 편향되지 않으면서 국익 달성의 성과를 지향하는 정책 기조인 실용주의에 두었다. 하지만 국익을 결정하는 기준은 정부의 정치 성향에 따라 상이할 수 있고 지난 10년간 추진되었던 진보 성향의 전임 정부에 대한 부정적 여론과 보수적 성향의 다수 지지를 바탕으로 등장한 정부로서 향후 실용주의 원칙에 입각한 안보·국방정책으로 대체, 지속적인 성과를 거둘 수 있을지 관심 속에서 이명박 정부의 출범이 이루어졌다. 이명박 대통령은 선거 공약에서 미국과의 전통적 동맹 관계의 복원을 약속하였다.

김대중, 노무현 정부가 한민족인 북한과의 관계 개선을 최우선시하고 이를 포용이라는 단어로 대변하였다면 이명박 정부는 미국이나 일본과 같은 동맹국과의 국제적 유대 결속을 민족적 유대 때문에 포기할 수 없다고 보았다. 이는 한국 대외 정책의 보수로의 회귀라 할 정도로 전 정부와는 구분되어진다.

이명박 정부의 실용주의 외교에서 '한미 동맹' 강화와 '한·미·일 협력증진 정책'은 상대적으로 강조되는 데 비해 대중국 정책의 모호한 부분은 한편으로는 중국 소홀론이 대두되었다. 사실 우려와는 달리 2007년 11월 26일 방한한 중국 공산당 대외연락부장 왕자루이와의 자리에서 중국공산당과의 친선 교류를 중시하겠다는 약속을 하였고 양국 우호 협력을 더욱 심화 발전시키고자 하였다. 이명박이 17대 대선에서 당선하였을 때도 후진타오 주석은 축전을 보내어 관심 표명을 했고, 중국의 외교부 대변인도 양국 동반자 관계의 긍정적 발전에 대해 기대한다고 발표하였다. 이명박 대통령은 2007년 12월 홍콩 언론과의 인터뷰에서 한중 관계는 한미 관계와 똑같이 중요하다고 말하고 "분열된 한반도의 현실에서 오직 중국의 도움에 의존해야 비로소 한반도를 안정시키고 번영시킬 수 있다"고 강조하였다.

2008년 2월 14일 중국정부 특사인 왕이 부부장과의 만남에서는 대중 관계가 한국의 대외관계에서 가장 중요한 부분 중 하나라고 하며 김대중, 노무현 정부 시절 후퇴했던 미국 일본과의 관계를 복원하여 개선시키고 대중 관계는 더더욱 격상시키겠다는 외교정책의 윤곽을 밝혔다.

2008년 5월 27일 4일간의 일정으로 방중한 이명박 대통령은 후진타오 주석과의 회담에서 기존의 '전면적 협력동반자 관계'를 '전략적 협력동반자 관계'로 격상시킴으로써 양국 관계는 군사 동맹을 제외한 정치·외교·안보·경제·사회·과학·문화·예술·인적 교류 등 모든 분야에 걸쳐 교류와 협력을 하는 최상급의 단계로 발전하였다. 이에 따라 양국 정상 간 수시 회담과 함께 외교당국 간 차관급 전략대회가 신설되고 각급 대화 채널을 확대 가동하기로 하였다. 중국은 한국과 북한이 대화 협상을 통해 관계를 개선하고 평화적 통일을 하는 것을 지지한다는 입장을 밝혔다.

한중 전략적 협력동반자 관계의 격상은 양국 관계에 중요한 의미를 가지고 있다. 중국이 한국과 전략적 동반자 관계로 격상한 데는 다음과 같은 의도가 있다. 우선 후진타오 정권이 아시아 정책 기조로 강조해 온 '조화로운 아시아(和諧亞洲)'를 구축하기 위해서는 조화로운 한중 관계가 필요하기 때문이다. 그리고 한반도가 가지는 전략적 중요성을 높이 평가하여 한반도 정책에 대한 수정과 조정의 필요성이 불가피하다는 것을 인식하므로 한국과의 관계를 격상한 것이다. 또한 한국과의 관계를 격상시킴으로써 이명박 정부로 하여금 군사와 안보 측면에서 미일에 과도하게 편향되지 않도록 하고 이로써 미일의 한반도 진출 정책을 견제하려는 것이다.

2013년 박근혜 대통령은 중국을 국빈 방문했고 양국은 〈한중 미래 비전 공동성명〉을 발표하였다. 이 성명에는 전략적 동반자 관계를 내실화하는 것이 명시되어 있고 종전의 성명에 비해 경제, 인문 교류 등의 영역에서 협력을 지속적으로 추진하는 한편 처음으로 정치, 안보 분야의 협력 부분을 구체적으로 명시하였다. 즉 "정상 및 지도자 간 빈번한 상호방문과 회담, 서한 교환, 특사 파견, 전화 통화 등의 방식으로 상시적 소통을 추진한다. 한국의 청와대 국가안보실장과 중국의 외교담당 국무위원 간 대화 체제를 구축한다. 외교장관 상호 방문의 정례화 및 핫라인의 구축, 외교차관 전략대화의 연간 2회 개최, 외교안보대화, 정당 간 정책대화, 양국 국책연구소 간 합동 전략대화 등을 추진한다."는 내용이다. 단순히 '지도자, 정부, 의회, 정당 간의 협력 강화, 제도화' 등 추상적인 표현보다 명확하고 확실하게 실행할 수 있는 실효성을 갖추고 있다. 또한 "지역 및 국제무대에서의 협력을 강화한다."는 것을 지속적으로 강조하고 있다.

양국은 상호 신뢰를 바탕으로 한중 전략적 협력동반자 관계의 발전을 더욱 내실화하고 양국 관계의 발전 방향과 원칙 그리고 중점 추진 분야를 제시하면서 한중 전략적 협력동반자 관계가 새로운 발전 단계로 접어들었음을 보여주고 있다. 2013년 공동성명에서 양국 간의 전략적 동반자 관계의 내실화를 강조하며 "중점 추진 분야"와 "구체적인 행동계획" 두 부분으로 나누어 세 가지 구체적인 방안을 제시하지만 한중 전략적 신뢰 구축과 정치 군사 협력에 대해서는 충분한 논의가 없었음을 알 수 있다.

2014년의 공동성명은 "양국 관계 발전의 청사진에 따라, 지난 1여년간 양국 지도자 간의 소통을 긴밀히 유지하고, 각 급에서의 다양한 전략대화 메커니즘을 신설하는 등 이전에 볼 수 없었던 높은 수준의 전략적 소통 관계를 구축하였다"고 평가하며 2013년의 〈한중 미래비전 공동성명〉을 토대로 양국 관계를 발전시켜 나가기로 합의하였다.

2014년의 공동성명은 주로 2013년 성명에 제시한 양국 관계 발전의 청사진에 따라 미래 목표를 실현할 수 있는 구체적이고 상세한 내용을 덧붙인 것이라고 할 수 있다. 즉 양국은 전략적 동반자 관계를 구축할 때부터 협력의 범위를 넓혀간 것이다. 이는 곧 양자관계를 넘어 지역 문제와 특히 국제문제에까지 양국의 협력을 실현하려는 의미를 담고 있다는 것이다. 이는 시사적으로 매우 중요한 가치를 지니는 것이다. 즉 공동 발전, 지역 평화, 아시아 부흥 및 세계 번영을 위한 동반자 관계를 실현하는 것이다.

2013년의 한중 관계는 지난 5년과 비교해볼 때 마치 한중 수교 21년의 기간 중 초반기의 '밀월기'로 회복되는 듯한 모습을 보였다. 시진핑 정부 출범 이후 한중 관계는 많은 갈등이 있었다. 박근혜 대통령과 시진핑 주석은 같은 해 취임을 하였고 '2세 정치인'이라는 공통점 때문인지 출발은 좋았다. 중국 지도자의 관례인 첫 해외 방문지는 북한이라는 관례를 깨고 한국을 먼저 방문하였다.

2014년 시진핑 주석이 한국을 방문한 것은 2013년 정상회담의 연장선으로 볼 수 있다. 2015년 9월 3일 박근혜 대통령은 시진핑 주석의 초청으로 미국의 반대에도 불구하고 전승절 기념식에 참석하여 천안문광장 망루에서 시진핑 주석과 함께 참관하였다. 2013년부터 2015년까지 한중 정상은 연간 2차례의 회담이 있었으며, 양국 외무부 장관 간의 연례 상호 교환 방문 등을 만들어냈다.

이 밖에 안보협력을 강화하여 지역 안전을 함께 도모하고, 정기적인 국방정책실회의, 비정기적 육·해·공 군사적 교류 외에 한국국방연구원과 중국군사과학원 간의 교육과 연구 교류 등을 제도화했으며, 수차례 해상 군사 훈련을 공동으로 실시하였다. 그러나 2016년 한국이 사드 배치를 결정하자 한중 간 공식 대화가 사실상 중단되었고, "사드가 한중 관계를 압도하는" 현상은 그 동안의 한중 관계의 발전에도 불구하고 한중 관계를 유지해 온 구조나 기반이 단순, 취약하였다는 것을 보여줬다. 따라서 한중 관계가 미래 지향적이고 건설적이라 하더라도 자국의 안보위협 앞에서는 한중 관계보다 자국의 안위를 견지할 수밖에 없는 것이다. 한국은 북핵의 위협을 결코 용인할 수 없는 것이고 중국 또한 사드로 인한 미국의 영향력이 중국에까지 미치게 될 것을 우려하지 않을 수 없는 것이다.

양국의 관계는 한국의 계속되는 노력에도 불구하고 좋아질 기미가 보이지 않았다. 2017년 문재인 대통령은 중국 방문을 성사시키기 위해 양국은 사드 문제와 관련하여 미사일 방어 시스템에 가입하지 않으며, 한·미·일 군사관계에 더 이상의 발전은 없으며, 추가적인 사드 배치는 없다는 이른바 '3불' 정책을 도출했지만 시진핑 주석의 방한은 아직 이루어지지 않고 있다.

4. 한중 관계의 갈등

한중 양국은 수교 후 30년이라는 기간 동안 외교사에서 전례 없는 속도로 발전하였다. 중국은 지역 내에서의 역할이 커졌고 그에 따라 한국과의 경제협력의 중요성에 새로운 인식을 가지고 비중을 두고 있다. 이러한 경제 관계의 긴밀화와 더불어 양국 관계는 정치, 외교, 안보 등 다 각도의 측면에서도 비약적인 발전을 이루었다. 그러나 양국 간 급속한 발전 속에서 잠재되었던 여러 갈등들도 점차 부각되었다.

수교 후 여러 사건과 이슈들이 있었다. 한국과 중국의 전문가들은 여러 사안들을 역사·문화 인식 차이, 국제 정치 등 외부 요인, 민족주의에 기인한 갈등 등으로 나누어 분석했지만 공통적으로 정치적 문제인 사드 배치를 부정적 요인으로 가장 먼저 이야기하였다. 그리고 북한 핵 문제, 탈북자 북송 문제, 이어도 문제, 이어서 동북공정, 한복, 김치 등의 역사·문화 논쟁, 홍콩 및 티벳, 신장 문제, 황사 발원지 고소 미세먼지 등의 환경 문제, 표절 등의 지적 재산권 문제, 양 국 언론의 보도 태도, BTS 한국전쟁 발언 등을 꼽았고, 이런 여러 사안에 대한 적절한 처리 여부와 해결 방식은 향후 양국 관계 발전에서 중요한 변수로 작용할 것이다. 따라서 양국 간의 발전을 저해하고 가로막는 주요 사안이자 현 시점에서 가장 큰 부정적 요인인 사드 문제와 북핵 문제를 같이 살펴보면 다음과 같다.

한중 관계는 미중 관계로부터 자유로울 수 없다. 미국은 최강 국가로서의 힘을 유지하기 위해서 새로운 강자 중국의 등장과 서태평양 진출을 주변국으로 둘러싸 막으려 하고 중국은 외교와 안보 분야의 영향력 확대와 지속 가능한 경제 성장을 위해서는 서태평양 진출이 필수적이라 아시아태평양 지역에서 미국과 중국의 충돌은 불가피할 것으로 보인다.

미국은 이라크전이 끝날 무렵 동북아시아지역에 미군의 재배치와 본격적인 대중국 군사견제 대책 마련에 돌입한다. 이라크전 종전에 맞추어 '아시아로 중심점 이동(Pivot to Asia)'을 선언한 이후 동맹국인 한국과 일본, 동남아시아와 호주, 인도, 남태평양의 작은 섬나라들까지 끌어들이며 중국 압박을 본격화하기 시작하였다.

또 환태평양경제동반자협정(Trans-Pacific Partnership)을 통해 중국이 핵심이익으로 여기는 남중국해 독자영유권에 반기를 드는 인접 국가들을 자극하여 새로운 세력형성을 구축하였다. 미국은 일본 내 해군기지에 최신식 순양함과 항공모함을 배치했고 이는 남중국해에 인공섬을 건설해 이 지역 영유권을 강화하려고 하는 중국을 견제하고 북한의 핵무기 및 장거리 탄도미사일 위협에 대처하기 위함이라 여겨진다.

2013년 1월 북한은 3차 핵실험을 성공하게 되고 미 국방부는 미 해군 전력의 절반 이상을 아시아 태평양 지역으로 보내고 이 지역의 중요 거점인 한국에 사드 배치를 검토하기 시작한다. 2013년 6월 힐러리 국무장관은 중국이 북한을 앞세워 밖으로 나오려는 팽창전략을 추구하고 있다고 판단하고 북핵 문제에 있어 역할을 하지 않으면 한국과 일본에서 시작해 타이완과 필리핀, 베트남, 인도와 파키스탄, 카자흐스탄, 몽골에 이르는 포위망을 구축하는 '중국포위전략'을 주도. 미사일 방어망으로 중국을 포위할 것이라고 하였다.

한미 동맹의 한국 입장에선 사드 도입을 고려하지 않을 수 없었고 2016년 1월 6일 북한은 4차 핵실험을 감행하였고 최초로 수소폭탄 핵실험에 성공하게 된다. 시진핑 주석은 박근혜 대통령에게 사드 배치 반대를 설득했고 박근혜 대통령은 사드는 북한 때문에 설치하는 것이지 중국과는 무관하다며 정당성을 토로하였다.

1~5차 북한 핵실험 비교

	1차 실험 2006.10.9	2차 2009.5.25.	3차 2013.2.12.	4차 2016.1.6.	5차 2016.9.9.
장거리 로켓/SLBM 발사	2006.7.5. 단중장거리 로켓발사	2009.4.5. 장거리 로켓 발사	2012.12.12. 은하3호 장거리 로켓발사	2015.12.21. 잠수함탄도미사 일(SLBM) 발사	2016.8.24. 잠수함탄도미사 일(SLBM) 발사
유엔안보리 제재	2006.7.15. 결의안 1695호 채택	2009.4.29. 결의안 1718호 채택	2013.1.23. 결의안 2087호 채택	2015.5.28. 유엔 산하 북한 제재위원회 결의 위반조사	2016.8.26~9.6 SLBM-노동 추정 미사일 발사규탄 언론성명 채택
핵실험예고 (북한외무성)	2006.10.3. "안정성담보된 핵실험할 것"	2009.4.29. "자위적 조치의 핵실험, ICBM 발사 강행할 것"	2013.1.23. "자위적 군사력 강화 위한 물리적 대응"	-	2016.9.7. "핵 무력 강화의 성과들을 계속 확대해 나갈 것"
실험지역	풍계리 동쪽 갱도	풍계리 서쪽 갱도	풍계리 서쪽 갱도	풍계리 서쪽 갱도	풍계리 서쪽 갱도 인근
인공지진(규모)	3.9	4.5	4.9	4.8 (기상청)	5.04 (기상청)
폭발위력	1kt 이하	3~4kt	6~7kt 이하	6kt (국정원)	10kt (국방부, 기상청)
원료	플루토늄	플루토늄	고농축 우라늄(추정)	수소탄 (북한발표)	분석중
핵실험실시	로켓발사 3개월 후	로켓발사 50일 후	로켓발사 2개월 후	SLBM 발사 16일 후	SLBM 발사 16일 후 (정권수립 68주년(9.9))

*1kt(킬로톤)=TNT 1000t 폭발력
*출처: 연합뉴스

2016년 9월 초 한중 정상회담에서 시진핑 주석은 "미국이 한국에 배치하는 사드에 강력히 반대, 상대국 간 핵심이익은 존중되어야 한다"고 강하게 말하였다. 여기서 방점을 찍을 부분은 '미국이 한국에 배치하는'이라는 표현이다. 사드 배치는 미국과 중국 간 안보문제에 지대한 영향을 미치는 부분이고 한국이 미국 쪽에 발을 두는 것은 중국이 말하는 '핵심이익'을 해치는 것이라는 말이다.

중국은 사드 배치나 미국의 미사일 방어체제가 확립될수록 미국은 아시아 태평양 지역에서의 역할과 개입이 커지며 중국의 대미 억제력은 약화된다고 생각한다. 타이완해협에서 타이완과 또 동중국해에서 일본과 분쟁이나 충돌은 미국의 군사적 개입과 연관되며 이는 중국에게는 결코 좌시할 수 없는 핵심이익과 직결이 되는 것이다.

중국은 아시아 태평양 지역에서의 미 핵심전력 중 하나인 항공모함을 저지하기 위해 항공모함 킬러라고도 불리는 둥펑-21D를 개발, 실전 배치했고 이는 세계 최초의 대함탄도미사일이다. 더욱이 이 미사일은 바다뿐 아니라 지상 목표도 공격할 수 있다. 백두산에 배치됐다면 일본열도 전역은 물론 오키나와 등에 있는 주일미군기지와 미국의 아시아·태평양 전략 거점인 괌까지 타격할 수 있다는 의미이다.

중국 관영언론이 둥펑-21D의 백두산 배치라는 1급 군사기밀을 공개한 것은 가속화되는 한·미·일 3국의 군사협력에 대한 일종의 무언의 경고를 한 것이라고 볼 수도 있다. 중국은 한·미·일 3국이 체결한 군사정보공유약정에 큰 분노와 불만을 보였다. 3국이 군사정보공유약정 체결을 시발점으로 하여 군사협력을 공고히 하고 미사일방어(MD)체제를 구축할 가능성이 충분하다는 것이 중국 측의 우려다. 중국은 미·일 공동 MD체제에 한국이 참여하는 것을 강력히 반대해 왔다.

원래 둥펑-21D는 산둥성 쪽에 배치되어 있었는데 이는 동중국해에서의 마찰이나 충돌 발생 시 일본의 해상자위대와 주일미군의 제7함대를 막기 위함이었으나 전술적 지리로 볼 때 동중국해는 해안과 가까워 해상에서 일어나는 충돌 등을 막고 해결하기에는 용이하나 해안이라는 특성상 노출이라는 치명적 약점 때문에 공중에서의 공격에는 자유로울 수 없다. 그러나 중국 동북 지역 백두산 일대는 지리적으로 산세가 깊고 험해 시설이나 미사일을 은폐하기에 적합한 곳이 많다. 최적의 지리요건과 더불어 러시아와도 가까워 백두산 주변에 둥펑-21D가 대부분 배치되어 있다.

출처: 연합뉴스(2022.08.12). 중국은 2022년 8월 9일 열린 한중 외교장관회담 직후 3불에 더해 사드의 운용 제한을 의미하는 한 문제를 공식 제기하였다. 중국이 사드의 정상적인 운용을 막으려 하는 근본적인 이유는 사드의 X-밴드 레이더(일명 사드 레이더)가 중국의 전략적 동향을 탐지할 수 있다는 점이라고 할 수 있다.

하지만 한국 성주에 사드와 X-밴드 레이더가 배치되면 미국은 중국에서 발사되는 둥펑-21D의 탐지가 가능하게 된다. 한국의 사드 및 X-밴드레이더 유무가 미국과 중국 간 힘겨루기에 상당한 영향을 끼치는 것이다. 즉 한국 성주에 배치된 X-밴드 레이더는 일본 교토의 것보다 훨씬 중국과 가깝고 이는 그만큼 더 신속하고 정밀하게 둥펑-21D를 탐지 및 추적, 대응이 용이하다. 그리고 유사시에는 성주의 X-밴드 레이더가 미국의 본토로 향하는 중국의 대륙간탄도미사일의 요격용으로도 사용될 수 있다.

다각도로 봤을 때 한국의 사드 배치는 중국의 미국에 대한 국제적 억제력, 일본에 관한 지역적 억제력에 급제동이 걸리는 것은 불 보듯 뻔한 것이다. 그리고 중국의 입장은 사드 배치문제와 북핵 문제를 분리해서 봐야 하며 사드 배치에 결사 반대하는 이유 중 하나가 북대서양 조약기구 같은 안보체제가 동북아시아에 만들어져서 중국을 정조준할 수도 있을 것이라 보기 때문이다.

5. 나오며

최근 MZ세대를 대상으로 한 조사에서 이들의 반중정서는 일본이나 북한보다 안 좋으며 거의 90%는 중국에 대해 부정적이고, 80% 가까이는 중국은 한국에 악 영향을 끼칠 것이며 신뢰할 수 없는 국가, 가고 싶지 않은 국가라고 답하였다. 수교 30주년을 맞아 전문가들이 말하는 미래 한중 관계의 해결책 중 하나인 청소년과 청년계층의 교류 활성화에 적신호가 켜진 것이다.

다른 세대 역시 크게 다르지 않다. 중국은 특정 국가의 호감도 등을 계량화하는 것을 금지하고 있기에 정확한 수치는 알 수 없지만 급격한 경제 성장과 나라의 위상을 보고 자라며 애국교육을 받은 소황제들 역시 마찬가지일 것이다.

한한령으로 다시금 일어난 반중정서는 동북공정, 김치, 한복 등의 역사·문화적 갈등 문제와 사드 배치 등의 정치적인 문제로 분리해서 볼 필요가 있다고 한다.

그러나 시진핑 주석의 3연임이 거의 확실시 된 시점에서 한중 관계가 사드 배치 이전의 호시절로 돌아가기란 쉽지 않아 보인다. 한국은 윤석열 정부에 들어 중국이 자신들에 대한 압박이라 여기는 '인도-태평양 전략'과 그토록 금기시하는 '3불' 중 한·미·일 군사훈련 강화 그리고 사드 추가 배치에 대한 태도와 의지를 이미 밝혔다.

중국은 "소국이 대국에게 맞서서야 되겠나?" 사드 배치를 하는 순간 감당할 수 없는 단교 수준의 고통을 주겠다며 국가적 차원의 보복을 시작했고 장소를 제공한 롯데는 중국에서 짐을 쌌고 한국에서 중국관광객은 사라졌으며, 중국 관련 경제는 바닥으로 곤두박질쳤다.

반문하면 중국의 한한령은 대국이 소국에게 해서는 될 일들이었나? 한국은 중국이 가장 중요시 생각하는 '하나의 중국' 요구를 조건 없이 들어줬다. 아니 조건은 있었지만 지켜지지 않았다. 어쩔 수 없는 선택이었지만 타이완과는 모든 특혜가 정지되고 정기 항공편이 끊어졌으며 타이완 국민들은 배신감과 실망을 숨기지 못했고 항의는 엄청났으며 아직까지 그 낙인은 지워지지 않는다.

한국은 정부 성향에 따라서 중국과 가까워지면서 관계가 개선되거나 멀어지면서 소원해지기도 하고 북한을 포용하기도 하였다가 그렇지 않고 전통적 동맹국과의 관계가 복원되고 결속이 강화되기도 하였다.

흔히 경제는 중국, 안보는 미국이라는 말을 많이 쓴다. 바꿔 말하자면 돈은 우리에게서 벌면서 왜 미국편에 서느냐고 중국에서는 말한다. 언젠가 양다리 외교가 통하지 않을 수도 있다는 말이다. 물론 우리는 경제적으로 중국에 많은 부분을 의존하고 있어 단번에 중국의 역할을 배제할 수는 없다. 하지만 다른 대안과 대상을 자꾸 찾아야 하며 중국에 대한 의존도를 낮춰야 한다.

외교 측면에서도 마찬가지이다. 중국이 한국과의 동반자 관계를 위해 북한과의 관계를 완전히 저버리는 단순한 상상을 해서는 안 된다. 북핵 문제에 있어서도 중국의 건설적 역할 기대보다는 북한의 도발을 저지할 수 있는 정도로 중국의 역할을 상정하는 것이 더 현실적일 것이다.

이런 현실에서 한국의 대중 관계 전략은 바뀌어야 한다. 우리에게 주어진 현실적인 전략은 주변국 외교를 통해 중국을 견제하고 활용하는 전략적 외교뿐이다. 코로나 사태 이후 중국에 대한 인식조사에서 일본은 88%, 호주는 80%, 북미에서는 약 70%, 유럽에서는 75%가 중국이 싫다고 답하였다.

중국과 호주의 갈등은 중국과 관계가 있는 국가들에게 귀감이 되는 사례였다. 호주는 미국편에 서서 코로나 책임감을 거론하였다가 중국의 엄청난 보복을 감당해야 하였다. 관광객의 방문은 끊기고 호주 전역에서 유학생들이 등록금 납부를 거부한 채 떠났다. 호주 대학측은 6조 5000억이라는 어마어마한 돈을 그대로 떠안게 되었고 호주산 소고기의 수입이 부분 중단, 호주산 보리에 관세 80% 부과, 호주산 면화 사용제제, 구리, 설탕, 와인, 랍스터, 석탄, 목재 수입 제한 등의 국가적 보복도 시행되어 양국의 갈등은 외교적으로도 크게 심화되었다. 호주는 중국에 대한 의존도를 낮추고 실천에 옮겼다. 물론 중국과의 갈등으로 대가는 치렀지만 현재는 경제적 협력이 재개되고 있다. 호주의 태도와 대처방안은 우리에게도 제시하는 바가 크다.

서로의 다른 입장으로 인해 한중 관계는 민감한 사안들로 갈등이 빚어지고 있다. 한국 입장은 중국이 적극적으로 북핵 문제에 나서주길 바라고, 중국 입장은 한국을 신형 대국 관계, 즉 미중 관계의 하나의 조각으로 한국과 북한을 바라보며 한국이 미중 관계에서 중립적 입장을 취하기를 바란다. 미국과 중국의 경쟁이 깊어질수록 한중 관계에도 깊은 골이 생기고 있다.

한중 관계의 정치, 외교적인 모든 문제 해결의 핵심에는 북한이 있다. 북한이 국제사회의 정상적인 일원으로서 주변국과 평화롭게 공존하도록 하는 것이 한중 양국이 신뢰와 협력을 바탕으로 함께 풀어가야 할 과제라고 생각한다. 수교 30년을 맞아 양국은 새로운 기로에 서서 서로를 바라보고 있다. 양국은 근본적으로 정치와 사상이 다른 국가다. 그래서 상대를 존중하고 이해하는 데서 새로운 출발이 있어야 한다. 서로 다름은 조금씩 물러서 양보하고 인정하며, 조화로운 협력을 추구하여 갈등을 해결한다면 양국은 진정한 동반자가 될 것이다.

참 고 문 헌

공봉진 외 5명, 『韓中수교 20년』, 한국학술정보, 2012.

공봉진 외 6명, 『시진핑 시대의 중국몽』, 한국학술정보, 2014.

공봉진 외 6명, 『쟁점으로 본 동아시아 협력과 갈등』, 오름, 2008.

공봉진, 『중국 공산당 CCP 1921~2011』, 이담북스, 2011.

김애경, 『중국 현대국제 관계』, 오름, 2008.

방수옥, 『중국의 외교정책과 한중 관계』, 인간사랑, 2004.

서진영, 『21세기 중국외교정책』, 폴리테이아, 2006.

예쯔청, 『중국의 세계전략』, 21세기북스, 2005.

이동률, 「수교 이후 한중 정치관계의 회고와 전망: 중국외교전략의 변화를 중심으로」, 『중소연구』 26(3), 한양대학교 아태지역연구센터, 2002, 43~67쪽.

이영주, 『중국의 신외교 전략과 한중 관계』, 나남, 1998.

이인택, 「한중 교류 현황과 전망」, 『중국학』 29, 대한중국학회, 2007.

이정남, 「중국의 전략적 동반자 외교에 대한 이해와 한중 관계」, 『고려대학교 평화연구논집』 17(2), 고려대학교 평화와 민주주의연구소, 2009, 100~121쪽.

이종석, 『북한-중국관계 1945~2000』, 중심, 2000.

이창형, 「한중 관계의 발전과 갈등요인 관리방향」, 『한국의 안보와 국방』, KIDA press, 2009.

이태환, 「동북아 안보협력」, 『한국의 국가전략 2020』, 세종연구소, 2005.

이태환, 「한중 전략적 협력동반자 관계: 평가와 전망」, 『세종정책연구』, 세종연구소, 2010, 113~157쪽.
이희옥, 『중국의 국가대전략연구』, 폴리테리아, 2007.
전경만, 「이명박 정부의 안보와 국방정책 추진방향」, 『한국의 안보와 국방』, KIDA Press, 2009.
정재호, 「한중 관계의 정치경제」, 중국정치연구회 6월 라운드 테이블 발표문.
정종욱, 「이명박 정부의 한 차원 높은 한중 관계」, 『외교』 85, 한국외교협회, 2008.
정천구, 「한중 관계의 쟁점 분석」, 『중국학』 25, 대한중국학회, 2005, 291~305쪽.
조현준, 「중국 FTA 정책의 정치경제적 목적과 결정요인」, 『동북아 경제연구』 19(1), 한국동북아경제학회, 2007, 43~72쪽.
주장환, 「노무현·이명박 정부의 대 중국정책」, 『중국학』 30, 대한중국학회, 2008, 431~468쪽.

[그래픽] 사드 레이더 탐지거리
(연합뉴스, 2022.08.11, https://lrl.kr/DZVu, 검색일: 2023.01.06)
[사설] 한중 관계 위기서 맞은 수교 30년, 새로운 길 내려면
(한겨레문, 2022.08.22, https://lrl.kr/i1co, 검색일: 2023.01.06)
[특별기획 한중 수교 25년] 한국-대만 단교 25주년.. "한국은 배신자"
(신동아, 2017.08.13, https://lrl.kr/vBDp, 검색일: 2023.01.06)
〈그래픽〉 1~5차 북한 핵실험 비교
(연합뉴스, 2016.09.09, https://lrl.kr/eO3k, 검색일: 2023.01.06)
〈낙수〉 田紀雲 중국 全人大부위원장 도착
(연합뉴스, 1993.06.06, https://lrl.kr/eO3o, 검색일: 2023.01.06)
대만(臺灣)대사관, 마지막 국기하강식
(연합뉴스, 1992.08.24, https://lrl.kr/vBDo, 검색일: 2023.01.06)

사실 시진핑은 北보다 韓 먼저 찾아왔다.. 한중 8번의 변곡점 [한중 수교 30년]

(중앙일보, 2022.08.22, https://lrl.kr/eO3l, 검색일: 2023.01.06)

차오강촨 中 국방장관 15~19일 방한

(연합뉴스, 2006.04.04, https://lrl.kr/Ib4D, 검색일: 2023.01.06)

친서 대독, 부총리급 → 장관…사드여파에 20주년 때보다 열기 식어

(서울경제, 2022.08.24, https://lrl.kr/ndlu, 검색일: 2023.01.06)

韓주최 25주년 행사서 한중 관계 개선 시도…사드 갈등 여전(종합)

(연합뉴스, 2017.08.24, https://lrl.kr/zNMB, 검색일: 2023.01.06)

한중 외교의 기폭제가 된 중국 민항기 불시착 사건

(https://lrl.kr/zNMx, 검색일: 2023.01.06)

한국 해양을 위협하는 중국

: 한중 해양 문제와 중국 해양굴기

공봉진

1. 들어가기: 양국, 서로 다른 꿈

2022년 8월 24일은 한국과 중국이 수교를 맺은 지 30년이 되는 날이다. 1992년 8월 24일 한국과 중국은 정식으로 수교를 맺었다. 수교 이후 양국은 국제정세 변화에 따라 갈등과 위기가 있었다. 특히 북한 문제라든가 중국과 미국의 관계 변화에 따라 부침이 있었다. 한국이 2016년에 사드 배치(THAAD, 고고도미사일방어체계)를 결정하기 이전까지는 일정한 관계를 유지하고 있었지만, 한국이 사드 배치를 결정하면서 양국의 관계는 매우 냉랭해졌다. 중국은 한국의 사드 배치 결정이 중국을 위협하는 것으로 보았다.

이때부터 현재까지 한국과 중국의 관계는 매우 소원해졌다. 특히 중국에게 많은 영향을 주었던 한국의 대중문화산업은 심각한 타격을 입었다. 영화와 드라마 및 애니메이션 등 다양한 분야에서 중국 진출이 어려워졌고, 중국에 진출해 있던 한국 연예인들의 출연이 중단되었다. 게다가 최근 중국에서 일고 있는 중화민족주의와 애국주의로 인해 중국은 한국의 역사와 문화를 노골적으로 부정하거나 왜곡하고 있다. 이로 인해 한국에서는 중국을 싫어하는 감정이 증가하였다. 그런데 중국에 대한 부정적인 시각은 한국만이 갖고 있는 것은 아니다. 미국, 일본, 호주 등의 국가에서도 반중 정서가 뚜렷하고 나타나는데, 이는 미국 여론조사기관인 퓨 리서치 센터(Pew Research Center)의 결과에서도 알 수 있다. 퓨 리서치 센터는 2022년 2월부터 6월 초까지 19개국 국민 2만 4525명을 상대로 중국에 대한 이미지를 조사한 결과 한국인 80%가 중국에 대해 부정적인 인상을 느끼고 있다고 발표하였다. 퓨 리서치 센터는 한국의 반중 여론이 급격하게 증가한 이유 중의 하나는 사드 배치에 대한 중국의 경제보복과 관련된 것으로 분석하였다.[1)]

최근 한국 젊은이들의 중국에 대한 부정적 시각은 한국이 사드 배치를 결정하였을 때 중국에서 나타난 중국의 보복행위와도 관련이 있다. 그런데 한국에서 형성된 반중감정은 중국에서 지속적으로 진행되고 있는 한국 역사와 문화에 대한 부정과 왜곡 때문이고, 윤동주

---

1) 중국에 대한 부정적인 시각은 한국만이 아니었다. 퓨 리서치 센터의 조사 결과에 따르면, 미국인은 전체의 82%가 중국을 싫어한다고 답하였고, 일본의 반중 여론은 87%, 호주의 반중 여론은 86%, 스웨덴의 반중 여론은 83%였다. 또 독일과 캐나다에서의 반중 여론도 74%인 것으로 조사되었다. 퓨 리서치 센터는 미국을 비롯해 한국, 독일과 캐나다에서 중국을 부정적으로 생각하는 비율은 역대 최고치라고 밝혔고, 중국에 대한 부정적인 시각이 높은 것은 중국의 군사적 위협이 부각되고 중국이 코로나19의 진원지라는 사실이 복합적으로 작용했기 때문이라고 분석하였다. 「한·미·일 국민 10명 중 8명 "중국 싫다"… 국제사회 반중 여론↑」(https://lrl.kr/dt5m, 검색일: 2022.7.15); 「한국인 80% "중국 싫다"… 국제사회 反中여론 확산」(https://lrl.kr/c34t, 검색일: 2022.7.15).

등 한국 역사 인물의 민족정체성 왜곡 때문이라 할 수 있다. 중국은 2002년부터 동북공정을 통해 한국의 역사와 문화를 부정하거나 왜곡해 왔다. 그러한 중국의 행위는 지속적으로 행해지고 있었다. 그런데 2021년부터 2022년 베이징 동계올림픽 기간을 거치면서 중국이 한국 전통문화를 부정하는 행위가 심해졌기 때문에, 한국에서 중국을 바라보는 시각이 더욱 부정적으로 변해 갔다고 볼 수 있다.

그동안 중국은 중화민족만들기 정책을 실시해 오면서 민족단결을 강조하면서 중화민족을 전면에 내세웠다. 그런 과정에서 주변 국가의 역사와 문화에 대해 공격적인 자세를 보여 왔다. 중국이 진행하고 있는 한국에 대한 역사와 문화적 인식은 매우 심각하다. 중국은 동북공정이 끝났다고 하지만, 여전히 중국에서는 한국의 역사와 문화를 부정하거나 왜곡하고 있다. 이러한 중국의 태도에 대해 한국은 문제가 발생할 때마다 대처를 해 왔지만 아주 강경하지 못하였고 지속적이지 못하였다. 특히 역사와 문화에 대한 부분은 중국의 눈치를 보느라 한국의 많은 연구자와 학자들이 적극적으로 대응하지 못하였다. 물론 중국의 중화민족주의를 비판적 시각으로 해석하고 분석한 학자와 연구단체도 있기는 하지만 소수에 불과하였다.

한편, 중국에서도 반한 정서가 강하게 나타나고 있다. 특히 애국주의 교육을 받아온 중국 젊은 세대들은 한국을 부정적인 시각으로 보기 시작하였다. 이들은 그동안 선호하였던 한국 상품을 더 이상 사용하지 않겠다고 하였다. 중국에서의 한국에 대한 인식은 중국 내 애국주의 교육의 영향도 있지만, 세계에서 중국의 경제적 지위가 높아졌기 때문이기도 하다. 중국은 그동안 지속적으로 경제 성장을 이루었고, 이제는 저개발 국가가 아닌 세계 G2의 위치에까지 올라서면서 미국과 어깨를 견주고 있고, 국제사회에서의 목소리도 커지고 있다.

한국에서 중국의 역사와 문화를 해석하고 인식하는 태도를 연구하고 분석하는 것도 중요하지만, 최근 중국에서 일고 있는 해양굴기(海洋崛起)를 간과해서는 안 된다. 중국의 해양정책은 경제와 군사적인 면에서 매우 빠르게 진행하고 있다. 특히 중국의 해양군사력은 중국의 남중국해에서 일고 있는 미국과 몇몇 동남아 국가를 위협하고 있다. 그동안 중국은 일본과의 조어도 문제, 동남아 국가와는 남사군도 문제 등으로 갈등을 빚고 있었다. 그런데 중국의 해양 정책은 한국에도 영향을 줄 가능성이 높다.

한국과 중국은 오랜 역사 과정에서 문화 교류가 있었고 전쟁도 있었다. 육로를 통한 교류도 있었지만, 해양을 통한 교류도 활발하였다. 1992년 한국과 중국이 수교를 맺은 이후, 항공편으로 왕래를 하였지만, 인천과 군산 및 부산을 통해 해양 교류도 활발하였다. 특히 중국의 웨이하이(威海)와 옌타이(煙臺) 등지에 배가 운행이 되면서 많은 상인과 학생들이 이용하였다.

한국에서는 조어도나 남사군도와 같은 영토 문제가 발생하지 않았기 때문에, 중국의 해양정책에 대한 관심이 상대적으로 적었다. 그런데 중국과 갈등이 없었던 것은 아니다. 이어도나 중국 어선의 불법조업 등 중국과 갈등이 있어 왔다. 특히 조업문제로 인해 한국 해양경찰 등의 인명피해도 발생하였다. 이러한 부분을 언론에서 다루어 왔지만, 많은 관심을 받지 못하였다.

한국과 중국의 해양 문제는 여러 방면에서 나타나고 있다. 한국과 중국의 해양 문제 중 널리 알려진 내용은 중국 어선이 한국 영해에서 조업활동을 하거나 중국 해양쓰레기가 한국으로 흘러들어오는 것이다. 하지만 더욱 중요한 문제는 이어도와 격렬비열도(格列飛列島)로, 이 두 지역에 대한 중국의 태도와 이에 대한 한국의 대응이다. 해양 문제로 인해 양국 간에 갈등이 발생하기도 하였고, 협력을 위한 단체가 만들어지기도 하였으며, 주요 회의 단체가 만들어지기도 하였다.

2. 한국과 중국의 해양 문제

중국은 1990년대 이후 이어도가 중국 수역 내에 있다고 주장하며 이어도를 '쑤옌자오(蘇岩礁, Suyan Isle)'라고 명명하였고, 중국의 관할이라고 주장하기 시작하였다. 2013년 중국은 이어도와 주변 배타적 경제수역(EEZ, Exclusive Economic Zone)[2] 상공을 중국 방공식별구역(CADIZ)으로 선포하였다. 이로 인해 한국과 중국의 갈등은 뚜렷하게 드러났다. 그밖에도 중국은 한국의 서해를 '내해(內海)화'하려는 시도를 보이고 있고, 중국 어선들이 한국 영해[3]에서 불법조업을 하는 사례가 빈번하게 나타나고 있다.

중국에서는 한국의 '서해'를 '황해'라고 부른다. 그리고 중국에서

---

2) 배타적 경제수역(Exclusive Economic Zone)이란 1982년 해양법에 관한 국제연합 협약(1982 United Nations Convention on the Law of the Sea)의 규정에 근거하여, 영해기선으로부터 최대 200해리까지의 해역으로 영해를 제외한 해역을 말한다(협약 제55조, 제57조). 1982년 해양법에 관한 국제연합 협약에서 새로이 도입된 제도이다. 배타적 경제수역에서 연안국은 배타적 경제수역을 이용할 주권적 권리와 관할권을 가진다. 배타적 경제수역은 수괴, 즉 물덩어리만을 지칭하며, 배타적 경제수역 밑 해저(海底, seabed), 해상(海床, ocean floor) 및 하층토(下層土, subsoil)는 대부분 연안국의 대륙붕(大陸棚, Continental Shelf)이다.

3) 1994년 11월 16일, 유엔해양법협약(UNCLOS III, 17장 320조항 9개 부칙)이 법적 효력을 갖게 된다. 주요 내용은 ①영해 폭 최대 12해리로 확대, ②200해리 EEZ 제도 신설, ③심해저 부존 광물자원은 인류 공동유산으로 정의, ④해양오염 방지를 위한 국가 권리와 의무 명문화, ⑤연안국 관할수역에서 해양과학조사 시 허가 규정 마련, ⑥국제해양법재판소 설치 등 해양 분쟁 해결의 제도화에 관련된 내용이다. 영해 12해리, 접속수역 24해리, EEZ 200해리 개념을 규정한 명실상부한 국제법이기도 하다. 한국과 중국은 1996년 이 협약을 비준하였다.

'동중국해'를 '동해'라고 표기하다 보니, 한국의 '동해'를 '일본해'라고 표기하고 있다. 중국의 주요 포털 사이트에 올라와 있는 동북아 지도를 보면, 대부분 '일본해'라고 되어 있다. 그런데 한국의 일부 방송국에서 뉴스와 시사 내용의 프로그램을 진행할 때 중국에서 사용하는 동아시아 지도를 인용하는 경우가 많다. 이때 한국의 일부 방송국에서 꼼꼼하게 살피지 못한 결과로, '동해'가 아닌 '일본해'로 표기된 지도를 사용하여, 시청자들로부터 비난을 받는 경우가 더러 있었다. 특히 중국의 대표적인 포털 사이트인 바이두(www.baidu.com)에서 '동북아 지도'를 검색하면 '일본해'라고 표기한 지도들을 많이 볼 수 있다.[4)]

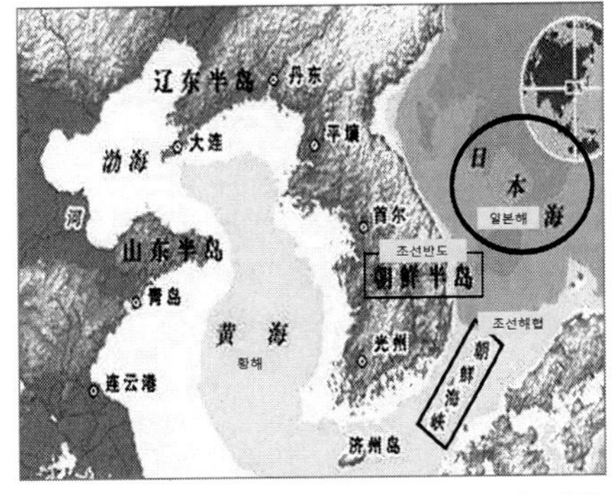

중국 바이두에서 소개된 지도에서는 '동해'를 '일본해', '한반도'를 '조선반도', '대한해협'을 '조선해협'이라고 표기하고 있다.

1) 이어도에 대한 한국과 중국의 인식

(1) 한국의 이어도에 대한 인식

이어도는 마라도 남서쪽 149km, 중국 위산다오(佘山島, 서산도)에서 287km, 중국 통다오(童島) 동북쪽으로 247km, 일본 나가사키현(長崎縣) 도리시마(鳥島) 서쪽으로 276km 지점에 위치한 수중 암초이다. 이어도의 평균 수심은 50m이고 길이는 남북으로 1,800m, 동서로 1,400m이

4) 「朝鮮半島」(https://lrl.kr/dT6i, 검색일: 2022.3.20).

며, 면적은 약 373,553m^2 규모로 4개의 봉우리를 가지고 있다. 국내 해양학계에서의 공식 명칭은 '파랑도(破浪島)'이다.

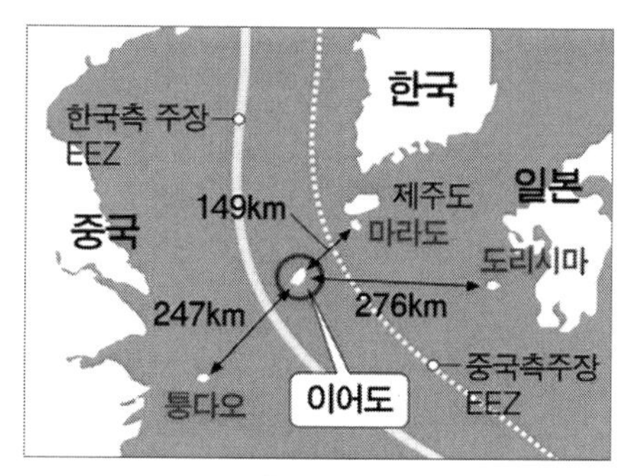

이어도 위치

이어도는 1900년 영국 상선 소코트라(Socotra)호가 좌초되면서 처음으로 발견되었다. 1910년 영국 해군에 의해 수심 5.4m의 수중 암초로 측량되었는데, 이를 발견한 상선 이름을 따서 지금도 국제 해도에는 '소코트라 록(Socotra Rock)'으로 표기되어 있다.

이어도의 인근 수역은 다양한 어종이 서식하는 '황금 어장'으로 불린다. 중국·동남아 및 유럽으로 항해하는 선박이 이어도 인근 지역을 통과하기 때문에 '해양교통로'로서도 매우 중요하다. 1950년 한국 전쟁(6.25사변)이 발발하였을 때, 1951년 한국 해군은 국토 규명 사업의 일환으로 이어도 탐사를 시작하였다. 탐사를 통해 암초를 확인한 뒤에 '대한민국 영토 이어도'라고 새긴 동판 표지를 수면 밑으로 가라앉히고 돌아왔다. 그리고 1952년 1월 18일 국무원 고시 제14호 〈인접해양에 대한 주권 선언〉을 이승만 대통령이 선언하였다. 이후에 이 선언을 '평화선' 혹은 '이승만 라인(Rhee Line)'이라 불렀다. 당시 '평화선' 선포 수역 내에 이어도가 있었기 때문에 대한민국의 해양관할권에 속했다. 1953년 12월 12일에 〈어업자원보호법〉을 제정하여 어업관할 수역 내의 어족자원보호에 나섰다.

1984년 3월 'KBS－제주대 파랑도 탐사반'이 이어도에 대한 대대적인 해양탐사 작업을 진행하면서 이어도의 존재를 다시 확인하였다. 1986년에는 수로국(현 국립해양조사원) 조사선에 의해 암초의 수심이

4.6m로 측량되었다. 이어도 최초의 구조물은 1987년 해운항만청(현 해양수산부)이 설치한 '이어도 등부표'[5]인데, 이를 국제적으로 공표하였다.

1990년대 후반 〈한중 어업협정〉 체결 교섭 과정에서 이어도 주변 수역이 소홀히 취급되고 있다는 것이 알려지면서 제주도가 이어도에 '제주인의 이상향(理想鄕) 이어도는 제주땅'이라고 새긴 수중 표석을 세우기도 하였다. 해양수산부는 이어도 해양과학기지 설치를 위해 1995년부터 해저지형 파악과 조류 관측 등 현장 조사를 실시하였다. 이어도 해양과학기지는 2003년 6월에 완공되었는데, 해양·기상 관련 자료를 수집하고, 해경의 수색 및 구난 기지로도 활용되고 있다. 한국의 실효적 지배를 위해 한국 해군이 경비를 하고 있다.

(2) 중국의 이어도에 대한 인식

중국에서 해양에 대한 관심은 중국 건국 초기부터 갖고 있었다. 중국의 해양에 대한 관심은 마오쩌둥(毛澤東)의 말에서 알 수 있다. 중국공산당이 1949년 중국 대륙을 완전히 차지하기 전에 마오쩌둥은 해양으로 눈을 돌렸다. 마오쩌둥은 "우리는 반드시 해군을 창건해야 한다. 이 해군은 우리의 해양 국방을 지켜야 한다. 제국주의의 침략 가능성을 방어해야 한다."고 하였다. 1958년 9월 4일 새벽, 중앙인민방송국은 "전세계에 '중국 영해 12해리에, 모든 외국 비행기와 군사용 선박은 중국정부의 허가를 받지 않고는 중국 영해와 그 상공을 진입할 수 없다"고 보도하였다.[6]

5) 선박 항해에 위험한 곳임을 알리는 무인 등대와 같은 역할을 하는 항로 표지 부표이다.

중국은 1990년대 이후 이어도가 중국 수역 내에 있다고 주장하며 이어도를 쑤옌자오(蘇岩礁)라는 이름으로 명명하고 자국의 관할이라고 주장하기 시작하였다. 중국 바이두 앱에 소개된 내용을 살펴보면, "쑤옌자오는 중국 동해상의 암초로, 동경 125도 10분 45초, 북위 32도 7분 42초에 위치하는 중국 고유의 영토이다. 쑤옌자오는 일 년 내내 물속에 있는 암초이고, 장쑤성 외해(外海)에 위치하고 있기 때문에, 쑤옌자오(蘇岩礁)라고 명명하였다"는 것이다.[7)]

중국 바이두에서는 "쑤옌자오(蘇岩礁, Suyan Isle)는 '장쑤성 외해의 암초(江蘇外海之礁石)'의 의미이며, 중국 동해상의 암초"라고 소개하고 있다. 또 "쑤옌자오 부근 해역은 중국의 산둥성, 장쑤성, 저장성, 푸젠성, 타이완 어민들이 어업활동을 하는 곳"이라고 소개하고 있다. 그리고 "1880년~1890년, 쑤옌자오의 위치가 청정부 북양수사(北洋水師)의 해로도에 명확하게 표시되어 있다. 그런데 근대 이래로 일본과 한국 어떠한 국가도 이에 대해 이의를 제기하지 않았다."라고 소개하고 있다.[8)]

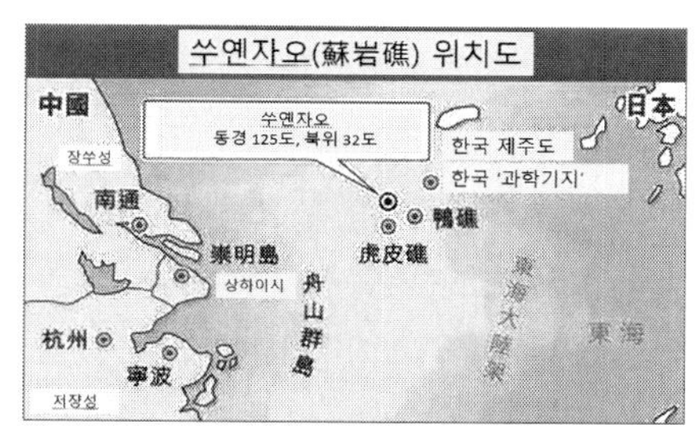

'이어도'를 중국 바이두에서 '쑤옌자오'라고 소개하고 있는 위치도

중국은 이어도 해역을 전략적, 경제적으로 주요 지역이라고 여기고

---

6) 「失海500年: 中國海洋大國的没落與崛起(深度長文)」(https://lrl.kr/naRH, 검색일: 2022.10.3).

7) 「韓國爲何對我國的蘇岩礁虎視眈眈? 看看它的位置你就明白了」(https://lrl.kr/bN1N, 검색일: 2022.8.30).

8) 「蘇岩礁 中國東海上的一個礁石」(https://lrl.kr/c34w, 검색일: 2022.8.30).

있다. 중국은 한국 전역을 중국 제1 도련선(島鏈線, Island Chain)[9] 안에 포함시켰다. 도련선은 태평양에 분포하고 있는 섬을 사슬(鏈)처럼 이은 가상의 선(線)으로, 중국 해군의 작전 반경을 뜻한다. 중국은 원유와 원재료의 많은 부분을 해상운송에 의존하는데, 이어도가 중국 해상운송의 주요 지역에 들어간다.

(3) 이어도를 둘러싼 한국과 중국의 갈등

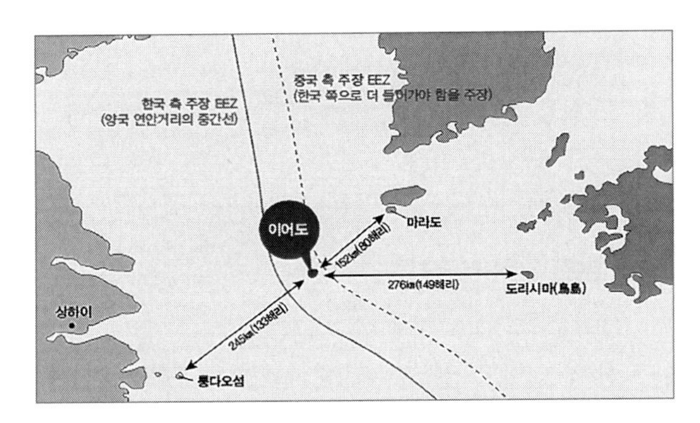

1996년부터 한국과 중국은 배타적 경제수역(EEZ, Exclusive Economic Zone) 경계 획정 협상을 시작하였지만 경계선을 확정하지 못하였다. 그러다가 2001년 6월 30일 한중어업협정이 정식으로 발효되었는데,

---

9) '중국 해군의 아버지'라 불리는 류화칭(劉華清)은 1982년 '도련선'이라는 도서를 기반으로 한 방위라인을 설정하였다. 그리고 류화칭은 인민 해군 건설의 3단계를 규획하였다. 제1단계는 21세기 초기에 제1도련(일본, 유구, 대만, 필리핀)을 장악하는 것이다. 제2단계는 2020년 전후로 제2도련(제1도련에서 태평양북부 도서 사이)을 장악하는 것이다. 제3단계는 2050년 전후로 전 세계를 오가는 것을 실현하는 것인데, 이는 서태평양과 인도양에서 미국의 지배권을 없애겠다는 의미이기도 하다. 「"航母之父"劉華清逝10周年, 訪美留經典照片, 今海軍如您所愿」(https://lrl.kr/MlKc, 검색일: 2022.10.6); 「1982年, 時年66歲的劉華清担任海軍司令員, 視察後下定决心要整頓」(https://lrl.kr/H9Bc, 검색일: 2022.10.6).

이때 이어도 해역을 한중 어선이 공동으로 조업하는 공동수역으로 설정하였다. 그리고 2006년에는 이어도가 수중 암초로 섬이 아니기 때문에 영토분쟁의 대상이 아니라고 합의하였다.

그런데 중국은 한국이 이어도에 해양과학 기지를 설치한 것을 문제로 삼고 지속적으로 항의하였다. 2013년에는 중국이 이어도와 주변 배타적 경제수역 상공을 중국 방공식별구역(CADIZ)으로 선포하면서 양국 간의 갈등이 대두되었다.

한국은 1970년 1월에 석유와 천연가스 매장량이 풍부한 이어도 부근 해역에 대한 영유권을 선포하였다. 한국 대중가요인 〈제7광구〉[10]가 바로 이어도 부근 해역이다. 이와 관련하여, 일본은 이의를 신청하였고 중국도 영유권을 주장하였다. 그런데 당시 문제는 이어도와 마라도가 한국의 방공식별구역에 포함되어 있지 않고, 일본 방공식별구역에 포함되어 있었다는 것이다. 게다가 한국의 헬기나 비행기가 이어도 지역으로 가려면 일본의 허가를 받아야 하는 상황이 발생하였다.

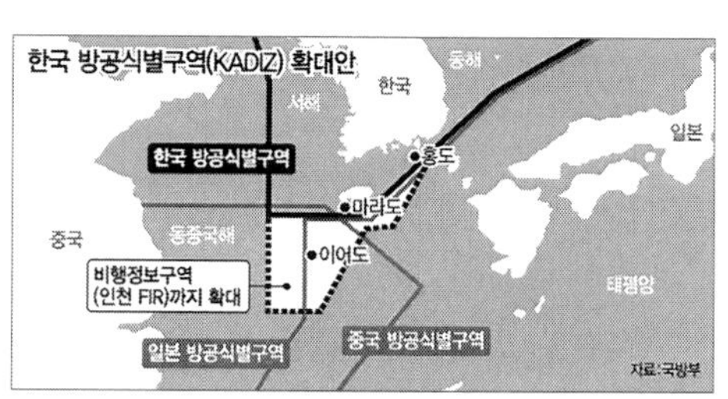

이 문제를 해결하기 위해 한국은 대한민국 방공식별구역(KADIZ)을 확대하였다. 미국 공군이 1951년 설정하였던 한국방공식별구역에 마라도와 이어도 등이 포함되도록 재조정하여 2013년 12월 8일에 공식적으로 발표하였다. 새롭게 발표된 대한민국 방공식별구역은 국제적으로 통용되는 인천 비행정보구역(FIR)과 일치시켜 정당성을 강화

---

10) 제7광구는 제주도 남쪽에 위치한 대륙붕으로, 1970년 〈해저광물자원개발법〉을 제정해 박정희 대통령이 영유권을 선포하였다.

하였다. 이러한 과정을 거치면서 이어도 일대는 한국과 중국 및 일본 3국 사이에 민감한 지역이 되었다.

2028년이 되면 이 지역에 대한 권한 재조정을 해야 하는 상황이 되기 때문에 한국정부는 국제법상으로 유리하도록 실효적 지배를 강화하고 있다. 그래서 해군이 이어도 인근을 수시로 경계하고 해양과학 조사를 진행하고 있다. 이어도 해양과학기지는 한국 최남단인 마라도에서 서남쪽으로 약 150km 떨어진 수중 암초에 구축돼 있으며 현재 19종, 31점의 해양·기상 관측 장비가 운영되고 있다. 한국 과학자들이 이어도에서 5년간 체류하면서 연구한 결과가 국제 저명학술지 〈해양과학 프런티어스(Frontiers in Marine Science)〉 7월호에 실렸다. 이는 한국의 이어도에 대한 실효적 지배를 상징하는 연구 결과라고 할 수 있다.[11]

해양수산부 국립해양조사원은 2016년부터 추진한 〈이어도 해양과학기지 체류형 연구〉를 통해 바다 표면 수온, 염분 등을 더욱 정확하게 관측하는 방안을 마련하였다고 밝혔다. 국립해양조사원, 강릉원주대, 서울대, 인하대, 한국해양과학기술원, 포항공대 등으로 구성된 연구팀은 2014년부터 본격적으로 이어도 기지에 머물면서 해양과 대기 시료 채취, 관측 장비 설치·운용 등을 통해 연구 활동을 해 왔다.[12]

해양수산부 국립해양조사원은 2020년 전남대학교 장태수 교수팀과 함께 〈이어도 해양과학기지 주변 해역 해저 지질 특성연구〉(2020) 과제를 추진해 "이어도가 제주도보다 더 오래전 화산 분출로 생성되었다."는 사실을 확인하였다고 2021년 4월 13일 밝혔다.[13]

---

11) 「이어도 과학기지 5년 체류연구 결과 나왔다…국제학술지 게재」(https://lrl.kr/YbK, 검색일: 2022.4.3).

12) 「표면 수온·염분 등 '정밀 측정' 방법 개발」(https://lrl.kr/bocF, 검색일: 2022.4.3).

(4) 기록과 구전으로 남아 있는 '이어도'

이어도는 제주에서 구전되어 오는 신화와 전설 및 민요 등에서 그 흔적을 알 수 있다. 이어도와 관련된 전설로는 "풍랑을 만난 선원이 이어도로 흘러 들어가 영영 돌아오지 않았다는 전설, 배를 타고 나가 돌아오지 않는 남편을 찾기 위해 아내가 이어도로 떠났다는 내용의 전설, 이어도를 과부들의 섬(여인국)으로 설정한 전설 등"이 있다. 강봉옥은 1923년 『개벽(開闢)』에 제주 민요를 소개하며 이어도를 '제주도 사람들이 동경하는 이상향'이라고 설명하기도 하였다.

이어도는 시·소설·희곡·영화 등에서도 등장하면서 사람들에게 많이 알려졌다. 소설과 산문으로는 김정한의 소설 『월광한』(1940), 이시형의 소설 『이여도(イヨ島)』(1944), 정한숙의 소설 『IYEU도』(1960), 고은의 산문집 『제주도』(1976), 이청준의 소설 『이어도』(1976) 등이 있다. 동화로는 박재형의 『이여도를 찾는 아이들』(1994)이 있고, 희곡집으로는 장일홍의 『이어도로 간 비바리』(2003) 등이 있다. 시와 시조로는 이용상의 시조 〈이어도 처녀〉(1976), 강문규의 시 〈잊혀지는 땅〉, 고은의 〈이어도〉 등이 있고, 제주 출신 양종해 시인의 시 〈떠나가는 배〉가 있다. 특히 이청준의 소설은 많은 사람에게 이어도의 이미지를 각인시켰다. 이청준의 작품을 바탕으로 한 영화가 제작되었는데, 1977년 김기영 감독이 제작한 영화 〈이어도〉는 베를린 국제영화제에 출품되었고, 이후 이어도를 소재로 한 드라마, 평론 등이 많이 나왔다.[14]

---

13) 연구진은 이어도 정상부에서 암석을 채취·분석하고 주변 해저를 탐사한 결과, 이어도의 나이가 약 224만 년 전인 것을 확인하였다. 연구 결과에 의하면, 이어도가 제주도 화산(180만 년~3천 년 전)보다 더 오래전에 형성되었고, 독도(260만~230만 년 전)보다 나중에 생성되었다는 것이다. 제주일보, 「'신비의 섬' 이어도, 제주도보다 먼저 생겨났다」(https://lrl.kr/c4gd, 검색일: 2022.4.3).

그리고 2012년에 결성된 〈이어도 문학회〉는 이어도를 소재로 한 문학 작품을 소개하고 있다.[15]

노래에서도 '이어도'가 등장하였는데, 우리가 잘 알고 있는 정태춘의 노래 〈떠나가는 배〉도 '이어도'를 주제로 한 것이다. 2012년에는 '이어도'를 알리기 위한 노래도 만들어졌다. 당시에는 중국이 이어도를 자국의 영토 범위에 넣으려 하는 움직임이 보였기 때문에, 사단법인 〈이어도 연구회〉는 이어도의 중요성과 가치를 국내외에 알리기 위해 음반을 제작하였다. 그리고 가곡 〈이어도〉와 가요 〈이어도가 답하기를〉은 2012년 12월에 개최되었던 콘서트에서 공개되었다. 또 콘서트 오프닝 공연에서 제주어를 지키고 알리는 '뚜럼 브라더스'는 시인 고은의 〈이어도〉와 유안진의 〈이어도를 찾아서〉 등 이어도를 주제로 한 시를 작곡한 노래를 불렀다.[16]

〈이어도연구회〉는 2015년에 『이어도 100문 100답』을 발간하였다. 이 책은 이어도와 관련된 내용을 5개 분야, 즉 '인문지리, 문학, 해양과학, 해양환경, 해양법'으로 나누어 정리하였다. 특히 '해양환경 분야'에서는 이어도에 주소가 있는지, 사람이 살고 있는지, 언제 발견했는지, 이어도 전용탐사선 해양누리호는 어떤 배인지, 이어도가 위치한 동중국해는 어떤 바다인지, 일본의 오키노토리섬(沖ノ鳥섬(沖之鳥島), 중국명 충냐오자오(沖鳥礁, 일반적으로 '沖之鳥礁'라고 함))처럼 이어도와 같은 암초가 섬이 될 수 있는지 등을 소개하였다.[17]

---

14) 「[다시! 제주문화] (40)환상의 섬이자 실재하는 섬 '이어도'」(https://lrl.kr/H9y6, 검색일: 2022.10.3).

15) 「수필·소설집 '이어도문학' 2호 출간」(https://lrl.kr/iYG1, 검색일: 2022.4.3).

16) 「'이어도 노래' 나왔다…9일 제주대서 기념공연」(https://lrl.kr/H9y8, 검색일: 2022.4.3); 「'독도는 우리 땅'처럼 '이어도는 우리 섬' 널리 알려요」(https://lrl.kr/H9zf, 검색일: 2022.4.3).

아무래도 이어도와 관련하여 가장 널리 알려진 것은 제주에 전해지는 〈이어도사나〉라는 민요이다. 이 노래는 제주도의 해녀들이 배를 타고 바다로 나갈 때 부르던 민요이다. 구전되는 민요이다보니 부르는 사람에 따라 내용이 조금씩 다르다.

어떤 노래는 "이엿사나 이여도사나 이엿사나 이여도사나 우리 배는 잘도 간다 솔솔 가는 건 솔남의 배여"로 시작하고, 어떤 노래는 "이어도사나 아ㅡ 이어도사나 (으샤ㅡ샤) 물로야 뱅배ㅡㅇ 돌아진 섬에"로 시작한다. 또 어떤 노래는 "이어도 사나 이어도 사나 우리 어머니 무슨날에 날 낳아 전생 궂게 낳아서 이 물 속에"라고 시작하고, 어떤 노래는 "이여싸나 이어도사나 요 넬 젓엉 어딜 가리(이여도사나 이어도사나 이 노를 저어서 어디를 가리)"로 시작한다.

물질하러 깊은 바다로 가기까지 힘겹게 노를 저어야 하는 해녀들의 노래가 〈이어도사나〉이다. 이어도는 힘든 노동을 하는 제주 사람들에게 힘을 돋우는 후렴의 역할을 맡는 동시에 제주 사람들에게는 '꿈'이자 '이상향'이었다.

이어도는 한국의 고문헌과 지도 속에서 흔적을 찾을 수 있다. 1700년대 초기의 〈제주지도〉, 1750(영조26)년 쯤에 제작된 〈해동지도 제주삼현도〉, 1770년대의 〈제주삼읍도총지도〉, 1822년 〈환영지중 탐라도〉, 1841년 이원조가 제작된 〈탐라지도병지〉 등의 지도와 『탐라순력도』·『남환박물』·『일본서기』 등 고문헌에 '여인국'·'여도'·'제여도'·'유여도' 등의 이름으로 나온다.

또 이어도는 『하멜표류기』에도 등장한다. 하멜[18]이 만든 해역 항해

17) 「이어도연구회, '이어도 100문 100답' 발간」(https://lrl.kr/eMVa, 검색일: 2022.4.3).

18) 하멜은 1653년 7월 네덜란드 동인도회사 소속의 무역선 스페르베르(sperwer)호를 타고 대만에서 일본 나가사키로 항해하던 도중에 태풍을 만나 제주도 서귀포 인근 해안에

도에는 이어도로 추정이 되는 섬이 'Oost'라고 표기되어 있는데, 표기된 지점의 위치가 현재의 이어도와 일치한다. 이어도는 오늘날 제주사회의 생활문화 속에 자리 잡았다. 그리고 지역사회의 단체명이나 상호명 및 도로명에 붙으면서 사람들에게 친숙한 명칭이 되었다.

2) 한국 '격렬비열도(格列飛列島)'에 대한 인식

'서해 독도'라 불리는 '격렬비열도'! 이곳에는 어족자원, 광물, 문화관광, 생태자원 등이 풍부하다. 이러한 이유로 중국은 격렬비열도를 호시탐탐 노리고 있다. 중국 어선의 불법 조업 중에서 60%가 '격렬비열도' 해역에서 이루어지는 것으로 알려졌다.

(1) 격렬비열도는 어디에 위치하는가?

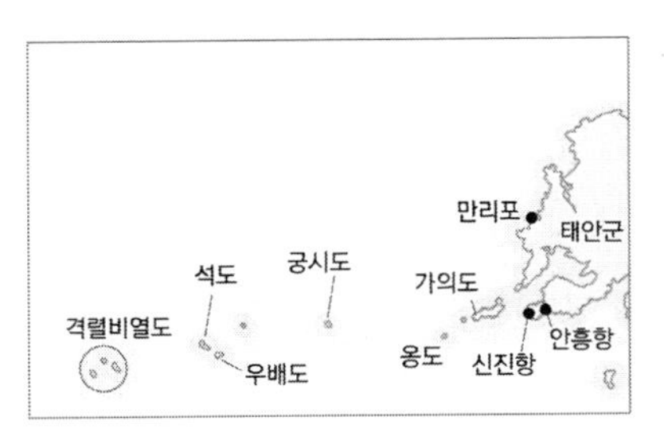

격렬비열도! 한국인에게는 생소한 이름이다. 이 섬을 알고 있는 한국인도 있겠지만 이름을 잘 들어보지 못한 사람들도 많을 것이다. 이 섬과 관련하여, 2020년 10월 14일 tvN 예능 〈유 퀴즈 온 더 블럭〉에서 격렬비열도의 등대 관리원이 출연하였고, 2022년 6월 9일 tvN 예능 〈백패커〉에서는 기상 1호의 관측 목적지로 소개되기도 하였다.

그렇지만 이러한 프로그램을 보지 않으면 과연 이 섬들은 어디에

표류한 인물이다.

위치하는지조차 모를 수도 있다. 격렬비열도는 대한민국 충청남도 태안군 근흥면 가의도리에 속하며, 총면적은 678,276m²이다. 격렬비열도는 충청남도에서 가장 서쪽에 있는 섬으로, 안흥항까지는 55km, 가의도까지는 50km 정도 떨어져 있다. 마치 "새 세 마리가 일정한 간격을 유지하며 날아가는 듯하다"고 하여, '격렬비(格列飛)'라고 명명되었다.

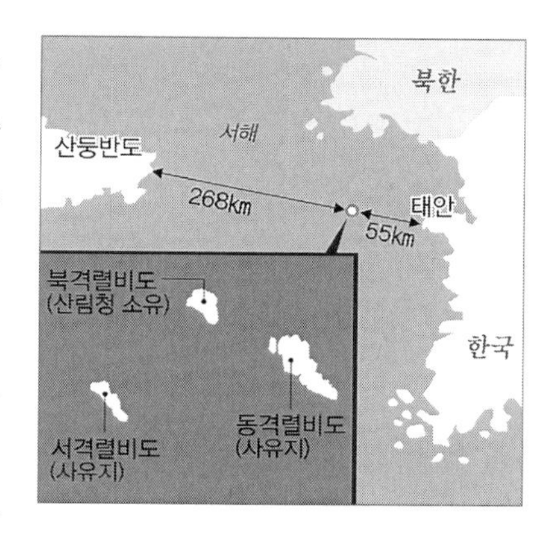

격렬비열도는 북격렬비도, 동격렬비도, 서격렬비도의 3개 섬과 9개 부속도서로 이루어져 있다. 북격렬비도를 제외하면 나머지 섬은 무인도이다. 북격렬비도는 국가소유이고, 나머지 섬은 개인 소유이다. 북격렬비도에 위치한 등대로 항로표지원이 15일마다 2명씩 파견되어

12시간 교대근무를 하고 있다. 날씨가 매우 좋은 경우에는 섬의 꼭대기에서 중국으로 바라보았을 때, 수평선 너머로 중국 산둥반도가 희미하게 보일 정도라고 한다.

(2) 격렬비열도! 국가관리연안항으로 지정되다

국가소유인 북격렬비도를 제외하고 나머지 섬을 중국이 조선족을 앞세워 사들이려 하였다. 격렬비열도 관련 전문가인 김정섭 교수는 2020년 11월 YTN 라디오에 출연하여 "섬 주민들을 인터뷰한 결과 중국이 2012년부터 두 차례나 조선족 동포를 앞세워서 섬을 사들이려 했다."고 밝힌 바 있다. 김정섭 교수에 따르면, 당시 섬 소유주는 20억 원을 불렀는데 중국 측에서 16억 원을 불렀다는 것이다. 국토교통부는 2014년 12월 격렬비열도에 대해 〈외국인토지거래제한조치〉를 내렸다.[19] 물론 이 섬을 중국인의 소유라 하더라도 섬은 한국 소유이기 때문에 영토 주권에 대한 문제는 없다. 다만 이 섬을 기지화하여 중국 어선들이 불법조업을 할 가능성이 매우 높고, 한국을 위협할 수 있다는 점이다. 한국정부는 2014년에 당시 공시지가의 3배에 해당하는 금액인 2억을 제시하여 섬을 국유화하려 하였지만 섬 소유주와 협상에 실패함으로써 섬들은 국유화되지 못하였다.

한편, 2020년 11월 17일 중국 불법 어선을 효과적으로 대응하기 위해서 한국정부는 격렬비열도를 국가관리연안항으로 예비 지정할 것을 검토하였다. 2021년에 타당성 관련하여 조사를 실시하였고,

19) 「20억원에 중국 넘어갈 뻔한 '서해의 독도', 항구 들어선다」(https://lrl.kr/Ichk, 검색일: 2022.4.3).

2022년 항만정책심의회 의결을 거쳐 2022년 7월 4일 정식으로 국가관리연안항으로 지정되었으며, 관련 정책이 시행되었다. 이 정책으로 격렬비열도항은 2030년에 북격렬비도에 조성될 예정이다.

3) 조업 문제

(1) 중국의 조업 상황

중국은 개혁개방을 선언한 이후 지속적인 경제 성장을 거두면서 G2의 지위에 올랐다. 이런 과정에서 중국인들의 식문화도 변하기 시작하였다. 육류를 즐겨먹던 중국인들이 해산물을 즐겨 먹기 시작하였다. 2021년에 중국인들의 수산물 소비량이 돼지고기 소비량을 초과한 것을 알려졌다. 근래 전 세계 해산물 매년 소비총량은 1.44억 톤인데, 중국은 6,500만 톤으로서 전 세계 45%를 차지하는 세계 최대 해산물 소비국이다. 유럽연합이 1,300만 톤으로 세계 2위, 일본은 740만 톤으로 세계 3위를 차지하였다.[20]

중국은 2012년에 이미 세계 최대 해산물 소비국이 되었다. 중국의 해산물 소비량은 1990년의 1인당 11.5kg에서 2004년에는 25.4kg으로 증가하였다. 중국 해양에서 과잉 어획이 심각해짐에 따라 중국 해양 어업자원은 쇠퇴하였다. 이러한 이유로 중국 어선들은 원양으로 진출하기 시작하였다. 2013년 4월 시진핑 국가주석은 하이난(海南)성 충하이시(瓊海市)를 방문하여 원양어선의 어민들과의 만난 자리에서 그들을 격려하였다.[21] 2015년 이후 중국의 수산 어획 생산량은 해마다

20) 「海鮮消費現狀, 值得海産人關注」(https://lrl.kr/Modl, 검색일: 2022.9.3).

감소하였다. 자료에 의하면, 2021년 중국 어획 수산물 생산량은 1295만 8900톤으로 전년 대비 2.18% 감소하였다.[22)]

2016년 언론에 공개된 중국의 원양어업활동이 전 세계에서 이루어지고 있음을 알 수 있고, 불법조업으로 인해 세계 여러 나라들이 엄중한 제재를 가하고 있는 것으로 나타났다. 또 2015년 12월에는 아프리카 24개 국가가 공동으로 "중국은 불법 조업을 그만하라"고 호소하기도 하였다.[23)]

2017년 김형근 한국해양수산개발원 중국연구센터장은 〈제19차 당대회를 통해 본 시진핑 2기 중국 해양수산정책방향〉이라는 동향보고서에서 중국은 〈중국어업 발전 '13·5 규획'〉을 통해 2020년까지 근해어업 생산량을 6700만 톤에서 6600만 톤 수준으로 줄이는 반면 원양어업 생산량은 219만 톤에서 230만 톤으로 늘리는 것을 목표로 잡았다고 밝혔다.[24)]

중국 어선은 여러 국가의 영해를 침범하여 조업을 한 사례가 많았다. 중국 어선의 불법 조업 문제 때문에 국가 간의 갈등이 증가하고 있다. 중국 어선은 중국과 가까운 바다뿐만 아니라 동남아시아와 남아메리카 및 아프리카까지 가서 불법조업을 하는 경우도 많다. 중국 어선들이 대규모적으로 함께 다니면 불법적으로 조업을 하다 보니 외신에서는 이러한 중국 어선들을 '어선함대(Fishing vessel fleet)'라 부르기도 한다. 또 'Chinese fishing fleet'로 검색하면 중국 어선들의 불법

21) 「習近平看望海南漁民詢問去南海是否安全」(https://lrl.kr/vy9I, 검색일: 2022.3.15).

22) 「2022年中國水産品産量、人均占有量、加工量及進出口情況分析」(https://lrl.kr/zNMc, 검색일: 2022.11.10).

23) 「아르헨·남아共서도 불법 조업… 中어선은 '글로벌 공공의 적'」(https://lrl.kr/iYHb, 검색일: 2022.4.3).

24) 「中, 내수면·연근해어업 '줄이고' 원양 '늘리고'」(https://lrl.kr/iYHf, 검색일: 2022.4.3).

조업 사례들을 알 수 있다.

(2) 중국 어선의 불법 조업 상황

한국 영해에서 중국 어선의 불법 조업 실태는 매우 심각하다. 중국 어선의 불법 조업 실태를 살펴보면 다음과 같다.

2005년 5월 1일에 중국 불법 조업 어선을 한국 해경이 아닌 어민들이 나포하였다. 2008년 9월 25일에는 한국 목포 소흑산도에서 목포해경 박경조 경사가 중국 어선 검문 과정에서 순직하는 사건이 발생하였다.

2010년 12월 18일 군산 어청도에서 중국 어선이 한국 해경 경비정을 들이받는 사건이 발생하였는데, 중국 어민 1명이 사망하였고, 1명은 실종되었다. 이때 한국 해경 4명이 부상당하였다. 2011년 12월 13일 이청호 경장 살해사건이 발생하였고, 이 사건을 계기로 12월 26일 한국 국무총리실에서는 중국 어선 불법조업 종합대책을 발표하였는데, 이때 총기 사용을 허용하였다.

2012년 10월 16일 전남 신안군 해역에서 해경 고무탄에 중국 어민이 사망하는 사고가 발생하였다. 당시 중국 어선은 해경에게 격렬하게 저항하였는데, 어선에서는 삽, 삼지창, 도끼, 칼톱, 쇠창살 등이 발견되었다. 2014년 10월 10일 전북 부안군 해역에서 해경이 발사한 권총에 의해 중국인 선장이 사망하였다. 한국 해경이 나포한 어선을 중국 어선 여러 척이 포위하였고, 수십 명의 중국 어민들이 승선하여 한국 해경을 공격하였다. 이때 한국 해경은 실탄과 공포탄으로 대응하였는데, 이 과정에서 선장이 다쳤고, 병원으로 이송하였지만 사망하였다.

2015년 11월까지 450척의 불법조업을 하던 중국 어선들이 한국 해경에 의해 나포되었다. 또 동년 12월 18일부터 20일간 20척의 중국 어선들이 불법 조업을 하다가 제주 해경에게 붙잡혔다.

2016년에도 중국 어선의 불법 조업은 증가하였다. 동년 1월 16일에는 남해에서 불법 조업을 하던 중국 어선 2척을 해경이 나포하였고, 1월 21일에 해경에서는 불법 조업 어선 퇴치 결의를 하였다. 동년 5월 8일 해경은 연평도 인근 해상에서 불법조업을 하던 중국 어선 2척을 나포하였다. 이 과정에서 중국 어민이 쇠창살 등으로 격렬하게 저항하자 K5 권총 실탄 사격으로 검거하였다. 동년 6월 5일 서해 북방한계선(NLL) 남방 연평도 인근 해역에서 중국 어선 100여 척이 불법조업을 하기 위해 NLL 북쪽에서 내려왔다. 이때 한국 어선들은 서해 NLL 남방 0.5km 해상에 정박해 있던 중국 어선 2척을 직접 나포해 연평도로 끌고 왔다.

중국 어선들은 불법조업 과정에서 NLL의 존재를 이용하여 단속을 피해 왔다. 때로는 군사분계선 한가운데인 한강 하구에서까지 불법조업을 하여 유엔군사령부 군사정전위원회가 중국 어선의 불법 조업 행위가 명백한 정전협정 위반이라고 판단하기에 이르렀다. 이에 한국 정부에서는 군부대 투입을 결정하였다. 그리고 해군·해병대·해경·유엔사 합동 '민정경찰'을 편성하여 중국의 불법 조업 어선을 단속하기 시작하였다.

2016년 6월 14일에는 민정경찰이 한강 하구에서 불법 조업 중인 중국 어선 2척을 나포하였다. 동년 9월 5일에는 불법 조업을 한 중국 어선 2척이 처음으로 압류되었다. 동년 10월 7일에는 중국 어선이 인천해경 소속 고속단정을 들이받아 침몰시키고 달아나는 사건이 발생하였다. 이때 한국 해경은 불법조업 중국 어선을 향해 공용화기를 사용하겠다는 입장을 밝혔다. 동년 11월 1일에는 한국 민정경찰이 처음으로 공용화기를 사용하였다. 불법 조업을 하던 중국 어선 2척을 나포하던 도중에 중국 어선 30척이 한국 해경함정을 둘러싸며 위협을 가하였기에, 한국 해경은 M60을 발포하며 대처하였다. 이에 중국 외교부는 11월 2일자 정례 브리핑에서 "한국 측의 무력을 사용한 폭력적인 법 집행 행위"에 불만을 표하며 "중국 어부의 안전과 합법적인 권익은 절실히 보장해야 한다."고 발표하였다.

2016년 11월 8일 한국 해경은 새로운 무기 사용 매뉴얼을 발표하였다. 11월 12일 해경이 11월 8일 무기 사용 매뉴얼 발표 이후 처음으로 공용화기를 사용해 중국 어선 퇴거 작전을 진행하였다. 동년 12월 29일에는 〈2017년 한중어업협정〉이 타결되었다. 이로써 중국 어선이 해경의 승선을 막을 목적으로 쇠창살을 설치하기만 해도 처벌을 할 수 있게 되었다. 그리고 한국 수역 외곽에 중국 해경함정을 배치하기로 합의를 보았다. 국민안전처에 따르면 2016년 11월 한국 수역을 침범한 중국 어선은 2015년 같은 기간(3,953척)보다 57%(1,712척) 줄어들었다는 것이다. 또 해경은 폭력저항 어선에 대해 공용화기 사용 등을 주요 내용으로 하는 '무기사용 매뉴얼'을 중국 해경국과 외교부에 공식 통보하였다.[25)]

2017년 4월 해경은 서해 NLL 해상에서 불법조업 중국 어선 단속을 전담하는 서해5도 특별경비단도 창단하였다. 총경을 단장으로 경찰관 444명과 함정 12척(대형 3척, 중형 6척, 방탄정 3척)이 투입됐다.[26)]

하지만 중국 어선들의 불법조업은 지속적으로 발생하고 있다. 2020년 4월 중국 어선들이 제주 해상에 몰래 설치한 대형 그물이 잇따라

---

25) 「'해경 공용화기 쐈더니'…서해 불법조업 中어선 57%↓」(https://lrl.kr/ekja, 검색일: 2022.3.15).

26) 「[힘겨운 서해5도] ①어민이 직접 중국 어선 나포 '그 후 1년'」(https://lrl.kr/cEfQ, 검색일: 2022.3.15); 「서해5도 특별경비단 창단」(https://han.gl/qSUyw, 검색일: 2022.3.15).

발견되었고, 해경이 모두 강제 철거하였다. 그물에 잡혔던 불법포획 어획물은 우리 해상에 방류하였다. 2020년 10월 해수부와 해양경찰청에 의하면, 불법 조업을 하다가 나포되거나 퇴거 조치된 어선은 2017년 3,074척에서 2019년에는 6,543척으로 3년 사이에 112%나 크게 증가한 것으로 보인다.[27]

(3) 한국의 대처 변화를 준 사건: 박경조 경사와 이청호 경장 살해사건

2008년 9월 25일 중국 어선이 한국의 전라남도 신안군 흑산도 근처 해역에서 불업 조업을 할 때 한국 해경이 이를 단속하였다. 이 과정에서 중국 어부가 한국 해경 박경조 경사(이후 경위로 특진)를 살해하였다. 박경조 경위는 이날 한국 해역을 침입한 중국 어선을 단속하기 위해 중국 어선에 올라갔다가 중국 선원이 휘두른 삽에 머리를 맞고는 바다로 추락하였고, 3일 뒤에 시신이 발견되었다. 그런데 이 사건은 당시에는 이슈화되지 못하였다가 3년 뒤에 비슷한 사건인 이청호 경장(이후 경사로 특진) 살해사건이 발생하면서 뒤늦게 알려졌다. 이 사건들은 한국 해경의 인력난과 중국 어선들의 불법 조업에 대한 경각심을 불러 일으켰다.

해경 이청호 경사는 2011년 12월 12일 불법 조업을 하던 중국 어선을 단속하다가 살해당하였다. 12월 12일 새벽 인천 옹진군 소청도에서 남서쪽으로 87km 떨어진 해상에서 불법 조업을 하던 중국 어선 루원위(魯文漁) 15001호를 한국 해경이 나포작전을 시행하였다. 당시

---

27) 「홍문표 "中 눈치 살피다 불법조업 53% 급증하였다"」(https://lrl.kr/YbR, 검색일: 2022.3.15); 「홍문표 의원, 현 정부 들어 불법 조업 중국 어선 2배 이상 증가」(https://lrl.kr/ceeB, 검색일: 2022.3.15).

이청호 경장 등은 조타실로 투입하는 작전을 펼치는 과정에서 중국 어선 선장인 '청다웨이(程大偉)'가 휘두른 흉기에 저항하다가 중상을 입었다. 이때 이낙훈 순경도 중상을 입었는데, 후송하던 도중에 이청호 경사는 과다출혈로 사망하였다.

이 두 사건에 대해 한국에서는 주권의 문제이기 때문에 강경하게 대처해야 한다는 주장이 있었고, 중국정부에 대한 비판이 강하게 일어났다. 그런데 중국정부가 오히려 한국정부에 항의를 하였다는 소식이 전해지자 한국 네티즌들은 중국 어민을 해적에 비유하였다. 당시 중국에서는 중국 선원들의 행동을 정당방위라고 주장하며 살해당한 한국 해경을 조롱하였다. 이러한 상황 속에서 한국 네티즌들은 중국 정부를 비판하였을 뿐만 아니라, 중국정부에게 강경하게 항의하지 못하는 한국정부를 비판하기도 하였다. 이청호 경장 사건은 한국정부와 한국 국민에게 중국을 경계해야 함을 일깨워주었다. 해양경찰청이 해양경비안전본부로 개편이 된 이후에, 2015년 12월에 건조된 해경 최대급 함정인 삼봉급 2번함은 이청호함으로 명명되었다.

(4) 중국 불법 행위에 대한 한국의 강경 대응

중국의 불법조업은 한국의 바다에서도 발생하였다. 불법조업을 하는 중국 어선은 대부분 산둥성에서 왔다. 보하이만(渤海灣) 일대는 중국 내에서도 천혜의 어장으로 손꼽혔었지만, 물고기 남획과 경제개발로 인한 해양 오염으로 인해 어획량이 급감하였다. 이러한 이유 때문에 중국 어선은 한국이나 북한 해역으로까지 가서 불법으로 조업을 하고 있다.

또 중국 어선들은 한국 해경의 단속을 피하기 위해 수시로 NLL를 넘나들고 있다. NLL 부근에서 한국 해경에 나포된 중국 어선 다수는 인공기를 걸고 있었기 때문에 북한이 NLL 일대 조업권을 중국에 판매한 것으로 추정하고 있다.

중국 어선들은 NLL 한 가운데에서 조업을 하기도 하였고, 군사분계선의 한 가운데에 위치하고 있는 한강 하구까지 들어와 조업을 하였다. 게다가 NLL 인근에서 조업 활동을 하는 중국 어선은 한국 해경이 단속을 하면 NLL 이북으로 도망치는 등의 행위를 하였다. 이때 한국 해경이 북한과의 마찰이 발생할 가능성이 있기 때문에 중국 어선을 향해 사격을 할 수 없고, 그러다 보니 불법 조업을 하는 중국 어선을 단속하는데 어려움이 많았다. 유엔군사령부 군사정전위원회는 중국의 조업 행위가 명백한 정전협정 위반으로 여겼고, 이로 인해 민정경찰이 투입되기도 하였다.

이러한 문제들을 해결하기 위해 양국은 2013년 한중 정상회담에서 합의를 거쳐 한중 양국이 공동으로 불법 어업을 단속하기에 이르렀다. 그리고 한국정부는 중국정부에 중국 어선들의 불법 조업 활동을 단속해달라고 요청하기에 이르렀다.

중국 어선의 불법 조업과 한국 해경에 대한 불법 행위에 대해 한국 정부는 강경한 조치를 취하겠다고 하였다. 이와 관련한 한 사례로, 2016년 10월 7일 중국 어선이 한국의 고속단정을 고의로 들이받아 격침시켰다. 중국 어선의 불법 행위에 대해 한국 여론이 비판을 제기하자 당시 한국정부는 해경의 함포 사격으로 중국의 불법 행위를 한 어선을 격침하겠다고 밝혔다. 이를 두고 중국공산당의 관영매체인 〈환구시보(環球時報)〉는 10월 11일에 "미쳤나" 그리고 "이는 한국의 소국 심리 상태이다. 한국의 포퓰리즘(Populism)이 폭발하였는데, 전 국민의 성향이고 한국의 특징이다."라고 하며 한국을 비난하였다. 동년 11월 1일 한국 해경은 처음으로 공용화기를 사용하였다. 한국 해경은 중국 어선을 향해 기관총 위협사격을 실시하였는데, 이로 인해 중국 어선의 저항은 약해졌다.

한편, 2017년 4월 4일 중부 지방해양경비안전본부 서해5도 특별경비단이 창설되었고, 동년 7월 26일에 중부지방해양경찰청 서해5도 특별경비단('서특단'이라 약칭)으로 변경되었다. 서특단은 서해에서 불법조업을 하는 외국 어선 특히 불법 어선들을 단속하는 업무를 하고 있다.[28] 한국 해양경찰청은 2019년까지 서해 NLL 불법조업 중국 어선 3년간 70% 급감하였다고 밝혔다. 현지 어업인들이 서특단에 감사 현수막까지 세우기도 하였다.

서특단은 가을 꽃게 성어기(9~11월)를 맞아 서해 NLL 인근 해역에서 중국 어선의 불법조업 단속을 강화한다. 서특단은 서해 NLL 인근 500t급 중형 경비함정 3척을 기존 3척에서 4척으로 늘리고 특수진압대와 함께 특수기동정을 기존 2척에서 4척으로 늘려 총 8척의 경비함정을 투입하여 불법조업 중국 어선에 강력하게 대응할 계획이다. 서특단은 6~8월 두 달 동안 최일선 진압대원을 대상으로 중국 어선 단속과정을 단계별로 나누어 단속역량 강화훈련과 평가를 실시하였다. 서특단 관계자는 "11월까지 서해 NLL해역에서 조업하는 중국 어선 수가 더욱 증가할 것으로 예상된다."며 "우리 어자원과 어민 보호를 위해 선제적이고 강력한 대응으로 중국 어선의 불법 조업을 사전에 차단하겠다."고 말하였다.[29]

---

28) 서해5도특별경비단(西海五島特別警備團, Five West Sea Islands Guard Unit)은 서해5도 해역의 불법 외국어선의 단속·수사·사후처리, 경비·작전·위기관리·수색·구조를 담당하기 위해 중부지방해양경찰청 산하에 설치된 직할단으로, 단장은 총경으로 보한다. 「서해5도 특별경비단」(https://lrl.kr/cD3Y, 검색일: 2022.9.21).

3. 한중 해양 협력

1) 한중어업협정

한중어업협정은 2000년 8월 3일 한국과 중국이 서해상에서 양국 사이의 어업 분쟁을 조정하기 위해 체결한 협정이다. 이 협정의 체결로 한중 양국은 배타적 경제수역을 선포한 상황에서 일방적으로 관할권을 행사할 경우 예상되는 충돌을 방지하고, 해양생물자원을 합리적으로 보존하고 이용할 수 있게 되었다. 협정은 총 16개의 조항과 두 개의 부속서로 구성되었다.

주요 내용으로는 "어업수역의 구분(배타적 경제수역, 잠정조치수역, 과도수역, 현행 조업 유지 수역), 허용 어선 수의 제한 및 허용 어획량의 설정, 연안국의 법령 준수의무 및 관련 법령의 투명성 명시, 어업자원 보존 협력, 조업 질서 유지 및 행사 사고 처리, 어업공동위원회 설치" 등이다. 또 서해 중간선을 기준으로 하여 양측의 면적이 비슷한 수준에서 양국어선의 공동조업이 가능한 약 8만 3천km^{2}에 달하는 '잠정조치수역'[30]을 설정하였다.

협정이 체결 전까지 양국은 여러 차례의 회의를 진행하였다. 양국이 각각의 배타적 경제수역을 선포한 이후, 양국 간 수역 거리가 400해리 이내이기 때문에 해양 경계 획정은 매우 중요한 사안이 되었다. 서해 수역 획정과 어업 협력을 위해 1993년 12월부터 19차례의 회의를 진행하였다. 1998년 11월 11일 협정문안에 가서명하였고, 2000년

29) 「서해5도 특별경비단, 불법 외국어선 단속 강화」(https://lrl.kr/X0p, 검색일: 2022.9.21).
30) 잠정조치수역은 200해리가 겹치는 수역으로 그 북방한계선은 서해 특정 금지구역에 접하는 북위 37도로, 남방한계선은 북위 32도 11분으로 하고 있다.

8월 3일 정식으로 서명하였다. 동년 11월 20일 양해각서의 서명을 거쳐 한국정부는 2001년 2월 국회에 협정 비준 동의안을 제출하였고, 동년 2월 28일 본회의에서 가결되었다. 동년 4월에 개최된 양국의 수산 당국 간 회담에서 최종 합의가 이루어졌고, 동년 6월 30일부터 공식적으로 발효되었다.

한국수산자원공단은 2022년 7월 29일 전라남도 목포시 서해어업관리단에서 '제4차 한중 공동 치어 방류행사'를 개최하였다고 밝혔다.[31] 한중 수교 30주년을 기리고자 행사를 차관급으로 격상하였다. 그리고 양국에서 온라인 영상 공유 플랫폼을 기반으로 동시에 진행하였다. 공동 방류행사는 2017년 한중 어업공동위원회를 통해 합의를 하였다. 그 후 2018년 전남 영광, 2019년 중국 칭다오(青島), 2021년 인천 및 중국 옌타이에서 동시에 개최하였다. 행사장에는 양국 어업인들이 공동으로 이용하고 있는 한중 잠정조치수역[32]에 대한 양국 정부의 자원조성 노력과 관련한 방류 영상 송출 및 폐기물 수거 사업 전시 등을 통하여 수산자원 관리의 중요성과 의미를 되새겼다. 이번 행사와 관련하여 한중 양국은 어린 참조기, 말쥐치 등 총 557만 마리를 방류하였다. 한국은 서해에서 경제적 가치가 높고 양국 어업인이 공동으로 이용할 수 있는 참조기, 말쥐치, 꽃게 약 477만 마리를 영광, 부안, 태안 등 우리 연안 어장에 방류하였으며, 중국은 갑오징어 등 80만 마리를 중국 연안에 방류하였다.

---

31) 「한중, 제4차 공동 수산종자 방류행사 개최」(https://lrl.kr/XZ1, 검색일: 2022.3.5).

32) 한중잠정조치 수역은 한중어업협정 제7조 규정에 따라 배타적 경제수역(EEZ) 적용이 배제되는 수역으로서, 한중 어업공동위원회의 결정에 따라 양국이 공동으로 수산자원을 관리한다.

2) 한중 해양협력 대화

(1) 제1차 한중 해양협력대화[33]

한중 양국은 2019년 12월 〈한중 외교장관회담〉에서 양국 간 해양협력 전반을 다루는 〈한중 해양협력대화〉 신설에 합의한 후 구체적인 추진방안을 협의하였다. 하지만 코로나19가 발생하면서 양국의 접촉은 중단되었다. 그러다가 양국 외교부는 2021년 4월 14일에 1차 한중 해양협력대화를 화상으로 개최하였다. 한국 측은 최희덕 동북아시아 국장이 중국 측은 홍량(洪亮) 변계해양사무국장이 수석대표로 참석하였고, 양국의 해양 업무 관련 부처들의 과장급 담당자 등이 참석하였다. 이번 출범 회의에서는 참석한 양국의 여러 해양 업무 관계 부처들 간에 "대화체 운영 방식, 해양 협력 총괄 평가, 해양 관련 법규 및 정책 교환, 세부 분야별(해양 경제·환경·법 집행·안보 등) 실질 협력 강화 방안 등"에 대해 폭넓은 의견을 교환하였다.

양측은 양국이 어업 질서 유지, 해양 생태·환경 보전, 항행 안전 제고 및 해상사고 발생 시 수색 구조 등 다양한 해양 협력을 전개해 왔음을 평가하고, 향후 관련 협력의 확대·발전을 위해 양국 관계 당국 간 협의를 더욱 활성화해 나가기로 하였다. 특히 양측은 일본의 후쿠시마 원전 오염수 해양 방출 결정이 직접적인 영향을 받는 인접국들과의 충분한 협의 없이 이루어진 데 대해 강한 유감과 심각한 우려를 공유하였다. 또한 양측은 이러한 협의 없이 후쿠시마 원전 오염수를

---

33) 「외교부, 제1차 한중 해양협력대화 개최...한중 해양협력 총괄 협의체 출범」(https://lrl.kr/bnu9, 검색일: 2022.3.5).

해양 방출하는 데 반대한다는 입장을 재확인하고, 앞으로 일본 측의 상응 조치가 미진할 경우 외교·사법적 해결을 포함한 다양한 대응 방안을 각자 검토해 나가기로 하였다.

양측은 해양 관련 정책 및 법 제정 동향에 대해서도 상호 의견을 교환하였다. 중국 측은 중국이 제정한 〈해경법〉의 주요 내용과 배경 및 취지 등을 설명하였다. 양측은 각국의 정당한 해양 권익에 대한 상호 존중 및 해양 관련 국제법 준수, 그리고 관계 당국 간 원활한 소통을 통한 우발적 갈등 상황 방지 및 신뢰 구축이 중요하다는 점을 확인하였다. 이어 양측은 앞으로 해양 분야 실질 협력 이행 점검 및 대화체 운영 방향 등에 대해 수시로 소통하면서, 차기 회의 개최 시기 및 방식 등에 대해서도 지속 협의해 나가기로 하였다.

(2) 제2차 한중 해양협력대화[34)]

한국 외교부는 중국 외교부와 2022년 6월 16일 제2차 한중 해양협력대화를 화상회의 형식으로 개최하였다. 회의에서 한중 간 해양 협력 평가, 양국 해양 법규 및 정책, 어업 등 해양 관련 현안, 해양 경제·과학기술·환경·안전 등 다양한 분야에서의 실질 협력 증진 방안에 대해 폭넓은 의견을 교환하였다. 회의에는 최희덕 한국 외교부 동북아시아국장, 홍량 중국 외교부 변계해양사 국장, 양국의 해양 업무 관련기관 관계자가 참석하였다.

회의에서 양측은 한국과 중국이 서해를 맞대고 인접해 있는 만큼 해양 관련 국제법 준수 및 해양 권익에 대한 상호 존중을 통한 해양

34) 「제2차 한중 해양협력대화 개최 결과」(https://lrl.kr/dTAw, 검색일: 2022.7.7).

질서의 안정적 관리, 관계 당국 간 소통·협력 강화를 통해 우발적 갈등 상황 발생을 방지하고 신뢰를 강화해 나가는 것이 중요하다는 점에 공감하였다. 특히 양측은 최근 합의한 양국 해·공군 간 직통전화 추가 개통을 평가하는 한편 양국 해경청 간 실무협의체 설립 등 소통 채널 구축·확대를 위한 협력 방안도 계속 협의해 나가기로 하였다.

한국 측은 한중 간 해양경계획정협상을 가속화하는 한편 양측이 관련 수역 내 활동을 적극적으로 관리하는 등 긴밀히 협력해 나갈 필요가 있음을 강조하였다. 양측은 어업질서 유지, 환경 생태·환경 보전, 항행 안전 제고 수색 구조 등 다양한 분야에서 협력해 온 점을 평가하고 양국 간 해양 분야 실질 협력 증진을 위해 관계 당국 간 협의와 교류를 더욱 활성화해 나가기로 하였다. 양측은 해양에서의 생물다양성 보전 문제 및 해양 관련 국제기구 내 주요 이슈 등에 대해 논의하였다. 양측은 후쿠시마 원전 오염수 문제에 대해서도 의견을 교환하였다.

(3) 한중 환경협력 공동위원회[35)]

2022년 2월 22일 제24차 한중 환경협력 공동위원회가 개최되었다. 양국은 이날 화상회의를 통해 한중 양자 지역 글로벌 차원의 환경협력 확대 방안을 논의하였다. 회의에는 한국의 이동규 한국 기후환경

35) 「외교부, '제24차 한－중 환경협력 공동위원회' 개최」(https://lrl.kr/c3yM, 검색일: 2022.4.5); 「한－중, 양자·지역·글로벌 환경협력 폭넓게 논의」(https://lrl.kr/Xub, 검색일: 2022.4.5); 「제24차 한중 환경협력 공동위원회 개최, 미세먼지와 같은 대기오염, 해양폐기물 관리 등 해양환경 주제」(https://lrl.kr/cDxP, 검색일: 2022.4.5).

과학외교국[36] 국장을 수석대표로 하는 대표단과 중국 생태환경부 국제합작사(中國生態環境部 國際合作司) 사장(司長)인 저우궈메이(周國梅)가 수석대표로 참석하였다.

한중 환경협력공동위원회는 1993년 체결한 〈한중 환경협력협정〉에 따라 양국이 매년 돌아가며 개최를 해 왔다. 한중 환경협력공동위원회 회의는 "미세먼지 등 대기오염, 해양폐기물 관리 등 해양환경 등"을 주제로 하고 있다. 회의에는 외교부, 환경부, 해수부 등이 공동으로 참여하고 있다.

양국은 해양쓰레기 관리 및 해양생태계를 활용한 기후 변화 대응 등의 해양 분야 실질 협력을 지속 강화해 나가기로 합의하였다. 양국은 북서태평양보전실천계획(NOWPAP)[37]을 통해 역내 해양환경 보전뿐만 아니라, 해양생물다양성 보전 등 역내 현안에 대한 협력을 지속 발전시켜 나가기로 하였다.

또한 한국 측은 2018년부터 추진 중인 한–중 해양쓰레기 공동 모니터링 연구가 해양쓰레기 문제 대응을 위한 양국 정부의 정책 수립에 기여할 수 있도록 중국정부의 지속적인 관심과 지원을 요청하였다. 그리고 양국은 해양 생태계 자원의 탄소흡수·저장능력을 온실가스 감축원으로 개발·활용하는 '블루카본'[38] 개발 사업을 신규 협력사

---

36) 중국 언론에서는 환경과 과학 사무국(環境與科學事務局)으로 표기하고 있다. 「第二十四次中韓環境合作聯合委員會會議線上召開」(https://lrl.kr/XZ3, 검색일: 2022.9.2).

37) 북서태평양보전실천계획(Northwest Pacific Action Plan, NOWPAP)은 동북아 해양의 지속 가능한 보전, 관리 및 개발을 위한 지역협력프로그램이다. 정부 간 회의 개최, 회원국 간 정보 공유, 해양오염 공동 대응 등의 업무를 맡고 있다. NOWPAP 관할 해역은 북위 33°~52°와 동경 121°~143° 사이의 회원국 해양 및 연안 지역이다. 1991년 5월 UNEP 제16차 집행이사회 기간 중 한국, 북한, 일본, 중국, 러시아 5개국 대표가 모여 북서태평양 지역협력프로그램을 추진키로 합의하였다. 1994년 9월 서울에서 제1차 정부 간 회의를 개최, 활동 계획을 채택함으로써 정식으로 출범하였다. 「북서태평양보전실천계획」(https://lrl.kr/c34A, 검색일: 2022.9.2).

업으로 채택할 것을 합의하였다.

회의에서 한국은 대기오염이 국민의 삶의 질과 직결되는 문제로서, 국내 오염원 관리뿐만 아니라 월경성 대기오염 대응을 위한 양국 간 공조를 강조하였다. 그리고 한국은 2018년부터 추진 중인 〈한-중 해양쓰레기 공동 모니터링〉 연구가 해양쓰레기 문제 대응을 위한 양국 정부의 정책 수립에 기여할 수 있도록 중국정부의 지속적인 관심과 지원도 요청하였다.[39)]

4. 중국의 해양굴기(海洋崛起)와 서해 진출

1) 중국의 해양굴기

미국의 견제망을 돌파하기 위한 중국의 해양굴기는 다양한 형태로 나타나고 있다. 2012년 9월 중국의 첫 항공모함인 랴오닝(遼寧)함이 정식으로 취역하였다. 이로써 중국은 먼바다에 전투기를 내보낼 수 있게 되었다. 그리고 신형 진(晋)급 전략탄도탄 핵잠수함을 해군 거점인 하이난성에 배치하였다. 항공모함을 잡을 수 있는 미사일을 개발

38) 블루카본이란 해초, 엽습지, 맹그로브(mangrove) 등 해양 생태계에 의해 흡수되는 탄소를 말한다. 이산화탄소를 둘러싼 기후 문제를 해결할 수단으로 주목 받고 있다. 푸른(blue) 바다가 탄소(carbon)를 흡수한다고 해서 명명됐다. 블루카본이라는 개념은 2009년에 발표된 국제연합(UN)과 세계자연보전연맹(IUCN)의 보고서에 처음 등장한다. 한국 갯벌이 연간 승용차 11만 대가 내뿜는 온실가스를 흡수한다는 연구 결과가 나왔다. 이는 그간 국제사회에서 연안습지 중 블루카본으로 주목받지 못한 갯벌의 이산화탄소 흡수 잠재량을 국가 차원에서 전국적으로 조사한 세계 최초의 연구다. 「블루카본(blue carbon, 푸른 탄소)」(https://lrl.kr/X3P, 검색일: 2022.9.2).

39) 「한중, 3년만에 환경협력공동위, 미세먼지 등 대기오염 공조」(https://lrl.kr/bN1T, 검색일: 2022.9.2).

하여 잠수함에 탑재한 것도 항공모함을 앞세운 미국의 해군력을 의식한 것으로 보고 있다.40)

중국의 해상 장악력이 갈수록 커지고 있다. 영국 파이낸셜타임스(FT)가 런던 킹스칼리지(King's College London)의 류 중국연구소와 함께 조사한 내용에 따르면 중국은 최근 들어 세계 주요 항구에 대한 투자를 집중적으로 늘리고 있다. 2010년부터 6년간 중국·홍콩 기업들은 각국 40여 개 항구에 총 456억 달러(약 53조원)를 투자(예정 포함)하였다. 2015년 기준 세계 50대 컨테이너 항구 세 곳 중 두 곳에 중국계 자금이 투자된 상태인데, 한국의 부산항도 포함되어 있다.41)

동중국해와 남중국해, 대만해협 등을 둘러싼 미국과 중국의 패권 경쟁이 갈수록 치열해지는 가운데 2022년 6월 17일 중국이 세 번째 항공모함 진수 모습을 공개하였다. 상하이의 장난조선소(江南造船廠)에서 진수한 세 번째 8만 톤급 항공모함의 이름은 푸젠함(福建艦)으로 명명되었다. 푸젠함은 중국이 자체 설계해 만든 두 번째 항공모함이고, 전자식 사출기42)가 장착된 첫 번째 항공모함이다. 푸젠함은 전자식 사출기를 이용해 갑판에서 함재기를 쏘아 올릴 수 있도록 만들어졌다. 월스트리트저널은 "푸젠함은 중국의 세 번째 항모인 동시에

40) 「[2012 G2 新패권 시대]中 해양굴기 vs 美 포위전략...긴장의 아시아」(https://lrl.kr/bNv7, 검색일: 2022.4.4).

41) 「['해양 슈퍼파워' 중국] 중국 53조원 쏟아 '해양굴기'…세계 50대 컨테이너 항구 60% 장악」(https://lrl.kr/bNv8, 검색일: 2022.4.4).

42) 항공모함에서 항공기 이륙방식 중에는 캐터펄트 방식이 있다. 이는 사출 방식으로 갑판 하부에 증기 또는 전기방식의 사출장치가 있어, 항공기를 새총처럼 날려버리는 방식이다. 캐터펄터 방식에는 증기식 캐터펄트와 전기식 캐터펄트가 있다. 증기식 사출기는 증기를 충전하는 방식이라 사용 후 재장전 시간이 소요된다. 하지만 전자식 사출기는 +극과 −극의 반발력을 이용하는 방식으로 높은 출력을 지원하는 발전기만 있다면 증기식보다 소티(항공모함에서 함재기의 출격 횟수)가 높다.

가장 크고 진보된 항모"라며 "이 항모가 가동되면 중국 해군의 전력이 크게 확장될 것"이라고 평가하였다.[43)]

세 번째 항공모함의 명칭은 예상과는 다르게 명명되었다. 기존의 명명된 중국의 항공모함 이름은 건조 지역과 취역 일자에 맞춰 정하는 게 관례였다. 특히 항공모함의 이름에는 지역 명칭이 사용되었다. 2012년 취역한 첫 항공모함은 6만 5,000톤급 랴오닝함, 2019년 배치된 두 번째 항공모함은 7만 톤급 산둥함이었다. 그래서 세 번째 항공모함은 '장쑤(江蘇)함', '18번함', '상하이함' 등으로 지어질 것이라는 예측이 많았다.

항공모함 명칭이 다르게 명명된 것은 대만 통일에 대한 의지로 보는 경우가 있다. 왜냐하면 중국은 대만과 마주 보는 푸젠성을 항공모함 이름으로 삼았기 때문이다. 즉, 푸젠함이라고 명명한 것을 두고, 대만을 작전 지역으로 하는 동해함대에 취역할 것을 예상하면서 대만 무력 통일의 의지를 밝힌 것이라고 보고 있다. 이는 최근 시진핑이 '영토회복'이나 '조국통일'을 자주 언급하고 있는 것에서 알 수 있다. 또 미국 워싱턴 D.C에 본부를 둔 초당적 군사안보 싱크탱크인 '전략 및 예산평가센터(CSBA: Center for Strategic and Budgetary Assessments)'가 2022년 7월에 발표하였던 〈중국의 선택: 인민해방군 현대화 평가 도구〉에서도 잘 나타나 있다. 보고서는 2021~2031년 사이 중국 해군이 보유한 항공모함이 2척에서 5척, SSBN은 6척에서 10척으로 늘어날 것으로 전망하였다.[44)] 중국 인민해방군 해군은 2022년 현재 항공모함 2척(실전 배치

43) 「중국 세 번째 항공모함 진수…'푸젠함' 명명, 전자식 사출기 갖춘 첫 항모」(https://lrl.kr/dT6q, 검색일: 2022.8.30).

44) 「미 싱크탱크 "中, 2031년엔 항모 5척·SSBN 10척 보유"」(https://lrl.kr/YmF, 검색일: 2022.8.30).

기준)과 전략핵잠수함 6척을 보유하고 있다. 중국이 보유하고 있는 항공모함·순양함·구축함·보급함·전략폭격기·전략수송기·공중급유기 등은 전 세계적 군사력 투사 수단이라고 CBSA는 분석하였다.[45]

중국은 현재 처음으로 핵 추진 방식을 적용한 네 번째 항공모함을 건조하고 있는 중이다. 2018년 건조를 시작한 네 번째 항공모함은 2025년 실전 배치를 목표로 하고 있다. 2030년까지 최소 4개 항공모함 전단을 꾸리고 2035년에는 모두 6척의 항공모함을 확보해 미군 항공모함 전단이 대만해협에서 1,000km 이내로 접근하지 못하게 하는 해군력을 갖춘다는 것이 중국의 목표다.[46]

현재 중국군의 2022년 상반기 기준으로 대략 공격잠수함은 65척(핵추진 8척), 탄도미사일잠수함은 5척(핵추진 4척) 등 총합 70척으로 한국군보다 5배 정도 양적으로 압도적이라는 평가다. 1만 톤 이상 이지스함급 4척을 운영 중이며 055형 4척을 추가 건조 중이다. 그 외 7,000~8,000t급의 준이지스함 루저우급(051C형) 2척, 란저우급(052C형) 6척, 쿤밍급 22척 등 30여 척을 운영 중이며 수척을 추가 건조 중이다. 중국 해군은 항공모함, 신형 대형 구축함, 대형 상륙함 등을 지속적으로 확보하고 있다.[47]

2022년 5월에 약 20일 동안 첫 항공모함인 랴오닝 항공모함 전단을 대만과 일본 사이 서태평양에 보내 훈련을 실시한 중국은 2023년에는 미국의 전략자산이 전개하고 있고 제2도련선이 위치한 괌 근해까지

---

45) 「“中 8년 뒤 항모 5척, 핵잠 10척 보유”…또다른 적 있는 美 비상」(https://lrl.kr/XZ8, 검색일: 2022.8.30).

46) 「중국 세 번째 항공모함 진수…‘푸젠함’ 명명, 전자식 사출기 갖춘 첫 항모」(https://lrl.kr/dT6q, 검색일: 2022.8.30).

47) 「서해가 위험하다 2편: 중국의 서해 내해화를 직시하라」(https://lrl.kr/XZ9, 검색일: 2022.8.15).

항공모함 전단을 파견하여 훈련을 진행할 계획인 것으로 알려지고 있다.

2) 중국의 서해 진출

앞에서 언급되었던 중국 어선의 한국 해역에서의 조업 활동은 국가적 문제는 아니고 중국 선원들의 개인 문제라고 할 수 있다. 그런데 2022년 3월 14일 한국 SBS 뉴스에서 "서해를 순시하던 어업지도선 무궁화호가 제2광구 서쪽 한중잠정조치수역에서 중국이 설치한 이동식 석유 시추 구조물을 발견하였다"고 보도하였다.[48]

한중잠정조치수역이란 2001년 한중어업협정에 따라 설정된 해역이다. 400해리(약 740km)가 되지 않는 한중 간 거리로 인해 배타적 경제수역(EEZ)을 설정할 수 없기 때문에 경계선 획정을 유보한 해역이다. 한중 양국은 이곳에서 어업행위를 제외한 지하자원 개발이나 구조물 설치 등은 금지하고 있다.

중국이 서해 한중잠정조치수역에서 한국 몰래 석유 시추 장비를 설치한 사실이 뒤늦게 드러났다. 이와 관련하여 한국 SBS 뉴스에서는 "실제로 2005년 우리나라가 군산 먼 앞바다에서 석유 시추를 시도하였다가 중국의 반발로 중단했고, 2008년에는 중국이 석유 시추 시설을 설치하였다가 우리 정부의 항의를 받은 바 있다"며 "그후로 잠잠했던 중국이 14년 만에 잠정조치수역에서 활동을 재개한 것"이라고 덧붙였다.[49]

---

48) 「[단독] 한중 잠정수역서 '중국 석유시추 설비' 발견」(https://lrl.kr/cdw0, 검색일: 2022. 4.15).

49) 「[단독] 한중 잠정수역서 '중국 석유시추 설비' 발견」(https://lrl.kr/cdw0, 검색일: 2022.

이와 관련하여 한국정부 관계자는 "중국이 구조물을 설치한 것이 맞고 NSC(국가안전보장회의) 여러 안건 중 하나로 논의하였다"면서 "해당 구조물 문제를 두고 중국 측과 협의를 진행 중"이라고 밝혔다. 하지만 청와대가 배포한 4월 7일자 NSC 회의 관련 자료에도 이런 내용은 담겨 있지 않았다. 언론 보도가 나오기 전까지는 청와대는 관련 내용을 일절 공개하지 않았다. 인하대학교 반길주 교수는 "서해 잠정조치수역 내에서 중국의 석유 시추 설비가 발견된 것은 중국이 서해를 자신의 '앞마당'으로 기정사실화하는 일련의 전략"이라며 "한국은 이를 심각한 해양주권 잠식으로 받아들여야 하고, 지난 5년간 대중국 저자세 외교로 레버리지를 상실한 결과가 아닌지 성찰이 필요하다"고 강조하였다. 또 "중국은 법률전·여론전·저강도 해상 현시 등 다양한 방법으로 장기적 관점에서 야금야금 해양 이익을 축적하고 해양 강압을 시도해 최종적으로 서해를 자신의 앞마당으로 기정사실화하려는 포석"이라고 지적하고 "이번 2022년 3월 발견된 서해 중국의 석유 시추 설비도 이러한 맥락과 결을 함께 한다"고 우려하였다.[50]

많은 전문가들은 중국이 남중국해를 내해화로 달성하면 그 다음은 한국 서해를 내해화를 할 가능성이 높다고 말하고 있다. 게다가 중국의 도련전략에서 서해가 제1도련선에 포함되어 있다. 중국 당국은 서해상의 '한중 잠정조치수역'에서 발견된 구조물에 대해 '어업 시설' 이란 입장을 주장하였다.[51] 한국 외교부 당국자는 기자들과 만남에서

4.15).

50) 「〈전문가 분석〉 노골화되는 중국의 서해 내해화 시도: 안일함과 저자세가 부른 참사」 (https://lrl.kr/bN11, 검색일: 2022.4.20).

51) 「외교부 "양식 관련 시설이라고 설명… 사실 관계 확인 중" 2022.04.28」 (https://lrl.kr/dtzH, 검색일: 2022.5.10).

"중국 측은 해당 구조물에 대해 일각에서 보도·추측한 '석유 시추 구조물'이 아니란 걸 확인해 왔다"며 "양식 어업과 관련한 부대시설이라고 설명하였다"고 밝혔다.

한편, 한국이 미국·일본·호주·인도 안보협의체인 쿼드(Quadrilateral Security Dialogue)[52]에 가입하면 중국이 서해 등에서 저강도 위협을 가할 것이라는 전망이 나왔다.[53] 이강규 한국국방연구원 국방전략연구 실장은 〈한국 신정부 출범에 대한 중국의 인식과 시사점〉 보고서[54]에서 "만약 한국이 한·미·일 군사 협력을 추진하거나 쿼드 가입에 적극적인 자세를 보인다면 중국은 경고성 대응에 나설 것으로 전망된다"고 밝혔다. 이강규는 "물론 워킹그룹 수준 참여라면 중국의 반발이 강하지 않을 수 있지만 회원국으로 가입한다면 중국의 우려는 사드와 같은 수준일 것"이라며 "중국은 한국의 쿼드 가입을 본격적인 대중국 견제의 신호로 간주할 가능성이 크다"고 보았다. 또 "중국이 서해 해상이나 한국 방공식별구역에 대한 저강도 위협을 구사할 수 있다고 본다"며 "중국 어선들의 대규모 불법 조업을 묵인한다든가 중국군 항공기들이 카디즈를 빈번하게 무단 진입한다든가 대한해협을 통해 중국 군함이 주기적으로 이동한다든가 하는 일들이 있을 수 있다"고 예상하였다.

한국 해양수산부는 제18차 한중 어업공동위원회를 통해 〈2019년

52) 쿼드(Quad)는 미국, 인도, 일본, 호주 등 4개국이 참여하고 있는 비공식 안보회의체다. 쿼드의 설립 목적은 2020년 10월 6일 쿼드 회원국 외교장관 회의에서 논의되었듯이 중국을 견제하기 위해서다.

53) 「전문가 "韓 쿼드 가입하면 中, 서해 등에서 저강도 위협"」(https://lrl.kr/Xue, 검색일: 2022.5.10).

54) 한국국방연구원, 「한국 신정부 출범에 대한 중국의 인식과 시사점」(https://lrl.kr/X0e, 검색일: 2022.7.8).

어기 한중 어업협상〉을 타결하였다. 협상에 따라 양국은 '잠정 조치 수역 내'에 어업지도선과 해경 선박을 함께 파견해 지도 단속 활동을 하고, 불법 조업에 공동 대응할 계획이라고 밝혔다.[55]

한국 해경청과 해수부는 2022년 4월 21일 제주도에서 서쪽으로 약 185km 떨어진 한국 배타적 경제수역(EEZ)에 불법 설치된 중국 범장망 61틀을 발견하고 강제 철거하였다.[56] 발견된 중국 범장망은 길이가 약 250미터, 폭이 약 75미터에 달하는 대형 그물로, 물고기가 모이는 끝자루 부분의 그물코 크기가 약 2cm밖에 되지 않아 어린 고기까지 모조리 포획해 일명 '싹쓸이 어구'로 불린다.

중국 범장망은 한국 배타적 경제수역에 설치하지 못하게 되어 있다. 왜냐하면 범장망이 수산자원에 악 영향을 미치는 어구이기 때문이다. 한국과 중국은 2016년에 한국 수역에서 범장망이 발견될 경우 한국정부가 강제로 철거하고, 불법조업을 한 중국 어선 정보를 한국이 중국에 통보하면 중국정부가 단속하기로 합의하였다.

반길주 교수는 "중국의 서해 내해화는 그 말 자체부터가 모호하다. 중국이 서해를 자신의 관할해역으로 만들겠다는 것인지 아니면 해양 통제를 달성하겠다는 것인지 도무지 분간이 어렵다"며 "이러한 용어의 모호성 자체만으로 중국의 회색지대전략[57]의 속성을 고스란히 담고 있다고 볼 수 있다"고 강조하였다. 또 "중국의 이러한 내해화 시도

---

55) 「한중 어업협상 타결…'공동 순시' 2년 만에 재개」(https://lrl.kr/cd2X, 검색일: 2022.4.3).

56) 「해경청, 중국 불법어구 61틀, 강제 철거 중시가 약 37억원 상당 어구 전량 인양해 폐기, 어획물은 현장 방류」(https://lrl.kr/bNvY, 검색일: 2022.7.8).

57) 미국의 국제전략문제연구소(CSIS)는 '회색지대 전략'을 "직접적이고 상당한 규모의 무력 사용에 의존하지 않고 자신의 안보 목표를 달성하려는 꾸준한 억제와 보장을 넘어서는 노력 또는 일련의 노력"으로 정의하고 있다. 「[한마당] 회색지대 전략」(https://lrl.kr/zLEl, 검색일: 2022.7.8).

는 '회색지대전략의 공식'과도 같은 '기정사실화, 모호주의, 점진주의' 등을 철저하게 따르고 있는 것"이라며 "중국은 1953년 구단선[58]을 지정한 후 70여 년간 회색지대전략을 적용하는 가운데 법률전, 심리전, 여론전을 시행하고 해상민병 등 회색지대 자산을 동원하면서 약 70년이 지난 오늘날 남중국해 내해화 완성을 목전에 두고 있다"고 진단하였다.[59]

중국은 서해를 제1도련선에 포함하여 법률전의 대상으로 삼았다. 2010년에는 천안함 피격사건 당시 대북 억제력을 위해 미국의 항공모함을 서해에 진입시키는 조치를 강력히 반대하고 나서기도 하였다. 2014년에는 중국이 백령도 인근 해상에 해상 관측 부이(BUOY)[60]를 설치한 것이 발견되었고, 중국은 항공모함의 전력화 과정에서 서해

58) 구단선 또는 남해구단선(녹색선)은 중국이 1953년 '9단선'을 만들면서 자신들이 주장하는 남중국해의 해상 경계선이다. 중국은 남중국해에 U자 형태로 9개 선을 그어 90%가 자국 영해라고 주장하고 있다. 베트남을 포함한 필리핀, 말레이시아 등 인접 국가들과 영유권 갈등을 벌이고 있다. 필리핀은 2013년 1월 국제상설중재재판소(PCA)에 제소하였다. PCA는 2016년 7월 "중국의 9단선 주장은 아무런 법적 근거가 없다"고 판결했지만 중국은 무시하고 힘으로 밀어붙이고 있다(「필리핀 의회 '영해 침범' 中선박 제재 추진…"최대 징역 2년형"」, https://lrl.kr/eMDM, 검색일: 2022.10.29). 레 티 투 항(Le Thi Thu Hang) 외교부 대변인은 2022년 8월 25일 정례브리핑에서 "베트남은 중국이 일방적으로 그은 '남해구단선(베트남명 Duong luoi bo·드엉러이보, 소의 혀)'이 국제법과 1982년 유엔해양법협약(UNCLOS)에 위배되는 행위임을 반복적으로 얘기해 왔다"며 "우리의 주권을 침해하는 '부적절한 콘텐츠'를 즉시에 제거하고 올바른 지도가 세계인에 전달돼야 한다"고 촉구하였다. 또 "동해 지도에 쯔엉사군도(중국명 난샤군도·南沙群島, 스프래틀리제도)와 호앙사군도(중국명 시샤군도·西沙群島, 파라셀제도)에 대한 베트남의 주권 및 관련수역에 대한 베트남의 관할권을 침해하는 모든 형태의 홍보와 선전, 콘텐츠 및 이미지를 배포하는 행위는 '무효'"라고 강조하였다(「베트남, 세계기상기구(WMO) '남해구단선' 표기 삭제 요구」, https://lrl.kr/rm46, 검색일: 2022.9.5).

59) 「서해가 위험하다 2편: 중국의 서해 내해화를 직시하라」(https://lrl.kr/XZ9, 검색일: 2022.8.15).

60) '바다에 떠 있는 기상대'라 불리다. 부이에서 자동 관측되는 데이터는 기상예보, 특보 등 정보 생산에 이용되며, 어선, 여객선 등 선박의 안전운항과 해양레저 등에 필수 정보로 이용된다.

구역을 포함하여 항공모함 강습 훈련을 주기적으로 벌이며 무력시위를 통한 현재 진행형 기정사실화 전략을 구사하고 있다.61)

5. 마무리: 경계해야 할 중국 해양굴기

해양! 한국은 3면이 바다이기에 해양에 대한 관심이 높아야 한다. 그런데 최근 중국의 행보를 보면 해양안보의 중요성을 더욱 인식해야 할 것이다. 중국은 오래전부터 해양굴기를 천명하며 해양군사력을 강화해 왔다. 뿐만 아니라 중국은 한국의 서해를 '중국 내해화'하려는 시도를 하고 있다. 이는 중국이 서해 바다에 해상관측 '부이'를 설치하고 있는 것에서 알 수 있다.

물론 중국정부가 한국 서해를 중국의 내해로 만들려는 의도를 직접적으로 내비친 것은 아니지만, 중국의 해양관측 부이 설치라든가 해양정책 등을 보면 중국정부의 의도를 알 수 있다. 게다가 근래에 들어와 중국 함대의 군사훈련이 서해에서 빈번하게 이루어지고 있고, 그 횟수도 해가 갈수록 증가하고 있기 때문에, 한국정부는 이를 간과해서는 안 되고 매우 경계해야 하는 상황이다.

중국은 한국의 이어도가 자국의 영토라고 주장하거나 중국 어선들이 한국 영해를 침범하여 조업을 하는 등 다양한 문제를 일으키고 있다. 뿐만 아니라 중국에서 떠내려 오는 쓰레기가 한국 바다를 오염시키고 있는 문제 등 한중 간의 해양 문제는 매우 심각한 수준이다.

---

61) 「서해가 위험하다 2편: 중국의 서해 내해화를 직시하라」(https://lrl.kr/XZ9, 검색일: 2022. 8.15).

한국은 앞으로 발생할 수 있는 해양을 둘러싼 문제에 대해 많은 관심을 가져야 한다.

한국과 중국의 해양 갈등은 이미 존재하고 있다. 한국과 중국의 해양 갈등은 2013년에 중국이 중국 방공식별구역으로 선포하면서 시작되었다. 당시 양국은 1996년부터 배타적 경제수역 경계획정협상을 시작하였으나, 그 경계선을 확정하지 못한 상황이었다. 그런데 2013년 중국은 이어도와 주변 배타적 경제수역 상공을 중국 방공식별구역으로 선포하였던 것이다.

한국과 중국은 정부 간 그리고 관련 부서 간에 많은 교류를 해 오고 있다. 특히 2000년 양국 간에 체결된 한중어업협정은 양국 사이의 발생하는 어업 분쟁을 조정하기 위한 만들어진 협정이다. 그리고 2001년 한중어업협정에 따라 한중잠정조치수역을 설정하여, 이곳에서의 어업 행위를 제외한 지하자원 개발이나 구조물 설치 등을 금지하였다. 양국은 2019년 12월에 〈한중 외교장관 회담〉을 개최하여 양국 간의 해양 협력 전반을 다루는 〈한중 해양협력대화〉 신설에 합의하였다.

그동안 한국의 해양안보는 일본과 밀접한 관련이 있었다. 일본은 오래전부터 동해 표기 문제, 독도가 자국의 영토라고 주장하며 한국을 위협하고 있다. 그런데, 이제는 중국에 대한 해양안보를 해야 하는 상황이다.

2022년 10월에 개최되었던 제20차 전국대표대회에서 시진핑은 총서기로 선출되었다. 세 번째 연임을 하게 된 시진핑은 중국공산당 내 정치적 입지가 매우 굳건함을 보여주었다. 제20대 중국공산당 중앙정치국 상무위원이 모두 시진핑의 측근들로 포진되었다.

시진핑은 '사상해방'이 아닌 '사상통일'을 강조하고 있다. 이는 시진핑 사상을 중심으로 한 주요 이데올로기가 굳건해짐을 의미한다. 시진핑은 대만을 통일하려 한다. 중화민족의 위대한 부흥이라는 중국의 꿈을 실현시키기 위해 영토 안정과 영토 통일을 강조하고 있고, 군사력 강화를 강조하고 있다. 그런 상황 속에서 한국은 중국의 군사력 강화를 매우 경계해야 한다. 최근 중국의 해군력 강화는 한국의 해양을 위협하고 있는 실정이다. 그렇기 때문에, 중국의 해양정책을 심도 있게 연구하여, 중국의 해양 위협에 대비해야 한다.

그렇기 때문에 이어도와 격렬비열도는 매우 중요하다. 그중에서도 〈이어도 지킴이〉 운동은 제주에서 활발한 반면에, 격렬비열도에 대한 관심은 많지 않다. 〈이어도 지킴이〉 활동을 하는 사람들은 제주인뿐만 아니라 문학인, 학생, 대중문화에 종사하는 사람들도 많이 참여하고 있다. 그럼에도 불구하고 〈이어도 지킴이〉 운동이 특정 지역에만 한정되고 있다 보니 많은 사람들이 잘 알지 못한다. 그렇기 때문에 〈이어도 지킴이〉를 포함하여 격렬비열도에 대한 관심을 국가적 차원에서 관심을 가져야 한다.

하나를 요구하였을 때, 하나를 양보하면 다음엔 두 개를 요구한다. 이러한 상황이 국가이익과 관련되어진다면 양보를 쉽게 결정할 수 없는 일이다. 한 국가의 역사와 정체성을 위협하는 일이 발생하였을 때, 가만히 있거나 애매한 타협을 하는 경우가 발생하면, 다음에 심각한 일이 발생하기 마련이다. 그래서 아래의 말들을 상기해야 한다.

"하나를 잃으면 전부를 잃는다."
"관심을 갖지 않으면 빼앗긴다."
"짧은 관심보다는 지속적인 관심과 노력이 필요하다."
"구전되어 오는 이야기는 그냥 생긴 것이 아니다."

역사적 근거인 사료도 중요하지만, 그 지역에 전해 오는 민간 전설에 관한 이야기도 사료만큼 매우 중요하다. 여러 자료를 토대로 하여 한국 해양에 관한 내용을 축적해야 한다. 어쩌면 중국이 한국의 해양 관련 전설을 수집하여 중화민족의 해양 전설로 만들 수 있을지도 모를 일이다.

참　고　문　헌

"航母之父"劉華清逝10周年, 訪美留經典照片, 今海軍如您所愿

(https://lrl.kr/MlKc, 검색일: 2022.10.06)

1982年, 時年66歲的劉華清担任海軍司令員, 視察後下定决心要整頓

(https://lrl.kr/H9Bc, 검색일: 2022.10.06)

2022年中國水産品産量、人均占有量、加工量及進出口情況分析

(https://lrl.kr/zNMc, 검색일: 2022.11.10)

劉華清將軍, 您當年的航母心愿, 如今中國都已經實現了

(https://lrl.kr/vzam, 검색일: 2022.10.06)

蘇岩礁 中國東海上的一個礁石

(https://lrl.kr/c34w, 검색일: 2022.08.30)

習近平看望海南漁民詢問去南海是否安全

(https://lrl.kr/vy9I, 검색일: 2022.03.15)

失海500年: 中國海洋大國的没落與崛起(深度長文)

(https://lrl.kr/naRH, 검색일: 2022.10.03)

第二十四次中韓環境合作聯合委員會會議線上召開

(https://lrl.kr/XZ3, 검색일: 2022.09.02)

朝鮮半島

(https://lrl.kr/dT6i, 검색일: 2022.03.20)

趙維良: 海洋大國崛起的歷史經驗

(https://lrl.kr/naRG, 검색일: 2022.03.15)

韓國爲何對我國的蘇岩礁虎視眈眈? 看看它的位置你就明白了

(https://lrl.kr/bN1N, 검색일: 2022.08.30)

韓國準許炮擊"拒捕"中國漁船 環球時報:瘋了吗?

(https://lrl.kr/eOPa, 검색일: 2022.04.06)

韓炒作漁船撞擊事件 專家: 小国心態驅使

(https://lrl.kr/nc7d, 검색일: 2022.04.06)

海鮮消費現狀, 值得海産人關注

(https://lrl.kr/Modl, 검색일: 2022.09.03)

'신비의 섬' 이어도, 제주도보다 먼저 생겨났다

(제주일보, 2021.04.14, https://lrl.kr/c4gd, 검색일: 2022.04.03)

['해양 슈퍼파워' 중국] 중국 53조원 쏟아 '해양굴기'…세계 50대 컨테이너 항구 60% 장악

(한경뉴스, 2017.01.13, https://lrl.kr/bNv8, 검색일: 2022.04.04)

[2012 G2 新패권 시대]中 해양굴기 vs 美 포위전략.. 긴장의 아시아

(동아일보, 2012.11.05, https://lrl.kr/bNv7, 검색일: 2022.04.04)

[다시! 제주문화] (40)환상의 섬이자 실재하는 섬 '이어도'

(연합뉴스, 2022.07.31, https://lrl.kr/H9y6, 검색일: 2022.10.03)

[단독] 한중 잠정수역서 '중국 석유시추 설비' 발견

(SBS, 2022.04.08, https://lrl.kr/cdw0, 검색일: 2022.04.15)

[한마당] 회색지대 전략

(국민일보, 2022.02.25, https://lrl.kr/zLEl, 검색일: 2022.07.08)

'독도는 우리 땅'처럼 '이어도는 우리 섬' 널리 알려요

(한겨레, 2016.08.05, https://lrl.kr/H9zf, 검색일: 2022.04.03)

'이어도 노래' 나왔다…9일 제주대서 기념공연

(독도신문, 2012.12.06, https://lrl.kr/H9y8, 검색일: 2022.04.03)

'해경 공용화기 쐈더니'…서해 불법조업 中어선 57%↓

(서울신문, 2016.11.30, https://lrl.kr/ekja, 검색일: 2022.03.15)
"우리나라 서해 '독도'가 20억원에 조선족에게 팔릴 뻔 했습니다"
(지식의정석, https://lrl.kr/ePf4, 검색일: 2022.10.15)
"中 8년 뒤 항모 5척, 핵잠 10척 보유"…또다른 적 있는 美 비상
(중앙일보, 2022.08.22, https://lrl.kr/XZ8, 검색일: 2022.08.30)
〈전문가 분석〉 노골화되는 중국의 서해 내해화 시도: 안일함과 저자세가 부른 참사
(파이낸셜뉴스, 2022.04.18, https://lrl.kr/bN11, 검색일: 2022.04.20)
20억원에 중국 넘어갈 뻔한 '서해의 독도', 항구 들어선다
(한국경제, 2020.11.17, https://lrl.kr/Ichk, 검색일: 2022.04.03)
다시 피어오를까, 제7광구의 꿈
(중앙일보, 2020.06.05, https://lrl.kr/eO8D, 검색일: 2022.04.20)
미 싱크탱크 "中, 2031년엔 항모 5척·SSBN 10척 보유"
(연합뉴스, 2022.08.22, https://lrl.kr/YmF, 검색일: 2022.08.30)
베트남, 세계기상기구(WMO) '남해구단선' 표기 삭제 요구
(베트남 전문뉴스, 2022.08.26, https://lrl.kr/rm46, 검색일: 2022.09.05)
북서태평양보전실천계획
(Daum백과, https://lrl.kr/c34A, 검색일: 2022.09.02)
블루카본(blue carbon, 푸른 탄소)
(Daum백과, https://lrl.kr/X3P, 검색일: 2022.09.02)
서해5도 특별경비단
(위키백과, https://lrl.kr/cD3Y, 검색일: 2022.09.21)
서해5도특별경비단, 불법 외국어선 단속 강화
(Break News, 2022.09.13, https://lrl.kr/X0p, 검색일: 2022.09.21)
서해가 위험하다 2편: 중국의 서해 내해화를 직시하라

(파이낸셜뉴스, 2022.07.19, https://lrl.kr/XZ9, 검색일: 2022.08.15)
세계 3대 유전지대가 있는 이어도는 명백한 우리땅
(Premium Chosun, 2013.12.03, https://lrl.kr/rmYS, 검색일: 2022.03.15)
수필·소설집 '이어도문학' 2호 출간
(제주매일, 2022.01.12, https://lrl.kr/iYG1, 검색일: 2022.04.03)
아르헨·남아共서도 불법 조업… 中어선은 '글로벌 공공의 적'
(조선일보, 2016.06.13, https://lrl.kr/iYHb, 검색일: 2022.04.03)
외교부, 「제24차 한－중 환경협력 공동위원회」 개최
(케이에스피뉴스, 2022.02.22, https://lrl.kr/c3yM, 검색일: 2022.04.05)
외교부, 제1차 한중 해양협력대화 개최...한중 해양협력 총괄 협의체 출범
(자유방송, 2021.04.14, https://lrl.kr/bnu9, 검색일: 2022.03.05)
이강규, 「한국 신정부 출범에 대한 중국의 인식과 시사점」, 한국국방연구원, 2022 (https://lrl.kr/X0e, 검색일: 2022.07.08).
이어도 과학기지 5년 체류연구 결과 나왔다…국제학술지 게재
(연합뉴스, 2021.07.18, https://lrl.kr/YbK, 검색일: 2022.04.03)
이어도사나(위키문헌, https://lrl.kr/eMxO, 검색일: 2022.03.15)
이어도연구회, '이어도 100문 100답' 발간
(연합뉴스, 2015.03.04, https://lrl.kr/eMVa, 검색일: 2022.04.03)
전문가 "韓 쿼드 가입하면 中, 서해 등에서 저강도 위협"
(뉴시스, 2022.04.29, https://lrl.kr/Xue, 검색일: 2022.05.10)
제24차 한중 환경협력 공동위원회 개최, 미세먼지와 같은 대기오염, 해양폐기물 관리 등 해양환경 주제
(이미디어, 2022.02.23, https://lrl.kr/cDxP, 검색일: 2022.04.05)
제2차 한중 해양협력대화 개최 결과
(서프라이즈뉴스, 2022.06.17, https://lrl.kr/dTAw, 검색일: 2022.07.07)

中, 내수면·연근해어업 '줄이고' 원양 '늘리고'
(농수축산신문, 2017.12.08, https://lrl.kr/iYHf, 검색일: 2022.04.03)
中, 한중 잠정조치수역 구조물에 "석유 시추 아닌 어업 시설"
(News1, 2022.04.28, https://lrl.kr/dtzH, 검색일: 2022.05.10)
중국 세 번째 항공모함 진수…'푸젠함' 명명, 전자식 사출기 갖춘 첫 항모
(경향신문, 2022.06.17, https://lrl.kr/dT6q, 검색일: 2022.08.30)
中國공산당의 西태평양 지배전략
(조갑제닷컴, 2012.03.12, https://lrl.kr/vzav, 검색일: 2022.06.04)
평화선과 어업관할수역
(수산인신문, 2009.03.16, https://lrl.kr/eO92, 검색일: 2022.06.04)
표면 수온·염분 등 '정밀 측정' 방법 개발
(부산일보, 2021.07.18, https://lrl.kr/bocF, 검색일: 2022.04.03)
필리핀 의회 '영해 침범' 中선박 제재 추진…"최대 징역 2년형"
(연합뉴스, 2022.10.27, https://lrl.kr/eMDM, 검색일: 2022.10.29)
한중 어업협상 타결…'공동 순시' 2년 만에 재개
(KBS뉴스, 2018.11.09, https://lrl.kr/cd2X, 검색일: 2022.04.03)
한중, 제4차 공동 수산종자 방류행사 개최
(부울경뉴스, 2022.08.03, https://lrl.kr/XZ1, 검색일: 2022.01.06)
한국인 80% "중국 싫다"…국제사회 反中여론 확산
(세계일보, 2022.06.30, https://lrl.kr/c34t, 검색일: 2022.07.15)
한미일 국민 10명 중 8명 "중국 싫다"…국제사회 반중 여론↑
(서울신문, 2022.06.30, https://lrl.kr/dt5m, 검색일: 2022.07.15)
한중, 3년 만에 환경협력공동위, 미세먼지 등 대기오염 공조
(위기관리경영, 2022.02.23, https://lrl.kr/bN1T, 검색일: 2022.09.02)
한－중, 양자·지역·글로벌 환경협력 폭넓게 논의

(에코타임스, 2022.02.23, https://lrl.kr/Xub, 검색일: 2022.04.05)
해경청, 중국 불법어구 61틀, 강제 철거 중시가 약 37억원 상당 어구 전량 인양해 폐기, 어획물은 현장 방류
(자유방송, 2022.04.21, https://lrl.kr/bNvY, 검색일: 2022.07.08)
홍문표 "中 눈치 살피다 불법조업 53% 급증하였다"
(해사신문, 2020.10.05, https://lrl.kr/YbR, 검색일: 2022.03.15)
홍문표 의원, 현 정부 들어 불법 조업 중국 어선 2배 이상 증가
(노컷뉴스, 2020.10.05, https://lrl.kr/ceeB, 검색일: 2022.03.15)
힘겨운 서해5도] ① 어민이 직접 중국 어선 나포 '그 후 1년'
(연합뉴스, 2017.06.04, https://lrl.kr/cEfQ, 검색일: 2022.03.15)

지은이 소개

공봉진: 부경대학교 중국학과와 동아대학교 정치·사회학부 정치외교학 전공에서 강사로 재직하고 있으며, 국제지역학(중국 지역학)을 전공하였다. 국제통상지역학회 회장을 역임했으며, 동아시아국제정치학회 편집위원장과 총무이사 등을 역임했다. 중국 민족·정치·사회·문화 등에 관심이 많고, 중국 민족정체성에 주된 관심을 갖고 있다. 중국 민족·정치·문화 등을 주제로 한 책과 논문을 집필하고 있다. 주요 저서로는 『중국지역연구와 현대중국의 이해』, 『중국공산당 CCP 1921~2011』, 『시진핑 시대, 중국 정치를 읽다』, 『중국민족의 이해와 재해석』, 『차이나 컨센서스』(공저), 『중국 대중문화와 문화산업』(공저), 『한 권으로 읽는 중국문화』(공저), 『시진핑 시대의 중국몽』(공저), 『중국 개혁개방과 지역균형발전』(공저), 『중국 발전과 변화 건국 70년을 읽다』(공저), 『세계 이슬람을 읽다』(공저), 『키워드로 여는 현대 중국』(공저), 『G2시대, 중국과 미국을 이끈 지도자들』(공저), 『중국 문화콘텐츠에서 문사철을 읽다』(공저), 『중국공산당이 세운 신중국! 중화민족에 빠지다』(공저), 『중국 미국 일본의 민간신앙』(공저), 『세계 문화유산』(공저) 등이 있다.

김태욱: 전 부경대학교 국제지역학부 강사로 국제지역학을 전공했다. 현재

한국세계지역학회, 21세기정치학회 이사를 맡고 있으며, 동아시아 국제정치학회 편집이사를 역임했다. 주요 분야는 중국의 정치, 특히 민주화와 시민사회다. 최근에는 중국의 군사 대국화에 관심이 많다. 주요 저서로는 『차이나 컨센서스: 중국발전의 실험과 모델』(공저), 『중국문화의 이해』(공저), 『국제통상과 중국지식재산권』(공저) 등이 있다.

박미정: 부산외국어대학교 글로벌비즈니스대학 소속 초빙교수로 중국 지역학을 전공했다. 중국 사회·지역·환경·에너지 분야에 관심이 많으며, 관련 연구를 진행 중이다. 주요 논문으로는 「중국 자동차산업 시장의 정부정책에 존재하는 제도적 한계 요인 및 실효성에 관한 고찰」, 「중국 신재생에너지산업의 발전 동향 및 정책에 관한 연구」, 「중국의 대기오염 감축을 위한 자동차구매 제한 정책의 실효성에 관한 고찰」 등이 있고, 저서로는 『중국 속의 작은 나라들: 중국소수민족들의 금기와 생활 예절』(공저), 『韓中수교 20년(1992~2012)』(공저), 『시진핑시대의 중국몽』(공저), 『21세기 중국! 소통과 뉴트렌드』(공저), 『중국 지역발전과 시진핑시대』(공저), 『한중 지방외교와 지역발전』(공저), 『중국 개혁개방과 지역균형발전』(공저), 『한중 지방외교와 지역발전』(공저) 외 다수가 있다.

장지혜: (주)다문화인재양성센터 글로벌문화교육연구소 연구소장 겸 세명대학교 국제언어문화학부 강사로 지역학(중국 통상)을 전공하였다. 경성대학교 중국대학 중국통상학과 조교수를 역임했다. 대중국 투자 정책 및 외자기업의 대중 마케팅에 관심이 많으며, 현재 중국 e커머스 시장 마케팅과 4차 산업혁명 이후 변화된 교육 정책 및

관련 산업과 관련된 연구를 하고 있다. 저서로는 『현대중국사회: 10개의 시선 하나의 중국』(공저), 『통상실무와 BCT학습을 위한 비즈니스중국어』(공저), 『호텔실무 영어&중국어』(공저), 『중국지역발전과 시진핑시대』(공저), 『한중 지방외교와 지역발전』(공저), 『중국 개혁개방과 지역균형발전』(공저), 『중국발전과 변화! 건국70년을 읽다』(공저), 『중국공산당이 세운 신중국! 중화민족에 빠지다』(공저) 외 다수가 있으며, 논문으로는 「환경과 사회변화가 도시인의 기질과 문화형성에 미친 영향: 베이징, 상하이, 광저우를 중심으로」, 「외자의 중국기업 M&A에 대한 산업안전논쟁의 영향과 대응방안」, 「중국의 WTO분쟁사례연구: 중국의 WTO분쟁사안에 대한 종합평가 및 한국에의 시사점」, 「A Comparative Study on the Symbolic Meaning and Metaohors of the Korean, Chinese and Indonesian 'dog' Proverbs」, 「부산지역의 다문화웨딩디렉터 양성을 위한 교육과정개발 기초연구」, 「포스트코로나 시대 중국 신유통 현황과 대응 사례분석: 신선식품 O4O대표기업 허마셴성과 세븐프레쉬를 중심으로」, 「포스트 코로나19 시대 대학의 비대면 수업에 대한 운영 사례와 학습자 인식 연구: 2020년도 중국어 수업의 동영상 녹화 강의와 실시간 화상 강의 사례를 바탕으로」, 「시진핑 시기 중국 신형도시화 정책 실시와 호적제도 변화의 경제사회적 함의」, 「쌍감(双减)정책이 중국의 영어교육 플랫폼에 미친 영향에 관한 연구」 등이 있다.

이강인: 현재 부산외국어대학교 글로벌비즈니스대학 소속 교수로 중국복단대학교에서 중국 현·당대문학의 화극과 영화를 전공하였다. 부산대학교와 부경대학교에서 연구원으로 중국문학과 영화를 연구하였다. 그리고 한국시민윤리학회의 이사와 국제지역통상연구원

으로 중국지역 연구에 연구영역을 넓혔으며, 현재 중국영화와 중국 정치에 관한 논문에 집중하고 있다. 주요 저서로는 『중국 대중문화와 문화산업』(공저), 『중국지역문화의 이해』(공저), 『시진핑 시대의 중국몽: 부강중국과 G1』(공저), 『중국 현대문학작가 열전』(2014), 『21세기 중국! 소통과 뉴 트렌드』(공저), 『중국문화의 이해』(공저), 『중국 문학의 감상』(공저) 외 다수가 있다. 그리고 논문으로는 「학교장치에서 보이는 영화의 교육–권력과의 규율: 권력의 의미적 탐색」, 「중국문학과 노벨문학상의 의미적 해석: 가오싱젠과 모옌을 중심으로」, 「TV드라마에서 보여지는 중국 도시화에 따른 문제들에 대한 小考」 외 다수가 있다.

박범종: 부경대학교 지방분권발전연구소 연구교수로 정치외교학을 전공했다. 부산대학교 한국민족문화연구소, 신라대학교 한국재외국민선거연구소, 부산외국어대학교 국제관계연구소 전임연구원 그리고 부산외국대학교 초빙교수를 역임했다. 한국정치, 선거, 통일, 지역발전과 관련된 연구들이 주를 이루며, 최근에는 한국현대사와 중국지역발전 연구에 관심을 두고 있다. 주요 저서로 『중국공산당이 세운 신중국! 중화민족에 빠지다』(공저), 『중국 발전과 변화! 건국 70년을 읽다』(공저), 『중국개혁개방과 지역균형발전』(공저), 『중국 지역발전과 시진핑시대』(공저), 『한중지방외교와 지역발전』(공저), 『사회문화적 접근을 통한 지역발전』(공저) 등이 있으며, 주요 논문으로 「민선8기 지방선거: 부·울·경 지방선거는 보수로 회귀하는가?」, 「한국현대사에 부마민주항쟁의 의미와 역사적 과제」, 「The Influence of Regional Population Demographic Changes on the Composition of Voter Cohorts and Voting Behavior during the Democratic

Consolidation Process」, 「한국의 민주주의 공고화와 여성의 정치참여: 국회의원선거와 지방선거 비교를 통한 선거제도 효과분석」, 「근대문화자산을 활용한 문화도시구축과 지역발전: 인천중구 개항지를 중심으로」, 「장소마케팅을 활용한 지역발전 효과연구: 인천과 부산의 차이나타운을 중심으로」 등이 있다.

박상윤: 국제지역통상연구원의 선임연구원으로 있으며, 국제지역학(중국지역)을 전공하였다. 국제지역통상연구원의 사무국장을 역임하였다. 중국 정치와 외교 분야가 주된 관심 분야이고, 중국 사회와 경제에도 관심이 많다. 주요 논문으로는 「한중동반자관계의 성과와 쟁점에 관한 연구」가 있다.

[지 은 이]

공봉진(부경대학교 중국학과 강사, 동아대학교 정치·사회학부 강사)

김태욱(전 부경대학교 국제지역학부 강사)

박미정(부산외국어대학교 글로벌비즈니스대학 소속 초빙교수)

장지혜((주)다문화인재양성센터 글로벌문화교육연구소 연구소장 겸 세명대학교 국제언어문화학부 강사)

이강인(부산외국어대학교 글로벌비즈니스대학 소속 교수)

박범종(부경대학교 지방분권발전연구소 연구교수)

박상윤(국제지역통상연구원 선임연구원)

한중 수교 30년,

강한 나라를 꿈꾸는 중국

1판 1쇄 인쇄_2023년 03월 01일

1판 1쇄 발행_2023년 03월 10일

지은이_공봉진·김태욱·박미정·장지혜·이강인·박범종·박상윤

펴낸이_양정섭

펴낸곳_경진출판

등록_제2010-000004호

이메일_mykyungjin@daum.net

사업장주소_서울특별시 금천구 시흥대로 57길(시흥동) 영광빌딩 203호

전화_070-7550-7776 팩스_02-806-7282

값 21,000원

ISBN 979-11-92542-33-1 93300